Mein Leben als politischer Pädagoge

STUDIEN ZUR BILDUNGSREFORM

Herausgegeben von Wolfgang Keim

Universität Paderborn

BAND 44

PETER LANG

Frankfurt am Main · Berlin · Bern · Bruxelles · New York · Oxford · Wien

Fritz Helling

Mein Leben als politischer Pädagoge

Herausgegeben, eingeleitet
und kommentiert von
Burkhard Dietz
und Jost Biermann

PETER LANG
Internationaler Verlag der Wissenschaften

Bibliografische Information der Deutschen Nationalbibliothek
Die Deutsche Nationalbibliothek verzeichnet diese Publikation
in der Deutschen Nationalbibliografie; detaillierte bibliografische
Daten sind im Internet über <http://www.d-nb.de> abrufbar.

Gedruckt mit freundlicher Unterstützung
der Wilhelm-Erfurt-Stiftung
für Kultur und Umwelt (Schwelm).

Gedruckt auf alterungsbeständigem,
säurefreiem Papier.

ISSN 0721-4154
ISBN 978-3-631-53310-9
© Peter Lang GmbH
Internationaler Verlag der Wissenschaften
Frankfurt am Main 2007
Alle Rechte vorbehalten.

Printed in Germany 1 2 3 4 5   7

www.peterlang.de

Fritz Helling

(1888 – 1973)

Inhalt

Inhaltsverzeichnis

Inhaltsverzeichnis

Vorwort

Fritz Helling (1888-1973) gehört zweifellos nicht zu den prominenten oder gar einflußreichen deutschen Pädagogen des vergangenen Jahrhunderts, ganz im Gegenteil dürfte er heute über seine Heimatstadt Schwelm hinaus kaum bekannt sein. Wenn hier gleichwohl – mehr als 40 Jahre nach ihrer Entstehungszeit – seine Autobiographie als Band 44 der „Studien zur Bildungsreform" publiziert wird, muß dies besondere Gründe haben:

Zunächst einmal verfügt die deutsche Erziehungswissenschaft – erstaunlicherweise – über relativ wenige autobiographische Zeugnisse von Pädagogen für den Zeitraum von Hellings Biographie, d.h. der späten 80er Jahre des 19. bis zu den frühen 70er Jahren des 20. Jahrhunderts. Zu nennen wären hier etwa Wilhelm Flitners (1889-1990) „Erinnerungen"[1], die jedoch nur bis zum Jahr 1945 reichen, Carl Mennickes (1887-1959) „Zeitgeschehen"[2] oder Heinrich Deiters (1887-1966) „Bildung und Leben"[3], mit Einschränkungen, weil auf wesentlich knapperem Raum, die von Ludwig Pongratz herausgegebenen „Selbstdarstellungen" Fritz Blättners (1891-1981) und Hans Bohnenkamps (1893-1977)[4].

Für vorliegende Publikation wichtiger als solch quantitativer Gesichtspunkt ist freilich *zweitens*, daß Hellings Autobiographie in besonders anschaulicher Weise exemplarisch spezifische Lebenswelten und Umbrüche des vergangenen Jahrhunderts wie auch deren mentale Verarbeitung aus der Perspektive eines Pädagogen veranschaulicht: etwa Aufwachsen im ländlichen Milieu am Rande einer protestantisch gefärbten westfälischen Kleinstadt im Kaiserreich; Anregungen durch ein liberales, für

---

[1] Wilhelm Flitner, Erinnerungen. 1889-1945 (Gesammelte Schriften, Bd. 11), Paderborn 1986.
[2] Carl Mennicke, Zeitgeschehen im Spiegel persönlichen Schicksals. Ein Lebensbericht, hg. v. Hildegard Feidel-Mertz, Weinheim 1995.
[3] Heinrich Deiters, Bildung und Leben. Erinnerungen eines deutschen Pädagogen, hg. u. eingel. v. Detlef Oppermann, Köln 1989.
[4] Pädagogik in Selbstdarstellungen, Bd. 1: Mit Beiträgen von Fritz Blättner, Hans Bohnenkamp, Otto Friedrich Bollnow u.a., hg. v. Ludwig J. Pongratz, Hamburg 1975.

soziale Fragen sensibles, zugleich für humanistische Traditionen aufge-
schlossenes Elternhaus; Prägung durch die Freideutsche Jugend und daraus abgeleitete Konsequenzen für das Selbstverständnis als Gymnasiallehrer sowie Erfahrungen als Freiwilliger im Ersten Weltkrieg; später
Auseinandersetzung mit dem Umbruch von 1918/19, vor allem durch die
Begegnung mit Paul Oestreich und dem Bund Entschiedener Schulreformer, aber auch durch das Studium von Karl Marx und anderen historischen, sozialwissenschaftlichen, philosophischen und theologischen Autoren; Tätigkeit als reformpädagogisch orientierter Pädagoge am Gymnasium einer Kleinstadt Westfalens, verbunden mit antifaschistischem Engagement in der Endphase Weimars; danach Berufsverbot, Verfolgung,
Gestapo-Haft und „Katakombenexistenz" unter der Nazi-Diktatur sowie –
nach deren Ende – unter alliierter Ägide kurzzeitige Mitarbeit bei der
Demokratisierung des Schulwesens an verantwortlicher Stelle; schließlich
– nach halb freiwilliger, halb durch die politische Entwicklung erzwun-
gener Frühpensionierung – pädagogisch-politische Arbeit an der deutsch-
deutschen Verständigung im „Schwelmer Kreis" unter den Bedingungen
von Kaltem Krieg, restaurativem bildungspolitischen Klima in der Bundesrepublik der 1950er Jahre einerseits, zunehmender ideologischer Ver-
einnahmung der Pädagogik durch die Politik in der DDR andererseits.
Dies eine breite Palette lebensgeschichtlicher Erfahrungen im „Jahrhundert der Extreme" (E. Hobsbawm), die so kaum in einer anderen ver-
gleichbaren Autobiographie zu finden sind, was vor allem damit zusammenhängt, daß Hellings Lebensgeschichte an entscheidenden historischen
Wendepunkten deutlich von der seiner Zeitgenossen abweicht.

Damit ist sie zugleich *drittens* geeignet, Geschichte und Pädagogikge-
schichte aus der Position eines Außenseiters zu spiegeln, was sowohl für
seine antifaschistische Haltung in der Endphase Weimars, seine scharf-
sinnige Kritik Eduard Sprangers, des damals führenden Vertreters Geisteswissenschaftlicher Pädagogik, als auch für sein Schicksal als Verfolg-
ter des Nazi-Regimes, nicht zuletzt für sein deutsch-deutsches Engagement unter den Bedingungen des Kalten Krieges gilt. Hellings kritische
Position als Pädagoge in den späten 1920er und frühen 1930er Jahren,
seine Rolle als Nichtangepasster in der NS-Zeit wie auch seine Bemühungen um deutsch-deutsche Verständigung in der frühen Bundesrepublik verweisen auf wichtige Facetten deutscher Erziehungsgeschichte, die

zumeist ausgeblendet, mit vorliegender Autobiographie aber stärker ins Bewußtsein der Disziplin gerückt werden.

Fritz Helling ist also ein außerordentlich interessanter und – wie mir scheint – zu Unrecht vergessener Pädagoge. Warum aber vergessen und warum Publikation der bereits vor 40 Jahren entstandenen Autobiographie erst jetzt? Verantwortlich dafür war zweifellos seine Außenseiterposition. In den 1950er bis in die frühen 1960er Jahre hinein konnte er – ungeachtet seiner Observation durch den bundesdeutschen Verfassungsschutz – über den „Schwelmer Kreis", dessen Zeitschrift „Schule und Nation" sowie andere Publikationen in oppositionelle Pädagogenkreise hineinwirken. Doch nach dem Mauerbau und der beginnenden Bildungsreformphase verloren „Schwelmer Kreis" und damit auch Helling zunehmend an Einfluß und gerieten schließlich in Vergessenheit. Immerhin erfuhr er persönlich zum 80. Geburtstag – wenige Jahre vor seinem Tode – eine späte Würdigung durch die Stadt Schwelm und den Ennepe-Ruhr-Kreis.

Erst 20 Jahre später, im September 1988, artikulierte sich aus Anlaß des 100. Geburtstages ein posthumes Interesse an Helling, als der DGB Kreis Ennepe-Ruhr und die GEW Nordrhein-Westfalen ein Helling-Kolloquium in Schwelm veranstalteten und zeitgleich ein erster (und bis heute einziger) Sammelband mit Schriften Hellings erschien[5]. Kolloquium wie Sammelband standen noch ganz im Zeichen des Versuchs, Helling für die kritische Erziehungswissenschaft der Bundesrepublik anschlußfähig zu machen: „Er ermutigt diejenigen, die sich als gesellschaftskritische Pädagogen der ausgehenden 80er Jahre in der Bundesrepublik verstehen, in ihrem Kampf um substantielle anstelle formaler Demokratie nicht zu erlahmen [...]. Hellings Leben als Lehrer und als angefochtener politischer Mahner bietet das Beispiel" – so Hans-Jochen Gamm im Vorwort zur Helling-Edition von 1988[6]. Zeitgleich gewannen Helling und der „Schwelmer Kreis" Aufmerksamkeit im Kontext damaliger friedenspäd-

---

[5] Fritz Helling, Pädagogen in gesellschaftlicher Verantwortung. Ausgewählte Schriften eines entschiedenen Schulreformers, hg. v. Jürgen Eierdanz u. Karl-Heinz Heinemann, Frankfurt a.M. 1988.
[6] Ebd., S. 13.

agogischer Diskussionen und Bemühungen, sozusagen als ihre Vorläufer[7], wie auch in der beginnenden Auseinandersetzung der Erziehungswissenschaft mit dem Verhältnis von Pädagogik und Nationalsozialismus; letzteres zeigt die starke Berücksichtigung entsprechender Helling-Texte im Auswahlband von 1988. Schon wenige Jahre später – im Zuge deutsch-deutscher Vereinigung und beginnender Auseinandersetzung westdeutscher Erziehungswissenschaft mit der abgewickelten DDR-Pädagogik, nun unter dem Vorzeichen „Diktaturenvergleich", – wurde auch der „Schwelmer Kreis" als, sogar von der DFG finanziell unterstütztes, Forschungsobjekt neu entdeckt, freilich nicht mehr unter friedenspädagogischer Perspektive, sondern unter dem Aspekt sowohl „politisch-strategischer Bedeutung des Kreises [...] für die Deutschlandpolitik der DDR" als auch „fehlgeleiteter Hoffnungen und Irrtümer" seiner westdeutschen Mitglieder[8].

Es ist das Verdienst des Historikers und Germanisten Dr. Burkhard Dietz, Universität Düsseldorf, solche eher selektive Beschäftigung mit Helling auf eine breite, Biographie und Lebenswerk einbeziehende facettenreiche Grundlage gestellt und Wissenschaftler unterschiedlicher Disziplinen zu einem mehrtägigen Helling-Kolloquium im Jahre 2002 in Schwelm vereint zu haben. Der aus diesem Kolloquium hervorgegangene Tagungsband[9] wird für zukünftige Helling-Forschungen eine unverzichtbare Grundlage bleiben.

In welche Richtung könnte die weitere Beschäftigung mit Helling gehen? Bezeichnenderweise waren es zuletzt überwiegend Wissenschaftler *nicht*-erziehungswissenschaftlicher Disziplinen, die – wie vor allem in dem von Burkhard Dietz herausgegebenen Tagungsband – Hellings Biographie

---

[7] Vgl. Wolfgang Keim, Die Geschichte friedenspädagogischer Diskussionen und Bemühungen, in: Jörg Calließ/Reinhold E. Lob (Hg.), Handbuch Praxis der Umwelt- und Friedenserziehung, Bd. 1: Grundlagen, Düsseldorf 1987, S. 557-596, hier S. 586 ff.
[8] Peter Dudek, Gesamtdeutsche Pädagogik im Schwelmer Kreis. Geschichte und politisch-pädagogische Programmatik 1952-1974, Weinheim 1993, S. 15, 17 u. 5.
[9] Burkhard Dietz (Hg.), Fritz Helling, Aufklärer und „politischer Pädagoge" im 20. Jahrhundert. Interdisziplinäre Beiträge zur intellektuellen Biographie, Wissenschaftsgeschichte und Pädagogik (Studien zur Bildungsreform, Bd. 43), Frankfurt a.M. 2003.

und Werk erforscht haben. Dementsprechend defizitär erscheint unser Wissen über seine Verankerung in pädagogischen Kontexten, beispielsweise der Reformpädagogik oder der Pädagogik der 1950er Jahre[10]. Ebenfalls wenig wissen wir über die *pädagogischen* Zielvorstellungen des „Schwelmer Kreises", die sie leitenden Motive und Traditionsbindungen. Zu klären in einem solchen Kontext wäre etwa, ob es sich beim „Schwelmer Kreis" um eine eher monolithische Pädagogenvereinigung gehandelt oder ob der „Kreis" lediglich den Rahmen für pädagogische Vielfalt abgegeben hat, ob die Mitglieder aus Ost und West sich in ihren pädagogischen Konzepten unterschieden und/oder sich wechselseitig beeinflußt haben. Auf solche Fragen geben bislang vorliegende Studien noch keine befriedigende Antwort.

Pläne zur Publikation der hier vorgelegten Autobiographie Fritz Hellings in den „Studien zur Bildungsreform" reichen bis in die Vorbereitungsphase des Helling-Kolloquiums anläßlich seines 100. Geburtstages im Jahre 1988 zurück. Bereits damals zeigte sich der Sohn Fritz Hellings, Jürgen Helling, aufgeschlossen für ein solches Projekt, war allerdings damals durch seine eigene berufliche Tätigkeit als Hochschullehrer noch zu sehr in Anspruch genommen. Der Plan zur Publikation der Autobiographie in kommentierter Form kam von Burkhard Dietz im Vorfeld der Schwelmer Tagung von 2002. Jürgen Helling, der den Band gemeinsam mit Burkhard Dietz herausgeben wollte, hatte dazu bereits wesentliche Vorarbeiten geleistet, bevor er 2003 verstarb. Schließlich konnte mit Jost Biermann von der Universität Paderborn ein Nachwuchswissenschaftler zur Mitarbeit an der Edition gewonnen werden, der schon an der Publikation des Tagungsbandes beteiligt war und derzeit an einer Dissertation über den „Schwelmer Kreis" arbeitet.

Daß die Publikation der Autobiographie trotz großer Schwierigkeiten, doch noch zu einem erfolgreichen Abschluß gebracht werden konnte, ist das Verdienst zahlreicher Personen, denen ich an dieser Stelle herzlich

---

[10] Zur Kritischen Erziehungswissenschaft in der Bundesrepublik Deutschland zur Zeit des Kalten Krieges vgl. den Sammelband von Jürgen Eierdanz/Armin Kremer (Hg.), „Weder erwartet noch gewollt", Hohengehren 2000.

danke. Ganz besonders erwähnen möchte ich die Witwe Jürgen Hellings, Brigitte Helling, die nicht nur die Genehmigung zum Abdruck gegeben, sondern das Projekt nach dem Tode ihres Mannes mit Geduld und Engagement begleitet hat, die Wilhelm-Erfurt-Stiftung, die ebenso wie der Verlag Peter Lang Verzögerungen in der Fertigstellung großzügig akzeptierte, vor allem aber den beiden Herausgebern, Burkhard Dietz und Jost Biermann, die jahrelange Arbeit in die Kommentierung der Hellingschen Autobiographie investiert haben. Möge vorliegende Edition die weitere Helling-Forschung anregen und zur Rezeption dieses interessanten deutschen Pädagogen beitragen.

Paderborn, Mai 2007   Wolfgang Keim

Burkhard Dietz/Jost Biermann

Editorische Vorbemerkungen

I

Jeder autobiographische Text, sei es eine weiter ausgreifende oder auch nur eine kurze, komprimierte Darstellung, wird – und dies ist fast schon ein literarischer Allgemeinplatz[1] – aus zumindest *zwei wesentlichen Motiven* verfaßt: *Erstens* hat sich ihr Autor zu einem bestimmten Zeitpunkt – wie im vorliegenden Fall Fritz Hellings im fortgeschritteneren Alter – dazu entschlossen, sich selbst und seiner Umwelt Zeugnis darüber abzulegen, was sein bisheriges Leben ausgemacht hat, was er erlebt, gedacht, gefühlt und erlitten hat. – Mit diesem in der Regel vorrangigen Vorsatz geht die Überzeugung einher, die vielfältigen Dinge des Lebens, nicht nur ihre recht oberflächlichen Daten und Fakten, sondern auch ihre von außen oftmals undurchsichtigen und verwickelten Zusammenhänge, die geistigen Bezüge, mentalen und gesellschaftlichen Voraussetzungen bestimmter Lebensentscheidungen nach der Erinnerung des Betroffenen und gemäß den noch verfügbaren Dokumenten der Nachwelt zu überliefern und so einen zusammenhängenden Bericht über die tatsächlich höchst komplexen Ereignisse und Umstände der eigenen Existenz vorzulegen. Im Mittelpunkt dieser Schreib- und Überlieferungsmotivation steht der Vorsatz, die Vergangenheit und das Gewordensein des eigenen Selbst möglichst wahrheitsgetreu, d.h. aus wahrlich intimster Kenntnis der Ereignis-

---

[1] Günter de Bruyn, Das erzählte Ich. Über Wahrheit und Dichtung in der Autobiographie, Frankfurt a.M. 1995; Die Autobiographie im 20. Jahrhundert, in: Literaturwissenschaftliches Jahrbuch 34 (1993); Michaela Holdenried, Autobiographie, Stuttgart 2000; Bernd Neumann, Identität und Rollenzwang. Zur Theorie der Autobiographie, Frankfurt a.M. 1970; Günter Niggel (Hg.), Die Autobiographie. Zu Form und Geschichte einer literarischen Gattung, Darmstadt 1989; Manfred Schneider, Die erkaltete Herzensschrift. Der autobiographische Text im 20. Jahrhundert, München 1986; Sylvia Schwab, Autobiographik und Lebenserfahrung. Versuch einer Typologie deutschsprachiger autobiographischer Schriften zwischen 1965 und 1975, Würzburg 1981; Dieter Thomä, Erzähle dich selbst. Lebensgeschichte als philosophisches Problem, München 1998; Martina Wagner-Engelhaaf, Autobiographik, Stuttgart 2000; Eva Zeller, Die Autobiographie. Selbsterkenntnis – Selbstentblößung, Stuttgart 1995.

se und Erlebnisse, nach dem besten Vermögen der eigenen Erinnerung und *idealiter* ohne Verfälschungen abzubilden.

Zweitens verfolgt jeder Verfasser eines autobiographischen Textes immer auch die Absicht, der Nachwelt jenseits der reinen Faktizität mit seiner Darstellung die Eigentümlichkeit, die Unverwechselbarkeit und das Besondere seiner Persönlichkeit vorzuführen und zu erläutern. Im Mittelpunkt dieser zweiten Schreib- und Überlieferungsmotivation steht der gleichsam über die bloßen Ereignisse und Erlebnisse hinausweisende Vorsatz, den Stellenwert des Selbst im Kontext des näheren und weiteren sozialen Umfeldes herauszustellen, ein Bild seiner selbst zu zeichnen, wie es durch die Fülle der erbrachten Lebensleistungen entstanden und zum Zeitpunkt der Abfassung des Textes wahrzunehmen ist. Auf dieser Ebene der Darstellung geht es mithin um die Deutung der Fakten, um die Rechtfertigung des Vollbrachten wie Unterlassenen, die Bilanzierung des Geleisteten und damit nicht zuletzt um Fragen der Relevanz und Repräsentation der jeweiligen Person in ihrem gesellschaftlichen Kontext.

Hier nun wird der vielbeschworene Boden der Objektivität oft verlassen, nicht selten grassieren nachträgliche Beschönigungen, der Held oder die Heldin steht einsam und verlassen im Mittelpunkt allen Geschehens und rühmt sich, alles und jedes im Leben selbst, ohne jede Hilfe von anderen, geleistet zu haben. Auch Niederlagen und persönliche Krisen haben selten oder nie stattgefunden, von Schwächen, Fehlern oder individuellem Unvermögen ist dann oft nicht die Rede. – Wenn hinter dieser Darstellungsform nicht die Absicht der Selbstmythisierung, also der bewußt geschönten, legendenhaft-verklärenden und in eine bestimmte Richtung zielenden Selbstdarstellung steckt, dann kann in diesen Fällen – wie die moderne Gedächtnisforschung belegt[2] – auf unbewußter Ebene das ver-

---

[2] Vgl. hierzu und zum folgenden u.a.: Werner Siefer/Christian Weber, Ich. Wie wir uns selbst erfinden, Frankfurt a.M. 2006; Hans J. Markowitsch/Harald Welzer, Das autobiographische Gedächtnis. Hirnorganische Grundlagen und biosoziale Entwicklung, Stuttgart 2005; dies. (Hg.), Die Entwicklung des autobiographischen Gedächtnisses, BIOS 15 (2002) 2; Jean-Claude Kaufmann, Die Erfindung des Ich. Eine Theorie der Identität, Konstanz 2005; Johannes Fried, Der Schleier der Erinnerung. Grundzüge einer historischen Memorik, München 2004; Paul B. Baltes/Ulman Lindenberger, Geist im Alter, in: Frankfurter Allgemeine v. 23. Oktober 2004; Jean-Yves Tadié/Marc Tadié, Im Gedächtnispa-

meintlich exakte Erinnerungsvermögen tatsächliche Ereigniszusammen-
hänge zugunsten von idealen Konstruktionen völlig um- oder gar aus-
blenden. Das Gedächtnis verzerrt und verändert dann die tatsächliche Er-
eignisstruktur, so daß viele Autobiographen versuchen dem Leser weis-
zumachen, eine Sache sei so und nicht anders gewesen. Ziel dieser komplexen unterbewußten Vorgänge ist es, das beschriebene Leben – zum
Beispiel gemäß den allgemeinen oder speziellen Normen des weiteren
oder engeren gesellschaftlichen Umfeldes, den eigenen Utopien und den
Erwartungen der Familie – nicht nur zu rechtfertigen, sondern es auch im
nachhinein als überaus sinnvoll, stringent und effektiv im Hinblick auf
das nach außen für die Um- und Nachwelt, aber auch für sich selbst zu
verteidigende Persönlichkeitsbild darzustellen. Krisen, persönliches Unvermögen oder Begrenzungen treten dann allenfalls als schicksalhafte
Fügungen in Erscheinung.

Letztlich kann es also bei jeder Autobiographie darum gehen, das Selbst
und den Sinn des eigenen Lebens aus der Retrospektive heraus völlig neu
zu entwerfen, es gleichsam nach dem erst spät erkannten Idealbild seiner
selbst umzuformen und gewissermaßen vom Lebensende her neu zu kon-
struieren und zum Beispiel in tatsächlich nie gelebter Geradlinigkeit darzustellen und zu deuten. Das öffentliche Bild so mancher historischen
Persönlichkeit basiert auf solchen – mitunter von langer Hand geplanten
– Selbstinszenierungen, deren Dekonstruktion, wenn sie überhaupt gelingt, in der Regel nur mit Akribie und nicht unerheblichem Aufwand
verbunden ist[3]. Eine Autobiographie, auch die vorliegende, sollte daher

last. Eine Kulturgeschichte des Denkens, Stuttgart 2003; Harald Welzer, Das kommunika-
tive Gedächtnis. Eine Theorie der Erinnerung, München 2002; Aleida Assmann, Wie
wahr sind Erinnerungen?, in: Das soziale Gedächtnis. Geschichte, Erinnerung, Tradie-
rung, hg. v. Harald Welzer, Hamburg 2001, S. 103-122; Daniel L. Schacter, Wir sind Erinnerung. Gedächtnis und Persönlichkeit, Reinbek 1999; John Korte, Weiße Handschuhe.
Wie das Gedächtnis Lebensgeschichte schreibt, München 1996; Gabriele Rosenthal, Erlebte und erzählte Lebensgeschichte. Gestalt und Struktur biografischer Selbstbeschrei-
bungen, Frankfurt a.M. 1995.
[3] Angelika Schaser (Hg.), Erinnerungskartelle. Zur Konstruktion von Autobiographien
nach 1945, Bochum 2003; Peter Gay, Freud für Historiker, Tübingen 1994; Aleida Assmann (Hg.), Identitäten, Frankfurt a.M. 1999; dies., Erinnerungsräume. Formen und
Wandlungen des kulturellen Gedächtnisses, München 1999.

zumindest nur als „ein Buch *versuchter* Erinnerung" (A. Muschg) betrachtet werden.

Solche *kritischen* Gesichtspunkte zur Theorie des autobiographischen Schreibens und zur Standortbestimmung des Autors, die stichwortartig keineswegs nur auf die Begriffe „Selbstprüfung, Bilanz und Rechtfertigung" reduziert werden können[4], sondern vor allem auch „Selbstinszenierung" und „öffentliche Repräsentation" umfassen, scheinen Fritz Helling (1888-1973) kaum bewußt gewesen zu sein, als er nach Vollendung seines immerhin schon 75. Geburtstages 1963 beschloß, mit der Abfassung einer umfassenderen Autobiographie zu beginnen[5], denn mit keinem Wort erläutert er die eigentlichen Beweggründe, die zu dieser Entscheidung führten. In seinen überlieferten Texten erweckt er den Eindruck, eher das Konkrete zu bevorzugen, ging er immer gleich ohne große Vorrede *in medias res*. Das Schreiben an dieser größeren Autobiographie, deren letzte, als Unikat in Hellings Nachlaß überlieferte Textfassung hiermit in kommentierter Form vorgelegt wird[6], stellte offensichtlich die Fortsetzung seiner Arbeit an zwei früheren autobiographischen Texten dar, die schon zu seinem 70. und 75. Geburtstag unter den Titeln „Aus meinem Leben" (1958) und „Die Wandlungen in meinem Leben" (1963) erschienen waren[7]. Trotz einer gewissen Neigung zu Selbstdarstellung

---

[4] Walter Hinck, Selbstprüfung, Bilanz, Rechtfertigung. Zur Theorie und Geschichte autobiographischen Schreibens, in: ders., Selbstannäherung. Autobiographien im 20. Jahrhundert von Elias Canetti bis Marcel Reich-Ranicki, Düsseldorf 2004, S. 7-18. Zur philologisch-gattungsspezifischen, insgesamt aber wohl recht müßigen Unterscheidung von „Autobiographie" und „Memoiren" vgl. die einschlägigen Artikel in Gero von Wilpert, Sachwörterbuch der Literatur, 8. Aufl. Stuttgart 2001.

[5] Vgl. Fritz Hellings eigene Hinweise in Kap. 5 (dort bei Anm. 23) und Kap. 7 (dort bei Anm. 22) sowie die von seinem Sohn, Jürgen Helling, überlieferte Feststellung: „Mit der Niederschrift der vorliegenden Autobiographie hat mein Vater – auf mein Anraten hin – mit etwa 75 Jahren begonnen. Mit längeren Unterbrechungen hat er sie bis zu seinem Tod mit 86 Jahren weitergeführt." Danach dürfte Fritz Helling um 1963 damit begonnen haben, die vorliegende Autobiographie abzufassen (Autobiographische Notizen v. J. Helling aus den Jahren 1998/99 bis 2002, u.a. mitgeteilt mit Schreiben vom 30.12.1998 etc. [Privatarchiv Dr. Burkhard Dietz, Schwelm]).

[6] Zur Textvorlage, Editionsmethode und Editionsgeschichte vgl. Teil III des vorliegenden Beitrags.

[7] Fritz Helling, Aus meinem Leben, in: Schule und Nation 5 (1958) 1, S. 17-20; wiederabgedruckt in: ders., Schulreform in der Zeitenwende. Eine Auswahl aus Reden und Auf-

und Selbsthistorisierung, die man aus den mehrfachen Versuchen publizistischer Selbstannäherung ableiten könnte, finden wir in keinem der aufgeführten autobiographischen Texte Hinweise auf die ihnen zugrundeliegenden Schreibmotive.

Was auch im einzelnen Helling zur Autobiographie bewogen haben mag, er bemüht sich, wie die mehrfache Lektüre bestätigt, um größtmögliche Sachlichkeit und Präzision bei der Darstellung von Fakten und Hintergründen, würdigt die Beteiligung dritter Personen, beispielsweise die große Unterstützung, die er im Laufe von Jahrzehnten durch seine Frau, Hilda Helling, und viele andere Weggefährten erfahren hat. Mehr noch: Vor dem Hintergrund der recht vielfältigen Editions- und Kommentierungsarbeit kann und muß konstatiert werden, daß sich seine Lebensbeschreibung hinsichtlich ihres Wahrheitsgehalts immer als zuverlässig und korrekt erwies, daß – soweit andere zeitgenössische Dokumente zur Kommentierung herangezogen wurden – sich eine geradezu frappierende Exaktheit und Detailgenauigkeit der Hellingschen Erzählung herausstellte. Jeder Bezug auf andere Personen, auf Datierungen und Ereignisse, auf örtliche Gegebenheiten und Hintergründe, von denen sein eigenes Leben tangiert wurde und die den plastischen, lebensweltlichen Rahmen seiner Autobiographie darstellen, halten einer kritischen Überprüfung stand – auf die wenigen Ausnahmen wird bei der Kommentierung hingewiesen.

Hellings Bemühen um Sachlichkeit und Präzision der Darstellung entspricht die Schlichtheit seiner Sprache. Darin zeigt sich der erfahrene Pädagoge, der um die Überzeugungskraft verständlich formulierter Sachverhalte, Zusammenhänge und Argumente weiß.

Mitunter erstaunlich sind selbstkritische Reflexionen Hellings, etwa über seine politischen Überzeugungen bis zum frühen Erwachsenenalter, als er

---

sätzen aus der Zeit von 1926 bis 1958, Schwelm 1958, S. 83-90; ders., Die Wandlungen in meinem Leben, in: ders., Neue Allgemeinbildung, Schwelm 1963, S. 7-29; ebenso in: Schule und Nation 9 (1963) 3, S. 22-27 [1963a]; Fortsetzung in: 9 (1963) 4, S. 14-18 [1963b]; später wiederabgedruckt in: ders., Pädagogen in gesellschaftlicher Verantwortung. Ausgewählte Schriften eines entschiedenen Schulreformers, hg. v. Jürgen Eierdanz u. Karl-Heinz Heinemann, Frankfurt a.M. 1988, S. 51-73. – Vgl. die eingehende inhaltliche Gegenüberstellung und Analyse der drei vorgenannten autobiographischen Texte von Fritz Helling in Teil II des vorliegenden Beitrags.

sich in einer durchaus als krisenhaft empfundenen Phase des Übergangs vom Patrioten und guten Untertanen des letzten deutschen Kaisers zum entschiedenen, ja leidenschaftlichen Sozialisten entwickelte. Oder es finden sich recht offenherzige Geständnisse über persönliche Schwächen, Krisen und Ursachen von Krankheitsmomenten, die ihm und seiner Familie zum Beispiel aufgrund von Gestapo-Haft, direkter und indirekter politischer Verfolgung in der ,inneren Emigration' und in der Zeit der frühen Bundesrepublik unter den Bedingungen des Kalten Krieges psychisch nachhaltig zusetzten[8]. Zwar fallen die einschlägigen und gewiß entscheidenden Stichworte „Traumatisierung" und „Stigmatisierung" nicht explizit. Aber sie stehen unzweifelhaft zwischen den Zeilen, insbesondere dort, wo weniger Helling selbst, sondern seine Familie betroffen ist, etwa der 15jährige Sohn Jürgen von Verhören durch die Gestapo[9] oder seine Frau und der inzwischen studierende Sohn von der kollektiven Stigmatisierung durch das betont antikommunistische gesellschaftliche Umfeld der Adenauer-Ära[10].

Es bleibt somit auf der Grundlage einer intensiven Textkenntnis und Textkritik der Hellingschen Autobiographie zu konstatieren: Diese Lebensbeschreibung ist authentisch und in Teilen sogar mehr als das, nämlich für ihre Zeit erstaunlich kritisch und offen, selbst für solche, im zeitgenössischen Sittencodex noch als besonders intim empfundene Themenbereiche wie etwa ,Liebe im Alter', ,Krankheit im Alter' oder ,Be-

---

[8] Vgl. Wolfgang Keim, Fritz Helling, Politischer Pädagoge im Spannungsfeld von Konvention und Gesellschaftskritik. Eine biographische Skizze, in: Burkhard Dietz (Hg.): Fritz Helling, Aufklärer und „politischer Pädagoge" im 20. Jahrhundert. Interdisziplinäre Beiträge zur intellektuellen Biographie, Wissenschaftsgeschichte und Pädagogik (Studien zur Bildungsreform, Bd. 43), Frankfurt a.M. 2003, S. 37-98; Burkhard Dietz, Sozialistische Orientierung und frühe Opposition gegen den Nationalsozialismus, in: ebd., S. 155-167; Georg Dieker-Brenneke, „Schwelm hat ihn nicht verstanden". Von der Schwierigkeit eines Reformers und Querdenkers mit seiner Heimatstadt, in: ebd., S. 429-458 und Burkhard Dietz, Erneute politische und gesellschaftliche Diskriminierung in den 1950er und 1960er Jahren. Eine Skizze zu Fritz Hellings letzten Lebensjahrzehnten, in: ebd., S. 459-469.
[9] Autobiographische Notizen v. J. Helling aus den Jahren 1998/99 und 2001 (a.a.O.).
[10] Georg Dieker-Brennecke, „Schwelm hat ihn nicht verstanden", in: Burkhard Dietz (Hg.), Fritz Helling, a.a.O., S. 429-458; Burkhard Dietz, Erneute politische und gesellschaftliche Diskriminierung, in: ebd., S. 459-469.

wältigung von Trauer', letztere jeweils einschließlich der langwierigen psychologischen Begleiterscheinungen.

Selbst wenn man die Tendenz der letzten Kapitel zur Tagebuchartigkeit als Bruch in der erzählerischen Grundstruktur und in der komprimierten Überblicksdarstellung einräumt, so ist doch festzustellen, daß es Fritz Helling insgesamt gelungen ist, ein Zeitdokument von zum Teil sogar kulturgeschichtlichem Format zu verfassen, eben die Autobiographie eines publizistisch vielfältig engagierten Intellektuellen, freilich auch eine Autobiographie, die ihre Stärken weniger im Literarischen als vielmehr in ihrem lebens- und wissenschaftsgeschichtlichen Informationsgehalt hat[11]. Insbesondere der erziehungshistorischen Forschung, ebenso aber auch der sozial- und kulturgeschichtlich orientierten Biographieforschung bietet sie streckenweise geradezu einzigartige, ausgesprochen plastische Einblicke in das Leben und Arbeiten eines Reformpädagogen, der in nahezu exemplarischer Weise unter den politischen Katastrophen des 20. Jahrhunderts – vom ausgehenden Kaiserreich bis zur frühen Bundesrepublik – litt und sich mit ihnen auf je eigene Art, die bis zur frühen und entschiedenen Opposition gegen den heraufziehenden Nationalsozialismus und später zum freiwilligen Rückzug aus dem Arbeitsleben als Beamter unter den Bedingungen des Heinemannschen ‚Radikalenerlasses' gehen konnte, engagiert auseinandergesetzt hat. Dabei offenbart der Text zugleich, mit wieviel Gerechtigkeitssinn, humanitären Idealen und charakterlicher Redlichkeit Helling seine pädagogischen Konzepte entwickelte, seine politischen Überzeugungen vertrat und sie gegenüber konträren politischen Machtverhältnissen im Staat zu verteidigen wußte, auch wenn er über die genauen Hintergründe seines Verhaltens an dem einen oder anderen

---

[11] Zum Stellenwert der Gelehrten(auto)biographie für die Wissenschaftsgeschichte und die interdisziplinäre Biographieforschung vgl. Margit Szöllösi-Janze, Lebens-Geschichte – Wissenschaftsgeschichte. Vom Nutzen der Biographie für Geschichtswissenschaft und Wissenschaftsgeschichte, in: Berichte zur Wissenschaftsgeschichte 23 (2000), S. 17-35; Anthony Grafton, Der Gelehrte als Held. Mit manchem Makel mochten sie sich gar nicht erst abgeben: Biographen als Wegbereiter der Wissenschaftsberichterstattung, in: Frankfurter Allgemeine, 29. September 2001 (Tiefdruckbeilage); Dagmar Günther, „And now for something completely different". Prolegomena zur Autobiographie als Quelle der Geschichtswissenschaft, in: Historische Zeitschrift 272 (2001), S. 24-61; Catrien Santing, De biografie als genre in de wetenshapsgeschiedenis, in: Gewina 23 (2000) 1, S. 6-14.

Punkt seines Lebensberichts – wohl aus verständlicher Vorsicht vor den unwägbaren Möglichkeiten einer eventuellen zukünftigen Ahndung und zur vorsorglichen Wahrung seiner Persönlichkeitsrechte – gelegentlich Informationen nicht preisgibt. So zum Beispiel, wenn es darum geht, seine Kontakte zu politischen Widerstandsgruppen innerhalb und außerhalb des ‚Dritten Reiches‘ (etwa während des explizit in seiner Autobiographie, Kapitel 7, genannten Aufenthaltes in der Schweiz im Sommer 1936) und seine diesbezüglichen Aktivitäten rückhaltlos und präzise offenzulegen, oder wenn es darum geht, die politische Dimension seines Engagements im „Kulturbund", im „Deutschen Friedenskomitee" und im „Schwelmer Kreis" nach 1945 genauer zu benennen oder gar die Frage nach möglichen weitergehenden Kontakten zu Verfassungsorganen der DDR und/oder der Tschechoslowakei anzusprechen[12].

Zweifellos hat dieses Schweigen – neben den bereits erwähnten zeitbedingten Umständen juristischer Ahndungsmöglichkeiten – seine Hauptursache im Erlebnis der eigenen politischen Verfolgung und Gestapo-Haft, bei der er nur knapp der drohenden Deportation in ein Konzentrationslager entkam. Die psychischen und mentalen Prägungen der Nazi-Zeit bildeten das Trauma und Stigma seiner weiteren persönlichen und sozialen Existenz[13], wurden bald aber auch zu Triebfedern und motivierenden

---

[12] Die sensible Frage nach Kontakten Hellings zu Verfassungsschutzorganen der DDR und/oder der Tschechoslowakei stellt ein noch tiefer zu eruierendes Forschungsdesiderat dar; erste, bisherige „Antworten" auf diese Frage fallen kontrovers aus (vgl. Burkhard Dietz, Erneute politische und gesellschaftliche Diskriminierung, a.a.O., S. 459-469, insb. S. 466; ders., Diese weite geistige Existenz. Ein Interview von Heike Rudolph mit Dr. Burkhard Dietz im Rückblick auf die Tagung „Fritz Helling – ein Aufklärer und ‚politischer Pädagoge‘ im 20. Jahrhundert", in: Journal für Schwelm 78 [2002], S. 14-17 [in erweiterter und aktualisierter Fassung vom Frühjahr 2006 auch unter: www.burkhard-dietz.de]; Peter Dudek, Gesamtdeutsche Pädagogik im Schwelmer Kreis. Geschichte und politisch-pädagogische Programmatik 1952-1974, Weinheim 1993, insb. S. 97-108; – vgl. dagegen: Wolfgang Keim, Fritz Helling: Politischer Pädagoge im Spannungsfeld von Konvention und Gesellschaftskritik, a.a.O., S. 37-98, insb. S. 83, Anm. 151; Christa Uhlig, „Zwischen den Fronten": Die gesamtdeutsche Pädagogik Fritz Hellings im Zeitalter des Kalten Krieges und die Programmatik des Schwelmer Kreises [1952-1974] in der Perspektive der DDR-Wissenschaft, in: Burkhard Dietz [Hg.], Fritz Helling, a.a.O., S. 403-428, insb. S. 413-418).
[13] Günter H. Seidler, Wolfgang U. Eckart (Hg.), „Verletzte Seelen". Möglichkeiten und Perspektiven einer historischen Traumaforschung, Gießen 2005; Kristin Platt, Gedächtnis,

Ausgangspunkten seines besonderen pädagogischen und schließlich – bis hin zur vorliegenden Autobiographie – seines vitalen publizistischen Engagements, das er nach 1945, zunächst im Auftrag der Besatzungsmacht, dann jedoch auch auf der Grundlage eines breiten, wenn auch recht kurzzeitigen gesellschaftlichen Konsenses und schließlich nach der Frühpensionierung als Privatmann in seiner westfälischen Heimatstadt Schwelm zu realisieren begann.

Helling, der in den 1930er und 1940er Jahren den „Ungeist" der Nazi-Zeit allerorten und hautnah hatte beobachten können, entwickelte nach Kriegsende dezidierte Vorstellungen, mit welchen Reformen das überkommene Schulsystem zu demokratisieren sei. Als er aber im Herbst 1950, kaum daß er den Wiederaufbau seiner Schule tatkräftig gemeistert und ein umfangreiches Reformpaket erfolgreich umgesetzt hatte[14], durch den ersten ‚Radikalenerlaß‘ der Bundesrepublik, den sogenannten „Heinemann-Erlaß", als Beamter eine erneute strenge politische Reglementierung hinnehmen mußte[15], wurde ihm Adenauers Republik, die sich anschickte zum ‚Wirtschaftswunderland‘ zu avancieren, zunehmend unheimlich und zuwider, ja infolge der bald unter der Ägide der USA und ihres Militärbündnisses vollzogenen Wiederbewaffnung und atomaren Aufrüstung sah er in der sogenannten „BRD" wie manch anderer Zeitgenosse eine „Demokratie der schmutzigen Hände" (A. Andersch). Zutiefst enttäuscht und frustriert über die vielfältigen Anzeichen der politischen Restauration quittierte Helling kurz entschlossen den Staatsdienst und widmete sich fortan mit ganzer Kraft nur noch seinen pädagogisch-politischen Zielen, die er gemeinsam mit einer größeren Anzahl gleichgesinnter Pädagogen aus Ost und West in dem vom westdeutschen Verfassungsschutz observierten „Schwelmer Kreis" und seinen Publikationsorganen propagierte und öffentlich zur Diskussion stellte. Im mentalen Klima des Kalten Krieges, durch das ihm, insbesondere nach dem Mau-

---

Erinnerung, Verarbeitung. Spuren traumatischer Erfahrung in lebensgeschichtlichen Interviews, in: BIOS 11 (1998), S. 242-262; Werner Bohler, Traumata und deren Behandlung in der Psychoanalyse, in: BIOS 11 (1998), S. 201-212.
[14] Vgl. hierzu Jürgen Sprave, Fritz Helling und der Aufbau des höheren Schulwesens in Schwelm und Nordrhein-Westfalen, in: Burkhard Dietz (Hg.), Fritz Helling, a.a.O., S. 319-401.
[15] Vgl. Kap. 10 der Hellingschen Autobiographie.

erbau, bald kaum noch eine ungehinderte Kontaktpflege zu seinen ostdeutschen Weggefährten möglich war, begann Helling mit der Niederschrift der vorliegenden Autobiographie, zu der ihn sein Sohn Jürgen angeregt hatte[16].

Zu diesem Zeitpunkt, also eingangs der 1960er Jahre, hatte er gerade eine
Reihe ernsthafter Erkrankungen überwunden, den Vorsitz im „Schwelmer
Kreis" niedergelegt sowie den Tod seiner Frau Hilda zu verarbeiten begonnen[17]. Der Sohn schilderte den Zustand, in dem sich Fritz Helling Anfang 1963 befand, später mit den Worten: „Im hohen Alter – etwa um die
Zeit seines 75. Lebensjahres – stellte sich heraus, daß seine reduzierten
Kräfte für eine nach seinen Maßstäben ernsthafte geistige Arbeit kaum
noch ausreichten. Seine Aufmerksamkeit und Gedanken begannen sich
zunehmend auf seine altersbedingten Einschränkungen und auf seine gesundheitliche Befindlichkeit auszurichten. Dies wirkte sich über verschiedenartige ‚Rückkoppelungen' negativ aus. In dieser Situation habe
ich ihn damals dazu gedrängt, seine Lebenserinnerungen aufzuschreiben.
Nach anfänglichem Zögern hat er sich dies zu eigen gemacht."[18] Der
Zeitpunkt, zu dem Helling mit der Niederschrift seiner Autobiographie
begann, markiert mithin eine Situation, die für ihn in persönlicher wie politischer Hinsicht zwar von einer relativ großen Hilfs- und Ausweglosig-
keit geprägt war. Zugleich erscheint die Situation des gesundheitlich
nicht ungetrübten Alters aber auch als der richtige Zeitpunkt, etwas Au-
tobiographisches zu schreiben, weil er vermutlich eine größere Unabhängigkeit und Offenheit ermöglichte.

Nicht zuletzt dank der intensiven Unterstützung, die Fritz Helling in dieser schwierigen Lebenssituation tagtäglich durch seinen ehemaligen
Schüler und nunmehrigen Freund und ‚Sekretär' Walter Kluthe (1915-
1992) sowie durch dessen Familie und einige wenige andere wohlmei-
nende Bekannte erfuhr, konnte die Zeit seit dem Sommer 1963 für ihn
allmählich zu einer Phase neuerlichen wissenschaftlich-pädagogischen
Engagements und größerer publizistischer Produktivität werden. In ihr

---

[16] Vgl. Anm. 5.
[17] Vgl. Kap. 13 und den Anfang von Kap. 14 der Hellingschen Autobiographie.
[18] Autobiographische Notizen v. J. Helling aus den Jahren 1998/99 und 2001 (a.a.O.).

wurde der größte Teil der vorliegenden Autobiographie geschrieben. Erst das Jahr 1968, in dem Helling seinen 80. Geburtstag beging und nun auch – vor dem Hintergrund eines merklich veränderten politischen Klimas – von den Repräsentanten seiner Heimatstadt als herausragende Persönlichkeit in entsprechendem Rahmen gefeiert und seine Leistung auf dem Gebiet der Reformpädagogik durch die Verleihung der Ehrendoktorwürde der Pädagogischen Fakultät der Humboldt-Universität zu Ost-Berlin in besonderer Weise gewürdigt wurde, stellte schließlich eine deutliche Zäsur in dieser publizistischen Schaffensperiode dar, nach der – von nun an immer wieder unterbrochen durch Krankheiten verschiedenster Art und unterschiedlichen Schweregrades[19] – ihm allein die Fortführung seiner Autobiographie als publizistisches Vorhaben[20] wichtig blieb. Je älter Fritz Helling aber wurde, desto mehr nahm der autobiographische Text für ihn Funktion und Charakter eines Tagebuchs an[21], was an verschiedenen Passagen der letzten Kapitel deutlich festzustellen ist. So steht am Ende als Kapitel 19 auch lediglich der Text eines längeren Rundschreibens, mit dem sich Helling im September 1968 bei den Teilnehmern seiner Feier zum 80. Geburtstag und bei den sonstigen Gratulanten bedankte und in dem er noch einmal einen summarischen Rückblick auf diesen öffentlichkeitswirksamen Höhepunkt und deutlich wahrnehmbaren Schlußakkord seines Lebens vornahm.

Von zentraler Bedeutung für Fritz Hellings Darstellung war offensichtlich das Interesse, sein Leben als das eines „politischen Pädagogen" zu beschreiben und öffentlich registriert zu wissen. Als solcher wollte er mit seinem Werk gesehen und bewertet, als solcher wollte er der Nachwelt in Erinnerung bleiben. Programmatisch fügte er darum die Formel vom „po-

---

[19] Vgl. die umfangreiche Überlieferung zu medizinischen Behandlungen Fritz Hellings in seiner Personalakte (StA Schwelm, PA Dr. Fritz Helling, Oberstudiendirektor); als Problemaufriß zu diesem Themenkreis siehe Ulrike Hoffmann-Richter/Asmus Finzen, Die Krankengeschichte als Quelle, in: BIOS 11 (1998), S. 280-297.

[20] Die Veröffentlichung der Autobiographie war nach Aussage von Jürgen Helling von Anfang an von seinem Vater beabsichtigt (Autobiographische Notizen v. J. Helling aus den Jahren 1998/99 und 2001 [a.a.O.]).

[21] „In seinen letzten Jahren bekam die Biographie dann zunehmend auch Funktion und Charakter eines Tagebuches. Die ursprünglich noch zu Lebzeiten des Vaters vorgesehene Veröffentlichung mußte damals zurückgestellt werden" (Autobiographische Notizen v. J. Helling aus dem Jahre 1998/99 [a.a.O.]).

litischen Pädagogen" in den Titel seiner Autobiographie ein, die sich – vermutlich bewußt – an den Untertitel von Paul Oestreichs „Selbstbiographie": „Aus dem Leben eines politischen Pädagogen" von 1947[22] anlehnt. Für die Verwendung des Begriffspaares ließen sich unterschiedliche Beweggründe finden; Helling selbst verzichtet sowohl auf eine nähere Erläuterung seiner Motive als auch auf eine Definition, was einen „politischen Pädagogen" in seinen Augen auszeichnet; allerdings läßt sich dieses Selbstverständnis aus dem Kontext unschwer erschließen.

Zu der Zeit, als Helling an seinem Text arbeitete, war die Vieldeutigkeit, ja die potentielle Mißverständlichkeit des Begriffs „politischer Pädagoge" unübersehbar. Sein aufklärerischer, emanzipatorischer und auch moralischer Bedeutungsgehalt hatte zwar einerseits in den 1960er und 1970er Jahren mit ihren heftigen bildungspolitischen Debatten wieder Konturen gewonnen, doch dürfte andererseits auch die ideologische Diskreditierung der „politischen Pädagogik" durch NS-Pädagogen, die nur wenige Jahrzehnte zurücklag, keineswegs in Vergessenheit geraten sein – schon gar, wenn man Hellings Kooperation mit Kollegen aus der – auf eine ‚antifaschistische Programmatik' ausgerichteten – DDR berücksichtigt.

Die ebenso demonstrativ wie bei Helling vorgenommene Verwendung der Bezeichnung „politischer Pädagoge" bei seinem Freund und Weggefährten Paul Oestreich (1878-1959) deutet darauf hin, aus welcher Richtung Helling die programmatische Begrifflichkeit tatsächlich entlehnte. Oestreich und Helling verstanden sich als Erzieher neuen Typs, als „Pädagogen in gesellschaftlicher Verantwortung"[23], die durch ihre Arbeit letztlich den Aufbau einer „neuen" Gesellschaft anstrebten, indem sie die Jugend mittels Einübung demokratischer Verhaltensweisen zu verantwortungsbewußten, mündigen Bürgern erziehen und selbst dabei als moralisch-couragierte Vorbilder im Geiste der Aufklärung und des ‚gesell-

---

[22] Paul Oestreich, Aus dem Leben eines politischen Pädagogen. Selbstbiographie, Berlin 1947.

[23] Auf diese Kurzformel brachten 1988 Jürgen Eierdanz und Karl-Heinz Heinemann das Selbstverständnis Fritz Hellings und seiner Mitstreiter (Fritz Helling, Pädagogen in gesellschaftlicher Verantwortung. Ausgewählte Schriften eines entschiedenen Schulreformers, hg. v. Jürgen Eierdanz u. Karl-Heinz Heinemann, a.a.O.).

schaftlichen Fortschritts' wirken wollten. Sowohl bei Oestreich, als auch bei Helling und bei vielen Mitgliedern des „Bundes Entschiedener Schulreformer" bzw. des „Schwelmer Kreises" stand dabei die Etablierung einer *sozialistischen Gesellschaft* als Ziel im Vordergrund aller pädagogischen Bemühungen. So ist es nicht verwunderlich, daß die Thematisierung dieser Zielvorstellung und aller Bemühungen, sie zu realisieren, den eigentlichen Kern von Hellings autobiographischer Selbstdarstellung ausmachen. Durch ihre Beschreibung und Ausdeutung erfährt sein Leben seit seiner politischen Neuorientierung eine gleichsam übergeordnete programmatische Sinngebung. Nicht von ungefähr ergeben sich hier zahlreiche Parallelen zu Paul Oestreichs Autobiographie von 1947, als deren Ergänzung Helling seine eigene literarische Selbstannäherung möglicherweise betrachtet hat.

II

Vorliegende Lebensbeschreibung Hellings ist bereits die dritte ihrer Art. Vorausgegangen waren kürzere autobiographische Texte, der erste aus dem Jahr 1958, der zweite von 1963[24]. Vergleicht man die drei Fassungen, unterscheiden sich diese nicht nur rein äußerlich durch ihren Umfang, sondern ebenso durch ihre zunehmende Detailgenauigkeit und damit Plastizität, darüber hinaus durch unterschiedliche Akzentuierungen. Ganz offensichtlich hat Helling mit fortschreitendem Lebensalter und Abstand zum Geschehenen ein höheres Maß an Klarheit bezüglich der sein Leben und politisches Wirken leitenden Intentionen gewonnen, sein Selbstbild klarere Konturen erhalten.

Dies zeigt bereits der vergleichende Blick auf sein *Elternhaus* in allen drei Fassungen. Spricht er 1958 lediglich von der „harmonischen Ehe" seiner Eltern, der für ihn lebensprägenden elterlichen Erziehung zu einer „Moral der Anständigkeit" sowie der geistigen Atmosphäre seines Eltern-

---

[24] Die nachstehend angegebenen Fundstellen, die drei Texte betreffend, beziehen sich auf: Fritz Helling, Aus meinem Leben, a.a.O. (1958; vgl. Anm. 7); ders., Die Wandlungen in meinem Leben, a.a.O. (1963a bzw. 1963b; vgl. Anm. 7); ders., Mein Leben als politischer Pädagoge, hg., eingel. u. kommentiert v. Burkhard Dietz u. Jost Biermann (Studien zur Bildungsreform, Bd. 44), Frankfurt a.M. 2007.

hauses (S. 17)[25], mischen sich in die späteren Fassungen auch differenziertere, kritische Töne: „Meine Jugend verlebte ich vor dem ersten Weltkrieg in der wilhelminischen Zeit, deren Eigentümlichkeit ein expansiver Imperialismus in der Wirtschaft, Politik und militärischen Rüstung war. Von der gefährlichen Eigenart dieser damaligen Gegenwart erfuhr ich nichts. Weder im Elternhaus noch in der Schule hörte ich etwas davon. Die Jugendjahre waren für mich eine Zeit ruhiger Gewohnheiten und schöner Spiele" (1963a, S. 22). Und als Helling retrospektiv auf seine Meldung als Kriegsfreiwilliger (1914) blickt, stellt er fest, daß „meine Eltern mich davon mit keinem Wort zurück[hielten], obgleich ich ihr einziger Sohn war. Auch sie glaubten, dieser Entschluß sei das Gebot der Stunde" (ebd.; vgl. 2007, S. 35). Demgemäß bilanziert Helling hier nun, „daß Elternhaus und Schule mit ihrer Bildung und Erziehung um Jahrzehnte hinter dem wirklichen Leben der Gegenwart zurückgeblieben waren" (1963a, S. 23).

Entsprechendes gilt für die Bewertung seiner *Schulzeit*. In allen drei Texten sieht er in ihr zunächst die Grundlegung seiner lebenslang anhaltenden Begeisterung für die griechische Tragödie, die deutsche Klassik und deren Humanitätsideen (1958, S. 17; 1963a, S. 22; 2007, S. 12). War für ihn jedoch die Schule 1958 generell noch „keine Belastung", die Barmer Schulzeit sogar „eine Bekräftigung der häuslichen Erziehung" (S. 17), verbanden sich damit in den beiden späteren Darstellungen starke Negativmomente: eine „tiefe Kluft" zwischen Lehrern und Schülern, die bis zu „Fremdheit" und „Feindschaft" gehen konnte (2007, S. 12 f; vgl. 1963a, S. 22). Die am eigenen Leibe erfahrene – und am Beispiel des Straßenbahn-Erlebnisses so anschaulich verdeutlichte (2007, S. 12 f) – Sprachlosigkeit im Lehrer-Schüler-Verhältnis war sicherlich ein Hauptantrieb

---

[25] Seinem *Vater* hält Helling ausdrücklich seine intellektuelle Förderung zugute und charakterisiert ihn bewundernd als „Gefährten geistiger Entwicklung" (1958, S. 17) und als einen „feinsinnige[n], nicht nur pädagogisch, sondern auch dichterisch und musikalisch hochbegabte[n] Lehrer" mit politischen Überzeugungen (2007, Kap. 1, insb. S. 2-7; vgl. 1963a, S. 22). – Die „praktische, kluge und aktive" *Mutter* (2007, S. 8) wird indessen erheblich knapper dargestellt, das Beziehungsband zu ihr im unpolitischen, gleichsam weniger spektakulären emotionalen Bereich verortet: Sie sei „die Vertraute täglicher Anliegen" gewesen (1958, S. 17; vgl. 2007, S. 7, 11).

für Helling, sich als Lehrer auf fachlicher wie privater Ebene um einen Dialog mit seinen Schülern zu bemühen.

Bezüglich der *Studienzeit* setzen die drei Versionen seiner Lebensbeschreibung unterschiedliche Akzente. Bezeichnet er 1958 „Drang nach Wissen und Erkenntnis" und „Hunger nach Allgemeinbildung [...] über das Fachstudium hinaus" als Ausgangsmotivationen (1958, S. 17 f), ergänzt Helling diese 1963 um das Vorbild aus seiner Familie, so daß es nun heißt: „[Ich] strebte [...] in diesen Universitätsjahren über das Fachliche hinaus zu einer Allgemeinbildung, wie sie mein Vater besaß" (1963a, S. 22). Im jüngsten Text wiederum wird der Vater in diesem Zusammenhang gar nicht erwähnt und das angestrebte ‚studium generale' mit dem Wunsch begründet, „vor allem mit den Ideen der großen Männer des Altertums vertraut gemacht [zu] werden" (S. 17). Die Enttäuschung, die das altphilologische Studium Helling offenbar bereitet hat, kommt 1958 und 2007 zum Ausdruck, 1963 hingegen fehlen Aussagen dazu. Helling bemängelt zum einen die „Hintansetzung der großen Ideen" (1958, S. 18) bzw. die (Studien-)„Wirklichkeit", in der er erfahren mußte, „daß die Textkritik [...] zur Hauptsache gemacht wurde" (2007, S. 17), zum anderen erklärt er, „für Sprachen nur mäßig begabt" gewesen zu sein (1958, S. 18) – ein Eingeständnis, das sich in den späteren Texten nicht wiederfindet.

Seine Hinwendung zu reformpädagogischen Ideen während seiner *Referendarzeit* 1913 und 1914 beschreibt Helling derweil in jeder der drei biographischen Selbstannäherungen in ähnlicher Weise: die wichtige Prädisponierung durch das Aufwachsen auf dem Lande und die dort entwickelte „Liebe zur Natur", die dadurch gewonnene Empfänglichkeit für den *„Wandervogel"* und schließlich den Anschluß an die *Jugendbewegung*. Damit einhergehend berichtet Helling in allen drei Fassungen von seinem Zugang zur *Reformpädagogik* über die anregende Lektüre von Gaudig und insbesondere Wyneken (1958, S. 17 f; 1963a, S. 22; 2007, insb. Kap. 2).

Erst in der zweiten und – ungleich ausführlicher – in der letzten Fassung kommt die in der Studienzeit einsetzende gründliche Beschäftigung mit *Politik* zur Sprache: Er liest „die wichtigsten Zeitungen", besucht „politische Vorträge" und nimmt „gelegentlich auch an Reichstagssitzungen teil" (2007, S. 20). Den nachhaltigen Eindruck, den speziell Friedrich Naumann bei Vorträgen sowie dessen Zeitschrift „Die Hilfe" auf ihn gemacht haben, nennt er in beiden Texten ausdrücklich (1963a, S. 22; 2007, S. 21).

Zu diesem Zeitpunkt war er freilich noch in bürgerlich-konservativen Denkstrukturen verhaftet, wie er in jedem der drei Texte mit der Darlegung seiner Meldung als *Kriegsfreiwilliger* zum *Ersten Weltkrieg* unterstreicht: „Im Glauben an den deutschen Sieg [...] in imperialistischen Wunschträumen" lebend (1958, S. 18), im Glauben, dem „Gebot der Stunde" zu folgen (1963a, S. 22), „von der allgemeinen Stimmung mitgerissen", war er nach eigenem Bekunden „sofort entschlossen, [s]ich als Kriegsfreiwilliger zu melden" (2007, S. 35). Helling verbleibt jedoch nicht bei dieser Eigenanalyse, sondern weist – und zwar wiederum in allen drei Autobiographien – darüber hinaus auf sein gesellschaftliches Umfeld hin, wenn er schreibt: „Die gesamte freideutsche Jugend dachte nicht anders" (ebd.; vgl. 1958, S. 18 u. 1963a, S. 22), und wenn er an anderer Stelle hinzufügt: „Ich verkehrte auch in den Kreisen der begüterten bürgerlichen Gesellschaft, in der diese Anschauungen in selbstverständlicher Geltung standen" (2007, S. 43 f).

Die im 1958er Text gegebenen Erläuterungen zu seiner in den 1920er Jahren veränderten Sicht auf die Geschichte und zu seiner *„politischen Wendung" hin zum Sozialismus* unterscheiden sich von denen der beiden späteren Texte in erster Linie hinsichtlich ihrer Differenziertheit und Konkretisierung. In allen drei Fassungen beschreibt Helling als Ausgangspunkt dieser Entwicklung seine bis in die Nachkriegszeit des Ersten Weltkrieges reichende Bestürzung, sein Befremden, seine Ratlosigkeit, letztlich sein Unverständnis und seine Ablehnung in Bezug auf die „Erhebung der Arbeiterschaft und [deren] Forderung nach Sozialismus" sowie gegenüber der Novemberrevolution und sogar der Gründung der Weimarer Republik (1958, S. 18; vgl. 1963a, S. 22 u. 2007, S. 44). Den Weg gefunden zu haben aus seiner zu dieser Zeit entstandenen Orientierungslosigkeit, aus der „politischen und weltanschaulichen Krise" (2007, S. 45), aus den „Jahren qualvollen Suchens" (1958, S. 18; vgl. 1963,

S. 22) führt Helling 1958 zurück auf seine Bereitschaft, sich „frei von Haß" mit der „neuen Ideenwelt" auseinandergesetzt zu haben, und auf seinen „Glaube[n] an die Existenz und die Erkennbarkeit wirklicher Wahrheiten" (S. 18). In den beiden jüngeren Texten indessen stellt Helling seinen Weg der politischen Neuorientierung erheblich greifbarer dar. So berichtet er von offenen Auseinandersetzungen innerhalb des Schwelmer Schulkollegiums, in denen die national-liberale und konservative Mehrheit gegen die Freunde der Jugendbewegung und der neuen Demokratie und des Sozialismus standen, die „fast in jeder Konferenz, bei jeder Lehrplanbesprechung, jedem Disziplinarfall [... im] Kampf der Meinungen immer wieder starke Anstöße zum Durchdenken strittiger Fragen" gegeben hätten (1963a, S. 23). Die „oppositionelle Minderheit" des Kollegiums habe sich bald auch dem *Bund Entschiedener Schulreformer* (BESch) angeschlossen, dessen Publikationsorgan, die Zeitschrift „Neue Erziehung", bezogen und es regelmäßig im Lehrerzimmer kursieren gelassen und somit für Helling „die Möglichkeit [geboten], [s]ich mit der Gedankenwelt Oestreichs bekannt zu machen" (2007, S. 57 f)[26]. Ferner nennt Helling neben *Paul Oestreich* nun auch Friedrich Wilhelm Foerster, dessen Lehren und weiterführende Hinweise auf Literatur von Constantin Frantz, Karl Christian Planck und anderen Bismarck-Kritikern Helling zur Erkenntnis gelangen ließen, „daß die Verpreußung Deutschlands das große Unglück für unser Volk bedeutete" (1963a, S. 23), „daß die preußische Angriffspolitik die Schuld am Ausbruch des 1. Weltkrieges trug, während wir Kriegsfreiwilligen mit einem großen Teil des deutschen Volkes geglaubt hatten, Deutschland sei von seinen Nachbarmächten angegriffen worden" (2007, S. 50). Unter Schilderung weiterer Ergebnisse seiner historischen Studien, in denen er „nicht nur die militärischen und politischen, sondern auch die wirtschaftlichen und gesellschaftlichen Verhältnisse" untersucht und „nach Traditionen von echter Größe" in der deutschen Geschichte gesucht habe, sei Helling „in einem

---

[26] Helling kennzeichnet *Oestreich* nicht nur als seinen „Befreier aus der Krise" und als Vorbild bei der Interpretation von „Zusammenhängen zwischen Politik und Pädagogik" (1963a, S. 24), sondern auch als inspirierend für sein aktives Wirken im BESch in der Zeit der Weimarer Republik, das in allen drei Texten – mit zunehmendem Textumfang und zunehmender Ausgestaltung – dargelegt wird (zunächst auf lokaler Ebene in der 1923 gegründeten Schwelmer Ortsgruppe, dann auf Bitten Oestreichs überregional ab 1927 als Leiter des Landesverbandes Westfalen-Lippe) (1958, S. 19; 1963a, S. 24 ff; 2007, Kap. 5, 6).

etwa 6 Jahre dauernden Suchen" letztlich „zur Bejahung der Demokratie und des Sozialismus" gekommen (1963a, S. 23 f; vgl. 2007, S. 48 ff, 58).

Die Tendenz hin zum Konkretisieren seiner Lebensdarstellung verdeutlicht ebenso die Wiedergabe sowohl der Inhalte von Hellings neu erschlossenem politischen Weltbild als auch der praktischen Konsequenzen für das pädagogische Handeln des *Lehrers*. 1958 wählt Helling, angelehnt an Oestreichs Sprachduktus, noch etwas wolkige Formulierungen, wenn er von einer „neuen Erdenordnung" und von einer „rettenden Sinnerfüllung der Zeit" und, mit Blick auf Bildung und Erziehung, von „Hilfe im Selbstgestaltungsringen des einzelnen zu seiner höchstmöglichen Totalität in der zeitgeforderten Totalität von Volk und Menschheit", von „Hilfe zur Selbstbildung durch tätig-produktive Auswirkung aller Kräfte im Ringen mit dem Dinglich-Sachlichen" spricht und als „vorzügliches [pädagogisches] Mittel zu dieser Selbstbildung" lapidar „die freie Diskussion" anführt (S. 19). In den autobiographischen Fassungen von 1963 und 2007 werden Hellings Ausführungen fester umrissen. Im Pädagogischen gibt Helling in diesen Texten die Elemente seiner bereits früh nach dem Ersten Weltkrieg intensivierten reformpädagogischen Schulpraxis im einzelnen in ihrer tatsächlichen Umsetzung wieder und betont das verbesserte, offene Lehrer-Schüler-Verhältnis mit unterrichtlicher Diskussionskultur sowie mit persönlichen, auch außerunterrichtlich gesuchten Gesprächskontakten und Aktivitäten, aber gibt 1963 auch Schwierigkeiten und Unsicherheiten bei der Frage nach den „Grenzen für die neue Freiheitsgewährung" zu (1963a, S. 24 f; 2007, S. 51 ff, Kap. 5). Im Politischen warnt er konkreter vor der Bedrohung der Demokratie durch „Riesenkonzerne des Hochkapitalismus" und referiert Inhalte von durch ihn selbst initiierten Tagungen und Kundgebungen im BESch sowie von Aufsätzen und seiner Herausgeberschaft des „Kulturpolitischen Zeitspiegels", womit er letztlich auch die Praxis der propagierten „Verbindung von Pädagogischem und Politischem" über „die Arbeit in der Schulstube" hinaus veranschaulicht (1963a, S. 24 f; 2007, Kap. 5).

Hellings Arbeit als „politischer Pädagoge" drückt sich unübersehbar in seinem *offenen oppositionellen Engagement gegen den Nationalsozialismus* aus, das Helling in den drei autobiographischen Texten zunehmend

XXXIV

ausführlich anhand der Rekapitulation seiner überregionalen, besonders zwischen Februar 1932 und März 1933 verstärkten, antinazistischen Vortragstätigkeit im BESch sowie in Lehrervereinen, der Liga für Menschenrechte und ähnlichen Verbänden dokumentiert (1958, S. 19; 1963a, S. 26; 2007, Kap. 6). In der zuletzt verfaßten Autobiographie erfährt der Leser darüber hinaus von Hellings persönlicher Begegnung mit Adolf Hitler 1922 in München, die gleichsam Ausgangspunkt seiner Abneigung gegenüber dem Nazismus gewesen ist (S. 47 f).

Hellings Auskünfte zu *Zwangsentlassung, Gestapo-Haft* und *,innerer Emigration'* fallen 1958 noch recht spärlich aus, nur knapp stellt er die „unfreiwillige Mußezeit" als wissenschaftlich produktiv dar und handelt ebenso seine Gestapo-Haft (April 1937) und Freilassung (August 1937), die Umzüge nach Beuel und Gladenbach in Hessen sowie die Anstellung an einer kleinen Privatschule dort ab (S. 19). In den 1963 und 2007 veröffentlichten Texten beschreibt er überdies die finanziell angespannte Lebenssituation, betrauert den im Juni 1933 durch einen Unglücksfall verlorenen jüngeren Sohn Klaus und erläutert (vor allem 2007) den großen Anteil, den seine Frau Hilda an seiner Freilassung gehabt habe (1963a, S. 26 f; 2007, Kap. 7). Auch wird die Lehrtätigkeit von Fritz und Hilda Helling an der Privatschule im hessischen Hinterland als Überlebensnotwendigkeit deutlich und die Bedrängnis der Situation zudem plastischer, wenn Helling, vom NSDAP-Propagandaleiter in Gladenbach zum Parteibeitritt aufgefordert, das Risiko der (erneuten) Entlassung aus dem Beruf und weitergehender politischer Repression bewußt in Kauf nimmt, oder wenn die Ängste um den im Juli 1944 als Luftwaffenhelfer eingezogenen, jetzt einzigen Sohn Jürgen geschildert werden (1963a, S. 27; 2007, Kap. 8).

Das in Gladenbach erlebte *Kriegsende* und Hellings dortige aktive Beteiligung an der Bildung eines „politischen Rates der Antifaschisten" unter sozialistischer Führung sowie dessen Scheitern[27] werden nur in der großen Autobiographie erwähnt (S. 119). In den beiden früheren Texten be-

---

[27] „Aber die Amerikaner verboten sehr bald diesen revolutionären Neubeginn und stellten die traditionelle bürgerliche Ordnung unter einem ihnen genehmen, von auswärts geholten Bürgermeister wieder her" (2007, S. 119).

ginnt die Nachkriegszeit unmittelbar mit Hellings Ingangsetzung des Schulunterrichts im Ennepe-Ruhr-Kreis Pfingsten 1945, im Auftrag der Militärregierung und des dortigen Landrates, und der Übernahme der Leitung zweier höherer Schulen in Schwelm als Oberstudiendirektor (1958, S. 19; 1963b, S. 14 f). Alle drei Texte beschreiben die *Schulreform* der ersten Jahre als Erfolgsgeschichte: breite Zustimmung auf politischer wie auf pädagogisch-fachlicher Ebene, d.h. finanzielle Unterstützung seitens der schulpolitischen Träger und Etablierung reformpädagogischer Innovationen sowie zahlreiche bewundernde Hospitationen (1958, S. 19 f; 1963b, S. 15 f; 2007, S. 127 ff).

Doch schon bald kommt der Bruch: Helling geht 1950/51 von sich aus in *Frühpension*. Während die dafür genannten Gründe 1958 absolut unpolitisch erscheinen („wegen zunehmender nervlicher Erschöpfung" [S. 20]) und auch 1963 allenfalls indirekt mit der hier jedoch bereits dezidiert aufgezeigten Nachkriegsentwicklung zu Kaltem Krieg und Blockbildung in Verbindung gebracht werden (1963b, S. 15 f)[28], wird in der zuletzt verfaßten Autobiographie deutlich gemacht, daß die Frühpensionierung in persönlich motivierter Reaktion auf die politische Entwicklung und auf eigenen Wunsch geschah (Kap. 10, insb. S. 134-136).

Die stärkere politische Akzentuierung in Hellings späteren autobiographischen Texten, vor allem in der jüngsten Fassung, zeigen auch seine Darstellungen von Mechanismen des Kalten Krieges, von Restauration und Antikommunismus in der Bundesrepublik und somit auch seine Legitimierung des 1952 von ihm ins Leben gerufenen *„Schwelmer Kreises"*. Wird dessen Aufgabe 1958 noch relativ unspezifisch angegeben mit „gegenseitiger Verständigung" und Förderung der „Zusammenarbeit der Völker über die nationalen Grenzen hinweg", die dazu dienen sollen, „die tiefe Kluft, die in unserer Gegenwart zwischen Ost und West aufgerissen worden ist, zu verringern" (S. 20), erläutert er 1963 die „Zeit der politischen Wende" konkreter[29] und unterlegt die Darlegung, indem er präg-

---

[28] „Mein Ausscheiden aus dem aktiven Schuldienst erfolgte in einer Zeit der politischen Wende" (1963b, S. 16).

[29] „Nach dem Tode Roosevelts verwandelte sich das Bündnis der Siegermächte in Gegnerschaft. Im Vertrauen auf den Alleinbesitz der Atombombe schuf die USA-Regierung

nante Äußerungen wider DDR und Sowjetunion von Konrad Adenauer und Franz Josef Strauß zitiert, die eine „Politik der Stärke" gegen den Osten propagierten (1963b, S. 16). Die zeitgeschichtlichen Beschreibungen gewinnen im jüngsten Text durch die Schilderung von Anfeindungen und Repressalien, denen der „Schwelmer Kreis" ausgesetzt war, zusätzlich an Anschaulichkeit und Gewicht (insb. Kap. 11). Umgekehrt rekonstruiert Helling nur dort die zahlreichen gemeinsamen Tagungen auf ost- oder westdeutschem Boden, gibt detaillierte Informationen zu Veranstaltungsabläufen, einzelnen Programmpunkten, Themen, Referenten, Diskutanten und Teilnehmern sowie zu Produkten der Treffen wie Resolutionen, Erklärungen und Appellen oder anderen Publikationen, vor allem in der Zeitschrift „Schule und Nation" (insb. Kap. 11, 13, 17 u. 18).

Weitere Akzentverschiebungen Hellings zwischen der 1958er Autobiographie und vorliegender Fassung ließen sich auch für die Entwicklung seiner „Neuen Allgemeinbildung" und die Darstellung seiner persönlichen Beziehungen nachweisen, worauf hier nicht im einzelnen eingegangen zu werden braucht. Interessant ist aber vielleicht der Hinweis, daß bei Helling – wie vermutlich in jeder Selbstdarstellung – auch *Leerstellen* auffallen. Dazu gehört etwa die Frage, warum er auch außerhalb der NS-Zeit nie Mitglied einer Partei geworden ist, worauf er in keiner seiner drei autobiographischen Texte eingeht, das Fehlen von Hinweisen auf den Holocaust als Mord an den europäischen Juden[30] oder aber eine kritische

---

unter Truman einen Westblock, der gegen die Sowjetunion gerichtet war und auch die Bundesrepublik einschloß. Jetzt kam der Kalte Krieg, die Hetze gegen den Kommunismus, der wieder wie in der Hitlerzeit als Weltfeind Nr. 1 verteufelt wurde. Jetzt kam das Wettrüsten mit konventionellen und atomaren Waffen [...]. In der Bundesrepublik begann jetzt der schreckliche Rückfall in die militaristischen Unheilstraditionen, die unser Volk schon zweimal in einem halben Jahrhundert in furchtbare Katastrophen gestürzt hatten" (1963b, S. 16).
[30] Wohingegen Helling in seiner während der späteren Jahre der ‚inneren Emigration' verfaßten und 1947 veröffentlichten Studie „Der Katastrophenweg der deutschen Geschichte" den Terror „gegen das Judentum und den Marxismus" sowie „im Innern de[n] Terror der Judenverfolgungen, der Blutjustiz und der Konzentrationslager" als Teil einer äußerst zynischen und „hemmungslosen Mordpolitik" dezidiert beim Namen nennt (Fritz Helling, Der Katastrophenweg der deutschen Geschichte, Frankfurt a.M. 1947, S. 201 ff; vgl. auch Burkhard Dietz, Helling als Historiker: der „Katastrophenweg der deutschen Geschichte"

Spiegelung der DDR-Geschichte, einschließlich der Erwähnung zentraler Daten wie des 17. Juni 1953 oder des August 1961 (Mauerbau), die man bei allem Verständnis für seine kritische Auseinandersetzung mit der Bundesrepublik in der Zeit des Kalten Krieges vermißt.

III

Die Textvorlage zur Veröffentlichung der vorliegenden Autobiographie befindet sich im Nachlaß Fritz Hellings, der nach dem Tod seines Sohnes Jürgen Helling (1928-2003)[31] heute von dessen Witwe, Frau Brigitte Helling, verwahrt wird. Die Herausgeber danken Frau Helling für die im Jahre 2004 erteilte Genehmigung zur Publikation der kommentierten Autobiographie wie auch für die Bereitstellung einer Auswahl von Photographien zum Leben Fritz Hellings. Die Voraussetzung zur Realisierung dieser Veröffentlichung schuf noch Jürgen Helling, der eine EDV-gerechte Texterfassung nach der im Nachlaß seines Vaters auf ihn gekommenen „Urfassung"[32] anfertigen ließ, die Grundlage für eine kommentierte Publikation unter der gemeinsamen Herausgeberschaft von Jürgen Helling und Burkhard Dietz sein sollte.

[1947] und der Beginn der historischen NS-Forschung in Deutschland, in: ders. [Hg.], Fritz Helling, a.a.O., S. 253-279).

[31] Zur Person und Lebensgeschichte von Jürgen Helling vgl. Kap. 5, Anm. 22, der Hellingschen Autobiographie.

[32] Bei der „Urfassung", handelt es sich um ein mit zahlreichen handschriftlichen Korrekturen Fritz Hellings versehenes gebundenes Manuskript von insgesamt 246 Seiten Umfang im DIN A4-Format, das mit Ausnahme weniger Einschübe maschinenschriftlich abgefaßt ist. Eingeschoben sind: S. 61 eine von der Hand Fritz Hellings beschriebene DIN A5-Seite, S. 134-137 vier kopierte Seiten eines gedruckten Textes mit dem Titel „Eine notwendige Besinnung (1955)", S. 160 eine kopierte Seite des gedruckten Textes „10 Jahre Schwelmer Kreis" aus dem Jahre 1962 und S. 236-237 zwei kopierte Seiten mit Presseartikeln aus der „Schwelmer Zeitung" vom 1. August 1968. Neben einer durchgehenden handschriftlichen Paginierung in der mittleren Kopfzeile findet sich eine zweite, durchweg am linken und rechten Seitenrand aufgeführte Zählung (1-274), die ab S. 100 durch eine dritte Paginierung am linken Seitenkopf ergänzt wird (welche wiederum ab S. 138 in eine Buchstaben- und Seitenzählung M1-M20 = S. 138-157, 1B-86B = S. 158-246 überwechselt). Die an zweiter Stelle genannte Rand-Paginierung (1-274) verweist offensichtlich auf eine ältere Manuskriptfassung und deren Seitenziffern.

Bei dieser EDV-Texterfassung, die in zwei Arbeitsschritten zwischen Januar und Dezember 1998 erstellt und von den seinerzeitigen Herausgebern in enger Abstimmung realisiert wurde, hat Jürgen Helling den Text seines Vaters in neunzehn Kapitel eingeteilt und diese mit selbstgewählten Überschriften versehen[33] sowie in den Text neue Absatzgliederungen und Kursivierungen eingefügt. Zumindest ein selbstverfaßtes 20. Kapitel, wenn nicht gar eine weiterführende familiengeschichtliche und selbstbezogene autobiographische Darstellung sowie eventuell zusätzlich einen Essay zur retrospektiven Interpretation des Lebens und Wirkens von Fritz Helling, welche in z.T. umfangreicheren Texten, Stichwort- und Materialsammlungen konzipiert waren, wollte Jürgen Helling anfügen und in ihnen die Summe seiner Erfahrungen und Einsichten in wissenschaftsgeschichtlicher, vor allem aber in ganz persönlicher Hinsicht zum Ausdruck bringen[34]. Diese Vorhaben konnten wegen einer im August 2001 diagnostizierten schweren Erkrankung Jürgen Hellings, seines seit Ende 2002 sich weiter verschlechternden Gesundheitszustandes und seines Ablebens im Jahre 2003 leider nicht erfolgreich abgeschlossen werden. Nach dem Tode Jürgen Hellings erfuhr die weitere Arbeit am Helling-Projekt Mitte 2004 ihre Fortsetzung, als der Erziehungswissenschaftler Jost Biermann, Universität Paderborn, für die Mitherausgeberschaft gewonnen werden konnte[35].

Im Rahmen der nun erneut einsetzenden Editionsarbeiten stellten die beiden Herausgeber bei genaueren Textanalysen fest, daß im Zuge der EDV-Texterfassung einige z.T. längere und auch sinnverändernde Textkürzungen und Überarbeitungen, insbesondere in den Kapiteln 11-19, ent-

---

[33] Die Herausgeber sind bei den Überschriften der vorliegenden Textfassung – von einigen Ausnahmen (Kap. 8, 12, 14, 15 und 17) abgesehen – Jürgen Hellings Vorschlägen gefolgt.

[34] Im Verlauf des Jahres 2001 entwickelte Jürgen Helling mehrere, z.T. längere Entwürfe dazu.

[35] Die zu edierenden Kapitel wurden zu diesem Zeitpunkt unter den beiden Herausgebern einvernehmlich aufgeteilt, wobei in den nachfolgenden Monaten die Kapitel 1-10 von Burkhard Dietz und die Kapitel 11-19 von Jost Biermann bearbeitet wurden. Die EDV-technische Seite der seitdem angefallenen Textredaktion für die Erstellung der Druckvorlage einschließlich des Abkürzungs-, Abbildungs- bzw. Schriftenverzeichnisses sowie des Personenregisters lag bei Jost Biermann.

standen waren, welche den Charakter der von Fritz Helling hinterlassenen „Urfassung" nicht unwesentlich veränderten. Diese Textveränderungen wurden bei den nachfolgenden Editionsarbeiten Stück für Stück durch Vergleiche mit der „Urfassung" identifiziert und rückgängig gemacht, Textvarianten in separaten Fußnoten angezeigt bzw. erläutert. Dem Leser, der so im Grundtext immer den Wortlaut der „Urfassung" vor Augen hat, wird dadurch in jedem Einzelfall ein Vergleich zwischen dem Text der „Urfassung" und dem Text der EDV-Fassung ermöglicht.

Mit der Veröffentlichung der kommentierten Autobiographie Fritz Hellings kommt ein Forschungs- und Publikationsprojekt zu einem vorläufigen Abschluß, dessen Gelingen zum Zeitpunkt der ersten Recherchen im Jahre 1993 und während der allmählich konkret auf eine Tagung und zwei Buchveröffentlichungen zusteuernden Vorarbeiten seit 1997 keineswegs sicher schien. Viele Freunde, Förderer und Ratgeber, allen voran die Nachlaßverwalter Herr Prof. em. Dr.-Ing. Jürgen Helling (1928-2003) und Frau Brigitte Helling, Aachen, sowie Herr MdL a.D. Leonhard Kuckart und Herr PD Dr. Jürgen Steinrücke, der amtierende Bürgermeister von Hellings Heimatstadt Schwelm, haben im Laufe der Jahre durch kontinuierliche Unterstützung dazu beigetragen, daß das Gesamtprojekt – über die Helling-Tagung von 2002 und den Tagungsband von 2003 hinaus – nun zu einem insgesamt erfolgreichen Ende geführt werden konnte. Hervorgehoben seien noch einmal die Referenten, Moderatoren und Diskutanten der Helling-Tagung, die mit ihren Beiträgen wichtige Erkenntnisse und Einsichten zu einer erneuerten, von interdisziplinären wissenschaftlichen Ansatzpunkten getragenen Helling-Forschung beisteuerten. Einer besonderen Unterstützung erfreute sich das Projekt wiederum durch die Wilhelm-Erfurt-Stiftung für Kultur und Umwelt (Schwelm), die durch einen Druckkostenzuschuß die Publikation ermöglichte, und durch Herrn Prof. Dr. Wolfgang Keim (Paderborn), der den Band in die von ihm herausgegebene Schriftenreihe „Studien zur Bildungsreform" aufnahm – beiden, der Erfurt-Stiftung und Herrn Prof. Keim, sind die Herausgeber zu besonderem Dank verpflichtet.

Nicht zuletzt wurden die Editionsarbeiten durch zahlreiche hilfsbereite Mitarbeiterinnen und Mitarbeiter von Archiven und Archivverwaltungen,

XL

Ministerien und Schulen, Bibliotheken und Forschungsinstituten erleichtert, denen – wenn möglich namentlich – an Ort und Stelle im Anmerkungsapparat des Textes und hier noch einmal summarisch, aber nicht minder verbindlich gedankt sei. Sie alle haben mit ihren vielfältigen Hinweisen, Auskünften und Ratschlägen, materiellen und immateriellen Hilfestellungen wesentlich dazu beigetragen, daß die kommentierte Autobiographie Fritz Hellings nun endlich der interessierten Leserschaft sowie der wissenschaftlichen Forschung zugänglich gemacht werden kann. Wir hoffen, damit die nach wie vor von vielen ehemaligen Freunden, Wegbegleitern und Schülern geschätzte oder gar verehrte Persönlichkeit Fritz Hellings, sein Werk und seine zum Teil auch praktisch erprobten reformpädagogischen Konzepte in ein breiteres wissenschaftliches Bewußtsein rücken und einer intensiveren Wahrnehmung zuführen zu können.

Kapitel 1

Herkunft, Kindheit und Schulzeit[1]

Von entscheidender Bedeutung für mein Leben war die Tatsache, daß ich in einem geistig hochstehenden Elternhaus aufwuchs.[2] Mein Vater – Friedrich Droste genannt Helling (geboren 1860)[3] – stammte von einem Bauernhof in der Nähe von Soest ab[4]. Ich war als Junge in den großen Ferien häufig dort auf dem „Faulenpoth"[5] zu Gast und half mit bei der Ernte. Mein Vater lernte erst in der Volksschule hochdeutsch. Später besuchte er die Präparandenanstalt und das Seminar in Soest[6], um Lehrer zu werden. Mit Hochachtung sprach er oft von dem Seminardirektor

---

[1] Alle Kapitelüberschriften – bis auf wenige Ausnahmen (vgl. Teil III der editorischen Vorbemerkungen des vorliegenden Bandes) – von Prof. em. Dr.-Ing. Jürgen Helling (†).

[2] Der Nebensatz ist in der von Jürgen Helling überarbeiteten Textfassung folgenderweise abgeändert: „daß ich in einem geistig anspruchsvollen Elternhaus aufwuchs." Der Satz wurde gemäß der erhaltenen „Urfassung" der Hellingschen Autobiographie wieder rekonstruiert. Vgl. hierzu Teil III der editorischen Vorbemerkungen im vorliegenden Band.

[3] Friedrich Droste genannt Helling (im folgenden Friedrich Helling sen., 1860-1921) war von 1880 bis zu seinem Tod als Volksschullehrer im Dienst der Stadt Schwelm tätig; vgl. hierzu den umfangreichen literarisch-poetischen Nachlaß sowie die Personalakte (PA) im Stadtarchiv (StA) Schwelm.

[4] Dieses war der „Helling-Hof", nach dem die Drostes dann benannt wurden (Annotation von Jürgen Helling, 1999). Dieser Hof ist noch 1888 in der Soester Feldmark nachweisbar. Er lag in der sogenannten „Thomähofe", einem der Stadtbezirke Soests (freundliche Auskunft von Herrn Dr. Norbert Wex, StA Soest).

[5] Noch heute ist die Flurbezeichnung „Im faulen Poth", im Osten der Stadt Soest an der Paderborner Landstraße gelegen, gebräuchlich (StA Soest).

[6] In der Präparandenanstalt wurde das seinerzeit noch sehr unterschiedliche und ungenügende Bildungsniveau derjenigen Volksschulabsolventen verbessert und vereinheitlicht, die aufgrund ihrer Neigung und Eignung anschließend durch den Besuch des Lehrerseminars zu Volksschullehrern ausgebildet werden sollten. Am Soester Lehrerseminar, das von 1806 bis 1926 existierte, wurden die jeweils geltenden preußischen Ausbildungsrichtlinien mit der obligatorischen Genauigkeit umgesetzt und eingeübt, wobei die Erziehung zum patriotischen und religiösen protestantischen Untertan von besonderer Bedeutung war (vgl. Klaus Heinemann, Zur Geschichte des Lehrerseminars zu Soest, 1806-1926, Soest 1982).

1

Fix[7], mit Widerwillen von dem orthodoxen Religionsunterricht, der ihm so zuwider war, daß er sich schon in diesen frühen Jahren von der Orthodoxie trennte und sich zu einem liberalen Christentum bekannte, das damals in der Zeitschrift „Christliche Freiheit" unter der Führung der Pfarrer Jatho und Traub seinen Ausdruck fand[8]. In ihrem Sinn unterrichtete mein Vater in seinen Religionsstunden, auf die er sich besonders sorgfältig vorbereitete. Er war ein feinsinniger, nicht nur pädagogisch, sondern auch dichterisch und musikalisch hochbegabter Lehrer, den seine Schülerinnen lebenslang verehrten.

---

[7] Wilhelm Fix (1824-1899) wurde nach dem Besuch des Lehrerseminars in Neuwied und Studien in Berlin (Geschichte, Pädagogik, Philosophie) 1846 Seminarlehrer in Soest. 1863 wurde er zum Ersten Seminarlehrer befördert und 1871 zum Direktor des Soester Lehrerseminars ernannt. Neben seiner beruflichen Tätigkeit widmete sich Fix sein Leben lang der publizistischen Arbeit als Schulbuchautor, so daß er nicht weniger als vierzehn Bücher zu Themen der preußischen Geschichte, Religionsgeschichte, rheinischen und westfälischen Provinzialgeschichte, Heimatkunde, Pädagogik und zum Volksschulrechnen veröffentlichen konnte (vgl. Klaus Heinemann, Geschichte des Lehrerseminars, a.a.O., S. 193, 217-221).
[8] In der evangelischen Kirchengeschichte des frühen 20. Jahrhunderts stehen die Namen Carl Jatho (1851-1913) und Gottfried Traub (1869-1956) für eine Bewegung, die durch ein betont skeptisches Verhältnis zur kirchlichen Tradition und Dogmatik gekennzeichnet war. Für beide stand die Entfaltung der Persönlichkeit als Ziel des christlichen Glaubens im Vordergrund. Eine „undogmatisch-mystische" Theologie sollte auf die spezifisch neue Lebenssituation des Menschen im Zeitalter der Industrialisierung eingehen. Ein wichtiges Publikationsorgan dieser Bewegung war die „Christliche Freiheit. Evangelisches Gemeindeblatt für Rheinland und Westfalen", zu dessen Herausgeberkreis ab 1905 Traub gehörte. Jatho (Köln) wurde 1911, Traub (Dortmund) wurde 1912 aus dem Pfarrdienst entlassen. Der ungleich politischere Traub, für den das Christliche immer als Gegengewicht zu Sozialdemokratie und Liberalismus erschien, verstieg sich daraufhin – zum Teil als Parlamentarier im Preußischen Abgeordnetenhaus – an der Seite von Alfred v. Tirpitz und Wolfgang Kapp zu einer politischen Karriere im deutsch-nationalen Lager. Während er publizistisch zunächst für Friedrich Naumanns „Die Hilfe" (s. Kap. 2, Anm. 16) tätig war, arbeitete er nach dem gescheiterten Kapp-Putsch für eine süddeutsche Tageszeitung des Hugenberg-Konzerns. Als Anhänger Erich Ludendorffs stand Traub Hitler skeptisch gegenüber und leitete um 1940 in München eine Anlaufstelle des Widerstandes (vgl. Klaus-Gunther Wesseling, Art. Gottfried Traub, in: Biographisch-bibliographisches Kirchenlexikon, begr. u. hg. v. Friedrich-Wilhelm Bautz, fortgef. v. Traugott Bautz, Bd. XII, Herzberg 1997, Sp. 417-424; Bernd Wildermuth, Art. Carl Jatho, in: ebd., Bd. II, Herzberg 1990, Sp. 1579 f).

Seine Gedichte wurden nicht nur in der Lokalpresse, sondern auch in größeren Zeitungen, vor allem in der „Preußischen Lehrerzeitung"[9] veröffentlicht. Einige seien hier wiedergegeben:

Welke Blätter

Welke, bunte Blätter
Rascheln um den Fuß,
And're niederschweben
Wie ein stiller Gruß.

Nun, da sie am Ziele
Stille gehn zur Ruh',
Decken sie noch sorgend
Reifen Samen zu.

Fuß, o wandle leise;
Herz, erheb' den Mut:
Unter welken Blättern
Ew'ges Leben ruht.

Die Heide blüht[10]

Die Heide blüht,
Die Sonne glüht,
Doch gehn schon abwärts ihre Kreise,
s' ist Erntezeit. Ein Mahnen leise
Klingt im Gemüt:
Die Heide blüht.

---

[9] Preußische Lehrerzeitung, hg. v. Preußischen Lehrerverein, Berlin 1875-1934; überkonfessionelles, betont nationales Organ der zentralisierten preußischen Kultuspolitik.
[10] Die Kurzgedichte „Die Heide blüht" und „Ein Blatt" sind in der von Jürgen Helling überarbeiteten Textfassung herausgekürzt.

Ein Blatt

Vom Strahl geküßt, vom Wind getragen
Ein buntes Blatt herniederschwebt.
Da ist kein Seufzen und kein Klagen,
Und doch hat's nicht umsonst gelebt.

Wie schön, wenn sich die Blätter färben
Und leise sinken in den Tod.
Und mir sollt bangen vor dem Sterben,
Vorm Schlafengehn im Abendrot?

Vergib

Ich hab' gefehlt. Ich war zu streng,
Zu hart zu Dir, Du schwaches Kind.
Ich hätte, einem Gärtner gleich,
Dich ziehen sollen sanft und lind.

Du blickst mich nun so traurig an,
Sei still, ich hab' Dich wieder lieb.
Ich weiß es wohl, daß ich gefehlt.
Du armes, schwaches Kind, vergib.

Verfolget nicht

Verfolget nicht die Männer
Mit eurem frommen Fluch,
die ernst und kritisch forschen
im heilgen Bibelbuch.

Möcht' in die Tiefe dringen
Noch mehr des Lichtes Schein,
O möcht' aus allem Dunkel
Die Wahrheit uns befrei'n.

4

Goethe

Man nennt ihn wohl den großen Heiden.
Mir einerlei, ich mag ihn leiden.

Mein Vater erhielt seine erste Lehrerstelle in der Landschule auf dem Winterberg bei Schwelm[11]. Hier mußte sich der Lehrer Johannes Pasche[12] allein mit mehr als 90 Kindern abquälen. Sein Gehalt war so gering, daß er bei seinen drei Kindern gezwungen war, sich eine Kuh zu halten, die von seiner Frau versorgt wurde. Mit der armen Bevölkerung des Winterbergs war die Lehrerfamilie eng verbunden. Ringsum gab es kein Familienfest, zu dem das Ehepaar Pasche nicht mit eingeladen wurde. In dieser Umwelt war es verständlich, daß der Lehrer Pasche ein politischer Mensch wurde. Er gehörte der Bismarck feindlichen Fortschrittspartei Eugen Richters[13] an, zu dessen Wahlkreis Schwelm gehörte[14]. Zu dieser

---

[11] Höhenrücken im Südosten der Stadt Schwelm (Westfalen), deren Bevölkerungszahl von 13.500 im Jahre 1895 auf 22.000 im Jahre 1914 anwuchs (vgl. Holger Becker, Die wirtschaftliche Entwicklung Schwelms in der Epoche der Hochindustrialisierung [1870-1914], in: Beiträge zur Heimatkunde der Stadt Schwelm und ihrer Umgebung N.F. 37, 1987, S. 111). Friedrich Helling sen. trat seinen Dienst in Schwelm 1880 an und wirkte hier bis zu seinem Tod im Januar 1921 (vgl. StA Schwelm, PA Dr. Fritz Helling, Oberstudiendirektor).

[12] Johannes Pasche, geboren 1819 in Soest, gestorben 1894 in Schwelm (StA Schwelm, Nachruf Johannes Pasche).

[13] Eugen Richter (1838-1906), einer der ersten Berufspolitiker Deutschlands, war Mitglied des Preußischen Abgeordnetenhauses sowie des Deutschen Reichstags (1867-1906). Als unabhängiger Liberaler, der sich für die Durchsetzung liberaldemokratischer Grundsätze in Staat und Wirtschaft einsetzte, war er ein entschiedener Gegner sowohl der Sozialdemokratie als auch der staatstragenden Regierungsparteien mit Bismarck an der Spitze. Nachhaltig geprägt von den Idealen von 1848 führte Richter mit anderen zunächst die „Deutsche Fortschrittspartei" an, die sich für eine stärkere Demokratisierung des politischen Systems und für die territoriale Einigung Deutschlands unter preußischer Zentralgewalt einsetzte. Vor allem während des Kulturkampfes stand sie in heftiger Opposition zu Bismarck. Nach der Abspaltung ihres rechten Flügels ging aus ihr und der „Liberalen Vereinigung" 1884 unter Richters Führung die „Deutschfreisinnige Partei" hervor, die insbesondere die Schutzzoll-, Sozial- und Kolonialpolitik der Regierung bekämpfte. Auch als sich 1893 aus dieser politischen Organisation die „Freisinnige Volkspartei" abspaltete, blieb Richter tonangebend und vertrat nun einen pointiert wirtschaftsliberalen Kurs,

politischen Überzeugung wurde mein Vater, der die neu eingerichtete zweite Lehrerstelle erhielt, stark von ihm beeinflußt. Auch er gehörte zu den Anhängern Eugen Richters und war Abonnent der ebenfalls oppositionellen „Preußischen Lehrerzeitung"[15].

Da er als Junglehrer im Schulhaus wohnte und mit der Familie Pasche eng verbunden war, kam es wie von selbst, daß er sich in die jüngere Tochter der Familie (Maria)[16] verliebte und sie nach seiner festen Anstellung in der Stadt Schwelm heiratete. Am 31. Juli 1888 wurde ich hier in Schwelm geboren und blieb das einzige Kind.

In diesen 80er Jahren nahm mein Vater in Schwelm regelmäßig an den Zusammenkünften der politisch oppositionell gesinnten Lehrer teil. Da damals nach dem preußischen Dreiklassenwahlrecht[17] öffentlich gewählt

---

während die sozialen Zielsetzungen der liberalen Bewegung eher von der „Freisinnigen Vereinigung" um Theodor Barth und Friedrich Naumann repräsentiert wurden (vgl. Dieter Langewiesche, Liberalismus in Deutschland, Frankfurt a.M. 1988, S. 211 ff; Heinz Röttger, Bismarck und Eugen Richter im Reichstage 1879-90, Diss. Münster 1932; Heinrich August Winkler, Preußischer Liberalismus und deutscher Nationalstaat. Studien zur Geschichte der Deutschen Fortschrittspartei 1861-1866, Tübingen 1964).

[14] Der Wahlkreis Hagen-Schwelm, der Zeitgenossen als „in der Politik ... musterhaft beschlagen" erschien, weil seine Bevölkerung eine besonders intensive Zeitungs- und Buchlektüre pflegte, war seit der Reichsgründung von 1871 vier Jahrzehnte lang fest in linksliberaler Hand. Bis einschließlich zur Reichstagswahl von 1907 siegte hier stets der Kandidat des „Fortschritts" und des „Freisinns", d.h. 1871 der schon alte Friedrich Harkort (1793-1880) und später über dreißig Jahre lang der populäre Eugen Richter (s. Anm. 13). Erst infolge der 1907 einsetzenden Wirtschaftskrise und der Massenstreiks von 1909/10 in der regional dominierenden Kleineisenindustrie setzte sich die seit 1903 in den Hauptwahlgängen schon stärkste Partei, die SPD, 1912 nun auch in der Stichwahl durch und schickte ihren Kandidaten, den jungen Max König (1868-1941; später Regierungspräsident in Arnsberg), in den Reichstag (Elisabeth Domansky, „Ein eigenartiger Kampf". Die Aussperrung in der Metallindustrie von Hagen-Schwelm im Jahre 1910, in: Rheinland-Westfalen im Industriezeitalter, Bd. 2: Von der Reichsgründung bis zur Weimarer Republik, hg. v. Kurt Düwell u. Wolfgang Köllmann, Wuppertal 1984, S. 211-233).

[15] Vgl. Anm. 9.

[16] Maria Helling, geb. Pasche (25. September 1862 - 10. Oktober 1941).

[17] Sonderform des allgemeinen Wahlrechts, das in Preußen von 1849 bis 1918 galt und den Stimmen der Wahlberechtigten ein nach Einkommen oder Steuerleistung abgestuftes

wurde und der Landrat der Bismarckregierung dabei anwesend war, wußte die Behörde über die politische Gesinnung der Wähler gut Bescheid und scheute sich nicht, politisch mißliebige Beamte mit geradezu unglaublichen Mitteln unter Druck zu setzen. So wurden oppositionelle Lehrer wie mein Vater auf die Trunkenboldliste gesetzt und von Polizeibeamten morgens am Eingang zur Schule kontrolliert, ob sie pünktlich und nüchtern zur Schule kämen[18]. Später trat die politische Betätigung meines Vaters – wahrscheinlich unter dem Einfluß meiner Mutter – zurück, wenn er auch an seiner liberal-demokratischen Gesinnung sein Leben lang festhielt. Er bildete seine musikalischen Fähigkeiten aus, war ein guter Geiger in einem Orchester und berichtete in der „Barmer Zeitung"[19] regelmäßig über die großen Konzerte, die in der Barmer Stadthalle stattfanden. Auf seinen regelmäßigen Waldspaziergängen kamen ihm seine Gedichte in den Sinn, von denen viele veröffentlicht wurden.

Als mein Großvater[20] Anfang der 90er Jahre nach seiner Pensionierung mit seiner Frau und seiner ältesten Tochter (Anna)[21] vom Winterberg

---

Gewicht gab. Wegen seiner stabilisierenden Wirkung auf das politische und gesellschaftliche System der preußischen Monarchie war das Dreiklassenwahlrecht im Verfassungskonflikt längere Zeit zentraler Gegenstand heftigster politischer Auseinandersetzungen (vgl. Thomas Kühne, Dreiklassenwahlrecht und Wahlkultur in Preußen 1867-1914, Düsseldorf 1994).

[18] Neben der polizeilichen Überwachung und Verfolgung vor allem von liberalen und sozialdemokratischen sowie sozialistischen Kräften auf der Grundlage von eigens dafür erlassenen gesetzlichen Bestimmungen (Sozialistengesetz, 1878-1890) gehörten solche Vorgehensweisen – zwecks Kontrolle und Unterdrückung möglichst aller parlamentarisch-demokratischen Bestrebungen – zum repressiv-denunziatorischen Repertoire der politischen Polizei des kaiserlichen Deutschland (vgl. Detlef Lehnert, Sozialdemokratie zwischen Protestbewegung und Regierungspartei 1848-1983, Frankfurt a.M. 1983, S. 67-77).

[19] Demokratische Zeitung für Barmen, die besonders in den 1860er und 1870er Jahren unter dem ambitionierten jungen Verleger und Redakteur Friedrich Staats jr. viele Abonnenten finden und sich das Image eines „angesehenen liberalen Provinzblatt(es)" verschaffen konnte. Nach dem Ersten Weltkrieg ging die „Barmer Zeitung" jedoch „aus dem demokratischen in das deutschvolksparteiliche Lager über" und wechselte 1924-1927 vorübergehend ihren Haupttitel in „Westdeutsche Allgemeine Zeitung" (Fritz Kayser, Die Wuppertaler Presse. Ihr Werden und Wachsen seit 1788, Wuppertal 1930, S. 28, 38).

[20] Johannes Pasche (s. Anm. 12).

nach dem ebenso ländlichen „Neuenhof"[22] an der Talstraße[23] Schwelm-Barmen umzog, wählten auch meine Eltern dieses schöne, alte Schiefer-haus als Wohnung, so daß ich nun in einer ländlichen Umgebung auf-wuchs. Hier war ich in der liebevollen Obhut meines Großvaters, der mir im Garten und dem kleinen Park, der zum Haus gehörte, alles zeigte, was ihm schön und wichtig schien. Die einklassige Schule, die ich Ostern 1894 besuchen mußte, lag oben auf dem Steinhauserberg[24], der nur durch einen Wald zu erreichen war. Als nach dem Tode meines Großvaters die Eigentümer ihr schönes Haus für Verwandte nötig hatten, entschlossen sich meine Eltern, vor allem meine praktische, kluge und aktive Mutter, ganz in der Nähe des „Neuenhofs" auf der „Oehde"[25] ein Grundstück zu kaufen und ein eigenes, zweieinhalbstöckiges Haus zu bauen[26], so daß ich meine Jugend weiterhin in einer ländlichen Umgebung verleben konnte. Das Haus wurde 1898 fertig und hatte einen großen Garten. Beim Richt-fest, an das ich mich noch gut erinnere, warf mir ein Bauschreiner, der sicher nicht mehr ganz nüchtern war, aus Ärger über uns Jungens, die zusahen, ein abgesägtes Balkenstück gegen den Hinterkopf. Als ich merkte, daß mir das Blut in den Nacken sickerte, lief ich ins Haus zu meiner Mutter, die die Wunde verband. Mein Vater ging dann mit mir nach Schwelm zum Arzt. Aber wir hatten die Oehde noch nicht hinter uns, da sahen wir die Pferdekutsche, in der der Arzt seine Patienten auf dem Lande besuchte. Mein Vater rief ihn an. Wir gingen in das nächste Bauernhaus. Ein Napf mit Wasser wurde auf den Tisch gestellt. Ich muß-te den Kopf nach unten halten, und dann wurde die Wunde zugenäht.

---

[21] Biographische Angaben, auch durch Anfrage bei Jürgen Helling, nicht ermittelt (Schreiben v. J. Helling an B. Dietz vom 5.3.2000 [Privatarchiv Dr. Burkhard Dietz, Schwelm, Helling-Ordner II]).

[22] Im Westen der Stadt Schwelm, heute in unmittelbarer Nähe der rheinisch-westfälischen Grenze gelegen, die 1922 durch Eingemeindung des westfälischen Amtes Langerfeld hierher verlegt wurde (vgl. Holger Becker, Die Veränderung der rheinisch-westfälischen Provinzialgrenze im Jahre 1922, in: Beiträge zur Heimatkunde der Stadt Schwelm und ihrer Umgebung N.F. 32, 1982, S. 93-113).

[23] Da aus der Perspektive des Winterbergs geschrieben, ist hier mit der Bezeichnung „Talstraße" die heutige Barmer Straße gemeint.

[24] Höhenzug im Nordwesten der Stadt Schwelm.

[25] Gebiet im Westen der Stadt Schwelm.

[26] Alleestraße 50, heute Barmer Straße 76.

8

Im gleichen Jahr 1898 machte ich zu Ostern die Aufnahmeprüfung in die Sexta des Schwelmer Progymnasiums mit Realschule[27]. Wir Schüler gingen in fröhlicher Stimmung hin, weil wir wußten, daß die Prüfung nicht schwer war. Ich kam in die gymnasiale Abteilung, die mit Latein anfing, in Quarta Französisch und in Untertertia Griechisch hinzubekam. Die Anforderungen, die in dieser Schule gestellt wurden, waren nicht hoch. Die Zahl der guten Lehrer war sicher nicht größer als die der schlechten. Die Schule stand unter der Leitung des hochverdienten Heimatforschers Dr. Tobien[28], der Ehrenbürger der Stadt Schwelm war. Der Vormittagsunterricht dauerte bis 13 Uhr. Zu Hause wurde schon vor dieser Zeit zu Mittag gegessen, weil mein Vater um 14 Uhr wieder in der Schule sein mußte. Für mich wurde das Mittagessen im Bratofen warm gestellt, und

---

[27] Die 1597 als Lateinschule gegründete höhere Schule von Schwelm, die seit 1807 als „Höhere Bürgerschule" firmierte und 1858 von der evangelischen Kirchengemeinde in städtisches Patronat entlassen wurde, war 1882 zunächst in ein „Realprogymnasium", dann 1894 als „Progymnasium und Realschule" in eine zusammenhängende Doppelanstalt umgewandelt worden. Die Schule befand sich seit 1872 in dem damals neu errichteten Gebäude an der Moltkestraße (heute Verwaltungsgebäude der Stadt). In ihr gab es drei Wahlmöglichkeiten: 1. das sechsklassige Progymnasium mit den Fremdsprachen Latein, Griechisch und Französisch in den drei oberen Klassen, 2. das sechsklassige Progymnasium mit den Fremdsprachen Latein, Englisch und Französisch in den drei oberen Klassen und 3. die sechsklassige Realschule mit den Fremdsprachen Englisch und Französisch. Nach dem Schulbesuch konnten die Schüler der ersten Gruppe in die Obersekunda eines Gymnasiums eintreten, die der zweiten Gruppe in die Obersekunda eines Realgymnasiums und die der dritten in die Obersekunda einer Oberrealschule. Außerdem waren alle Schulabsolventen berechtigt, sich zum einjährig-freiwilligen Militärdienst zu melden (vgl. Karl-Josef Oberdick, 100 Jahre Märkisches Gymnasium Schwelm [1890-1990], in: Beiträge zur Heimatkunde der Stadt Schwelm und ihrer Umgebung N.F. 40, 1990, S. 196-211, hier S. 197 f).

[28] Neben seiner Tätigkeit als Lehrer und zuletzt als Direktor des Schwelmer Realprogymnasiums verfaßte Dr. Wilhelm Tobien (1837-1911) drei Bücher zur Geschichte Westfalens (Denkwürdigkeiten aus der Vergangenheit Westfalens, Elberfeld 1869/1873; Grundriß der Geschichte Westfalens mit besonderer Berücksichtigung der Geschichte der Grafschaft Mark, Elberfeld 1870; Landes- und Rechtsgeschichte des Herzogthums Westfalen, Arnsberg 1875). Besonders verdient machte sich Tobien auch um die Lokalgeschichte seiner Wahlheimat, indem er um 1890 das städtische Archiv sicherte, die Gründung eines Museums (heute „Museum Haus Martfeld") anregte und als erster Vorsitzender des lokalen Geschichtsvereins wirkte (vgl. Gerd Helbeck, Museum Haus Martfeld. Katalog, Schwelm 1985, S. 15 f).

ich mußte, wenn ich nach Hause kam, allein essen. Das hatte den Nachteil, daß ich zu wenig aß und für mein Alter jahrelang zu klein blieb.

In diesem frühen Jahrzehnt von 1894–1904, vom Eintritt in die Volksschule bis zum Abschluß der Untersekunda, stand die Schule keineswegs im Mittelpunkt meines Lebens. Das Wesentlichste und Schönste war damals für mich – ganz außerhalb der Schule – die herrliche Kameradschaft mit den gleichaltrigen Jungens vom „Neuenhof" und der Oehde. Ihre Väter waren einfache Leute, meist Bandwirker[29] und Fabrikarbeiter. Auch ein Bauer und ein Steinmetz gehörten zu ihnen. An jedem Frühnachmittag traf ich mich mit denjenigen Jungens, die nicht gerade zu Hause helfen mußten, zu Spielen und Abenteuern aller Art. Zum Glück gaben mir meine Eltern gern die Erlaubnis mitzumachen. Um 5 Uhr nachmittags mußte ich wieder zu Hause sein. So wurden die Frühnachmittage für mich die schönsten Stunden meiner Jugendzeit, Stunden der Freiheit, die für mein ganzes Leben wesentlich wurden.

Oft gab uns der Bauer den Auftrag, seine Kühe auf die Weide im Schwelmetal[30] nahe der Eisenbahn zu treiben und dort zu hüten. Bei gutem Wetter konnten wir dort im Schwelmebach an einer vertieften Stelle baden. Gegen 15 Uhr sauste der D-Zug aus Leipzig an uns vorbei, von dem technisch begeisterten Steinmetzsohn wie in Verzückung bewundert. Für den Winter baute uns dieser Techniker einen lenkbaren, schweren Schlitten, mit dem wir zu vieren vom Berg herab zu Tal sausen konnten. Wo sich Gelegenheit bot, wurde allerhand Unfug gemacht. Den Bach, von dem die Oehde ihr Trinkwasser bekam, sperrten wir durch eine Mau-

---

[29] Spezielle Form der Bandweberei, d.h. der Herstellung von Textilbändern, die sich im Zuge der Industrialisierung im bergisch-märkischen Gewerbegebiet zu einem besonders erfolgreichen Wirtschaftszweig entwickelt hatte.

[30] Topographisch bildet das Tal um Schwelm, durch das der Bach „Schwelme" fließt, eine in westöstlicher Richtung verlaufende Fortsetzung des Wuppertals mit den damals noch eigenständigen Städten Barmen und Elberfeld, die 1929 zur Großstadt Wuppertal zusammengelegt wurden (vgl. Holger F. Becker/Burkhard Dietz, Verstädterung, Großstadtfeindschaft und kommunale Neugliederung: Die Gründung der Industriegroßstadt Wuppertal [1929], in: Beiträge und Materialien zur Lokal- und Regionalgeschichte des Bergischen Landes, hg. v. Burkhard Dietz u. Holger F. Becker, Wuppertal 1985, S. 12-60).

er aus Stein und Erde ab, bis die Grundbesitzerin kam und uns schimpfend befahl, die Sperre wieder abzubauen. An einem Wintertag bewarfen wir auf der Landstraße nach Schwelm den Fuhrmann eines Pferdewagens mit Schneebällen. Als sie den Fahrer trafen, hielt er das Pferd an, drehte den Wagen um und verfolgte uns. Wir flüchteten zur Oehde zurück. Die Entfernung zwischen uns und dem Wagen wurde immer kleiner. In unserer Angst bogen wir in einen Seitenweg ein, von dem aus wir uns retten konnten. Es wäre uns sonst schlecht ergangen. So waren diese Jugendjahre mit hundert- und tausendfachen Erlebnissen gefüllt, die es mir später als Lehrer außergewöhnlich erleichterten, Jugend zu verstehen.

Am Spätnachmittag mußte ich nach Hause kommen, um meine Schularbeiten zu machen. Das geschah im Wohnzimmer an einem großen Tisch, über dem eine entsprechend große Lampe mit einem grünlichen Schirm hing. Hier war oft die ganze Familie versammelt. Mein Vater, der 1898 Rektor der neu erbauten Potthoffschule[31] in Schwelm wurde, arbeitete für die Schule, meine Mutter und ihre Schwester waren mit praktischen Dingen beschäftigt. Auch wenn Besuch kam, konnte ich mich auf meine Arbeit so konzentrieren, daß ich von den Gesprächen nichts hörte. Später, als ich in den Unterständen des Krieges leben mußte, habe ich unzählige Male an diese häusliche Tischrunde des stillen Friedens gedacht.

Ostern 1904 kam ich nach dem „Einjährigen"[32] in das humanistische Gymnasium nach Wuppertal-Barmen[33], wohin ich mit der Straßenbahn in einer halben Stunde fahren konnte. Das stilvolle Gebäude hatte eine besonders schöne Aula, die mich immer wegen ihrer schlichten Schönheit feierlich stimmte. Die Anforderungen waren hier höher als in Schwelm, so daß ich in den zwei ersten Jahren viel arbeiten mußte, um die Lücken

---

[31] Errichtet als Volksschule für die westlichen Gebiete der Stadt.

[32] Seinerzeit in höheren Lehranstalten Bezeichnung für die Reife zur Obersekunda, heute vergleichbar mit der sogenannten „mittleren Reife".

[33] Gemeint ist das städtische „Barmer Gymnasium" in der Bleicherstraße, eine der beiden Vorgängerschulen des heutigen „Wilhelm-Dörpfeld-Gymnasiums" in Wuppertal-Elberfeld (vgl. Hans-Joachim de Bruyn-Ouboter u.a. [Hg.], Schultradition in Barmen. Von der Barmer Amtsschule zum Gymnasium Sedanstraße 1579-1994, Wuppertal 1994, S. 7 ff, 122).

auszufüllen. Leider war der Lehrer für Latein und Griechisch nicht nur ein alter, sondern auch ein schlechter Lehrer, der uns nur ungenügend auf die späteren Anforderungen der Universität vorbereitete. Dagegen hatten wir das Glück, drei Jahre lang in Professor Meyer[34] einen hervorragenden Deutschlehrer zu haben. Er stellte hohe Anforderungen. Wenn er ein Aufsatzthema gab, mußten wir für die nächste Stunde eine Gliederung erarbeiten, die dann in der Klasse auf ihre logische Folgerichtigkeit hin streng kritisiert wurde, eine Prüfungsmethode, die ich später für meine eigenen Arbeiten übernahm. Noch wichtiger war für mich seine Kunst, uns die großen Humanisten der deutschen Klassik nahezubringen, so daß ich eine geradezu leidenschaftliche Begeisterung für unsere klassischen Dichter gewann. Zu Hause las ich mir laut Gedichte und dramatische Szenen dieser Großen vor. Ihre Verehrung blieb mir für mein ganzes Leben erhalten.

In der Unterprima hatte ich die Freude, daß ich zur Teilnahme an dem Schülerlesekränzchen „Amicitia" aufgefordert wurde. Die regelmäßigen Zusammenkünfte fanden abends in den Elternhäusern statt, wo wir moderne Literatur, z. B. Ibsen, lasen und diskutierten. Auch dem Schülerturnverein, der unter der Leitung eines Primaners stand, gehörte ich an. Bei einem sportlichen Wettkampf der Barmer Jugend gewann ich einmal einen Lorbeerkranz. So denke ich gerne an diese drei Barmer Jahre zurück.

Erst später wurde mir eine negative Eigenart dieses Gymnasiums bewußt, eine Eigenart, die damals in allen höheren Schulen Geltung hatte, die tiefe Kluft, die zwischen Lehrern und Schülern bestand. In den drei Barmer Jahren habe ich mit keinem meiner Lehrer ein persönliches Gespräch geführt. Die Fremdheit zwischen Lehrern und Schülern erlebte ich einmal in besonders krasser Weise. Als ich nach Schluß des Vormittagsunter-

---

[34] Johannes Meyer, Philologe am Barmer Gymnasium und Leutnant der Landwehr a.D., war nach etlichen Dienstjahren als Oberlehrer 1899 zum „Professor" befördert worden; seit 1920 im Ruhestand (vgl. Festschrift zum 350jährigen Jubiläum des Barmer Gymnasiums, hg. v. Wilhelm Bohle, Barmen 1929, S. 166 f).

richts mit der Elektrischen[35] nach Hause fuhr und auf der hinteren Plattform beim Schaffner stand, stieg mein Mathematiklehrer ein und stellte sich mir gegenüber. Ich war so schockiert, daß ich wünschte, in den Boden versinken zu können. Erst nach dem Aussteigen meines Gegenübers kam ich wieder zu mir selbst. In dem 1912 erschienenen Buch von Alfred Graf „Schülerjahre. Erlebnisse und Urteile namhafter Zeitgenossen"[36] kam diese Fremdheit, ja Feindschaft zwischen Schülern und Lehrern stark zum Ausdruck.

---

[35] Straßenbahn.

[36] Alfred Graf, Schülerjahre. Erlebnisse und Urteile namhafter Zeitgenossen, Berlin-Schöneberg (Fortschritt, Buchverlag der „Hilfe") 1912. Der 1908 in Erlangen mit einer wirtschaftsgeschichtlichen Arbeit promovierte Historiker Alfred Graf trat wenig später auch als Reformpädagoge und Kritiker des deutschen Mittelschulwesens an die Öffentlichkeit, als er 1919 die provokante Streitschrift „Los vom Philologismus. Eine Leichenpredigt über die Reform-Bedürftigkeit unseres Mittelschulwesens" (Burg-Verlag, Nürnberg) publizierte.

Abb. 1: Vermutlich der „Helling-Hof" in der Soester Börde

Abb. 2: Friedrich Helling mit Ehefrau Maria Helling, geb. Pasche, und Sohn Fritz Helling

Kapitel 2

Studium, Referendarzeit und „Wandervogel"

Nach dem Abitur (Ostern 1907) stand ich vor der Frage, welches Universitätsstudium ich wählen sollte. Da ich in der Schule an Homer, Sophokles und Vergil besondere Freude gehabt hatte, wählte ich Latein und Griechisch als meine Hauptfächer. Ich dachte mir, bei diesem altphilologischen Studium würde man vor allem mit den Ideen der großen Männer des Altertums vertraut gemacht werden. In Wirklichkeit aber mußte ich erfahren, daß die Textkritik an ihren Werken zur Hauptsache gemacht wurde. Sowohl meine schriftliche Arbeit zum Staatsexamen wie auch meine Doktorarbeit waren textkritische Untersuchungen. Zum Glück wählte ich als drittes Fach Geschichte. Gleich im ersten Semester erlebte ich, daß dies mein Lieblingsfach werden würde.

Die ersten vier Semester (Ostern 1907 - Ostern 1909) verbrachte ich in Göttingen. In dieser Zeit nahm ich zwar regelmäßig an den Vorlesungen und Übungen teil, schrieb auch gewissenhaft mit, aber zu Hause arbeitete ich wenig für meine Fächer. Das hatte seinen Grund darin, daß ich in einer „Verbindung", einer nichtschlagenden Burschenschaft („Germania")[1], aktiv wurde, die viel Zeit für sich in Anspruch nahm. Ich habe mir

---

[1] Nichtschlagende farbentragende Burschenschaften wie die der „Germania" in Göttingen zählten in der ausgeprägten Hierarchie der studentischen Verbindungen des Kaiserreichs zur Gruppe der etwas weniger elitären Korporationen. Wie Helling stammte der typische Burschenschaftler aus dem Bildungsbürgertum und bereitete sich nun auf eine Karriere in Justiz, Wissenschaft oder Kunst vor. In Rivalität zu den noch exklusiveren schlagenden Corps bemühten sich die Burschenschaften zu dieser Zeit, den Makel ihrer liberalromantischen Tradition aus der Zeit des Vormärz durch eine betont nationale Gesinnung sowie entsprechende Umgangs- und Organisationsformen zu kompensieren, denn das Kriterium der nationalen Zuverlässigkeit war gewissermaßen laufbahnbestimmend. Gleichwohl wurde bei ihnen das geistige Bildungsideal stärker hervorgehoben als bei den Corps, auch wenn sie ansonsten durchaus ähnliche Riten zur Ausformung der Persönlichkeit pflegten. Vom Organisationsgrad her erfreuten sich die Burschenschaften im Vergleich zu den Corps und den übrigen Verbindungen vor dem Ersten Weltkrieg zunehmender Beliebtheit. Im Jahre 1908 hatten sie unter den Studenten ca. 3300 und unter den

später oft Vorwürfe darüber gemacht, daß ich damals in den ersten Semestern das Studium so stark vernachlässigte. Aber meine Frau[2] hielt mir immer entgegen, ich verdanke der Verbindung außerordentlich viel für mein Leben: die Sicherheit des Auftretens und die Fähigkeit zum Reden und Debattieren. Jetzt im Alter bin ich überzeugt, daß sie recht hatte. Vor allem aber: in der Verbindung gewann ich einen Freund, Karl Toepfer[3], mit dem ich aufs engste verbunden war. Unser Miteinander habe ich immer als seltenes Glück empfunden. Zum Schönsten unserer Freundschaft gehörte die gemeinsame Liebe zur Natur. Wie oft haben wir Wanderungen zusammen gemacht! An den Wochenenden ging es häufig ins Werratal. Die herrlichen Schönheiten dieser Landschaft haben wir tief in uns aufgenommen. Und immer gab es Erlebnisse besonderer Art, die unvergeßlich blieben. So kamen wir einmal in der Werragegend an einem Baum vorbei, der voll von reifen Kirschen hing. Wir fragten den Bauern, ob er uns nicht zwei Pfund verkaufen wolle. Er erwiderte, dann müßten wir alle Kirschen des Baumes kaufen. Wir taten es. Sie kosteten 1,50 M[4]. Auf einer anderen Werrawanderung übernachteten wir in einer hochgelegenen, einsamen Bauernwirtschaft, in der jeder von uns beiden für Abendessen, Übernachtung und Frühstück nur 1,90 M zu bezahlen hatte.

Am schönsten waren die großen Wanderungen, die wir in den Ferien machten. Wir haben alle deutschen Mittelgebirge durchwandert mit Ausnahme des Riesengebirges. Überall staunten wir über die Schönheiten der Landschaften und der Kunstwerke, die wir antrafen. Vieles, was wir sahen, ließ bei mir Fragen offen, die ich dann zu Hause mit Hilfe von Bibliotheksbüchern zu beantworten suchte. So erwarb ich mir eine überdurchschnittliche Allgemeinbildung. Gleich im ersten Semester hielt ich

---

„alten Herren" sogar rd. 11.000 Mitglieder (vgl. Konrad H. Jarausch, Deutsche Studenten 1800-1970, Frankfurt a.M. 1984, S. 59-70).

[2] Hilda Helling, geb. Langhans (s. Kap. 5, Anm. 5, sowie insgesamt Kap. 5 ff).

[3] Karl Toepfer wurde wenig später mit Fritz Helling Kriegsfreiwilliger (25. Infanterie-Regiment) des Ersten Weltkriegs. Bei Kriegsausbruch 1914 wohnte er in Aachen. Er wurde am 1. Dezember 1914 in Flandern schwer verwundet und verstarb einen Tag später (s. hierzu insb. Kap 3, Anm. 2).

[4] (Reichs-)Mark.

in der „Germania" einen Vortrag über Ibsen. Im vierten Semester begeisterte mich das Buch „Rembrandt als Erzieher"[5], das mir später fremd wurde. In der Göttinger Burschenschaft war ich im vierten Semester erster Chargierter[6]. Man sieht, daß die Fachwissenschaft zu kurz kam.

Es war hohe Zeit, daß ich nach diesen vier Semestern Göttingen verließ und für zwei Semester nach Berlin ging. Hier habe ich viel gearbeitet. Morgens besuchte ich die Vorlesungen, unter denen die von Wilamowitz-Moellendorf[7], Erich Schmidt[8] und Roethe[9] hervorragten. Nachmittags arbeitete ich im historischen Seminar. Roethe duldete damals ebenso

---

[5] Mit dem Buch „Rembrandt als Erzieher" machte August Julius Langbehn Furore, denn das 1890 erstmals veröffentlichte Werk, in dem gegen Materialismus, Industrialisierung und Halbbildung polemisiert und dafür – mit vielfältigen Bezügen zum Nationalen – die Verinnerlichung und der Idealismus als wesentliche Voraussetzungen einer „Wiedergeburt von innen" hingestellt wurden, erlebte bis 1936 nicht weniger als 85 Auflagen. Mit seiner Schrift hatte der Kulturphilosoph Langbehn (1851-1907), der in Anlehnung an den Titel seines Hauptwerks auch der „Rembrandtdeutsche" genannt wurde, Einfluß auf die deutsche Jugendbewegung, die Reformpädagogik und die Heimatkunstbewegung (vgl. Bernd Behrendt, Zwischen Paradox und Paralogismus. Weltanschauliche Grundzüge einer Kulturkritik in den neunziger Jahren des 19. Jahrhunderts am Beispiel August Julius Langbehn, Frankfurt a.M. 1984; Hubertus Kunert, Deutsche Reformpädagogik und Faschismus, Hannover 1973).

[6] Amt des Sprechers in einer studentischen Verbindung.

[7] Ulrich v. Wilamowitz-Moellendorff (1848-1931), Professor für Klassische Philologie; neben Theodor Mommsen und Eduard Meyer (s. Anm. 12) einer der berühmtesten Altertumswissenschaftler Deutschlands im späten 19. und frühen 20. Jahrhundert. Wilamowitz war ein Vertreter der historisch-kritischen Methode und prägte die Klassische Philologie durch Detailuntersuchungen (vor allem zur griechischen Dichtung) und durch universale Überblicke über die griechische Kultur und Literatur der Antike (vgl. Wilamowitz nach 50 Jahren, hg. v. William M. Calder, Darmstadt 1985).

[8] Erich Schmidt (1853-1913), Professor für deutsche Literaturgeschichte, der nach positivistischer Methode Dichter, Werke und Probleme der deutschen Literatur des 18. und 19. Jahrhunderts (vor allem Goethe und Lessing) behandelte. Schmidt erwarb sich große Verdienste um die Werkausgaben Goethes (vgl. Ludwig Bellermann, Zur Erinnerung an Erich Schmidt, Berlin 1913).

[9] Gustav Roethe (1859-1926), Professor für Germanistik; wurde wegen seiner völkischen Gesinnung ungewollt zu einem Wegbereiter der NS-Wissenschaftsauffassung (vgl. Wolfgang Emmerich, Germanistische Volkstumsideologie. Genese und Kritik der Volksforschung im Dritten Reich, Tübingen 1968).

wenig wie Edward Schroeder[10] in Göttingen Studentinnen in seinen Vorlesungen. Als bei Schroeder einmal eine Studentin im Auditorium saß, herrschte Unruhe unter den Studenten. Der Pedell[11] wurde benachrichtigt und wies die Studentin aus dem Hörsaal. Dann kam Schroeder, umfaßte das Pult mit beiden Händen und rief laut in den Raum: „Meine Herren." Darauf großes Getrampel der Studenten. Zu den Berühmtheiten der damaligen Berliner Universität gehörte auch der Althistoriker Eduard Meyer[12], an dessen Vorlesungen und Übungen ich teilnahm. Der zweite Althistoriker war Professor Hirschfeld[13]. Als ich in seinem Seminar ein Referat über Hannibals Alpenübergang nach den Darstellungen bei Polybios und Livius gehalten hatte, fragte er mich, ob ich bereit sei, bei ihm eine Doktorarbeit zu machen. Ich antwortete ihm, ich wolle nach Göttingen zurückkehren. Das war eine törichte Antwort, über die ich mich später oft geärgert habe. Ich hätte damals in Berlin meinen Doktor machen sollen. Das wäre leichter gewesen als später in Göttingen.

Die zwei Semester, die ich damals von Ostern 1909 bis Ostern 1910 in Berlin zubrachte, waren für mich auch abgesehen vom Studium von großer Bedeutung. Ich beschäftigte mich zum ersten Mal gründlich mit der Politik, las täglich im Lesesaal die wichtigsten Zeitungen, besuchte politische Vorträge und nahm gelegentlich auch an Reichstagssitzungen teil. In

---

[10] Edward Schroeder (1858-1942), Professor für deutsche Sprache und Literatur, war in Göttingen außerdem Sekretär der renommierten „Gesellschaft der Wissenschaften" und Mitherausgeber der „Zeitschrift für deutsches Altertum und deutsche Literatur" (vgl. Kürschners Deutscher Gelehrten-Kalender, Berlin 1925-1950).

[11] Hausmeister, Diener.

[12] Eduard Meyer (1855-1930), Professor für Alte Geschichte; neben Theodor Mommsen und Ulrich v. Wilamowitz-Moellendorff (s. Anm. 7) einer der berühmtesten Altertumswissenschaftler Deutschlands im späten 19. und frühen 20. Jahrhundert. In seinem wichtigsten Werk, der „Geschichte des Altertums" (5 Bde., 1884-1902), stellte er, beginnend mit Ägypten und Vorderasien, die antike Geschichte bis um 366 v. Chr. in einem universalen Rahmen dar und suchte so, die griechische Geschichte aus ihrer Isolierung zu lösen (vgl. Victor Ehrenberg, Eduard Meyer, in: Historische Zeitschrift 143, 1931, S. 501).

[13] Otto Hirschfeld (1843-1922), Professor für Alte Geschichte, Direktor des Instituts für Altertumskunde; hatte Forschungsschwerpunkte in der Wirtschafts- und Rechtsgeschichte der römischen Antike (vgl. Wer ist's – Unsere Zeitgenossen, hg. v. Herrmann A. L. Degener, V. u. VIII. Ausg., Leipzig 1911, S. 611 u. ebd. 1922, S. 660).

sehr deutlicher Erinnerung ist mir noch der Besuch von Vorträgen, die Friedrich Naumann[14] damals in Berlin über „Die politischen Parteien"[15] hielt. Nicht viel später wurde ich Abonnent der von Naumann herausgegebenen Zeitschrift „Die Hilfe"[16]. Ebenso wichtig war mir der Theaterbe-

---

[14] Friedrich Naumann (1860-1919), bedeutender national-liberaler Politiker und Publizist, der – von Hause aus evangelischer Theologe – für eine Verbesserung der sozialen und politischen Lage der Unterschichten eintrat und dabei versuchte, „Demokratie und Kaisertum" (so eine seiner wichtigsten Schriften, erschienen im Jahre 1900) zu versöhnen. Als Gegner der international orientierten Sozialdemokratie forderte er für Deutschland programmatisch die Verbindung eines sozialen, demokratischen Volkskaisertums mit einem national eingestellten „neudeutschen Industrievolk". Zur Verwirklichung dieser Ziele gründete Naumann 1896 die Partei des „Nationalsozialen Vereins", nach deren Niederlage bei den Reichstagswahlen von 1903 er sich der liberalen „Freisinnigen Vereinigung" anschloß. In ihr bemühte er sich nun um eine „Erneuerung des Liberalismus", indem er zugleich national-imperialistische Ziele propagierte und 1910 die Vereinigung mit Gruppierungen des Linksliberalismus zur „Fortschrittlichen Volkspartei" erreichte. Von 1907-1918 war Naumann Mitglied des Reichstags, 1919 wurde er Mitbegründer und Vorsitzender der „Deutschen Demokratischen Partei" und Mitglied der Weimarer Nationalversammlung. Visionär und außergewöhnlich erfolgreich war seine Schrift „Mitteleuropa" von 1915, in der er das Programm einer europäischen Wirtschaftsgemeinschaft entwarf (vgl. Theodor Heuss, Friedrich Naumann. Der Mann, das Werk, die Zeit, 2. Aufl. Tübingen 1949).

[15] Die vier zu Beginn des Jahres 1910 in Berlin gehaltenen Vorträge Naumanns über „Die politischen Parteien" wurden noch im selben Jahr unter gleichem Titel als Buch veröffentlicht, das die „erste zusammenfassende Darstellung einer deutschen Parteiengeschichte" darstellte. Das Werk gilt als „das bedeutendste, ... auch heute noch uneingeschränkt lesenswerte Ergebnis der literarischen Auseinandersetzungen Naumanns mit der Parteienproblematik" (Eberhard O. Bürgel, Friedrich Naumann [1860-1919], in: Deutsche Publizisten des 15. bis 20. Jahrhunderts, hg. v. Heinz-Dietrich Fischer, Berlin 1971, S. 316-325, Zit. S. 321).

[16] Die von Friedrich Naumann gegründete und herausgegebene Wochenschrift „Die Hilfe" erschien von 1894 bis 1943. Sie war zunächst ein parteipolitisch unabhängiges Blatt mit christlich-evangelischem, betont sozialem Charakter, das die Hilfe zur Selbsthilfe des Proletariats propagierte, das zugleich aber auch „gegen Revolution und gegen einseitigen Monarchismus", „für ein Mehrdemokratisches Wahlrecht in Landtag und Stadtverwaltung" sowie für eine „Sozialreform als Zusammenwirken von Staatssozialismus, Arbeiterbewegung und Privatwohltätigkeit" eintrat. Nicht zuletzt durch die zunehmende politische Tätigkeit Naumanns nahm auch „Die Hilfe" mehr und mehr den Charakter eines Blattes des politischen Liberalismus, insbesondere der Deutschen Demokratischen Partei (DDP) an, mit deren Niedergang ab 1924 sich schließlich auch ihr publizistisches Schicksal verband. Ein wichtiger hauptberuflicher Mitarbeiter der Redaktion war von 1905 bis

such. Ich war häufig im Deutschen Theater und seinen Kammerspielen[17], wo damals unter Max Reinhardt[18] die herrlichen Shakespeare-Aufführungen stattfanden. Im Lessingtheater[19] sah ich mir die Dramen von Ibsen an. Häufig war ich auf der Museumsinsel, in der Nationalgalerie[20] und dem Kaiser-Friedrich-Museum[21]. Am Wochenende machte ich

---

1912 Theodor Heuss, ein bedeutender Förderer der Soziologie Max Webers (Rolf Taubert, Die Hilfe [1894-1943], in: Deutsche Zeitschriften des 17. bis 20. Jahrhunderts, hg. v. Heinz-Dietrich Fischer, München 1973, S. 255-264).

[17] Das in der Schumannstraße, mitten im sogenannten Medizinerviertel gelegene „Deutsche Theater" und die direkt neben ihm errichtete kleine Bühne der „Kammerspiele" wurden zur betreffenden Zeit beide von Max Reinhardt (s. Anm. 18) geleitet. 1883 von dem Lustspieldichter und Theaterdirektor Adolph L'Arronge noch als „Friedrich-Wilhelm-Städtisches Theater" erworben, in dem speziell französische Boulevard-Komödien und Offenbach-Operetten aufgeführt wurden, entwickelte es sich rasch zum renommiertesten deutschen Theater für Klassiker-Aufführungen. Schon unter Reinhardts Vorgänger Otto Brahm hatte es der im Spielplan ähnlich ausgerichteten Hofbühne den Rang abgelaufen. Seitdem galt es als erste Theateradresse von Berlin, ja sogar als eigentliches deutsches National-Theater. Unter Max Reinhardt konnte das Theater sogar internationalen Ruhm erringen, nicht zuletzt weil es durch zahlreiche renommierte Künstler (Bühnenbild, Kostüme) aktiv unterstützt wurde, so etwa durch Edvard Munch, Adolph von Menzel und Lovis Corinth (vgl. Walther Kiaulehn, Berlin. Schicksal einer Weltstadt, 7. Aufl. München 1958, S. 415 ff, 441 ff).

[18] Max Reinhardt (1873-1943), Schauspieler und Regisseur, 1905-1920 sowie 1924-1933 Direktor des Deutschen Theaters und der Kammerspiele in Berlin. Mit seinem Regiestil, der sich durch eine Überwindung des naturalistischen Spielraums zugunsten eines impressionistisch-magischen Raums unter Verwendung der modernen Bühnentechnik (Drehbühne, Beleuchtung) auszeichnete, bewirkte Reinhardt eine grundlegende Reform des Theaters. Höchste Intensität erreichte dieser neue Regiestil in Reinhardts Inszenierungen deutscher Klassiker und in seinen Shakespeareaufführungen (vgl. Leonhard M. Fiedler, Max Reinhardt in Selbstzeugnissen und Bilddokumenten, Reinbek 1975).

[19] Das Lessingtheater, zunächst von Ernst Possart, dann von Oscar Blumenthal geleitet, lag am Ende des Schiffbauerdamms und pflegte im allgemeinen das französische Sittenstück und die Gesellschaftskomödie. Stücke von Ibsen wurden in Berlin schon seit 1890 mit Erfolg inszeniert, so etwa vom Hoftheater, von der „Freien Bühne" und der „Volksbühne" (vgl. Walther Kiaulehn, Berlin, a.a.O., S. 425, 427, 450, 471).

[20] Der 1866-1876 auf der Berliner Museumsinsel von August Strack nach Plänen von August Stüler und Karl Friedrich Schinkel errichtete Altbau der Nationalgalerie zeigte um 1910 vor allem deutsche Gemälde des 19. Jahrhunderts mit Schwerpunkten in der Romantik und im Biedermeier (Friedrich, Schinkel, Blechen, Spitzweg) sowie durch Anschaffungen des mehr europäisch orientierten Direktors Hugo von Tschudi auch schon im Impressionismus (Böcklin, Feuerbach, Klinger, Leibl, Manet, Marées, Menzel, Monet,

oft mit Freunden aus Göttingen Ausflüge zum Wannsee und Müggelsee und weiter in die Mark Brandenburg.

Die freundschaftlichste Verbindung fand ich damals mit einem früheren Tübinger Studenten, den wir „Perkeo"[22] nannten. Wir arbeiteten nachmittags immer zusammen im historischen Seminar. Wenn es um 19 Uhr geschlossen wurde, gingen wir über die Friedrichstraße mit ihrer Fülle von Menschen, dann durch die Leipziger Straße und den Tiergarten nach Moabit, wo wir beide wohnten. Sehr oft aßen wir auch gemeinsam zu Mittag, mit Vorliebe bei Aschinger[23], wo die Preise erstaunlich niedrig

---

Renoir, Rodin, Schwind, Sisley). Berühmt wurde die 1906 eingerichtete „Jahrhundertausstellung". Die liberale Anschaffungspolitik des Museums wurde 1909 durch eine streng dirigistische Aufsicht eines Gremiums und des preußischen Monarchen beendet (vgl. Dieter Honisch, Zur Vorgeschichte – Das Stammhaus auf der Museumsinsel – Die Kaiserzeit, in: Nationalgalerie Berlin [museum – westermann], Braunschweig 1980, S. 10, 16-20).

[21] Das 1898-1904 von Ernst von Ihne, dem Lieblingsbaumeister Wilhelms II., auf der Berliner Museumsinsel errichtete „Kaiser-Friedrich-Museum" war ein Projekt des späteren Generaldirektors der Staatlichen Preußischen Museen, Wilhelm von Bode, das als Zusammenführung zahlreicher privater und staatlicher Sammlungen konzipiert war (daher sein heutiger Name „Bodemuseum"). In ihm sollte die Forderung Goethes, „Rechenschaft zu geben über drei Jahrtausende", verwirklicht werden und die Werke der Künstler sollten – hierin allenfalls vergleichbar mit der Londoner „National Galary" – in der Umgebung ihrer Zeit präsentiert werden. So wurde es eine Kombination aus Kunst- und Kulturmuseum mit einem „unübertrefflichen Studiencharakter". Höhepunkte waren die islamische, die frühchristlich-byzantinische und die italienische Abteilung, die sich wiederum in Abteilungen für Früh- und Hochrenaissance untergliederte. Neben generell starken Schwerpunkten in der Plastik wurden hier u.a. Werke von Bellini, Botticelli, Correggio, Filippo Lippi, Raffael, Signorelli, Tintoretto, Tizian, Paolo Veronese und Verrocchio gezeigt (Walther Kiaulehn, Berlin, a.a.O., S. 325-331).

[22] Vermutlich benannt nach dem Narren Klemens Perkeo, der um 1720 am Hof des pfälzischen Kurfürsten Karl III. Philipp (1661-1742) in Heidelberg tätig war und über den Victor von Scheffel (1826-1886) dichtete „Das war der Zwerg Perkeo / im Heidelberger Schloß, / an Wuchse klein und winzig, / an Durste riesengroß ..." (Walter Laufenberg, Der Zwerg von Heidelberg. Perkeo, Hofnarr auf dem Schloß der Pfälzer Kurfürsten, Stuttgart 1990).

[23] Kette von unterschiedlichen gastronomischen Betrieben (Bier- und Speiselokale, Cafés), die der aus Süddeutschland stammende August Aschinger (1862-1911) und dessen Brüder in Berlin gegründet hatten. Neben dem 1892 eröffneten Bierlokal in der Roßstraße 4, gab es zu Hellings Zeit bereits Aschinger-Filialen in der ganzen Stadt, unter anderem am Alexanderplatz, am Rosenthaler Platz sowie zwei Filialen in der Friedrichstraße. Der

waren. Ein Paar Würstchen kostete 10 Pfennig, Erbsensuppe mit Würstchen 25 Pfennig. Brötchen, die auf dem Tisch standen, konnte man gratis essen, soviel man wollte.

Als das sechste Semester in Berlin zu Ende war, kehrte ich nach Göttingen zurück. Hier erlebte ich eine große Enttäuschung. Ich kam mit meiner Doktorarbeit über Stichomythie[24] in den griechischen Dramen nicht zurecht, gab die Arbeit auf und bereitete mich auf das Staatsexamen vor. Nach dem zehnten Semester (Ostern 1912) ließ ich mich exmatrikulieren und arbeitete von da an zu Hause. Das Staatsexamen fand im Dezember 1912 statt. Ich erhielt die Fakultas[25] in Latein und Geschichte für die erste Stufe[26], in Griechisch, später auch in Deutsch, für die zweite. Außerdem hatte ich mir schon früher die Turnfakultas erworben[27]. Ich war also in der Schule gut verwendbar. Nach Neujahr 1913 ließ ich mich noch einmal in Göttingen immatrikulieren, um einige Vorlesungen zu hören, darunter vor allem die Vorlesung des Theologieprofessors Bousset[28], den ich persönlich gut kannte, über Paulus.

Erfolg und die große Beliebtheit der Lokale beruhten auf preiswerten und schnell zubereiteten Speisen, zu denen unentgeltlich Brötchen aus einer eigenen Bäckerei gereicht wurden (vgl. Walther Kiaulehn, Berlin, a.a.O., S. 221 ff).

[24] Stichomythie, Dialogform im antiken Drama, bei der Rede und Gegenrede in schneller Folge mit jedem Vers wechseln. Als rhetorisches Ausdrucksmittel der Erregung wurde die Stichomythie in Streit-, Wiedererkennungs-, Abschieds- und Gebetsszenen des griechischen Dramas besonders von Euripides, im römischen Drama besonders von Seneca d.J. eingesetzt (vgl. Ernst-Richard Schwinge, Art. Stichomythie, in: dtv-Lexikon der Antike: Philosophie, Literatur, Wissenschaft, Bd. 4, 3. Aufl. München 1978, S. 231).

[25] Lehrbefähigung.

[26] Grundstufe.

[27] Alle universitären Abschlußzeugnisse befinden sich in Abschriften im StA Schwelm, Personalakte Dr. Fritz Helling, Oberstudiendirektor; vgl. auch UA Göttingen, Promotionsakte Dr. Fritz Helling.

[28] Wilhelm Bousset (1865-1920), evangelischer Theologe; Mitbegründer der religionsgeschichtlichen Schule, die das Neue Testament und die Anfänge des Christentums mit ähnlichen Erscheinungen anderer Religionen verglich (vgl. Anthonie Verheule, Wilhelm Bousset. Leben und Werk, Amsterdam 1973).

Ostern 1913 kam ich als Seminarkandidat an das humanistische Gymnasium in Minden[29]. Der Direktor Dr. Windel[30] war ein besonders autoritärer Vertreter des damaligen Hohenzollernstaates. Der Lehrer- und Schülerschaft gegenüber fühlte er sich als Diktator. Die Verhandlungsart in den Lehrerkonferenzen war immer gespannt. Manche Primaner – auch ein im Krieg später ausgezeichneter Pour-le-mérite-Flieger[31] – aßen ihr Butterbrot in den Pausen erst dann, wenn die griechische Stunde beim Direktor überstanden war. Wir Seminarkandidaten wurden angehalten, uns an den Wochenenden mit Offizieren zusammen an vormilitärischen Übungen mit Jugendlichen zu beteiligen, wie es der preußische Jugendpflegeerlaß von 1911 vorsah. Der Direktor drängte uns auch, der „Ressource"[32] beizutreten, zu der die Oberschicht der Bürger, die Offiziere der drei Regimenter und die Regierungsbeamten gehörten. Bei ihnen zog er gelegentlich Erkundigungen über unser Benehmen ein. Man hatte dauernd das Gefühl, sich auf einem Parkettboden zu bewegen, auf dem

---

[29] Die 1530 gegründete höhere Schule in Minden, die sich heute als städtisches „Ratsgymnasium" am „Königswall" befindet und rd. 1000 Schüler hat, war 1913 eine höhere Bildungsanstalt des preußischen Staates und trug den Namen „Königlich Evangelisches Gymnasium Minden". Aus diesem Status erklären sich auch die nachfolgenden Bemerkungen Hellings über die von der Schulleitung eingeforderten Beweise der Staatstreue. Zur Zeit von Hellings ,Referendariat' befand sich die Schule in der Immanuelstraße und war sowohl mit einem humanistischen Gymnasiums- (mit rd. 300 Schülern) als auch mit einem neusprachlichen Realschulzweig ausgestattet (freundliche Auskunft des Kommunalarchivs Minden vom 16. u. 23. Februar 1999).

[30] Prof. Dr. Hans Windel (1855-1922) war Direktor des Mindener Gymnasiums seit 1911, zuvor Direktor des Gymnasiums in Herford (freundliche Auskunft des Kommunalarchivs Minden vom 23. Februar 1999).

[31] Der von Friedrich d. Gr. 1740 gestiftete preußische Orden „Pour le mérite" („Für das Verdienst") war ursprünglich ein Militär- und Zivilorden, der aber 1810-1918 ausschließlich für militärische Verdienste verliehen wurde. Davon unabhängig wurde 1842 auf Initiative Alexander v. Humboldts und Friedrich Wilhelms IV. eine „Pour le mérite-Friedensklasse" speziell für die Würdigung von Verdiensten um die Wissenschaft und Künste gegründet. Dieser noch heute bestehende Orden nimmt max. 30 deutsche und 30 ausländische Mitglieder auf; über eine Neuverleihung entscheiden beim Tod eines früheren Mitglieds die übrigen in freier Wahl (vgl. Horst Fuhrmann, Pour le mérite. Über die Sichtbarmachung von Verdiensten, Sigmaringen 1992).

[32] Bezeichnung für die 1788 gegründete Bürgergesellschaft in Minden, die sich vor allem kulturellen Zielen widmete (freundliche Auskunft des Kommunalarchivs Minden vom 24. Februar 1999).

man leicht ausrutschen und hinfallen könnte. Und eben dieser Mann hatte für mich eine mir unerklärliche Vorliebe. Wenn ich ihn in einer dienstlichen Angelegenheit in seinem Direktorzimmer sprechen mußte, schüttete er mir nach Erledigung des Offiziellen oft sein Herz aus, klagte über die Haltung des Kollegiums und bedauerte seine Vereinsamung, manchmal mit Tränen in den Augen.

Als im Sommer 1913 der Klassenlehrer der Sexta zu einer militärischen Übung eingezogen wurde, bestimmte der Direktor mich zum stellvertretenden Klassenlehrer. Mir machte diese frühe pädagogische Verantwortung viel Freude. Am wichtigsten war die tägliche Lateinstunde. Einmal in der Woche zog ich nachmittags mit den Sextanern, die Lust dazu hatten, in die Umgebung Mindens und machte mit ihnen Spiele aller Art, bis es Zeit zur Heimkehr wurde. Dann bildeten wir auf der einsamen Landstraße – ich in der Mitte – eine eingehakte Kette und sangen Lieder, oder ich erzählte Geschichten. So kamen wir stets früh genug nach Hause. Sehr wichtig für mich war damals die erste Begegnung mit der Reformpädagogik[33]. Ich las Gaudigs „Didaktische Ketzereien"[34] und stimmte seiner Forderung, die Schüler zur Selbsttätigkeit zu erziehen, begeistert zu. Im Seminar hielt ich bald darauf ein Referat über „Selbsttätigkeit als

---

[33] Sammelbezeichnung für die Bestrebungen zur Erneuerung von Erziehung, Schule und Unterricht zwischen etwa 1890 und 1930. Die Reformpädagogik strebte eine tiefgreifende Revision der traditionellen Pädagogik an. Sie bezog sich auf zeitgenössische kultur- und gesellschaftskritische Impulse und sah in der Selbsttätigkeit des Heranwachsenden das grundlegende auf das Individuum gerichtete Erziehungsprinzip für eine freie, ungehinderte Entwicklung und Entfaltung der kindlichen Persönlichkeit. Dabei hob sie die Rolle der Gemeinschaft und eines lebendigen Schullebens hervor, womit erstmals gezielt die soziale und politische Bildung gefördert wurde. Zentrales Anliegen der Reformpädagogik war es, das bloß mechanische Auswendiglernen nach unverrückbar vorgeschriebenen Lektionen und starren Systemen zu überwinden. So entwickelte die Reformpädagogik neue Schul- und Unterrichtsformen, u.a. Gesamt- und Gruppenunterricht, Schülermitverantwortung, Arbeitsgemeinschaften, Werken als praktisches und didaktisches Unterrichtsprinzip (Arbeitsschule), Gymnastik im Sinne musischer Erziehung und Sprachgestaltung (vgl. Dietrich Benner/Herwart Kemper, Theorie und Geschichte der Reformpädagogik, Bd. 2, Weinheim 2003; Jürgen Oelkers, Reformpädagogik. Eine kritische Dogmengeschichte, 4., vollst. überarb. u. erw. Aufl. Weinheim 2005).
[34] Hugo Gaudig, Didaktische Ketzereien, Leipzig (Teubner) 1904 (6. Aufl. ebd. 1925).

Bildungsprinzip", blieb aber in meinem eigenen Unterricht noch in den Bahnen des Herkömmlichen.

Im gleichen Sommer lud mich ein Obersekundaner zur Sonnenwendfeier des Wandervogels[35] ein. Sie fand bei herrlichem Wetter am Rande eines Bergwaldes mit weitem Ausblick ins Land hinein statt. Jungen und Mädchen sangen mit Lauten- und Gitarrenbegleitung märchenhaft schöne, feierlich klingende Volkslieder, die ich nicht kannte. Dieser Blick in ein mir völlig fremdes Jugendreich war ein unvergeßliches Erlebnis, das schon bald mein eigenes Leben mitbestimmen sollte.[36]

Das Wintersemester brachte für mich eine wichtige Änderung. Der Direktor ließ mich in seinem Homerunterricht in der Untersekunda hospitieren und forderte mich dann auf, den Unterricht selbst zu übernehmen und meine Seminararbeit über ihn zu machen. Diese Aufgabe stand nun im Mittelpunkt meiner Tätigkeit. Ich war ganz bei der Sache, gab mir die größte Mühe und lieferte am Schluß des ersten Vorbereitungsjahres meine Arbeit mit gutem Gewissen ab. Bald darauf ließ mich der Direktor in sein Zimmer rufen und sagte mir, er sei leider sehr enttäuscht über meine

---

[35] Die erste, im Jahre 1896 entstandene Gruppierung der deutschen Jugendbewegung. Der „Wandervogel", bis 1912/13 nur für Gymnasiasten und Realschüler männlichen Geschlechts zugänglich, bildete einen eigenen Lebensstil aus (mit Volksmusik, -tanz, Führerauslese, besonderer Kleidung, Lagerleben, Wanderfahrten) und strebte Selbsterziehung und Selbstgestaltung in der jugendlichen Gemeinschaft an („Jugendkultur"). Seit 1904 entstanden mehrere Einzelbünde unterschiedlicher, auch politischer Ausrichtung, so etwa der vom völkischen Altherrenbund gegründete „Jungdeutsche Bund", die sich später z.t. wiedervereinigten (Kronacher Bund der alten Wandervögel mit seinem Zentrum, der Jugendburg Ludwigstein bei Kassel, heute Sitz des Archivs des Deutschen Jugendbewegung) oder Verbindungen etwa mit den Pfadfindern (Deutsche Freischar) eingingen. 1933 wurden die „Wandervogel"-Bünde verboten, doch nach 1945 vereinzelt wiedergegründet und durch andere Jugendverbände abgelöst (vgl. Hans Bühler, Wandervogel. Geschichte einer Jugendbewegung, 5. Aufl. Frankfurt a.M. 1976; Wolfgang Gerber, Zur Entstehungsgeschichte der deutschen Wandervogelbewegung, Bielefeld 1957).

[36] Über Hellings Aktivitäten und Überzeugungen mit jugendbewegtem Hintergrund vermitteln die einschlägigen Erinnerungen seines Schülers Dr. med. Ernst Müller einen nachhaltigen Eindruck (s. Ernst Müller, Fritz Helling – Lehrer, Erzieher, Reformer, in: Beiträge zur Heimatkunde der Stadt Schwelm und ihrer Umgebung N.F. 39, 1989, S. 58-75, insbes. S. 59-65).

Arbeit, die nicht seinen Erwartungen entspreche. Er möchte sie mir zurückgeben, um mir die Möglichkeit zu ihrer Verbesserung zu geben. In meiner Ratlosigkeit ging ich zu einem älteren Freund, Dr. Alvermann[37], der in Minden an einer höheren Mädchenschule unterrichtete und als hervorragender Pädagoge bekannt war. Er las meine Arbeit und sagte ohne Einschränkung, sie sei gut. Nun überlegten wir gemeinsam, wie sich das entgegengesetzte Urteil des Direktors wohl erklären lasse. Nach langen Überlegungen enthüllte sich uns schließlich das Geheimnis: Ich hatte unterlassen, den verdienstvollen Anteil des Direktors an meinem Unterricht und meiner Arbeit hervorzuheben. Ich entschloß mich nun, dies in einer ausführlichen Einleitung hervorzuheben und die Arbeit selbst so zu lassen, wie sie war. Und wirklich: Diese Lösung erwies sich als richtig. In der nächsten Seminarsitzung lobte er die Arbeit und sagte mir später auch, daß er sie mit einer guten Beurteilung an das Provinzialschulkollegium in Münster weitergegeben habe.

Ostern 1914 begann ich das zweite Vorbereitungsjahr am Realgymnasium mit Realschule[38] in meiner Heimatstadt Schwelm. Hier war der Direk-

---

[37] Dr. Karl Alvermann, geboren 1876 in Munster i. Kreis Soltau, evangelischer Theologe, war Oberlehrer am städtischen Lyzeum und Oberlyzeum in Minden von 1909 bis 1914; anschließend tätig in Hannover (freundliche Auskunft des Kommunalarchivs Minden vom 23. Februar 1999).

[38] Das vorherige Realprogymnasium mit Realschule (s. Kap. 1, Anm. 27), das sich seit 1912 in dem eigens dafür neu errichteten Gebäude an der Präsidentenstraße befand (heute als „Altbau" bezeichnet), wurde durch die abnehmende Wahl des Griechisch- zugunsten des Englischunterrichts ab Januar 1907 zu einem „Reform-Realgymnasium mit Realschule" nach dem sogenannten „Frankfurter Modell" umgewandelt. Die Schule, die 1914 rd. 300 Schüler hatte, „bot nun von der Sexta bis zur Quarta Französisch als einzige Fremdsprache an; ab Untertertia kam Latein hinzu, ab Untersekunda Englisch. Es war eine neunstufige höhere Lehranstalt, die die Berechtigung zu allen Universitätsstudiengängen (außer der Theologie) verlieh. Die angeschlossene Realschule wies in ihrem Lehrplan ebenfalls Französisch in den ersten drei Klassen auf; ab Untertertia wurde auch Englisch gelehrt. Nach sechs Klassen erlangten die Schüler das ‚Einjährige'. Der Vorteil dieser Schwelmer Lösung lag darin, daß nach Absolvierung der Quarta ein problemloser Übergang von der einen zur anderen Schule möglich war." Für die höhere Mädchenbildung unterhielt die Stadt Schwelm das „Lyzeum" (mit 1914 rd. 300 Schülerinnen) im Gebäude der ehemaligen Höheren Bürgerschule an der Südstraße (Karl-Josef Oberdick, 100 Jahre

tor Dr. Hasenclever[39], im Gegensatz zu Dr. Windel eine liberalgesinnte Persönlichkeit, die in der Schwelmer Bürgerschaft hohes Ansehen genoß. Mit seiner Erlaubnis richtete ich zusätzlich zu meinem Unterricht mittwochs einen freiwilligen Spielnachmittag ein, an dem sich über Erwarten etwa 100 Schüler beteiligten, so daß ich Primaner um mitleitende Hilfe bitten mußte. So gab es jede Woche ein fröhliches Treiben auf dem großen Turnplatz neben der Schule.

Was mich innerlich damals am meisten bewegte, war die aus dem Wandervogel erwachsene „Freideutsche Jugendbewegung"[40]. Im Oktober 1913 hatte sie zur Feier der hundertjährigen Wiederkehr des Freiheitskrieges gegen Napoleon auf der Kuppe des Hohen Meißners[41] den „Freideutschen Jugendtag" veranstaltet, an dem über 2000 junge Menschen teilnahmen[42]. In dem ersten Aufruf zu diesem Jugendtag hieß es: „Vaterländische Erinnerungstage werden 1913 in großer Zahl gefeiert, aber noch fehlt das Fest der Jugend, die, der Gegenwart zugewandt, im Gelöb-

---

Märkisches Gymnasium Schwelm [1890-1990], in: Beiträge zur Heimatkunde der Stadt Schwelm und ihrer Umgebung N.F. 40, 1990, S. 198-202).

[39] Dr. Max Hasenclever (1875-1935) leitete das Schwelmer Realgymnasium mit Realschule von 1911 bis 1935 (vgl. StA Schwelm, PA Dr. Max Hasenclever).

[40] Gemeint ist die „Freideutsche Jugend", der im Frühjahr 1913 im Rahmen der Jugendbewegung gegründete zentrale Zusammenschluß von studierenden und Älterengruppen in Marburg und Jena, die im Oktober 1913 auf dem Hohen Meißner (s. Anm. 41) mit anderen Gruppen (Deutsche Akademische Freischaren) und lebensreformerischen Verbänden den ersten Freideutschen Jugendtag veranstalteten. Ab 1919 führten verschiedene Tagungen zur Zersplitterung der „Freideutschen Jugend", u.a. in das christliche „Neuwerk", den „Jungdeutschen Bund" und andere völkische Gruppen, den „Freideutschen Bund" und andere Formationen der „Bündischen Jugend" (vgl. Dietmar Schenk, Die Freideutschen 1913-1919/20, Münster 1991; Gerhard Ziemer, Wandervogel und freideutsche Jugend, 2. Aufl. Bad Godesberg 1961).

[41] Der „Hohe Meißner" ist ein 4 km langes Plateaugebirge im nördlichen Hessischen Bergland, südöstlich von Kassel gelegen. Seine höchste Erhebung ist die „Kasseler Kuppe" mit 754 m.

[42] Auf dieser Versammlung der Freideutschen Jugend wurden einige für die deutsche Jugendbewegung programmatische Vereinbarungen getroffen und die sogenannte „Meißnerformel" verabschiedet; sie lautet: „Die Freideutsche Jugend will aus eigener Bestimmung, vor eigener Verantwortung, mit innerer Wahrhaftigkeit ihr Leben gestalten" (Winfried Mogge/Jürgen Reulecke [Hg.], Hoher Meißner 1913. Der erste Freideutsche Jugendtag in Dokumenten, Deutungen und Bildern, Köln 1988).

nis der Tat wahre Vaterslandsliebe bekunden will ... Allem geschraubten, gezwungenen Wesen stellen wir Natürlichkeit, Wahrhaftigkeit, Echtheit, Geradheit gegenüber. Statt des Strebertums aufrichtige Überzeugungstreue! Statt der Blasiertheit: Jugendfreude und Empfänglichkeit. Ausbildung des Körpers und strenge Selbstzucht statt der Vergeudung der Jugendkraft ... Vor allen Dingen hassen wir den unfruchtbaren Patriotismus, der nur in Worten und Gefühlen schwelgt, der sich – oft auf Kosten der historischen Wahrheit – rückwärts begeistert und nicht denkt, sich neue Ziele zu stecken."

In einem zweiten Aufruf, der vor allem von Gustav Wyneken[43], dem Leiter der Freien Schulgemeinde Wickersdorf, verfaßt war, hieß es: „Die Jugend, bisher aus dem öffentlichen Leben der Nation ausgeschaltet und angewiesen auf eine passive Rolle des Lernens, auf eine spielerisch-nichtige Geselligkeit und nur ein Anhängsel der älteren Generation, beginnt sich auf sich selbst zu besinnen. Sie versucht, unabhängig von den trägen Gewohnheiten der Alten und von den Geboten einer häßlichen Konvention, sich selbst ihr Leben zu gestalten. Sie strebt nach einer Lebensführung, die jugendlichem Wesen entspricht, die es ihr aber zugleich auch ermöglicht, sich selbst und ihr Tun ernst zu nehmen und sich als einen besonderen Faktor in die allgemeine Kulturarbeit einzugliedern. ... Sie glaubt, daß nichts heute unserem Volke nötiger ist als solche Geisterverjüngung. Sie, die im Notfall jederzeit bereit ist, für die Rechte ihres Volkes mit dem Leben einzutreten, möchte auch in Kampf und Frieden des Werktags ihr frisches reines Blut dem Vaterlande weihen. Sie wendet sich aber von jenem billigen Patriotismus ab, der sich die Heldentaten der

---

[43] Gustav Adolf Wyneken (1875-1964), als Pädagoge der Jugendbewegung eng verbunden, war Mitverfasser der „Meißnerformel" (s. Anm. 42). Seine in zwei Büchern (Schule und Jugend, 1913; Die neue Jugend, 1914) ausformulierte Idee der Jugendkultur zielte auf eine Erneuerung durch Entfaltung der Selbstbildungskräfte, die er dem Jugendalter zusprach. Wyneken war 1906 Mitbegründer der „Freien Schulgemeinde Wickersdorf", eines Landerziehungsheims im Kreis Saalfeld (Thüringen), als dessen Leiter er jedoch wegen seiner auch theoretisch vertretenen Erotisierung der pädagogischen Beziehungen 1920 suspendiert wurde. 1918 war Wyneken im Preußischen Kultusministerium beratend am sogenannten Schulgemeindeerlaß beteiligt (vgl. Heinrich Kupffer, Gustav Wyneken, Stuttgart 1970).

Väter in großen Worten aneignet, ohne sich zu eigenen Taten verpflichtet zu fühlen, dem vaterländische Gesinnung sich erschöpft in der Zustimmung zu bestimmten politischen Formeln, in der Bekundung des Willens zu äußerer Machterweiterung und in der Zerreißung der Nation durch die politische Verhetzung. ... Uns allen schwebt als gemeinsames Ziel die Erarbeitung einer neuen, edlen deutschen Jugendkultur vor."

Auf dem Jugendtag selbst einigte man sich auf eine Erklärung, deren erste Sätze lauteten: „Die Freideutsche Jugend will aus eigener Bestimmung, vor eigener Verantwortung, mit innerer Wahrhaftigkeit ihr Leben gestalten. Für diese innere Freiheit tritt die Freideutsche Jugend unter allen Umständen geschlossen ein." In diesem Geist wurde der Jugendtag auf dem Meißner zu einem Ereignis von überwältigender Kraft. Besonders eindrucksvoll war die Rede, die Wyneken am letzten Morgen hielt. In ihr sprach er die Worte: „Wenn ich die leuchtenden Täler unseres Vaterlandes hier zu unseren Füßen ausgebreitet sehe, so kann ich nicht anders als wünschen: Möge nie der Tag erscheinen, wo des Krieges Horden sie durchtoben. Und möge auch nie der Tag erscheinen, wo wir gezwungen sind, den Krieg in die Täler eines fremden Volkes zu tragen."

Von diesem Jugendtag auf dem Hohen Meißner aufs tiefste bewegt, schrieb ich im Sommer 1914 in der studentischen Zeitschrift des Schwarzburgbundes[44] einen ausführlichen Aufsatz über „Die Freideutsche Jugendbewegung"[45], in dem ich sie gegen die unsachlichen Entstellungen in der Presse verteidigte. Ich betonte hier: „Der Wandervogel ist Heimat und Ursprung der Freideutschen Jugendbewegung. Aus ihm kommt der neue Geist, der von den unteren zu den höheren Jugendjahren heraufgestiegen und nun im Begriff ist, die Universitäten zu erobern. Dieser neue Geist des Wandervogels ist ‚Romantik als Empörung', Empörung gegen die Erziehungspraxis in Schule und Haus. Es gäbe keine

---

[44] Der „Schwarzburgbund" (gegründet 1887) war eine farbentragende studentische Verbindung, die – ähnlich wie der ältere „Wingolf" – aus christlichen Motiven den Grundsatz der Genugtuung mit der Waffe ablehnte (vgl. Michael Doeberl/Otto Scheel [Hg.], Das akademische Deutschland, 4 Bde., Berlin 1930-1931).
[45] Fritz Helling, Die Freideutsche Jugendbewegung, in: Blätter aus dem Schwarzburgbund. Akademische Vierteljahresschrift 5 (1914) 3/4, S. 73-86.

eigene selbständige Jugendbewegung, wenn diese beiden großen Erziehungsmächte die wirklichen Lebensbedürfnisse der Jugend in ihrem vollen Umfange befriedigt hätten. Die jugendliche Natur ist ihrem Wesen nach Spontaneität, Selbstbetätigungsdrang, autonomer Schöpfungstrieb, lebendigste Aktivität. Aber in der Schule hat man auf die Besonderheit der Jugend keine Rücksicht genommen. Trotz vieler, neuerdings erfreulich wachsender Ausnahmen hat bisher ein System geherrscht, das durch eine bis ins kleinste gehende Bevormundung, durch eine oft ehrenrührige Tonart der Behandlung und durch ein rücksichtsloses Vollstopfen mit Wissenskram unendlich viele in der Jugend schlummernden Geistes- und Willenskräfte niedergehalten statt befreit hat. Und wer wüßte nicht, daß Tausende von Eltern heutzutage weder Fähigkeit noch Willen haben, für eine natürliche, jugendgemäße Erziehung zu sorgen? Was blieb da anderes übrig, als daß die drängenden, sehenden Kräfte der Jugend außerhalb von Schule und Haus ihre Betätigung suchten, wenn sie nicht in Passivität verkümmern sollten?"[46]

---

[46] Ebd., S. 83 f.

Abb. 3: Fritz Helling als Schüler am humanistischen Gymnasium in Barmen

Abb. 4:   Fritz Helling als Student in Göttingen

Kapitel 3

Freiwilliger im Ersten Weltkrieg

Nach diesem Aufsatz las ich im Sommer 1914 mit größter Spannung das neu erschienene Buch von Gustav Wyneken „Schule und Jugendkultur"[1]. Aber ich hatte das Buch noch nicht zu Ende gelesen, da fielen am 28. Juni 1914 die Schüsse in der bosnischen Stadt Sarajevo, durch die der österreichische Thronfolger Erzherzog Franz Ferdinand ermordet wurde. Jetzt wurde mit einem Schlage die Politik das zentrale Spannungsfeld. Im Juli 1914 steigerten sich die Ereignisse dramatisch. Österreichs Mobilmachung und Einfall in Serbien, Mobilmachung in Rußland, Frankreich und Deutschland. Kriegserklärungen Deutschlands an Rußland und Frankreich. Am 4. August 1914 bewilligte der deutsche Reichstag einstimmig, auch mit den Stimmen der Sozialdemokraten, die Kriegskredite. Von der allgemeinen Stimmung mitgerissen, war ich selbst sofort entschlossen, mich als Kriegsfreiwilliger zu melden, was auch meine Eltern bejahten. Die gesamte freideutsche Jugend dachte nicht anders. Schon in den nächsten Tagen fuhr ich nach Aachen, um mich gemeinsam mit meinem Freund Toepfer[2], der dort wohnte, beim Infanterie-Regiment 25 als Freiwilliger zu melden. Der Andrang in der Kaserne war aber so groß, daß wir zurückgeschickt und auf einen späteren Termin vertröstet wurden. Das Warten dauerte aber nur bis Mitte August, als ich meinen Eltern schreiben konnte, wir seien angenommen worden.

Vom 15. August bis zum 8. Oktober 1914 wurden wir in Aachen ausgebildet. Vor dem Ausrücken an die Front fand ein Gottesdienst mit einer ergreifenden Predigt statt. Ihr folgte die ebenso feierliche Austeilung des Abendmahls, bei der ich mir gelobte, bereit zu sein, mein Leben für das

---

[1] Vgl. Kap. 2, Anm. 43.
[2] Karl Toepfer, mit dem Fritz Helling in Berlin studiert hatte (s. Kap. 2, Anm. 3), wurde am 1. Dezember 1914 in Flandern schwer verwundet und verstarb einen Tag später. Seine Grabstätte befindet sich auf dem deutschen Soldatenfriedhof von Langemarck in Belgien, Endgrablage, Block A, Grab 4070 (freundliche Auskunft des Volksbundes Deutsche Kriegsgräberfürsorge, Kassel).

Vaterland hinzugeben. Es war eine Weihestunde, die mich an die Einsegnung der Lützower[3] 1813 erinnerte. An meine Eltern schrieb ich am 8. Oktober: „Heute morgen ausgerückt. Eltern, Bräute, Schwestern auf dem Kasernenhof zum letzten Abschied. Mit Trommlern und Pfeifern geht's unter großer Begleitung zum Bahnhof. Die Angehörigen marschieren nebenher, können sich nicht trennen. Wir sind stark 500 Mann, werden in Güterwagen untergebracht. Alles hat frohen Mut. Es wird zur Mundharmonika gesungen. Aber das Schwere, das in den deutschen Liedern liegt, legt sich über die Singenden. Einige sehen träumend über die Felder. Bald darauf wieder Bewegung und Gesang. Toepfer, Trefftz[4], Haas[5] und ich sitzen zusammen."

Die Fahrt ging zur Front in die Champagne[6], wo der deutsche Vormarsch wie überall zum Stehen gekommen war und der Grabenkrieg begann. Anfangs lagen Haas und ich in einem so engen Loch, daß man sich nachts nicht einzeln umlegen konnte, sondern nur gemeinsam die Lage ändern mußte. Des Morgens waren die Gelenke wie verrostet, die Kleider feucht, die Glieder steif. In unserem neugebauten Unterstand, in dem wir zu dritt lagen, war alles geräumiger. Auch das Essen wurde besser. Die feindlichen Feuerüberfälle brachten verhältnismäßig geringe Verluste.

---

[3] Militärische Einheit, die vor allem aus Studenten bestand und unter dem Oberbefehl des Generals Adolf Freiherr von Lützow (1782-1834) in den preußischen „Befreiungskriegen" gegen Napoleon kämpfte (vgl. Fritz v. Jagwitz, Kurze Darstellung der Geschichte des Infanterie-Regiments von Lützow, Berlin 1905).

[4] Nicht ermittelt.

[5] Nicht ermittelt.

[6] Der deutsche Angriff in der Champagne, einer Plateaulandschaft im Osten des Pariser Beckens, war Teil des noch von General Schlieffen festgelegten und später von Moltke veränderten Plans einer Westoffensive gegen Frankreich, die in einem „Blitzkrieg" von nur sechs Wochen zum Sieg hätte führen sollen. Doch schon mit der Marne-Schlacht vom 5.-12. September 1914 scheiterte dieser Plan an den unerwartet starken Befestigungsanlagen Frankreichs und der numerischen Überlegenheit seiner Truppen, so daß die deutsche Armee den Rückzug antreten mußte. Nach einem Höhepunkt in der ersten Champagneschlacht (Dezember 1914 - März 1915) und dem vergeblichen Versuch des deutschen Militärs, die Front der Alliierten im Norden doch noch zu umfassen, kam es zur endgültigen Erstarrung des Krieges im Stellungskrieg mit äußerst geringen Geländegewinnen (vgl. Imanuel Geiss, Das Deutsche Reich und der Erste Weltkrieg, 2. Aufl. München 1979, S. 27 f; Hans Herzfeld, Der Erste Weltkrieg, 6. Aufl. München 1982, S. 93).

Wenn wir hinter der Front in Ruhestellungen waren, konnten wir uns an den Schönheiten des Herbstes in der Champagne nicht satt sehen.

Aber kurz nach Mitte November, nach der Schlacht von Langemarck[7], wurden wir nach Flandern[8] verlegt. Als wir nachts an unsere Gräben kamen, sagte einer der Marburger Jäger, die wir ablösten: „Hier könnt ihr was erleben!" Und wirklich: wir waren in die Hölle versetzt, in eine Schlammwüste, die vom Geheul und dem Einschlag schwerer Granaten erschüttert wurde. Nach einer Woche qualvollen Wartens sollte unser Nebenregiment einen Angriff wagen. Wir sollten die Feuerwirkung der Fußartillerie beobachten und durch einen Melder berichten. „Wer meldet

---

[7] Die verlustreichen Gefechte der deutschen Armee zwischen dem 20. Oktober und 22. November 1914 in der Ypernschlacht und bei Langemarck in der belgischen Provinz Westflandern wurden in der deutschen Kriegspropaganda zum nationalen Mythos für die angebliche Opferbereitschaft der jungen deutschen Kriegsfreiwilligen umfunktioniert. Daß dieser sogenannte „Opfergang" militärisch aber letztlich völlig sinnlos war, wollte lange Zeit weder die verantwortliche Generalität noch die nationalistisch verblendete Öffentlichkeit des Reiches wahrhaben. Der Langemarck-Mythos diente auf sozialpsychologischer Ebene vielmehr bis ins ‚Dritte Reich' als propagandistisches Vorbild für ein falsch verstandenes militärisches Heldentum, das gerade bei unerfahrenen jungen Soldaten von unbestimmtem Männlichkeitswahn und nebulöser Todessehnsucht begleitet wurde. – Wie im Falle der Marne-Schlacht (vgl. Anm. 6) markierte Langemarck als Ereignis tatsächlich aber nur die plötzliche Desillusionierung, ja Traumatisierung der zuvor übermäßig euphorischen und siegesgewissen deutschen Soldaten, denen nun schlagartig nicht nur die menschenverachtende Brutalität des von neuen, auch chemischen Waffen bestimmten „industrialisierten" Krieges, sondern auch die Unfähigkeit ihrer Befehlshaber vor Augen geführt wurde, aus dieser neuen Situation angemessene taktische und strategische Entscheidungen abzuleiten und überholte Methoden der Kriegsführung und unrealistische Kriegsziele zu verwerfen (vgl. Fritz Fischer, Griff nach der Weltmacht. Zur Kriegszielpolitik des kaiserlichen Deutschland, 4. Aufl. Düsseldorf 1979, S. 93-102; Imanuel Geiss, Deutsche Reich, a.a.O., S. 28; Hans Herzfeld, Erste Weltkrieg, a.a.O., S. 48 f, 64 f; speziell zum Langemarck-Mythos vgl. Gerd Krumeich, Langemarck, in: Deutsche Erinnerungsorte III, hg. v. Etienne François u. Hagen Schulze, München 2001, S. 292-309).

[8] Gemeint ist hier die Front in der belgischen Provinz Westflandern, die seit dem Ende der Schlacht um Ypern (22. November 1914) ebenfalls im Stellungskrieg erstarrte, um später mit nochmaligen Höhepunkten in den Jahren 1917 und 1918 („Flandernschlacht", Juni 1917 bis November 1918) Schauplatz mörderischer Material- und Menschenschlachten zu werden (vgl. Hans Herzfeld, Erste Weltkrieg, a.a.O., S. 106 f).

sich freiwillig?", fragte unser Gruppenführer. Im Gefühl der Verantwortung in dieser Lage meldete ich mich. Durch Kriechen auf dem Bauch durch Wasser, Dreck und Menschenkot mußte ich mehrmals zum Nachbarregiment und wieder zurück, dann noch zum Bataillonsstab, dem ich die Gefechtslage zu melden hatte. Der nun befohlene Angriff hatte Erfolg: Es wurden 100 Gefangene gemacht. Für diesen freiwilligen Einsatz erhielt ich das Eiserne Kreuz II. Klasse.

In dieser flandrischen Hölle wurde Anfang Dezember mein Freund Toepfer schwer verwundet. Während des Granatfeuers hatte er sich in der Ecke seines Unterstandes mit den Händen im Schoß hingekauert und wurde gerade am Unterleib, beiden Oberschenkeln und beiden Händen schwer und unrettbar getroffen. Bis zu seinem Tod am nächsten Tag blieb er bei Bewußtsein[9]. Kein Wort der Klage kam über seine Lippen. Als nächster Freund schrieb ich später für die Eltern seine Lebensgeschichte.

In derselben Nacht, in der Toepfer, schwer verwundet, von Kameraden zur Verbandsstelle getragen wurde, erfuhren wir, daß wir aus unseren Stellungen abgelöst würden. Um 4 Uhr morgens brachen wir auf. Für Haas, der neben mir ging, war der stundenlange Marsch eine Qual, weil er wegen eines anormalen Schulterknochens die Last des Tornisters nicht ertragen konnte. Oft blieb er etwas zurück, oft schwankte er und mußte sich obendrein noch das Höhnen, Schimpfen und Treten seines Hintermannes gefallen lassen. Das brachte mich schließlich in solche Wut, daß ich mich zu dem Hintermann umdrehte und ihm zuschrie: „Läßt Du von jetzt an den Haas nicht in Ruhe, dann schlage ich Dir meinen Kolben über den Kopf." Seitdem hatte Haas Ruhe und konnte in der Etappe erreichen, beim Bataillon als Sanitäter eingesetzt zu werden.

Von der Ruhestellung in Flandern kam unser Regiment, das zu einer fliegenden Division gehörte, nach mehreren Tagen und Nächten südwärts bis nach Mülhausen im Elsaß[10], von wo aus wir am 15. Dezember zum Sturm

---

[9] Vgl. Anm. 2.
[10] Mulhouse im Oberelsaß zwischen Colmar und Basel.

auf eine Anhöhe bei Sennheim[11] eingesetzt wurden. Wir gerieten in schweres Granat- und Schrapnellfeuer. Beim Lauf nach vorwärts spürte ich plötzlich einen Schlag gegen meinen linken Arm, der kraftlos herabsank und blutete. Ich warf mich hin und rief mehrfach um Hilfe. „Ist schon durchgesagt", hörte ich als Antwort. Als die angreifenden Kameraden vorüber waren, kamen wirklich zwei Sanitäter, von denen einer zu meinem Glück der Freund Haas war, der bei mir blieb. Er band den Arm mit einer elastischen Binde ab, hob mich auf und brachte mich durch das Schrapnellfeuer bis zum Lazarett in Sennheim, wo ich vor Dankbarkeit weinen mußte.

Noch am selben Abend wurde ich mit einem Auto nach Mühlhausen gebracht und am nächsten Tag in einem Lazarettzug nach Pforzheim. Hier wurde noch eine schwere Operation nötig, weil eine durchschossene Ader, die sich zugesetzt hatte, plötzlich aufgesprungen war. Später mußte ich viel üben, um die Bewegungsfähigkeit des Armes nach Möglichkeit wiederherzustellen, was zum Glück auch gelang.

In dieser Pforzheimer Zeit besuchte mich zu meiner großen Freude mein Vater während der Weihnachtsferien. Auch viele Briefe und Postkarten erhielt ich als Zeichen des Gedenkens. Ein Quartaner schrieb mir: „Vielleicht machen Sie uns die Freude, an unserer Schule weiter zu unterrichten." Der Schwelmer Wandervogel bat mich um einen Beitrag für ein geplantes Sonderheft über den Krieg. Ich schrieb drei kurze Erlebnisse nieder und schickte sie ihm: Marsch in Flandern, Granatfeuer und Sturmangriff[12]. Im März 1915 wurde ich dank der Bemühungen meines Vaters in das Schwelmer Reservelazarett überwiesen. Hier gelang es, die Bewegungsfähigkeit meines Armes noch sehr zu verbessern. Pfingsten 1915 mußte ich in meine Garnisonsstadt Aachen zurück und wurde dann, weil nicht mehr felddienstfähig, aus dem Militärdienst entlassen[13].

---

[11] Heute Cernay, Stadt ca. 15 km im Nordwesten von Mulhouse gelegen.

[12] Die hier genannten Texte konnten trotz eingehender Recherchen im StA Schwelm und im Archiv der deutschen Jugendbewegung, Burg Ludwigstein, nicht ermittelt werden.

[13] Offizieller Entlassungstag war der 12. Juli 1915 (vgl. StA Schwelm, PA Dr. Fritz Helling, Oberstudiendirektor).

Abb. 5: Fritz Helling als Freiwilliger im Ersten Weltkrieg

Abb. 6: Fritz Helling, ca. 1922

Kapitel 4

Studienrat und neue Orientierung

Im Wintersemester 1915/16 konnte ich meinen Unterricht am Schwelmer Realgymnasium wieder aufnehmen und erhielt 1917 meine feste Anstellung als Studienrat zugesichert[1]. Politisch glaubte ich damals noch immer wie 1914, daß Deutschland, von seinen Feinden angegriffen und zur Verteidigung gezwungen, den Sieg in diesem Krieg erringen und seinen Machtbereich erweitern müsse, um für die Zukunft einen neuen Angriff seiner Feinde unmöglich zu machen. So bejahte ich die Machtpolitik Ludendorffs und Hindenburgs, der Erben Bismarcks[2]. Ich verkehrte auch in den Kreisen der begüterten bürgerlichen Gesellschaft, in der diese An-

---

[1] Laut Personalakte war Fritz Helling nach seiner Ausbildungszeit als „Seminarkandidat" in Minden (Ostern 1913 - Ostern 1914) am Schwelmer Realgymnasium zunächst als „Probekandidat" (Ostern 1914 - Ostern 1915), dann als „wissenschaftlicher Hilfslehrer" (Ostern 1915 - Ostern 1917) angestellt. Die beiden letzten Phasen wurden unterbrochen durch den freiwilligen Kriegsdienst im Heer vom 19. August 1914 bis zum 12. Juli 1915. Die Festeinstellung und Übernahme der seit dem 1. Oktober 1916 durch Pensionierung des Oberlehrers Prof. Dr. Hoffmann frei gewordenen, mit Rücksicht auf die Kriegszeit vom Kuratorium der Schule bewußt vakant gehaltenen Stelle erfolgte durch Inaussichtnahme des „Kandidaten" Helling für die betreffende Stelle durch das Kuratorium am 22. Februar 1917 und dessen Wahl zum Oberlehrer zum 1. April 1917. Da jedoch die Bestätigung dieser Wahl durch das Königliche Provinzialschulkollegium aufgrund finanzieller Erwägungen vorerst verweigert wurde, hatte Helling bis 1919 den Status eines Studienassessors. Die offizielle Berufung zum Oberlehrer erfolgte erst am 9. Januar 1919 (StA Schwelm, PA Dr. Fritz Helling, Oberstudiendirektor).
[2] Erich Ludendorff (1865-1937) und Paul von Hindenburg (1847-1934), seit 1916 die militärischen Leiter des deutschen Heeres im Ersten Weltkrieg, befürworteten beide das monarchische System und traten für den „absoluten" Krieg (volle wirtschaftliche Mobilmachung, U-Boot-Krieg etc.) sowie für expansionistische Kriegszielprogramme ein. Nach 1918 förderten beide auf unterschiedliche Weise die Beseitigung der parlamentarisch-demokratischen Republik von Weimar und die Etablierung der NS-Diktatur: Ludendorff als Propagandist der „Dolchstoßlegende" und der deutschvölkischen Bewegung sowie als früher Aktivist und Präsidentschaftskandidat der NSDAP; Hindenburg, seit 1925 Reichspräsident, durch einen gezielt gegen die Sozialdemokratie und zugunsten der Rechtsparteien ausgerichteten politischen Kurs, der 1933 in der Ernennung Hitlers zum Reichskanzler gipfelte (vgl. Andreas Dorpalen, Hindenburg in der Geschichte der Weimarer Republik, Berlin 1966; Hans Mommsen, Die verspielte Freiheit. Der Weg der Republik

schauungen in selbstverständlicher Geltung standen. Um so bestürzter und ratloser war ich, als 1917 und 1918 in zunehmendem Maße die militärischen Rückschläge erfolgten, als die Novemberrevolution 1918 die Hohenzollernmonarchie hinwegfegte und 1919 die Gründung der Weimarer Republik erfolgte. Es begannen jetzt Jahre, die für mich zu den schwersten meines Lebens gehörten. In der aufgewühlten Zeit nach der Novemberrevolution zerbrachen in mir mehr und mehr meine alten bürgerlichen Anschauungen aus der Hohenzollernzeit. Ich fühlte mich oft wie ein Mensch, dem das Haus über dem Kopf zusammenstürzte, der schutzlos auf der Erde lag und alles unternehmen mußte, um sich ein neues Haus als Wohnstätte zu erbauen. In dieser Krise verfiel ich zum Glück nicht dem politischen Rechtsradikalismus, der 1920 den Kapp-Putsch[3] unternahm und 1921 und 1922 für die Ermordung Erzbergers[4] und Rathenaus[5] verantwortlich war. Ich erinnere mich noch gut daran,

---

von Weimar in den Untergang 1918 bis 1933, 2. Aufl. Berlin 1990, S. 244 ff, 403 ff, 517 ff; Wolfgang Venohr, Ludendorff. Legende und Wirklichkeit, Berlin 1993).

[3] Umsturzversuch rechtsradikaler Aktionisten um Wolfgang Kapp (1858-1922) und unzufriedener Teile der deutschen Armee um General Walther Freiherr von Lützwitz (1859-1942) vom 13.-17. März 1920. Die Loyalität der Ministerialbürokratie gegenüber der gewählten demokratischen Regierung, der Generalstreik der Gewerkschaften, mangelnde Hilfe seitens der Reichswehr und unterschiedliche Motivationen der Putschisten ließen den Umsturzversuch scheitern (vgl. Johannes Erger, Der Kapp-Lüttwitz-Putsch. Ein Beitrag zur deutschen Innenpolitik 1919/20, Düsseldorf 1963).

[4] Matthias Erzberger (1875-1921), Mitglied des Zentrums und des Reichstags (1903-1918, 1920-1921), trat für einen Verständigungsfrieden und die Annahme des Waffenstillstands ein, den er als Leiter der deutschen diplomatischen Delegation am 11. November 1918 unterzeichnete und dessen Durchführung er später als Minister ohne Geschäftsbereich befürwortete. Damit und mit seiner nachhaltigen Kritik an der deutschen Kriegsführung sowie an den nun offenbar werdenden Methoden zu seiner Finanzierung wurde Erzberger zur Zielscheibe persönlicher Angriffe von Seiten der antirepublikanischen Rechten. Am 26. August 1921, kurz nach seiner Wiederwahl in den Reichstag (Juni 1920), fiel er einem Attentat zum Opfer (vgl. Theodor Eschenburg, Matthias Erzberger. Der große Mann des Parlamentarismus und der Finanzreform, München 1973).

[5] Walther Rathenau (1867-1922), als Befürworter eines Verständigungsfriedens bemühte sich Rathenau nach dem Sturz der Monarchie vergeblich um die langfristige Etablierung einer bürgerlichen Sammlungspartei. Als Industrieller und Politiker der Deutschen Demokratischen Partei beteiligte er sich an der Umsetzung des Versailler Friedensvertrages. Als Reichsaußenminister (seit Februar 1922) setzte er einen Neubeginn in der deutschen Außenpolitik durch (Vertrag von Rapallo), was ihn wie Erzberger zur Zielscheibe der

daß ich damals in einer Geschichtsstunde den Mord an Rathenau leidenschaftlich verurteilte.

In dieser politischen und weltanschaulichen Krise blieb für mich nur eine einzige Tradition unverändert bedeutungsvoll: das war der Wandervogel, dessen Schwelmer Gruppe ich leitete. Nach der Rückkehr der Älteren, die noch 1918 zum Militärdienst eingezogen worden waren, entfaltete sich ein fröhliches Leben. Wir mieteten in einem Bauernhaus auf dem Ehrenberg[6] zwei Räume, von denen wir den oberen zu einer geschmackvollen Wohnstätte umgestalteten, in der wir oft zum Singen und Erzählen zusammenkamen. Gelegentlich luden wir die Wuppertal-Langerfelder Mädchengruppe ein, mit der wir in unvergeßlicher Weise zusammen sangen und tanzten. Zur Feier des Sommeranfangs schichteten wir auf der Höhe einen großen Holzstoß auf, den wir am Abend anzündeten. Die ganze Nacht blieben wir am Feuer. Für die Weihnachtsfeier wurde ein Tannenbaum aus dem Wald geholt und im Heim geschmückt. An den Wochenenden ging es, wenn das Wetter es eben zuließ, auf Fahrt. Unzählige Male bin ich mitgewandert. In den Ferien gingen die Fahrten ins Weite: ins Sauerland, in den Westerwald oder auch nach Unterfranken ins Maintal.

Als wir 1922 am Bundestag des Wandervogels in Görlitz teilgenommen hatten, wagten wir eine Wanderung durch das Sudetenland[7] der Tschechoslowakei. Ich war der einzige, der einen Paß besaß. Die Jungens hatten alle nur einen für ihre Schwelmer Heimatstadt gültigen Ausweis. In einem Wald südlich von Görlitz gingen wir nachts über die Grenze. Von

---

nationalistischen und antisemitischen Propaganda machte, die ihm vorwarf, eine „Erfüllungspolitik" zu betreiben. Am 24. Juni 1922 wurde Rathenau Opfer eines rechtsradikalen Attentats (vgl. Peter Berglar, Walther Rathenau. Ein Leben zwischen Philosophie und Politik, Graz 1987; Ernst Schulin, Rathenau. Repräsentant, Kritiker und Opfer seiner Zeit, 2. Aufl. Göttingen 1992).

[6] Hügelrücken im Süden von Schwelm und Wuppertal-Langerfeld.

[7] Das „Sudetenland" war vor 1938 nur eine sporadisch gebrauchte Bezeichnung für das zwischen Asch und Troppau (Opava) sich erstreckende Siedlungsgebiet der sogenannten Sudetendeutschen in Böhmen und Mähren. 1938 bis 1945 wurde es zur offiziellen Bezeichnung für den im Münchener Abkommen festgeschriebenen und danach eingerichteten Reichsgau (vgl. Ortfried Kotzia, Die Sudetendeutschen. Eine Volksgruppe im Herzen Europas, 2. Aufl. Bonn 1989).

den Sudetendeutschen wurden wir überall freundlich aufgenommen. Unser Kennzeichen war ein blauer Wimpel an einer langen, dünnen Stange. Mit Vorliebe sangen wir das in Görlitz gelernte Lied aus dem Bauernkrieg: „Wir sind des Geyers schwarze Haufen, heia hoho, und wollen mit Tyrannen raufen. Spieß voran, drauf und dran, setzt aufs Klosterdach den roten Hahn!" Da forderte in einer Ortschaft ein Polizeibeamter unsere Pässe. Wir alle, auch ich, zeigten unsere heimatlichen Ausweise, die zu unserem Glück aus Unkenntnis anerkannt wurden. So konnten wir weiterwandern und kamen nach einigen Tagen an einen Ort Habakladrau[8], wo wir wegen des Regens in einem Gasthaus einkehrten. Hier verkürzten wir uns die Wartezeit durch Erzählen und mehr noch durch Singen. Da ging die Tür auf und die Wirtsfrau brachte uns, wie sie sagte, als Dank für unser schönes Singen eine große Torte, die sie für uns gebacken hatte.

Auf unserer weiteren Wanderung kamen wir auch durch Karlsbad und Marienbad[9], wo unser Gesang ebenfalls freundlich gesinntes Aufsehen erregte. Allmählich näherten wir uns der Grenze, kauften dort in unserem großen Hordentopf Milch und blieben an einem Kreuzweg stehen, um auf der Karte nachzusehen, welcher Weg über die Grenze nach Bayern führte. Da kam aus einem kleinen Haus, das wir nicht bemerkt hatten, ein tschechoslowakischer Grenzbeamter auf uns zu und forderte von uns die Pässe. Wir zeigten ihm unsere Ausweise. Er sah aber sofort, daß das keine gültigen Pässe waren, und sagte uns auf deutsch, er müsse uns festnehmen und Meldung machen. Die Behörde würde uns dann irgendwann über die Grenze abschieben. Als ich dann aber freundlich auf ihn einredete, das sei doch überflüssig, wir seien doch gerade auf dem Weg zur Grenze, ließ er uns laufen. Auf deutschem Gebiet wanderten wir noch zum Arber[10], von wo wir am Spätnachmittag einen herrlichen Blick über

---

[8] Gemeinde (tschechisch: Ovesné Kladruby) im Kreis und Gerichtsbezirk Marienbad (7 km), Westböhmen (ehem. Sudetenland).

[9] Mondäne tschechische Badeorte, die im 19. und frühen 20. Jahrhundert ihre Blütezeit erlebten; Karlsbad bzw. Karlovy Vary gelegen östlich von Hof, Marienbad bzw. Mariánské Lázné gelegen östlich von Bayreuth.

[10] Höchste Berggruppe des Böhmer- und Bayerischen Waldes (Niederbayern) mit dem Großen Arber (1456 m) und dem Kleinen Arber (1384 m).

das weite Waldgebiet hatten. Dann trennten wir uns, weil alle noch irgendwelche Besuchsziele hatten. Ich fuhr nach Schloß Elmau[11].

Was mich dazu bewog, war die Hoffnung, hier bei Johannes Müller[12] eine Hilfe in meinem geistigen Suchen zu finden, vor allem über soziale Fragen neue Erkenntnisse zu gewinnen. Aber diese Erwartung ging nicht in Erfüllung. In einem langen Gespräch mit ihm erkannte ich, daß er auf diesem Gebiet in ganz herkömmlichen Anschauungen befangen war. Auf der Rückreise machte ich in München Halt und wohnte dort in einer Privatpension, deren Besitzerin mir dringend riet, vor meiner Abreise eine Hitler-Rede im Circus Krone[13] anzuhören. Ich war dazu bereit, obwohl

---

[11] Im Jahre 1916 von dem lebensreformerischen Philosophen und evangelischen Theologen Johannes Müller (s. Anm. 12) mit Unterstützung von Elsa Gräfin von Waldersee und ihrem Schwager Carlo Sattler, einem renommierten Architekten, erbauter schloßartiger Gebäudekomplex bei Garmisch-Partenkirchen, in dem ausgewählten Freunden (Wissenschaftlern, Politikern etc.) und Künstlern Gelegenheit zur Erholung, Begegnung und undogmatischen Konversation aktueller philosophisch-theologischer Fragen gegeben werden sollte. Als Rahmen bietet das noch heute im Stil eines Hotels geführte Haus ein anspruchsvolles Freizeit- und Kulturangebot, bestehend u.a. aus Tanz-, Konzert-, Vortrags-, Seminar- und Tagungsprogrammen (vgl. Hans Brandenburg, Was die Elmau war, Augsburg 1953; Bernhard Müller-Elmau, Vom Wesen der Elmau, Elmau 1969; ders., Meditationen in Elmau?, Elmau 1970).

[12] Johannes Müller (1864-1949), evangelischer Theologe. Nach anfänglichem Dienst in der Mission von Juden setzte er sich publizistisch für die „entkirchlichten Gebildeten" ein (Herausgeber der „Blätter zur Pflege persönlichen Lebens", „Grüne Blätter") und gründete 1903 in Schloß Mainberg die „Freistätte persönlichen Lebens", die er seit 1916 auf Schloß Elmau (s. Anm. 11) leitete. Die von ihm verkündete und praktizierte Lehre, die von der Jugendbewegung beeinflußt war, hatte das programmatische Ziel, „dem Menschen von heute" zu einem seinem Wesen entsprechenden Leben im Sinne der Ethik Jesu zu verhelfen. Angesprochen fühlten sich von Müller vor allem Personen aus Adel und Unternehmertum. In der Zeit des Nationalsozialismus verschrieb sich Müller als einer der Hauptvertreter der „Deutschen Christen" ganz der „nationalen Wiedergeburt" Deutschlands (vgl. Paul Gerhard Aring, Art. Johannes Müller, in: Biographisch-bibliographisches Kirchenlexikon, Bd. VI, Herzberg 1993, Sp. 271).

[13] Der Zirkus Krone, noch heute in der Münchner Marsstraße gelegen, wurde 1922 regelmäßiger Versammlungsort für die innerstädtischen Kundgebungen der NSDAP mit einer Besucherfrequenz von durchschnittlich 2000-6000 Personen (freundliche Auskunft des StA München vom 15. April 1999; vgl. hierzu auch: München – „Hauptstadt der Bewegung". Katalog zur gleichnamigen Ausstellung im Münchner Stadtmuseum, München 1993, S. 87, 91).

ich bis dahin noch nichts von der Nationalsozialistischen Deutschen Arbeiterpartei (NSDAP) gehört hatte. Der Riesensaal war überfüllt. Hitlers Rede war unerhört wirkungsvoll. Wenn er an Höhepunkten einen ihm wesentlichen Satz in den Saal schleuderte, war es, als wenn ein elektrischer Schlag durch die Reihen der Zuhörer ging und alle miteinander verband. Sein Kampf richtete sich gegen das internationale Judentum, das an allem Elend in der Welt schuld sei. Diese Hetze war mir widerwärtig. Meine Eltern waren mit einer jüdischen Familie befreundet. Ich selbst hatte während meines Universitätsstudiums zwei jüdische Professoren[14] aufs höchste verehrt. Mich trennte also eine tiefe Kluft von dieser NSDAP. Um mir aber etwas Literatur über sie mitzunehmen, ging ich am anderen Morgen in das Geschäftszimmer der Partei[15], wo eine Angestellte damit beschäftigt war, eine große Menge Groschenstücke zu zählen. Bald erschien auch Hitler, der sich sofort am Zählen beteiligte. Dann wandte er sich zu mir und gab mir auf meine Bitte eine Menge Material, das in den Regalen lag. Dann fragte er mich, in welcher Gegend ich wohne, und verwies mich an einen Parteimann in Dortmund, den ich aber nie aufgesucht habe. Bei diesem Gespräch machte Hitler einen sehr mittelmäßigen Eindruck. Das Material, das ich im D-Zug las, war mir ganz fremd.

Zu Hause lernte ich durch Hinweise Fr. W. Foersters[16] eine mir völlig unbekannte Literatur aus der Bismarck-Zeit kennen. Es waren die gegen

---

[14] Gemeint sind die Hochschullehrer Prof. Dr. Friedrich Leo (Göttingen) und Prof. Dr. Eduard Norden (Berlin); vgl. Otto Geudtner, Helling als Altphilologe: die Dissertation über die „Quaestiones Livianae" (1921), in: Burkhard Dietz (Hg.), Fritz Helling, Aufklärer und „politischer Pädagoge" im 20. Jahrhundert, Frankfurt a.M. 2003, S. 123-135.

[15] Die Geschäftsstelle der NSDAP befand sich zu dieser Zeit (1922) in der Altstadt Münchens, in der Straße „Tal 54", gelegen zwischen Marienplatz und Isartor. Erst ab 1930 nutzte die NSDAP das frühere Palais Barlow in der Briennerstraße als Parteizentrale („Braunes Haus"; freundliche Auskunft des StA München, 15. April 1999).

[16] Friedrich Wilhelm Foerster (1869-1966), renommierter Pädagoge und Hochschullehrer in Deutschland, Österreich, Frankreich, der Schweiz und den USA, setzte sich in seinen Schriften als rigoroser Ethiker und Pazifist besonders für eine Reform der Charakter-, Sexual- und politischen Erziehung ein (vgl. Heinrich Olbertz, Die Friedenspädagogik Friedrich Wilhelm Foersters, Diss. Aachen 1978; Franz Pöggler, Die Pädagogik Friedrich Wilhelm Foersters, Freiburg i.Br. 1957; s. auch Kap. 15 der vorliegenden Autobiographie).

Bismarck gerichteten konservativen Schriften von Constantin Frantz[17], Karl Christian Planck[18], Onno Klopp[19] und anderen Gleichgesinnten, die

---

[17] Gustav Adolph Constantin Frantz (1817-1891), Staatsphilosoph und preußischer Diplomat in Spanien. Durch die publizistische Vermittlung seiner vielen Anhänger (Friedrich Wilhelm Foerster, Karl Heldmann, Moeller van den Bruck, Richard Wagner, Julius Fröbel, Jacob Burckhardt) und Gegner (u.a. Erich Marcks) wurde das umfangreiche Werk von Frantz besonders nach 1914 und über 1945 hinaus stark rezipiert. Heute gilt Frantz, dem wegen seiner ständisch-nationalen Grundhaltung eine chauvinistisch-alldeutsche Motivation vorgehalten wird, als bedeutender, freilich zur Utopie neigender politischer Denker. Als Gegner allen politischen Parteiwesens und streng konservativ-monarchischer Protestant verurteilte Frantz die gegenüber dem nationalen Liberalismus kompromißbereite Haltung der Bismarckschen Politik, wobei er allerdings den föderativen Charakter der Reichsgründung von 1871 und die staatspolitischen Rücksichtnahmen auf Österreich zur Lösung des deutschen Problems übersah. Darüber hinaus entwickelte Frantz das Programm eines föderativen westdeutschen, eines preußischen und eines österreichischen Staatenbundes als Kern eines mitteleuropäischen Friedensbundes, der seinerseits ein geeignetes machtpolitisches Gegengewicht zu den aufkommenden Weltmächten Rußland und Amerika darstellen sollte (vgl. Erich Wittenberg, Art. Gustav Adolph Constantin Frantz, in: Neue Deutsche Biographie 5 [1961], S. 353-356).
[18] Karl Christian Planck (1819-1880), Philosoph und Gymnasialprofessor. Seit 1866 (Beilegung des preußischen Verfassungskonflikts und nachträgliche Billigung der bis dahin verfassungswidrigen Regierung Bismarcks) trat Planck – im Kern wohl antipreußischer Schwabe – mit heftig gegen Bismarck polemisierenden Vorträgen und Publikationen an die Öffentlichkeit (Süddeutschland und der deutsche Nationalstaat, 1868). In seinen philosophischen Veröffentlichungen bemühte sich Planck – zeitlebens allerdings fast ohne Resonanz –, die angeblich nur noch „mechanische Naturerklärung" und die „materialistische Gesinnung" der Menschen durch eine grundsätzliche Umgestaltung des religiösen Bewußtseins zu ersetzen und damit zugleich Staat und Gesellschaft zu reformieren. Sich als nationaler Messias des deutschen Volkes verstehend, vertrat er die Ansicht, die Philosophie müsse realistisch werden und vom Boden der Natur und Wirklichkeit aus das gesamte geistige Leben nicht bloß begreifen, sondern auch praktisch gestalten, so daß sich eine universelle geistige und bürgerliche Wiedergeburt des gesunkenen und veräußerlichten Völkerlebens ergebe (vgl. Carl von Prantl, Art. Karl Christian Planck, in: Allgemeine Deutsche Biographie 26 [1888], S. 228-231).
[19] Onno Klopp (1822-1903), Historiker und Archivar. Klopp war ein besonders fruchtbarer Publizist und leidenschaftlich-radikaler Gegner der zu seiner Zeit weit verbreiteten kleindeutsch-preußischen Geschichts- und Politikauffassung. Als großdeutscher Föderalist und Antiprotestant sah Klopp in Preußen das Böse an sich, verkörpert durch Persönlichkeiten wie Friedrich II. und Bismarck, bestätigt durch Rechtsbrüche, Annexionen, Militarismus und Kulturkampf. Sein Haß auf Preußen übertrug er auch auf das Deutsche Reich von 1871. Seine Publikationen sind fast alle von seiner einseitigen Abneigung

mir zeigten, daß die preußische Kriegspolitik Friedrichs des Großen und Bismarcks das Unglück für Deutschland war. Ich besitze noch einen antiquarisch erworbenen Sammelband mit seltenen Aufsätzen, die die preußische Politik des „Fridericianismus"[20] brandmarken. Ich lernte jetzt die deutsche Geschichte in großdeutscher Sicht kennen: die Ideen von einem Österreich und Preußen friedlich vereinigenden Gesamtdeutschland unter der schwarz-rot-goldenen Fahne. Ich begann nun zu erkennen, daß die preußische Angriffspolitik die Schuld am Ausbruch des 1. Weltkrieges trug, während wir Kriegsfreiwilligen mit einem großen Teil des deutschen Volkes geglaubt hatten, Deutschland sei von seinen Nachbarmächten angegriffen worden und hätte von uns verteidigt werden müssen.

Andere Bücher, die ich las, halfen ebenfalls mit, mich aus der Enge meiner früheren Anschauungen zu befreien. Es waren bedeutende Bücher der verschiedensten Art. Zu ihnen gehörten, um nur wenige zu nennen, Karl Barths „Römerbrief"[21], Ernst Bertrams „Nietzsche"[22] und „Die Welt des

---

gegen Preußen- und Luthertum geprägt. Sein historisch-politisches Ideal war das von den katholischen Habsburgern beherrschte, föderativ strukturierte Reich des 16. und 17. Jahrhunderts (vgl. Georg Schnath, Art. Onno Klopp, in: Neue Deutsche Biographie 12 [1980], S. 115 f).

[20] Tendenziell kritisch-abwertende Bezeichnung für die Ideologie des von Friedrich II. in höchster Vollendung entwickelten Preußentums, speziell mit Bezug auf den „aufgeklärten Absolutismus". An der Kritik des „Fridericianismus" beteiligten sich neben großdeutschen Propagandisten wie Onno Klopp (s. Anm. 19; Die preußische Politik des Fridericianismus, Schaffhausen 1867) vor allem marxistische Historiker und Publizisten wie Franz Mehring, der Friedrichs „aufgeklärten Absolutismus" als „aufgeklärten Despotismus" brandmarkte (vgl. Die Lessing-Legende. Zur Geschichte und Kritik des preußischen Despotismus und der klassischen Literatur, 6. Aufl. Stuttgart 1919, S. 106-158; Onno Klopp, Die Preussische Politik des Fridericianismus, Schaffhausen 1867). Eine ähnlich kritische Geschichtsauffassung kam später bei Fritz Helling in seinem Buch „Der Katastrophenweg der deutschen Geschichte" (Frankfurt a.M. 1947) zum Tragen (vgl. Burkhard Dietz, Helling als Historiker: der „Katastrophenweg der deutschen Geschichte" [1947] und der Beginn der historischen NS-Forschung in Deutschland, in: ders. [Hg.], Fritz Helling, a.a.O., S. 253-279).

[21] Karl Barth (1886-1968), reformierter Theologe und Hochschullehrer (in Göttingen, Münster, Bonn u. Basel) mit betont kritischer, religiös-sozialistischer Grundhaltung gegen den verbreiteten liberalen Kulturprotestantismus. In seinem 1919 publizierten „Römerbrief" (eine revidierte 2. Auflage folgte 1922) werden vor dem Hintergrund der Erfahrungen des Ersten Weltkrieges die Soziale Frage, die tiefgehende Desillusionierung des

Mittelalters und wir" von dem Scheler-Schüler Paul Ludwig Landsberg[23]. An diesem Suchen ließ ich, soweit es möglich war, auch die Schüler der

---

Menschen am Beginn des neuen Jahrhunderts und die Lage des Priesters reflektiert, der die Botschaft der Bibel dem in Widersprüchen verstrickten Menschen zu erklären hat. Neben den dezidiert theologischen Aussagen des Buches, die auf eine zeitgemäße Reform von Glauben und Kirche zielen, kann es als wirksamer und bedeutender Versuch angesehen werden, die Kirche und die Gemeinschaft der Christen zur politischen Urteilsfindung und Stellungnahme aufzufordern. Diese Zielrichtung trat freilich in Barths „Dogmatik" (in mehreren Bänden erschienen zwischen 1932 und 1957) noch deutlicher in den Vordergrund, mit der er die Reinheit der Kirche nicht nur gegen die Ideologie der „Deutschen Christen" verteidigen, sondern die Kirche auch zum Kampf gegen den Nationalsozialismus veranlassen wollte. Als „Vater der Bekennenden Kirche" wurde Barth 1935 seines Amtes enthoben (vgl. Henri Bouillard, Art. Karl Barth, in: Lexikon für Theologie und Kirche 2, 1958, Sp. 5 f; Karl Gerhard Steck, Karl Barth und die Neuzeit, München 1973).

[22] Ernst Bertram (1884-1957), Literaturhistoriker und Schriftsteller, ab 1922 Professor für Literatur in Köln. Stand Stefan George nahe und schuf streng geformte, sinnbildhafte Lyrik, Erzählungen, Aphorismen, Essays und Reden mit steter Tendenz zu mythischer Gestaltung und Vorliebe für das Nordisch-Germanische, was ihn zeitweise zu einer positiven Beurteilung des Nationalsozialismus führte. Sein biographischer Versuch über „Nietzsche" erschien erstmals 1918, dann 1929 in erweiterter Fassung und bis 1985 insgesamt in neun Auflagen (vgl. Hajo Jappe, Ernst Bertram, Bonn 1969).

[23] Paul Ludwig Landsberg (1901-1944), im Nationalsozialismus emigrierter Privatdozent für Philosophie, der – methodisch ähnlich interdisziplinär ausgerichtet wie sein bis 1919 in Köln, ab 1928 in Frankfurt a.M. tätiger akademischer Lehrer Max Scheler (1874-1928) – mit verschiedenen, auch nach seinem frühen Tod mehrfach wiederaufgelegten Schriften zur philosophisch inspirierten Geschichtsbetrachtung, Anthropologie, Theologie und Literaturwissenschaft in Deutschland, Frankreich und der Schweiz auf sich aufmerksam machte. Trotz seines vielversprechenden wissenschaftlich-publizistischen Wirkens sind nur sehr wenige Informationen über sein Leben überliefert (Werke: Die Welt des Mittelalters und wir. Ein geschichtsphilosophischer Versuch über den Sinn eines Zeitalters, Bonn 1922 [2. Aufl. 1923, 3. Aufl. 1925]; Novalis. Religiöse Schriften, hg. v. Paul Ludwig Landsberg, Köln 1923; Wesen und Bedeutung der platonischen Akademie. Eine erkenntnissoziologische Untersuchung, Bonn 1923; Pascals Berufung, Bonn 1929; Einführung in die philosophische Anthropologie, Frankfurt a.M. 1934 [2. Aufl. 1960]; Essai sur l'expérience de la mort, Paris 1936 [2. Aufl. 1951]; dt. unter dem Titel „Die Erfahrung des Todes", Luzern 1937 [2. Aufl. Frankfurt a.M. 1973]; Problèmes du personnalisme, Paris 1952. – Biographische Nachweise: Biographisches Handbuch der deutschsprachigen Emigration nach 1933, hg. v. Werner Röder, München 1980-1983; Deutsches Biographisches Archiv; Fichte II 784, 38-40; Gedächtnisschrift für Prof. Dr. Ernst Landsberg (1860-1927), Frau Anna Landsberg geb. Silverberg (1878-1938), Dr. Paul Ludwig Landsberg (1901-1944), hg. v. der Rechts- und Staatswissenschaftlichen Fakultät der

Prima im Unterricht teilnehmen und hatte oft die Freude, daß sie gerne an freiwilligen Diskussionsnachmittagen teilnahmen.

Die enge Verbundenheit mit der Schülerschaft im Wandervogel brachte mich 1922/23 in einen Konflikt mit dem Direktor unserer Schule, Dr. Hasenclever[24]. Ich hatte jahrelang in bestem Einvernehmen mit ihm gestanden. Er war für meine Wahl zum Studienrat an seiner Schule eingetreten und stand mit mir in einem geradezu freundschaftlichen Verhältnis. Das änderte sich langsam, als ich in den Jahren nach 1918 andere Wege ging als er. Er mißbilligte meine starke Teilnahme am Wandervogel und der Jugendbewegung, die er selbst ablehnte. Er hielt nichts von ihren Veröffentlichungen und bejahte nur die eine Schrift von Fritz Klatt: „Die schöpferische Pause"[25]. In seinem Unterricht kam es häufig zu Auseinandersetzungen mit den Wandervögeln, besonders mit dem sehr temperamentvollen und begabten Primaner Hans Albert Kluthe[26]. Bei mir nahm

---

Rheinischen Friedrich Wilhelms-Universität Bonn, Bonn 1953; Hartmut Krech, Biobibliographical Directory to Writers on the Theory, History, and Culture of Science and the Humanities, Bd. II, Bremen 1998; Kürschners Deutscher Gelehrten-Kalender 1931, Berlin 1931).

[24] Max Hasenclever (s. Kap. 2, Anm. 39).

[25] Fritz Klatt (1888-1945), der Jugendbewegung verbunden, war Leiter des Volkshochschul-Freizeitheims in Prerow auf der Ostseehalbinsel Darß, ab 1931 lehrte Klatt auch als Professor an der Pädagogischen Akademie in Hamburg-Altona. Er machte sich verdient um die Theorie und Praxis der Auswertung der Freizeit des in der modernen Welt vom Beruf nur einseitig erfaßten Menschen, als Prediger der „schöpferischen Pause" (vgl. die gleichnamige Publikation von 1921, mehrere Aufl.) um die Bedeutung der Ruhe überhaupt sowie um die Erforschung der Rolle des täglichen und jahreszeitlichen Rhythmus, u.a. auch im Schulleben (vgl. Josef Dolch, Art. Fritz Klatt, in: Lexikon der Pädagogik, Bd. II, Freiburg 1965, Sp. 1230 f).

[26] Hans Albert Kluthe (15. Juli 1904 - 12. Dezember 1970), älterer Bruder von Walter Kluthe (1915-1992; s. Kap. 9, Anm. 4), dem später engsten Vertrauten und Freund Fritz Hellings. Hans Albert Kluthe studierte nach dem in Schwelm absolvierten Abitur Jura in München, wurde zunächst Verbandsjurist, dann Journalist und Publizist. – Vor 1933 war er politisch in der Deutschen Demokratischen Partei bzw. Deutschen Staatspartei Walther Rathenaus aktiv (vgl. Anm. 5) und beruflich als freier Mitarbeiter liberaler Zeitungen tätig. In der NS-Zeit zog er sich in die Versicherungswirtschaft zurück und flüchtete 1936 vor der bevorstehenden Verhaftung durch die Gestapo wegen illegaler Widerstandsaktionen nach Großbritannien. Dort war er u.a. Mitarbeiter des „Spectator", Herausgeber (mit Karl Spiecker) und Chefredakteur der (infolge der deutschen Besetzung Frankreichs aus

der Direktor vor allem Anstoß an dem Einfluß, den ich mit meinen veränderten Anschauungen auf die Schülerschaft ausübte. Dieser Gegensatz kam zum offenen Ausbruch bei der Abiturientenprüfung Ostern 1923.

In der Vorkonferenz ging es um die Frage, ob Kluthe von der mündlichen Prüfung befreit werden sollte oder nicht. Nach langer Diskussion stellte sich bei der Abstimmung heraus, daß die Mehrheit des Kollegiums für die Befreiung vom Mündlichen war. Diesen Mehrheitsbeschluß erkannte aber der Direktor nicht an, sondern richtete an das Provinzialschulkollegium (PSK) in Münster ein Protestschreiben, das sich nicht nur gegen den Oberprimaner, sondern mehr noch gegen mich richtete wegen meines angeblich vergiftenden Einflusses auf die Schüler. Er machte auch Mitteilung von einer abfälligen Äußerung, die ich über den für unsere Schule zuständigen Oberschulrat gemacht hatte. Das PSK stellte sich auf die Seite des Direktors: der Abiturient mußte die mündliche Prüfung machen, ich erhielt einen Verweis. Das Ungewöhnliche aber war, daß diese Entscheidungen nicht stillschweigend hingenommen wurden. Die Minderheit des Kollegiums teilte dem PSK in Münster mit, daß sie die Haltung des

Paris nach England übersiedelten) liberalen Exilzeitschrift „Das wahre Deutschland – Auslandsblätter der deutschen Freiheitspartei" und Leiter des antifaschistischen „Deutschen Freiheitssenders". Dem entsprach seit 1938 sein politisches Engagement für die Deutsche Freiheitspartei (DFP), einem konspirativ arbeitenden Zusammenschluß vorwiegend bürgerlich-demokratischer Emigranten, der von Januar 1938 bis Dezember 1940 „Das wahre Deutschland" als Monatsschrift (mit fingiertem Erscheinungsort Berlin) unterhielt. Die 1936 entstandene DFP trat für die Zusammenarbeit von Hitlergegnern aller politischen und ideologischen Richtungen unter Ausschluß der Kommunisten ein und gab vor, keine Exil-, sondern eine innerdeutsche Oppositionsgruppe zu sein, weshalb sie die Auffassung propagierte, das deutsche Volk sei im Widerstand gegen den Nationalsozialismus geeint und warte nur darauf, Hitler stürzen zu können. Im Jahre 1947 kehrte Kluthe nach Deutschland zurück, wo er – ausgestattet mit einer Lizenz der britischen Militärregierung – in Hessen als Verleger und Chefredakteur die Tageszeitung „Werra-Rundschau" (ehemals „Eschweger Zeitung") und die „Frankfurter Illustrierte" herausgab. Von 1952-1970 war Kluthe Präsident des Verbandes deutscher Zeitschriftenverleger und nahm als solcher Einfluß auf die Gestaltung der medienpolitischen Landschaft in der Bundesrepublik (vgl. Bundesarchiv Koblenz, Nachlaß Hans Albert Kluthe [Pseudonym Dr. Walter Westphal] 1904-1970; Thomas Mann, Tagebücher 1937-1939, hg. v. Peter de Mendelssohn, Frankfurt a.M. 1980, S. 667; freundliche Auskunft von Frau Dr. Brigitte Kluthe, Biebesheim).

Direktors mißbillige. Die Schülerschaft stellte sich in zwei Schreiben, die an mich gerichtet waren und dem PSK zur Kenntnis gebracht wurden, ganz auf meine Seite. Diese unerwarteten Proteste veranlaßten das Schulkollegium, den Direktor nach Münster zu bestellen und ihm zu raten, in Zukunft für Frieden im Kollegium zu sorgen, ein Rat, der auch befolgt wurde, so daß sich nie mehr Ähnliches wiederholte.

Das Urteil der Abiturientenklasse über meinen Unterricht hatte folgenden Wortlaut:

Wir erklären hiermit, daß Dr. Hellings[27] Art, Geschichtsunterricht zu erteilen, die unserem Wesen gemäße war. Er hat uns erst Freude am Geschichtsunterricht empfinden lassen, weil er uns tiefe Einblicke in das Leben der Geschichte gab, wo wir früher nur einen Wust von nichtssagenden Tatsachen und Zahlen sahen. Durch ihn war uns die Geschichte nicht länger toter Ballast, sondern etwas Sinnvolles und Lebendiges, voller Beziehungen zur Gegenwart. Er hat uns hingewiesen auf die großen Traditionen deutscher Vergangenheit, die uns Wege in die Zukunft weisen können. Er hat uns nicht fertige Urteile gegeben, die wir einfach zu übernehmen brauchten, sondern die Probleme vor uns hingestellt und uns damit ringen lassen. Nie hat er einseitig seinen Standpunkt dargestellt, sondern immer auch gegnerische Anschauungen vorgelegt. Zum Beispiel hat er bei der Besprechung des mittelalterlichen Kaiserreichs

---

[27] Fritz Helling hatte in der Zwischenzeit in Göttingen im Fach Altphilologie promoviert. Nachdem er mit einem ersten Dissertationsthema zur Stichomythie (Dialogform, bei der Rede und Gegenrede mit jedem Vers abwechseln) in den griechischen Dramen – ein Thema das er bereits 1910 in seinem 7. Semester zu bearbeiten versuchte – nicht zurecht gekommen war und daher aufgegeben hatte, machte Helling nach bestandenem Staatsexamen (Dezember 1912) einen zweiten Anlauf zur Promotion. Wie aus seiner Promotionsakte hervorgeht (UA Göttingen, Phil. Prom. H. V, 25), erhielt er zu Beginn des Jahres 1913, nachdem sein vorheriger Doktorvater Prof. Dr. Friedrich Leo aus dem Dienst ausgeschieden war und bald darauf starb, von dessen Nachfolger Prof. Dr. Richard Reitzenstein ein neues Dissertationsthema. Helling fing also mit der Bearbeitung des neuen schriftlichen Themas zu Beginn seines Referendariats (1913-1914) an. Das Rigorosum bestand er im März 1920 und veröffentlichte seine Dissertation mit dem Titel „Quaestiones Livianae" 1921 im Schwelmer Scherz Verlag. Vgl. hierzu Otto Geudtner, Helling als Altphilologe: die Dissertation über die „Quaestiones Livianae" (1921), in: Burkhard Dietz (Hg.), Fritz Helling, a.a.O., S. 123-135.

sowohl den Standpunkt Fickers[28] als auch den Sybels[29] klargelegt. Er hat uns bewahrt vor dem schweren Fehler, Kulturepochen, die unserem Lebensgefühl ferner liegen, zu verachten und auch diese uns menschlich näher zu bringen versucht (Renaissance). Wir fühlten immer, daß hier ein Mann zu uns sprach, der mit glühender Seele dabei war und uns sein Bestes gab. So wurde uns die Vergangenheit lebendig, auch ohne daß wir unser Gedächtnis mit einem Übermaß von Zahlen belasteten. Wertvoll war uns sein Geschichtsunterricht vor allem auch deswegen, weil wir bei ihm die Wahrheit des Goethewortes kennenlernten, daß Enthusiasmus das Beste ist, was wir der Geschichte verdanken. (13 Unterschriften)

Die Schülerschaft früherer Abiturientenklassen bekannte sich in folgendem Brief zu meinem Unterricht:
Sehr verehrter Herr Doktor!
Die Unterzeichneten, eine Anzahl ehemaliger, mit dem Reifezeugnis entlassener Schüler des Realgymnasiums zu Schwelm, fühlen die Verpflichtung, Ihnen in diesem Augenblicke einige Worte zu sagen in dankbarer Erinnerung an die Unterrichtsstunden, die sie von Ihnen empfangen durften. Wir haben miterlebt, wie Sie sich mit ganzer Kraft in die Aufgaben vertieften, die Sie unter der Einwirkung der Erneuerung deutschen Geisteslebens dem Pädagogen der Gegenwart gestellt sahen. Sie steckten

---

[28] Julius von Ficker (eigentl. Julius Ficker Ritter von Feldhaus, 1826-1902), Historiker, Professor in Innsbruck. Verbesserte die Methode der historischen Urkundenkritik und machte ihre Ergebnisse für die mittelalterliche Verfassungsgeschichte nutzbar. Als Widersacher der kleindeutsch-preußischen und protestantischen Geschichtsschreibung (Sybel, s. Anm. 29) verteidigte er aus der Perspektive der Kaiserpolitik des Mittelalters den großdeutsch-habsburgischen und katholischen Standpunkt (vgl. Julius Jung, Julius Ficker, 1826-1902. Ein Beitrag zur deutschen Gelehrtengeschichte, Innsbruck 1902 [2. Aufl. 1981]).

[29] Heinrich von Sybel (1817-1895), Historiker, Professor in Marburg, München und Bonn. Sein Geschichtsbild wurde von der sozialen Verankerung im nationalliberalen Bürgertum bestimmt. Als einer der Hauptvertreter der kleindeutsch-preußischen und protestantischen Geschichtsschreibung bewertete er im Streit mit der großdeutschen Richtung (Ficker, s. Anm. 28) die universalistische Politik der mittelalterlichen Kaiser negativ. Ursprünglich Gegner Bismarcks wurde er nach 1866 zu dessen Bewunderer (vgl. Volker Dotterweich, Heinrich von Sybel. Geschichtswissenschaft in politischer Absicht, 1817-1861, Göttingen 1978).

Ihre Pflichten nicht selbstgenügsam ab, wenn Sie auch wußten, daß es darum ging, gerade inmitten allgemeiner Krisenerscheinungen selbst festen Boden zu gewinnen und der Jugend einen Halt zu geben, damit sie nach der bewußten Ablehnung zerbrochener Ideale nicht der ausschweifenden Zügellosigkeit verfiel, sondern ihr Schaffen eine gesunde Grundlage erhielt. Indem Sie das Streben der deutschen Jugend so verstanden, wurden Sie als Mensch ihr Kamerad, als Lehrer ihr Führer. Durch die kaum ermeßliche Arbeit, die jede Unterrichtsstunde von einem Pädagogen Ihrer idealen Berufsgesinnung und Pflichttreue erheischte, zeigten Sie der Jugend durch die Tat, daß sie mit bequemen Wünschen nicht auskam, daß vielmehr ihr Streben ein Wollen voll heiligen Ernstes sein müsse. Ihre starke Persönlichkeit vermochte auf diese Weise der Jugend den Drang zur Arbeit zu vermitteln, den alle für den Schüler innerlich fremd gewordenen Mittel und Mittelchen nicht mehr zu erwecken verstanden. Ihr Unterricht konnte deshalb nicht ohne Früchte bleiben. Soweit wir nach den Schuljahren in das praktische Leben kamen, standen wir in Erinnerung an Ihre Unterrichtsstunden nicht unter dem bitteren Gefühl, von einem innerlich abgestorbenen Pennal ,befreit' zu sein. Wer von uns zur Universität gehen durfte, hatte die Möglichkeit, sich von dem von Ihnen vermittelten Wissen aus seiner wissenschaftlichen Arbeit zu widmen, ohne daß er sich zuerst von veraltetem Ballast hätte frei machen müssen. Mit besonderer Genugtuung denken wir daran, daß Sie die Autorität des Lehrers gründeten auf Sittlichkeit und Freiheit und in allen Fällen, wo engstirniger Pennälersinn sich nicht reif für ein solches Verhältnis zwischen Lehrer und Schüler zeigte, mit unerbittlicher Strenge eingriffen. So hatten Sie für den sich nur widerwillig unterordnenden Pennäler den Zwang, für den frei sich unterordnenden Schüler und Kameraden die Freiheit: Jedem das Seine. Sie gaben einem alten guten Wahlspruch preußischer Könige Leben und Inhalt, was wir besonders deshalb zu schätzen wissen, weil Sie uns in hinreißendem Idealismus dem deutschen Wesen näherzubringen wußten.

Wir sind dankbar dafür, daß es uns vergönnt war, von einem Pädagogen Ihres Schlages zu lernen, und wünschen Ihnen in Ihrer Arbeit weiter Freude und Erfolg. In diesem Sinne grüßen wir Sie herzlichst.

In Hochachtung (27 Namen)

Kapitel 5

Schulreform, Pestalozzi
und Hinwendung zum Sozialismus

Die wichtigste Folge dieser Ereignisse war aber die Tatsache, daß sich die oppositionelle Minderheit des Kollegiums dazu entschloß, sich dem von Professor Paul Oestreich (Berlin)[1] geleiteten „Bund Entschiedener Schul-

---

[1] Paul (Hermann August) Oestreich, geboren am 30. März 1878 in Kolberg (Pommern), gestorben am 28. Februar 1959 in Ost-Berlin, exponierter Reformpädagoge, war eine der wichtigsten Bezugspersonen Fritz Hellings. Nach dem Studium der Philosophie, Germanistik und Pädagogik in Greifswald und Berlin, das er mit der Promotion zum Dr. phil. abschloß, trat Oestreich in den höheren Schuldienst ein und wurde 1905 Studienrat in Berlin. Während des Ersten Weltkriegs als aktiver Pazifist Mitglied der Liga für Menschenrechte, schloß er sich 1918 der SPD an und war 1919 Mitbegründer des Bundes Entschiedener Schulreformer (BESch), dessen Vorsitz er bis zu dessen Verbot und Auflösung durch die Nationalsozialisten 1933 innehatte. Auf sozialistischer Grundlage strebte der BESch im Sinne der allgemeinen Volksbildung u.a. die Einführung der Einheitsschule als einer Lebens- und Produktionsschule an, die mit allmählicher Differenzierung nach dem Kern-Kurs-System neben den intellektuellen, die manuellen und musischen Kräfte, insbesondere aber auch die menschlichen Beziehungen fördern sollte (s. auch Anm. 2). Oestreich veröffentlichte u.a. die Schriften „Die elastische Einheitsschule, Lebens- und Produktionsschule" (1921), „Die Schule zur Volkskultur" (1923), „Bausteine zur neuen Schule" (1923) und gab 1920-1933 für den BESch die Zeitschrift „Die Neue Erziehung" sowie die Heftreihe „Entschiedene Schulreform" heraus. Mit Publikationen wie „Der neue Lehrer" (hg. mit Otto Tacke [s. Anm. 18], 1926) war er zugleich um eine entsprechende Lehrerbildung bemüht. 1931 trat Oestreich aus der SPD aus, 1933 wurde er aus dem Schuldienst entlassen und inhaftiert. 1945 trat Oestreich der KPD, 1946 der SED bei und wurde 1945-1949 Hauptschulrat in Berlin-Zehlendorf. Nach erneuter politisch motivierter Entlassung 1949 (vgl. auch Kap. 11, bei Anm. 88) wechselte er von West- nach Ost-Berlin, wo er 1950 Dezernent der höheren Schulen wurde. 1955 wurde er in das Deutsche Pädagogische Zentralinstitut berufen, 1958 wurde ihm durch die Humboldt-Universität die Ehrendoktorwürde verliehen. Oestreich erhielt darüber hinaus mehrere hohe Auszeichnungen durch die politische Führung der DDR. Seit 1952 bis zu seinem Tode war er Mitglied im Schwelmer Kreis (vgl. Winfried Böhm, Kulturpolitik und Pädagogik Paul Oestreichs, Bad Heilbrunn 1973; Wolfgang Ellerbrock, Paul Oestreich. Porträt eines politischen Pädagogen, Weinheim 1992; Bernhard Reintges, Paul Oestreich und der Bund Entschiedener Schulreformer, Diss. Münster 1973 [Rheinstetten 1977]).

reformer"[2] als Ortsgruppe anzuschließen und auch die von ihm herausgegebene Zeitschrift „Die Neue Erziehung" zu halten. Dadurch erhielt ich
die Möglichkeit, mich mit der Gedankenwelt Oestreichs bekannt zu machen, und kam politisch zur Bejahung des Sozialismus, der für Oestreich
Erbe der großen humanistischen Ideen der deutschen Vergangenheit und
in der Gegenwart der unerläßliche Weg zur Überwindung des Kapitalismus, zu Volks- und Menschheitssolidarität war. Ich bejahte auch die neue
Erziehung, die Oestreich für die neue Zukunft forderte. Er lehnte die alt-
überlieferte Klassenschule mit ihrer frühen Trennung in „Gebildete" und
„Ungebildete", in „Kopf- und Handarbeiter" ab und verlangte für die
gesamte Jugend eine in sich differenzierte „elastische" Einheitsschule mit
Kernunterricht und wahlfreien Fächern.

Schon im April 1924 wagten wir in Schwelm eine große pädagogische
Tagung, die über Erwarten von etwa 300 Menschen besucht war. Unsere
Ortsgruppenarbeit dehnte sich von nun an ebenfalls mehr und mehr aus
und brachte mich mit der Arbeiterschaft in Verbindung. Ich trat zwar
weder der sozialdemokratischen noch der kommunistischen Partei bei,
bekannte mich aber zum Reichsbanner[3] und hielt Vorträge bei den Ge-

---

[2] Eine radikal-progressive Vereinigung von Pädagogen mit sozialrevolutionären Tendenzen; sie wurde 1919 in Berlin-Schöneberg unter Vorsitz von Paul Oestreich (s. Anm. 1)
gegründet und wirkte maßgeblich auf die seinerzeitigen pädagogischen Reformbemühun-
gen ein. Aufgrund nationalsozialistischer Einflußnahme wurde der BESch 1933 aufgelöst.
Auf seinem Programm standen u.a. die elastische Einheitsschule, die Umwandlung der
bisherigen Lern- und Buchschule in eine Lebens- und Produktionsschule, die einheitliche
Lehrerbildung an den Hochschulen, das Mitspracherecht von Eltern und Schülern sowie
die Schulgeldfreiheit. Publikationsorgan des BESch war die Zeitschrift „Die Neue Erziehung" (1919-1933) (vgl. Jürgen Eierdanz, Auf der Suche nach der Neuen Erziehung:
Politik und Pädagogik des „Bundes Entschiedener Schulreformer" [1919-1933] zwischen
Anspruch und Wirklichkeit, Diss. Gießen 1985; Entschiedene Schulreform, hg. v. Paul
Oestreich, 2 Bde., Berlin 1920; Martin Weise, Paul Oestreich und die entschiedene Schulreform, Leipzig 1928).
[3] Das „Reichsbanner Schwarz-Rot-Gold" war ein 1924 gegründeter politischer Kampf-
verband der Linken. Formell zwar überparteilich ausgelegt, waren die meisten seiner
Mitglieder (max. rd. 3 Mill.) zugleich Anhänger der SPD. Als organisatorischer Mitbegründer der „Eisernen Front" (1931) setzte das Reichsbanner gleichwohl dem ,Preußen-
putsch' Franz von Papens und der nationalsozialistischen ,Machtergreifung' keinen nen-
nenswerten Widerstand entgegen. Seit 1933 verboten, wurde erst 1968 der Versuch zur

werkschaften. Das genügte, um von dem wohlhabenden Bürgertum, in dessen Familien ich früher verkehrt hatte, von nun an als Klassenfeind angesehen und behandelt zu werden. In der Schule aber erreichten wir sozialistischen Lehrer eine sehr viel günstigere Stellung. Hier gab es nicht nur während der Pausen im Lehrerzimmer und in den Konferenzen sehr offene Diskussionen, sondern vor allem auch im Unterricht. Mehr und mehr gewöhnten sich die meisten Lehrer daran, sich auf Aussprachen mit den Schülern einzulassen. Dabei setzte sich eine Offenheit durch, bei der sich jede Anschauung hervorwagen konnte. So wurde allmählich eine Menschlichkeit in den Beziehungen zwischen Lehrern und Schülern erreicht, die stärker war als in den meisten anderen Schulen.

In den Sommerferien 1924 nahm ich dank der Fürsprache meines früheren Schülers Kluthe[4], der nach seinem Abitur in München Jura studierte, an einer Italienfahrt des indogermanischen Seminars der Universität München teil. Nach einer Fahrt über die Alpen fuhren wir zu Schiff an der jugoslawischen Küste entlang nach Dubrovnik, von da nach Bari, besuchten von dort aus die imponierenden Ruinen des Poseidon-Tempels mit dem Blick über das weite Meer und erlebten dann die Sehenswürdigkeiten von Neapel, Rom, Pompeji und Herculaneum. In München trennten wir uns. Hier wurde mir nun das Schönste und Höchste meines Lebens zuteil: Ich lernte im Hause einer Bekannten meine spätere Frau kennen, Hilda Langhans[5], die damals Studienassessorin in Kiel war. Wir blieben in brieflicher Verbindung, trafen uns in den Ferien und heirateten 1926. Unsere Anschauungen stimmten in geradezu idealer Weise zusammen. Aus dem Reichtum unserer Briefe seien hier nur zwei kurze Proben von mir wiedergegeben, um für sie meine enge Verbundenheit mit meinen Schülern spürbar zu machen. September 1924: „Ich komme aus der Schule und kann Dir sagen, daß es schön war. Ich habe mit einer Anzahl Untersekundanern heute nachmittag bis zur Dämmerung Tollers

---

Neugründung eines – dann tatsächlich nur recht bedeutungslosen – politischen Bundesverbandes gleichen Namens unternommen (vgl. Karl Rohe, Das Reichsbanner Schwarz-Rot-Gold. Ein Beitrag zur Geschichte und Struktur der politischen Kampfverbände zur Zeit der Weimarer Republik, Düsseldorf 1966).

[4] Hans Albert Kluthe (s. Kap. 4, Anm. 26).

[5] Hilda Langhans, geboren am 16. November 1895, gestorben am 16. Dezember 1960.

‚Wandlung‘[6] gelesen. Wenn Du das miterlebt hättest, wäre Dir das Herz weit geworden. So schön war die Bereitschaft dieser acht jungen, forschenden Menschen, so tief das Miterleben und die Ergriffenheit. Atemlose Stille am Schluß. Keiner wagte ein Wort zu sagen. Nur tastend und gedämpft sagte ich als Ausklang ein paar Worte." Oktober 1924: „In der Schule war es schön heute, so leicht und gelöst. Ich hatte Lust zum Erzählen. Und einige Untersekundaner baten um Fortsetzung heute nachmittag. So hab ich denn eben mit einigen ein Stück aus Wilkers ‚Lindenhof‘[7] gelesen und besprochen, weil sie geradezu hungrig sind danach, etwas von dem neuen Werden und Kämpfen in der Welt zu hören."

In jenen Jahren – etwa 1925 oder 1926 – erschien ein Buch mit Niederschriften von Schulstunden, in denen der Lehrer ganz zurücktrat und die Schüler unter sich über bestimmte Themen diskutierten. Mir schien diese empfohlene Art der Schüleraktivität so gekünstelt, daß ich den Plan faßte, eine Gegenschrift zu veröffentlichen. In meinem Unterricht, besonders in den Geschichtsstunden, entstanden die Diskussionen in der Klasse ganz spontan. Ich bat deshalb einen Primaner, der sehr gut stenographieren konnte, sofort mitzuschreiben, wenn ein Meinungsstreit einsetzte. Es ist aber nie zu solch einer stenographischen Niederschrift gekommen, weil die Spannung bei Beginn des Streitgesprächs so groß war, daß weder ich noch der Primaner an die geplante Niederschrift dachten. Deshalb war es

---

[6] Ernst Tollers Theaterstück „Die Wandlung. Das Ringen eines Menschen" (Potsdam 1919) stellt literaturgeschichtlich eines der bedeutendsten Beispiele des expressionistischen Verkündigungsdramas dar, in dem die Entstehung eines „neuen" Menschen mittels utopischer Vergegenwärtigung heraufbeschworen wird (vgl. Martin Nickisch, Art. „Die Wandlung", in: Kindlers neues Literaturlexikon, hg. v. Walter Jens, Bd. 16, München 1991, S. 639).

[7] Karl Wilker, Der Lindenhof. Werden und Wollen, Heilbronn 1921. – Der sozialpädagogische Reformer Wilker (1885-1980) erlangte insbesondere durch sein Wirken an der Berliner Fürsorgeanstalt „Lindenhof" (seit 1917) große Bekanntheit. Hier verfolgte er eine neue, pädagogisch aufbauende Fürsorgeerziehung, die auf Vertrauen und Selbstachtung zielte und dabei die sozialen Ursachen für dissoziale Entwicklungen Jugendlicher berücksichtigte (vgl. das biographische Vorwort in: Karl Wilker, Der Lindenhof. Fürsorgeerziehung als Lebensschulung, neu hg. v. Hildegard Feidel-Mertz u. Christiane Pape-Balling, Frankfurt a.M. 1989; Detlev J. K. Peukert, Grenzen der Sozialdisziplinierung. Aufstieg und Krise der deutschen Jugendfürsorge 1878 bis 1932, Köln 1986).

mir unmöglich, diese echten und hochinteressanten Diskussionen der pädagogischen Öffentlichkeit bekannt zu machen. Das rückhaltlos offene Diskutieren war in unserer Schule allmählich ganz üblich geworden. Es entsprach dem guten Verhältnis zwischen Lehrern und Schülern. Als mich in den Sommerferien 1926 ein früherer Abiturient besuchte, der mit seinem Freund zusammen in Frankfurt studierte, erzählte er von ihren Unterhaltungen mit Kommilitonen über ihre Schulerfahrungen. Nur mit Staunen hätten diese Studenten ihren Berichten über unsere Schwelmer Schule zugehört. Keiner von den anderen hätte Ähnliches erlebt. Er erzählte mit leuchten Augen davon und sagte ganz spontan: „Unsere Schule werden wir nicht vergessen."

Das folgende Jahr 1927 ist mir in besonders deutlicher Erinnerung geblieben. Am 17. Februar fand in unserer Schule eine Gedenkfeier zum hundertsten Todestag Pestalozzis[8] statt. Ich hatte die Rede zu halten, aus der jeder Zuhörer meine tiefe Verehrung dieses großen Vorbildes spüren konnte. Es war eine leidenschaftliche Kampfrede, die sich unausgesprochen gegen die konservative Mehrheit unseres Kollegiums richtete. Weil sie für mich einen so aktuellen Gegenwartswert hatte, machte mir meine Frau zu Weihnachten die große Freude, mir den Text in einem schönen Einband zu schenken. Die Rede hatte folgenden Wortlaut:

Pestalozzi[9]
(1927)

I.

Vor hundert Jahren, als Pestalozzi starb, folgten nur wenige Freunde und Verehrer seinem Sarg. Heute feiert ihn ganz Deutschland, und weitere 100 Jahre werden nötig sein, bis man sich durch die Tat, durch die Verwirklichung seiner Ideen zu ihm bekennt. So weit hat dieser Mann sein Werk in die Zukunft gebaut. So groß ist er gewesen. Ein Seher, ein Pro-

---

[8] Johann Heinrich Pestalozzi (1746-1827), Schweizer Pädagoge.
[9] Vgl. Fritz Helling, Pestalozzi (1927), in: ders., Schulreform in der Zeitenwende, Schwelm 1958, S. 11-16.

*phet. Aber gerade darum auch ein qualvoll Leidender. Hin- und herge-
worfen zwischen Ruhm und Verachtung, Glaube und Verzweiflung, Sen-
dungsbewußtsein und Schuldgefühl. In Katastrophen zerschlagen, durch
Not und Elend getrieben wie ein Märtyrer.*

*Jahrelang lebte er auf dem Neuhof mit Bettlerkindern von Kartoffeln,
Rüben und ganz wenig Brot. Aber das Werk scheitert. Von den Menschen
verhöhnt als „Armennarr", „Pestilenz", „Vogelscheuche", als „unbe-
hilflicher, elender Tor". Die Leute werfen ihm die Fenster ein. Von den
Freunden im Stich gelassen, preisgegeben in der Meinung, er würde im
Irrenhaus oder als politischer Verbrecher enden. Zur Untätigkeit verurteilt, schreibt er seine ersten Schriften, seinen Roman, seine „Nachfor-
schungen". Er wird bekannt, berühmt. Aber wieder auch Hohn und Spott.
Er solle was Besseres tun, als Dichterling, als „Maler" zu spielen. Er
antwortet mit einer Fabel „Der Menschenmaler": „Er stand da; sie
drängten sich um ihn her, und einer sagte: Du bist also unser Maler geworden? Du hättest wahrlich besser getan, uns unsere Schuhe zu flicken.
Er antwortete ihnen: Ich hätte sie euch geflickt, ich hätte für euch Steine
getragen, ich hätte für euch Wasser geschöpft, ich wäre für euch gestorben, aber ihr wolltet meiner nicht, und es blieb mir in der gezwungenen
Leerheit meines zertretenen Daseins nichts übrig, als malen zu lernen."*

*Aber unerträglich ist ihm dies Dasein als Schriftsteller, als Literat. Er
sieht das Elend ringsum. Er will helfen. Die Sehnsucht, praktische Dienste leisten zu können, verschlingt alle Wünsche seines Lebens. Alle Anstrengungen dazu scheitern. Niedergeschlagenheit. Qualvolle Selbstzer-
marterung. „Ich lebte jahrelang wie ein Schiffbrüchiger, der sich an jedem Strohhalm hält."*

*18 Jahre lang hat er diese Lage ertragen müssen. Erst die Revolution
gibt ihm, dem mehr als 50jährigen, Gelegenheit zu praktischer Erzie-
hungsarbeit in Stans. Und nun bricht der Jubel durch: „Was beklage ich
mich? Alles, was mir durch mein Leben begegnete, war gut, alles war mir
selbst gut. Mit dieser Überzeugung erhebe ich mich über alles Unrecht
und über alles, was hinter mir ist, und strebe mit Eifer jetzt immer nach
dem Ziel, das mir vorgesetzt ist."*

„Aber denke dir meine Lage – ich einzig, gänzlich von allen Hilfsmitteln der Erziehung entblößt, ich einzig – Oberaufseher, Zahlmeister, Hausknecht und fast Dienstmagd, in einem umgebauten Hause, unter Unkunde, Krankheiten und Neuheiten von aller Art. Die Kinder stiegen allmählich bis auf 80 ... Welch eine Aufgabe, sie zu bilden, diese Kinder zu entwickeln, welch eine Aufgabe!" Der Jubel wird zum Gebet: „Du, o Herr, hast Großes an mir getan! Mein Werk ist Dein Werk! Du hast mich hingestellt auf einen Berg, den ich nicht selber erstiegen; Du hast mich hingesetzt an einen Platz, der mir nicht zu besitzen gebührt. Aber Du hast ausgeführt, was ich nicht anzufangen vermochte."

Aber bald schon wird er aus Stans vertrieben. Wieder von vielen preisgegeben. Er fühlt sich selbst als „unbrauchbar und gänzlich unfähig". Man redet über ihn:

Der eine:	*„Hast Du gesehen, wie entsetzlich er aussieht?"*
Der andere:	*„Ja, der arme Narr dauert mich."*
Der eine:	*„Mich auch, aber es ist ihm nicht zu helfen. Allemal, wenn er einen Augenblick einen Schein von sich wirft, daß man glaubt, er könne wirklich etwas, so ist's den Augenblick darauf wieder dunkel um ihn her, und wenn man näher hinzu kommt, so hat er nur sich selber verbrannt."*
Der andere:	*„Hätte er es nur einmal ganz getan! Es ist ihm doch nicht zu helfen, bis er Asche ist!"*
Der eine:	*„Man muß, weiß Gott, das bald für ihn wünschen."*

Er ist dem Tode nahe. Nur der Glaube an seine Sendung rettet ihn. Es folgt neue Arbeit in Burgdorf. Neue Kämpfe und Verdächtigungen. Aber er setzt sich durch. Geldmittel, Zöglinge, Gehilfen, Besucher – alles strömt ihm zu. Die Anstalt ist berühmt in Deutschland und darüber hinaus. Dann wieder Wechsel: Münchenbuchsee und bald darauf Iferten. Hier die Vollendung seiner Arbeit. Er selbst getragen von prophetischem Hochgefühl: „Die Keime einer wirklichen Weltreformation liegen ganz bestimmt in unseren Umgebungen. Die Idee führt unendlich weiter, als ich im Anfange geglaubt habe; früher oder später wird sie die Sache der Welt werden." Er entfaltet eine ungeheure Arbeitskraft. Jeden Morgen um 2 Uhr muß der Sekretär in seinem Schlafzimmer erscheinen, um sich diktieren zu lassen. 5 Jahre hindurch diese Arbeit.

Dann beginnt wieder alles in Scherben zu gehen. Jahrelanger Streit in den eigenen Reihen. Schmähschriften, Prozeß, Zusammenbruch Pestalozzis. 1825 Auflösung der Anstalt. Ein vernichtender Schlag für den 80jährigen Greis: „Sterben ist nichts; ich sterbe gern; aber gelebt zu haben, alles geopfert zu haben und nichts erreicht zu haben, und immer nur gelitten zu haben und nichts erreicht zu haben und alles zertrümmert zu sehen und so mit seinem Werk ins Grab zu sinken – o das ist schrecklich, ich kann es nicht aussprechen, und ich wollte gerne noch weinen, und es kommen keine Tränen mehr."

II.

Das ist das Leben. Und nun die Zeit, in der er lebt. Sie ist so bewegt, so aufgewühlt wie sein eigenes Leben. Die feudale Gesellschaft wandelt sich in die kapitalistische. Fabriken und Industrien halten ihren Einzug und bringen „die Revolution in Brotangelegenheiten". Pestalozzi erkennt: „Die gegenwärtig allgemein herrschende Völkerverwirrung ist im Grunde nichts anderes als eine Wirtschaftsverwirrung." Die kapitalistischen Interessen verquicken sich mit den politischen Mächten. Das Volk leidet unter den „übelkalkuliertesten Finanzspekulationen, unüberlegtesten Zivilgesetzen und rechtlosesten Polizeimaßregeln". „Aber die Klagen aller nicht notablen Leute über die Übel dieser Zeiten haben keine weitere Wirkung als eine mit dem Militär unterstützte Forderung, sich bei Strafe des Aufruhrs ruhig zu verhalten."

Die Gegensätze wachsen. „Unser Zustand gleicht dem Zustand eines menschlichen Körpers, in welchem sich eine schwere Krankheit sammelt." „Regierungssitze und Fabrikgegenden schwelgen, in Korngegenden steht der Pflug still ... Ehelosigkeit wird Berufspflicht, Kinderlosigkeit Sitte, der Zustand der Menschheit wird künstlich, das Gedränge der Brotjagd wird groß, die Erwerbarten fordern steigende Ausbildung, die Erziehung wird kostbar, die Mittel vermindern sich, die Sittenlosigkeit tötet den Fleiß, die Not tötet die Ehre, Geld wird alles in allem." Der

Staat wird hart und greift „mit Arbeits- und Zuchthäusern, mit Schwert, mit Galgen und Rad, mit Halseisen und Bußenregistern" ein. Die Kirche erniedrigt sich dahin, „auch bei Forderungen, die offenbar auf Erstikkung der Wahrheit, auf Unterdrückung der Völker und auf tausendfachen Menschenmord abzielen, den Untertanen die Schuldigkeit eines ganz blinden Gehorsams unbedingt an den Hals zu werfen und zu behaupten, sie seien zu solchen Endzwecken um Gottes und Christi willen verbunden."

In der „Elendigkeit" dieses Zustandes steht Pestalozzi auf der Seite der Armen und Unterdrückten. „Ich denunziere mich selbst als parteiisch fürs Volk." Vorbild ist ihm Christus, der zu den Verlorenen und Verachteten ging, der „die Greuel des Eigennutzes und der Selbstsucht in den Menschensatzungen aufgedeckt hat." „Er nannte Herodes einen Fuchs, die Schriftgelehrten: Schlangen und Nattergezüchte, die Gerechtigkeitspfleger: Häuserfresser der Witwen und Waisen, die Priester: Heuchler, übertünchte Gräber voller Totengebeine." In seinem Geist will er den Kampf seines Lebens führen: „Armes Volk, ich will dir aufhelfen." „Emporhebung der niedersten Stände aus ihren Tiefen", „Sicherung des Menschenrechts" für jeden steht als Lebensaufgabe vor ihm.

Gewiß, diese Armen sind schlecht und verdorben, aber verdorben durch die Umstände. „O, was würden wir sein, wenn wir in denselben Umständen wie diese unsere unglücklichen Brüder geboren wären." Die Gesellschaft ist schuldig. Die Gesellschaft muß wieder gutmachen, was sie verschuldet hat. Deshalb nicht Härte und Abschreckung, nicht Polizeigesetze, sondern Hilfe, Emporhebung, Erziehung im Glauben an die Kraft des Guten. „Gefängnis, Zucht- und Arbeitshaus ist nichts anderes und soll nichts anderes sein als rückführende Schule des verirrten Menschen in die Bahn und den Zustand, in welchem er gewesen wäre ohne seine Verirrung." Lebenshilfe allen Verwahrlosten und Gefallenen. Hilfe den unehelichen Müttern, die aus Verzweiflung sogar zu Mördern ihres Kindes werden. Hilfe für das Landvolk, das unter Steuerdruck, Fron und Zehnten leidet. Abschaffung aller Feudallasten. Gleichheit in der Belastung des Volkes. Hilfe für die Kinder der Armen, Erziehung zu den Fertigkeiten, die sie im Leben brauchen, um durch bessere Verdienstmöglichkeiten die

Armut zu überwinden. Erziehung zur Industrie, aber nicht Abrichtung zum Lohnsklaven der Wirtschaft. „Nein, der Sohn der Elenden, Verlorenen, Unglücklichen ist nicht da, bloß um ein Rad zu treiben, dessen Gang einen stolzen Bürger emporhebt! Nein! Dafür ist er nicht da! Mißbrauch der Menschheit, wie empört sich mein Herz!" Endzweck ist Menschlichkeit für alle. Die Gesellschaft muß so geordnet werden, daß sie fähig ist, „den frohen Genuß der Erdengüter niemand mangeln zu lassen, weil für alle genügend da ist."

Wie aber soll dies Ziel erreicht werden? Durch revolutionäre Erhebung der Entrechteten? Pestalozzi sieht sie kommen. Er erlebt sie. Aber er ruft nicht zu ihr auf. Er will keine Gewaltanwendung. Er glaubt, daß dies Letzte vermieden werden kann und muß. Er glaubt an die Einsicht, die Besinnung der Mächtigen. Er beschwört sie, um der Menschwerdung der Menschen willen den Weg der Gerechtigkeit zu gehen, „mitzuwirken zum hohen Zweck der Wiederherstellung des verirrten, gesunkenen und blutenden Menschengeschlechts". „Es geht nicht um Gut und Blut, es geht um die Ehre, die wahre Ehre, die ewige Ehre der Menschennatur."

Diese Menschennatur muß in jedem zu ihrer vollen Bestimmung, zu ihrem gottgewollten Wesen emporgebildet werden. „Es ist für den sittlich, geistig und gesellschaftlich gesunkenen Weltteil keine Rettung möglich als durch die Erziehung, als durch die Bildung zur Menschlichkeit, als durch die Menschenbildung."

III.

Aber wie steht es mit dem Menschen? Ist es überhaupt möglich, ihn zu seinem gottgewollten Wesen, seiner höheren Natur emporzubilden? Niedere und höhere Natur sind ja in der menschlichen Wirklichkeit völlig ineinandergewirrt. Das Tierisch-Triebhaft-Niedrige ist gar die Grundlage. „Der Mensch ist von Natur, wenn er, sich selbst überlassen, wild aufwächst, träge, unwissend, ... leichtgläubig, furchtsam und ohne Grenzen gierig und wird dann noch durch die Gefahren, die seiner Schwäche, und durch die Hindernisse, die seiner Gierigkeit aufstoßen, krumm, verschlagen, heimtückisch, ... gewaltsam, ... rachgierig und grausam."

Auch in der menschlichen Gesellschaft herrscht das Niedrige vor und vergiftet alles. Macht wird zu Gesetzlosigkeit, Freiheit zu Aufruhr, Liebe zu Egoismus, Religion zu Betrug. Nur wird das Gemeine in der Welt schön übergoldet.

„Tyrannei heißt ,Souveränität', Anarchie: Sorgfalt für Menschenrechte, für Freiheit, für Gleichheit; Neigung zur Oligarchie nennt sich ,Aristokratie'. Der Edelmann begründet sein verfeinertes Genußleben mit der Notwendigkeit ,standesgemäßer Aufführung', der Amtmann erfindet einen Haufen von ,Rechten', nur weil sie ihm nutzen, der Kaufmann strebt nach ,Monopolien', um ein in der bürgerlichen Gesellschaft privilegiertes Raubtier zu werden, die Gelehrten nennen ihren Streit und Zank, das Hungergewächs ihrer unbehilflichen Seelen ,Wahrheit, Recht und Geistesprodukt', die Geistlichen maskieren ihre Schlafsucht als ,Ruhe in Gott', ihre Herrschsucht als ,königliches Priestertum', ihre alleruntertänigste Untertänigkeit als ,heilige Pflichttreue'."

Wie ist in einer solchen Wirklichkeit sittliche Menschenbildung möglich? Jahre hindurch hat Pestalozzi unter dieser quälenden Frage gelitten. Er sieht keinen Ausweg. Er kommt der Verzweiflung nah, der Menschenverachtung, der Gefahr, diese Wirklichkeit als hoffnungslos sich selbst und ihrer Eigengesetzlichkeit zu überlassen. Haben nicht die harten Staatsmenschen wie Machiavelli, Napoleon und Friedrich der Große Recht mit ihrer Berufung auf die Staatsräson gegenüber der Kanaille? Aber dann hört er wieder die Stimme in seinem Innern, „den Laut der Gottheit". Wenn auch der Mensch und die menschliche Gesellschaft so fragwürdig und verdorben sind, so sollte und brauchte es doch nicht so zu sein. Unausrottbar lebt im Menschen die Sehnsucht nach dem Zustand der Sittlichkeit, dem Reiche Gottes. Ja, der Mensch hat nicht nur die Sehnsucht, er hat auch die Kraft zu seiner Veredelung in sich: „So viel sah ich bald: die Umstände machen den Menschen, aber ich sah ebenfalls: der Mensch macht die Umstände, er hat die Kraft in sich selbst, selbige vielfach nach seinem Willen zu lenken!"

Und diese Kraft im Menschen ist notwendig für die Welt und die Kultur, die sonst – ihrer verdorbenen Eigengesetzlichkeit überlassen – ins Chaos versinken müßte. Darum ist es nicht wahr, daß Recht und Wahrheit in der Welt nichts bedeuten. Sie sind notwendig. „Und der Mensch findet Wahrheit, wenn er Wahrheit sucht. Er hat ein Recht, wenn er eins will. Der Mensch ist also durch seinen Willen sehend, aber auch durch seinen Willen blind. Er ist durch seinen Willen frei und durch seinen Willen Sklave. Er ist durch seinen Willen redlich und durch seinen Willen ein Schurke."

Und so erhebt sich auf dem dunklen Grund illusionsloser Wirklichkeitserkenntnis sein Glaube an den Menschen, sein Glaube an die Veredelung des Menschengeschlechts. Wie ein Geretteter ruft er nun aus: „Erhaben stehst du in diesem Augenblick vor mir, du meine Natur, die ich jammernd beweinte! Auf den Trümmern meiner selbst lachte ich dir wieder und auf dem Schutt ihrer Ruinen baue ich mich selbst wieder auf zu besserem Leben."

IV.

Und nun öffnet sich ihm der Weg zur eigenen Erziehungstat. Er kann die Probe machen. Er wird Schulmeister in Stans und müht sich darum, verwahrloste Kinder zu erziehen. „Ich war von morgens bis abends soviel wie allein in ihrer Mitte. Alles, was ihnen an Leib und Seele Gutes geschah, ging aus meiner Hand. Jede Hilfe, jede Handbietung in der Not, jede Lehre, die sie erhielten, ging unmittelbar von mir aus. Meine Hand lag in ihrer Hand, mein Auge ruhte auf ihrem Auge. Meine Tränen flossen mit den ihrigen, und mein Lächeln begleitete das ihrige. Sie waren außer der Welt, außer Stans, sie waren bei mir, und ich war bei ihnen. Ihre Suppe war die meinige und ihr Trank war der meinige. Waren sie gesund, ich stand in ihrer Mitte, waren sie krank, ich stand an ihrer Seite." Ein Besucher berichtet: „Lehrer und Schüler leben in einer beglükkenden Harmonie. Jene denken nicht daran, ihre Autorität durch Befehlen, durch Schelten geltend zu machen ... Diese (die Kinder) hängen mit herzlichem Vertrauen an ihren Führern."

In dieser Welt herzlichen Vertrauens sollen sich nun die Kräfte entfalten, organisch und allseitig, durch Übung und Gebrauch. „Denken wir uns", schreibt ein anderer Besucher, „unter lachendem Himmel, inmitten be-

68

zaubernder Landschaft ein Haus, einladend und gesund. Mit dem ersten Sonnenstrahl öffnen sich die Tore. Morgenduft strömt aus Bach und Wiese. Denken wir uns in diesem Paradies eine Vereinigung von Kindern, in Klassen eingeteilt und Lehrern unterstellt, die ihre Freunde sind; geben wir diesen Klassen ein gemeinsames Haupt, einen wahrhaftigen Familienvater, der in den Schülern und jungen Lehrern seine eigenen Kinder sieht und sie befeuert mit seinem Geist – dem Geist des Friedens, der Gemeinschaft und der Liebe."

In dieser Lebensstätte der Jugend soll das verborgene Gute, das in jedem Kind angelegt ist, von innen heraus entfaltet werden. „Alle Segenskräfte der Menschheit liegen im Innern der Natur aller Menschen."

In solcher Erziehung sieht er die Rettung der Menschheit. Für sie hat er sein Leben geopfert. Das war seine Tat. Und vor dieser Tat wollen wir uns heute am Gedenktag seines Todes in Ehrfurcht beugen.

Im gleichen Jahr 1927 kam es zu einem besonders wichtigen Ereignis für die Schule und ihre Schüler. Es war die Gründung eines nahe gelegenen Landheims in den Bergen oberhalb der Schule[10]. Ein 8 Hektar großes bäuerliches Grundstück, zu dem ein Wohnhaus mit geräumiger Veranda gehörte, wurde für 8 000 RM gekauft und ein „Verein Landheim" gegründet[11], für den die Eltern unserer Schüler einen Monatsbeitrag von 5 RM zahlten. Hier, auf der Schwelmer Höhe, entfaltete sich nun für die Schüler ein buntes Leben. Ich selbst ging oft mit einer Klasse ins Landheim, um Diskussionen, die wir in der Schule nicht hatten beenden können, dort zum Abschluß zu bringen. Dieses Landheim, für das sich der

---

[10] Gelegen auf dem südlich an Schwelm angrenzenden Höhenrücken an der Straße „Westerholt", in der Nähe des Baches „Fastenbecke", nach dem die Gegend auch benannt wird (vgl. hierzu eine im StA Schwelm archivierte Photographie des betreffenden Gebäudes).

[11] Zur Gründung des „Vereins Landheim" kam es laut Bericht des Schulleiters am 19. Januar 1928 (StA Schwelm, Städtisches Realgymnasium mit Realschule Schwelm. Bericht über das Schuljahr 1927-1928, erstattet von Oberstudiendirektor Dr. Max Hasenclever, Schwelm 1928, S. 17).

Direktor ebenso wie wir Schulreformer einsetzten, war ein Beweis dafür, daß die Gegensätze von 1923 weithin überwunden waren.

Politisch war ich inzwischen als parteiloser Sozialist weithin bekannt geworden, so daß mich 1927 der Landrat[12] des Ennepe-Ruhr-Kreises aufforderte, die Festrede bei der Verfassungsfeier[13] in Schwelm zu halten. In dieser Rede scheute ich mich nicht, meine Ansicht über die politische Lage offen zum Ausdruck zu bringen, und erklärte: „Die Demokratie wird in zunehmendem Maße von den großen Kapitalmächten und Verbänden als Objekt ihres Herrschaftswillens benutzt. Man bekämpft die Republik nicht mehr von außen her, sondern geht in sie hinein und sucht sie von innen her zu beherrschen. Die Riesenkonzerne des Hochkapitalismus nehmen immer mehr die Macht in ihre Hände. Und nun erhebt sich für uns die entscheidende Frage: Soll das der Sinn der schwer erkämpften deutschen Demokratie sein, dem Macht- und Gewinnstreben der wenigen Industrie-, Agrar- und Bankmagnaten mit ihrem Anhang als Instrument zur Machtausübung zu dienen? Unsere Antwort kann nur lauten: Nein und niemals. Die Parole, die wir als Kampfruf dagegenstellen, muß lauten: Die deutsche Demokratie für das deutsche Volk! Das ist der Sinn, das ist die Zukunftsaufgabe der deutschen Republik."

Im selben Jahr 1927 bat mich Professor Oestreich, die Leitung des Landesverbandes Westfalen im Bund Entschiedener Schulreformer zu übernehmen, weil der bisherige Leiter sich anderen Aufgaben zuwenden wolle. Ich wagte die Annahme dieses Angebots, weil meine Frau zur Mitarbeit bereit war. An die früheren und damaligen Bundesmitglieder in Westfalen schickte ich einen Aufruf mit der Bitte, dem Bunde treu zu bleiben oder von

---

[12] Dr. Acker (vgl. Der Landkreis Schwelm, hg. v. Emil Böhmer, Berlin 1928, S. 7).

[13] Im Jahre 1927 wurde die Reichsverfassungsfeier am 13. September begangen (vgl. StA Schwelm, Städtisches Realgymnasium mit Realschule Schwelm. Bericht über das Schuljahr 1927-1928, a.a.O., S. 17). Mit ihr feierten die Anhänger von Demokratie und Republik alljährlich im Spätsommer die Einführung der Weimarer Verfassung, die von der Weimarer Nationalversammlung am 31. Juli 1919 parlamentarisch angenommen und am 11. August 1919 in Kraft gesetzt worden war (vgl. Ernst Rudolf Huber, Deutsche Verfassungsgeschichte seit 1789, Bd. 5: Weltkrieg, Revolution und Reichserneuerung 1914-1919, Stuttgart 1978, S. 1204 ff).

neuem beizutreten. Die von Jahr zu Jahr wachsende Kulturreaktion[14] mache den Zusammenschluß aller freiheitlich Gesinnten in einem überparteilich linksgerichteten Kampfbund mit einem umfassenden Kulturprogramm dringend notwendig. Geplant sei, von jetzt ab monatlich einen „Kulturpolitischen Zeitspiegel" herauszugeben. Ich bäte um aktive Mitarbeit durch Zusendung geeigneten Materials. Wenn eben möglich, solle im Herbst eine größere Tagung im rheinisch-westfälischen Industriegebiet stattfinden. Zum Schluß schrieb ich: „Mit der dringenden Bitte, zu diesem Aufruf in einer wenn auch nur kurzen Antwort Stellung zu nehmen, und in der Hoffnung auf feste Bundes- und Kampfgenossenschaft mit Bundesgruß, Dr. Fritz Helling." Wie kühn dieser Entschluß zur Leitung des westfälischen Landesverbandes war, wurde meiner Frau und mir erst klar, als wir merkten, wieviel bisher vernachlässigt worden war. Das sollte nun aufhören.

Wir begannen im September 1927 mit einer Kundgebung, die wir zusammen mit dem Arbeiter-Kultur-Kartell[15] in Schwelm veranstalteten. Die Kundgebung war ein Protest gegen den damaligen Reichsschulgesetzentwurf, der die Bekenntnisschule zur vorherrschenden Regelschule machen wollte. Mein Vortrag richtete sich eindringlich gegen die geplante Verkirchlichung des Schulwesens, die ein gefährlicher Sieg der Kulturreaktion sein würde. Es gelte vielmehr, den Kampf für die allen gemeinsame Gesamtschule[16] mit wahlfreiem Religionsunterricht zu führen. Wir hatten die Genugtuung, daß sich bei der allgemeinen Stärke des Widerstandes der Reichsschulgesetzentwurf nicht durchsetzen konnte.

Im Januar 1928 wagten wir eine westfälische Kulturtagung in Hagen, die wir zusammen mit gleichgesinnten Freunden in Hagen so intensiv wie

---

[14] Hier und im folgenden Sammelbezeichnung für: ‚reaktionäre' Kräfte, die auf dem Gebiet der Kultur wirken.
[15] Als eigenständiger organisatorischer Zusammenschluß (z.B. Verein oder gewerkschaftliche Abteilung) anhand der lokalen Presseberichterstattung sowie der verfügbaren Aktenbestände im StA Schwelm nicht ermittelt. Vermutlich handelte es sich hierbei um einen lockeren Zusammenschluß von kulturell interessierten Arbeitern bzw. Gruppen von Arbeiterorganisationen (vgl. Arbeiterkultur, hg. v. Gerhard Ritter, Königstein i.Ts. 1979; Sozialgeschichte der Freizeit. Untersuchungen zum Wandel der Alltagskultur in Deutschland, hg. v. Gerhard Huck, Wuppertal 1980).
[16] Hier im Sinne von Einheitsschule (vgl. Anm. 1).

möglich vorbereiteten. 350 große Plakate wurden in den Städten des Industriegebietes an den Litfaßsäulen angeklebt. Zweimal wurden an mehr als 50 Zeitungen werbende Vorberichte geschickt. 2000 Einladungskarten ergingen an interessierte Personen, an Schulen und Organisationen aller Art. Dank dieser Vorarbeit wurde die Tagung von einer über Erwarten großen Teilnehmerzahl besucht: durchschnittlich waren bei den Vorträgen 300 Menschen anwesend. Am ersten Tag sprach zunächst Professor Dr. Honigsheim (Köln)[17] über „Gesellschaft, Kultur, Erziehung". Als notwendige Erneuerung der Gesellschaft forderte er den Kampf für eine neue Wirtschaft, die als Bedarfsdeckungswirtschaft dem Menschen wieder einen sinnerfüllten Beruf schenke. Als nicht weniger wichtig forderte er den Kampf für eine neue Erziehung, die die Menschen fähig und bereit mache, der neuen Gesellschaft zu dienen. Im Anschluß daran verdeutlichte ich die Gefahr, daß der moderne Staat eine Beute ökonomischer Machtgebilde zu werden drohe. In den vom Staat bisher geleiteten Bereich der Erziehung greife mehr und mehr der Machtwille des Kapitalismus im Bunde mit der Kirche ein. Beide Herrschaftsansprüche müßten um einer freien Menschenbildung willen bekämpft werden. Am Abend wurde noch einmal die Gesellschaftskrise in ihrem Weltausmaß dargestellt. Professor Oestreich sprach in immer neuer Abwandlung von der technischen Revolutionierung der Welt, von dem Engwerden der Erde, der Überwindung aller Grenzen und Entfernungen, von der Vernachbarlichung aller Menschen. Alle Expansionsgier der Staaten stehe vor dem Ende. Es bleibe den Menschen und ihren Staaten nichts anderes übrig, als sich unter autonomer Eigenentfaltung in menschheitlicher Solidarität einzurichten. Der folgende Sonntag war den eigentlichen pädagogischen Problemen gewidmet. Dr. Tacke (Stettin)[18] sprach über die Weltbewe-

---

[17] Paul Honigsheim (1885-1967) war seit 1927 Professor für Soziologie in Köln, mußte 1933 politisch bedingt emigrieren (Frankreich, Schweiz) und wurde 1936 Professor in Panama, 1938 an der Michigan State University, USA. Beeinflußt von Max Weber widmete sich Honigsheim vor allem kultur-, kunst- und religionssoziologischen Studien (vgl. Kultur, Volksbildung und Gesellschaft. Paul Honigsheim zum Gedenken seines hundertsten Geburtstags, hg. v. Alphons Silbermann u. Paul Röhrig, Frankfurt a.M. 1987).
[18] Otto Tacke (geb. 1887), Lehrer und pädagogischer Publizist, war Mitglied im BESch und dort enger Mitarbeiter Paul Oestreichs. 1933 aus dem Schuldienst entlassen, war er nach 1945 am Institut für Berufsschullehrerbildung tätig sowie Professor und Lehrbeauf-

gung der kindesgemäßen Pädagogik, dann anschließend Oestreich über „Die Lebens- und Produktionsschule als pädagogische Zukunftsforderung". Am Nachmittag schilderte Nitzsche (Hellerau)[19] das Werden der sächsischen Versuchsschulen und entwarf ein ausführliches Bild seiner eigenen Versuchsschule[20]. 80 Lichtbilder halfen mit, die Hörer in den Bann dieser hoffnungsstarken Erzieherarbeit zu zwingen. Im Februarheft der „Neuen Erziehung" schrieb Oestreich: „Es geht fraglos aufwärts in Westfalen dank Hellings Ausdauer!" In einem Brief fügte er hinzu: „Damit rücken Sie fraglos in den Kreis der allerengsten Bundesfreunde, auf die sich die Idee verlassen kann."

Der große Erfolg unserer Hagener Tagung hatte noch zwei besonders bedeutsame Auswirkungen. Oestreich entschloß sich, meinen für die westfälischen Freunde herausgegebenen „Kulturpolitischen Zeitspiegel" in die „Neue Erziehung" aufzunehmen, in der er zuerst im Juniheft 1928 erschien und bis 1933 seinen Platz behauptete. Dieser „Zeitspiegel" war so aktuell, daß viele Leser der „Neuen Erziehung" ihn eher lasen als die Aufsätze. Er wurde auch vielfach von der Presse abgedruckt. Die Sonderdrucke wurden von den Bundesfreunden zu vielen Tausenden verbreitet. – Die zweite Auswirkung der Hagener Tagung bestand in einem vor-

---

tragter für Pädagogik und Methodik des neusprachlichen Unterrichts an der Berliner Humboldt-Universität. Nebenberuflich war er zu dieser Zeit Mitglied im Arbeitsausschuß des Schwelmer Kreises (vgl. Peter Dudek, Gesamtdeutsche Pädagogik im Schwelmer Kreis. Geschichte und politisch-pädagogische Programmatik 1952-1974, Weinheim 1993, S. 217).

[19] Max Nitzsche, Autor mehrerer didaktischer Studien zur Reform insbesondere der Grundschulpädagogik (s. Max Nitzsche, Die Schulfahrt – eine Lebensschule [Entschiedene Schulreform, Bd. 49], Leipzig 1926; ders., Werkunterricht in jeder Schule möglich, Dresden 1931).

[20] Versuchsschule in Hellerau bei Dresden, an der das von Emile Jaques-Dalcroze (1865-1950) entwickelte System der Bewegungsschulung mit Musik, die sogenannte rhythmische Gymnastik, zum zentralen Lehrprogramm erhoben wurde, seit Jaques-Dalcroze in den Jahren 1911 bis 1914 ihr künstlerischer Direktor war. Mit den hier erprobten musikpädagogischen Methoden wurde die Hinführung zur Fähigkeit körperlicher Darstellung musikalischer Zeitwerte und zur Vermittlung des Ausdrucksgehalts der Musik (Bühnentanz) angestrebt (vgl. E. Ferand-Freud, Hellerauer Blätter für Rhythmus und Erziehung, Hellerau 1922; Elfriede Feudel, Durchbruch zum Rhythmus in der Erziehung, Stuttgart 1949).

züglichen Plan, der meiner Frau und mir einfiel. Wir kamen auf den Gedanken, unsere schulreformerischen Freunde von Zeit zu Zeit zu kleinen
Wochenendtagungen einzuladen. Die erste fand Ende Mai 1928 in Wetter
an der Ruhr statt. Sie erhielt ihre werbende Kraft durch das Referat des
Individualpsychologen Dr. Künkel (Berlin)[21]. „Aus dem Zusammensein",
schrieb meine Frau in der „Neuen Erziehung", „erwuchs selbstverständlich der Wunsch nach der Wiederholung in einer ähnlichen Tagung."

Diese Wiederholung erfolgte im Oktober 1928. Aber meine Frau konnte
sie nicht mehr mit vorbereiten, weil sie Ende Juni dieses Jahres unseren
ersten Sohn Jürgen[22] zur Welt brachte. Von nun an waren wir zu Hause
eine Familie, in der der kleine Jürgen einen wichtigen Platz einnahm. Als
er drei oder vier Jahre alt war, legten wir nach dem Plan meiner Frau im
vorderen Teil unseres Gartens ein geräumiges Planschbecken und ringsum Rasenflächen an. Alle kleinen Kinder der Nachbarschaft wurden nun
zum Spielen eingeladen. Um 15 Uhr, wenn meine Frau das Zeichen gab,
stürmte die Schar der kleinen Jungen und Mädchen auf das Planschbek-
ken zu, zog sich aus und hatte ihren Spaß im Wasser oder auf dem Rasen.
Meist kamen die Mütter mit und sahen dem lustigen Treiben zu. Ein jetzt
vierzigjähriger Mann[23], der als Kind damals diese Spiele in unserem Garten mitgemacht hatte, sagte mir noch vor kurzem, das seien die schönsten

---

[21] Fritz Künkel (1889-1956), Mediziner und Psychologe, entwickelte auf der Basis der
Individualpsychologie Alfred Adlers eine eigene Charakterologie, in der die Einordnung
des einzelnen in eine Gruppe im Vordergrund steht (vgl. Fritz Künkel, Angewandte Cha-
rakterkunde, 7 Bde., Leipzig 1929-1935; Alfred Levy, Gestalten um Alfred Adler: Pionie-
re der Individualpsychologie, Würzburg 2002).
[22] Jürgen Helling (27. Juni 1928 - 29. Juli 2003), 1954 Dipl.-Ing. (RWTH Aachen), 1964
Dr.-Ing. (TH Braunschweig, Fak. f. Maschinenwesen, Dissertation: „Elektrisches Mo-
dellverfahren zur Untersuchung des Federungsverhaltens von Sattelkraftfahrzeugen"),
1955 Entwicklungsingenieur für Lastkraftwagen bei den Krupp-Motoren- und Kraftwagenfabriken Essen, 1965 Entwicklungsingenieur für Lastkraftwagen bei Rheinstahl (Hanomag, Henschel) in Hannover, Leiter der Forschungsabteilung der Volkswagen AG in
Wolfsburg, 1971 Professor und Direktor des Instituts für Kraftfahrwesen an der RWTH
Aachen, 1981 Gründer der international renommierten Forschungsgesellschaft Kraftfahrwesen mbH Aachen (Autobiographische Notizen von J. Helling aus den Jahren 1998/99
u. 2001 [Privatarchiv Dr. Burkhard Dietz, Schwelm, Helling-Ordner II. u. III]).
[23] Hier ein Hinweis auf die Entstehungszeit des Textes.

Erinnerungen seiner Jugend geblieben. An den Abenden fand meine Frau dann doch immer noch Zeit, um mir bei meinen Arbeiten zu helfen.

Im Januar 1929 folgte ein kleiner Kreis von Schulreformern und Schwelmer Primanern einer Einladung von Professor Dr. Plenge[24] in Münster, der uns in seinem Institut die von ihm geschaffenen soziologisch-historischen Anschauungstafeln erläuterte. Hier übersah man den gesamten Entwicklungsprozeß der menschlichen Gesellschaft von der Horde bis zur kompliziert organisierten Gesellschaft von heute. Keiner von uns hatte wohl jemals Weltgeschichte so umfassend und so lebendig erlebt wie in diesen Stunden. Wir sahen mit einem Male auch für die Schule, besonders für den Geschichtsunterricht, ganz neue Möglichkeiten universaler Betrachtung. Da Plenge sich oft auch auf Marx berief, entschloß ich mich zu Hause zu einem Studium von Marx' „Kapital"[25]. In einem kleinen Kreis von Kennern haben wir lange Zeit bei mir zu Hause abends im Beisein meiner Frau über schwierige und strittige Probleme diskutiert, bis ich mich in die wesentlichen Gedanken des Marx'schen Kapitals zustimmend eingelebt hatte. Dann las ich zur Ergänzung und Bestätigung die kleineren Schriften von Marx und Engels.

---

[24] Johann Wolfgang Plenge (1874-1963), Soziologe, war seit 1910 Hochschullehrer in Leipzig, seit 1928 Direktor des Forschungsinstituts für Organisationslehre und Soziologie bei der Universität Münster, das nach 1933 aufgelöst wurde. Nach 1945 übte Plenge keine Lehrtätigkeit mehr aus. In seinen Forschungen ging er von der Wirtschaftswissenschaft und der Sozialpsychologie zur Beziehungslehre über, die er als Teil einer synthetischen Organisationslehre verstand. Mit der Interpretation der Werke von Karl Marx hat sich Plenge in mehreren Studien auseinandergesetzt, u.a. in „Marx oder Kant" (1910), „Marx und Hegel" (1911) sowie in „Die Revolutionierung der Revolutionäre" (1918) (vgl. Godiva Kroner, Plenge und Marx. Eine vergleichende gesellschaftswissenschaftliche Studie unter Berücksichtigung der erziehungswissenschaftlichen Elemente, Diss. Köln 1974; Bernhard Schäfers [Hg.], Soziologie und Sozialismus, Organisation und Propaganda, Stuttgart 1967).
[25] „Das Kapital. Kritik der politischen Ökonomie", eines der Hauptwerke von Karl Marx (1818-1883), dessen erster Band (Der Produktionsprozeß des Kapitals) 1867 von Marx selbst, dessen zweiter (Der Zirkulationsprozeß des Kapitals) und dritter Band (Der Gesamtprozeß der kapitalistischen Produktion) jedoch erst posthum in den Jahren 1885 und 1894 von Friedrich Engels (1820-1895) publiziert wurden (s. Karl Marx-Friedrich Engels Werke [MEW], Bde. 23-25, Berlin [Ost] 1979, 1981, 1983 u.ö.).

Abb. 7: Fritz Helling im Garten des Hauses in Schwelm, Ende der 1920er Jahre

77

Abb. 8: *Fritz und Hilda Helling mit ihren beiden*
Söhnen Klaus und Jürgen, 1932

Kapitel 6

Widerstand gegen den Faschismus

Dieses Studium gab mir die Sicherheit, die gefährlichen Entwicklungen in Europa seit dem Beginn der großen kapitalistischen Wirtschaftskrise (1929) richtig zu erkennen. Millionen Menschen mußten damals in Deutschland das Fehlen einer sozialistischen Planwirtschaft aufs schwerste büßen.[1] Kleinere Unternehmer, Mittelständler und Bauern, Techniker und Arbeiter, Angestellte und Lehrer verloren die Sicherheit ihrer Existenz, verarmten und wurden als Arbeitslose in Not und Elend hinabgeschleudert. In dieser Zeit veranstalteten wir Tagungen in Porta, Dortmund und Schwelm, die sich mit dieser Lage beschäftigten. Als aber die nationalsozialistische Partei (NSDAP) bei den Reichstagswahlen vom 14. September 1930 ihre Stimmen von 800 000 auf 6 ½ Millionen erhöhen und 107 Mandate erobern konnte, hielt ich es für geboten, im Februar 1931 zu einer Wochenendtagung in Dortmund einzuladen, die sich ausschließlich mit der faschistischen Gefahr auseinandersetzen sollte. Mein Vortrag „Gesellschaftskrise und Faschismus" deckte die den meisten damals noch völlig unbekannte Taktik der Mussolini- und Hitler-Bewegung auf. Dr. Elli Brücker (Elberfeld)[2] sprach über „Die Frau und der Faschismus" und Schulrat Ernst Müller (Dortmund)[3] über den „Ein-

---

[1] Dieser Satz ist in der von Jürgen Helling überarbeiteten Textfassung folgenderweise abgeändert: „Millionen Menschen mußten damals in Deutschland das Fehlen einer sozialen, übergreifenden Planung aufs schwerste büßen."

[2] Elli (auch Elly) Brücker, geboren 1902 in Oberhausen, studierte zunächst in Freiburg i.Br., wo sie 1923 die Lehrbefähigung für Lyceen sowie Mittel- und Volksschulen erwarb. Nach einem anschließend absolvierten zweiten Studium der Fächer Soziologie, Philosophie, Geschichte und Deutsch an der Universität zu Köln und einer Ergänzungsprüfung in Latein (1925) promovierte sie dort im Sommersemester 1927 zum Dr. phil. mit der Studie „Demokratie und Sozialismus", die 1929 in Köln publiziert wurde. Weitere biographische Angaben konnten nicht ermittelt werden (freundliche Auskünfte von Dr. Andreas Freiträger, UA Köln, und Dr. Uwe Eckardt, StA Wuppertal).

[3] Ernst Müller (1896-1956, nicht zu verwechseln mit dem gleichnamigen, später in Gevelsberg tätigen Mediziner aus der einstigen Schülerschaft Fritz Hellings) war Lehrer, ab 1930 Schulrat in Dortmund. 1933 aus dem öffentlichen Dienst entlassen, wurde ihm 1945 die Leitung der Schulabteilung in der Bezirksregierung Arnsberg übertragen. Mitglied der

bruch des Faschismus in die Pädagogik". Mein Vortrag hatte folgenden Wortlaut:

Gesellschaftskrise und Faschismus (1931)[4]

Als Krisenprodukt der kapitalistischen Entwicklung erhebt in Europa der Faschismus sein Haupt. Es ist der Massenaufstand derjenigen, die aus der bürgerlichen Sicherheit ihres früheren, an Aufstieg gewöhnten Lebens herausgeschleudert worden sind, die nun in der Periode des gesellschaftlichen Niedergangs ihr Dasein von zwei Seiten her bedroht fühlen: von der zermalmenden Macht der groß-kapitalistischen Maschinerie und von dem revolutionären Andrang des sozialistischen Proletariats. Es sind die bisher unpolitischen Zwischenschichten zwischen unten und oben, die nun mit einem Male den verzweifelten Kampf gegen das Versinken ins Nichts aufnehmen: die kleinen Unternehmer, die zwischen dem Druck des Finanz- und Konzernkapitals und dem Druck der Gewerkschaften eingeklemmt sind; die Mittelständler und Bauern, die vor dem Abgrund der Proletarisierung stehen; die Frontkämpfer und Offiziere, die nach der Revolution keinen Raum für sich in der Heimat gefunden haben; Studenten und Akademiker, die alle Aufstiegsmöglichkeiten versperrt, ihre Führerstellen von Arbeiterfunktionären besetzt sehen; Arbeiter, die, von der Politik der sozialistischen Parteien enttäuscht, sich abwenden; Abenteurernaturen und dunkle Existenzen aller Art. Alle diese Millionen sind unter dem Druck der neuen Lage in Bewegung, in Aufruhr geraten. Alle Verbitterung über die Trostlosigkeit ihres Nachkriegsdaseins, über die

---

SPD und der Deutschen Friedensgesellschaft, Mitarbeiter im Schwelmer Kreis (vgl. Peter Dudek, Gesamtdeutsche Pädagogik im Schwelmer Kreis. Geschichte und politisch-pädagogische Programmatik 1952-1974, Weinheim 1993, S. 216).

[4] Vgl. Fritz Helling, Gesellschaftskrise und Faschismus, in: Neue Erziehung 1931, S. 401-406, wiederabgedruckt in: Fritz Helling, Pädagogen in gesellschaftlicher Verantwortung. Ausgewählte Schriften eines entschiedenen Schulreformers, hg. u. eingel. v. Jürgen Eierdanz u. Karl-Heinz Heinemann, Frankfurt a.M. 1988, S. 74-79. – Zu den im folgenden von Fritz Helling dargestellten Zusammenhängen von italienischem Faschismus und deutschem Nationalsozialismus vgl. aus aktueller Forschungsperspektive u.a. Sven Reichardt/Armin Nolzen (Hg.), Faschismus in Italien und Deutschland. Studien zu Transfer und Vergleich, Göttingen 2005.

Vernichtung ihrer Hoffnungen und Ideale vereinigt sich in dem Riesenstrom des Faschismus.

In dieser Volksbewegung sammelt sich der Protest gegen die Versklavung durch die Maschinenapparatur des Hochkapitalismus. Der Mensch will mehr sein als Kontrollnummer und Maschinenteil. Hier lebt ebenso stark der Protest gegen den „Mehrheitswahn" der „Massendemokratie" mit ihrer Gefahr der Nivellierung. Man lehnt sich auf gegen die Zersetzung aller Gemeinschaft durch kapitalistischen Liberalismus und klassenkämpferischen Marxismus, als deren Symbol „der Jude" erscheint. Man lehnt alle intellektualistische Theorie, alles Vernünfteln und Verhandeln ab und fordert Tat, Leidenschaft und Einsatz. „Kampf – und nicht Pazifismus, Führerpersönlichkeit – und nicht demokratisch-parlamentarisches System, Rasse und Volkstum – und nicht Internationalismus" (Frick[5]). Am leidenschaftlichsten ist hier der Protest gegen die Entrechtung der Nation lebendig, der Kampf gegen die Erniedrigung des eigenen Volkes (Versailler Vertrag). Als Träger dieses Freiheitskampfes gilt das „schaffende Volk", gelten vor allem die Schichten des Mittelstandes in Stadt und Land. Gerade darum die Empörung gegen seine drohende Proletarisierung, der Kampf für seine Erhaltung, seinen Aufstieg, seine Machterringung. Der Faschismus fühlt sich als der Erretter der deutschen Zukunft.

Revolutionäre Propaganda, revolutionäre Forderungen sind die Kennzeichen des Faschismus in seiner ersten Periode. Vor allem gegen den Großkapitalismus. „Wir bestehen auf der Expropriation der Eigentümer der großen Ländereien, der Bergwerke und der Transportmittel" (Mussolini 1919). „Auflösung der industriellen und finanziellen Aktiengesellschaften. Unterdrückung jeglicher Spekulation von Banken und Börsen ... Enteignung unproduktiver Einkünfte ... Umstellung der Produktion auf

---

[5] Wilhelm Frick (1877-1946), Jurist und NS-Politiker, Anhänger der NS-Bewegung seit 1923, seit 1928 als Mitglied des Reichstags Fraktionsvorsitzender der NSDAP; war als Reichsinnenminister (1933-1943) maßgeblich an der Entstehung und Umsetzung zahlreicher antisemitischer Gesetze beteiligt und begründete durch die Übertragung der Polizeihoheit der Länder auf das Reich die Allmacht der SS (Klaus A. Lankheit, Art. Wilhelm Frick, in: Biographisches Lexikon zum Dritten Reich, hg. v. Hermann Weiß, Frankfurt a.M. 1998, S. 133 f).

kooperativer Grundlage und unmittelbare Gewinnbeteiligung aller Arbeiter ... Beschlagnahme der Kriegsgewinne. Reduzierung des Vermögens, fühlbare Besteuerung des Kapitals. Steuerfreiheit für Bauern. Die Güter sind zu nationalisieren ... Der Grund und Boden gehört den Bauern" (Programmforderungen in Italien 1919/20). In Deutschland das Gleiche. „Wir fordern die Abschaffung des arbeits- und mühelosen Einkommens. Wir fordern die Verstaatlichung aller (bisher) bereits vergesellschafteten Betriebe (Trusts). Wir fordern Gewinnbeteiligung an Großbetrieben. Wir fordern ... die Schaffung eines Gesetzes zur unentgeltlichen Enteignung von Boden für gemeinnützige Zwecke. Abschaffung des Bodenzinses und Verhinderung jeder Bodenspekulation" (Programm der NSDAP vom 25. Februar 1920, Punkt 11-17).

Mit der gleichen Schärfe wird der Gegenfront des Kapitalismus der Krieg erklärt, dem internationalen Marxismus, der die Nation durch Klassenkampf zu zerstören, durch Internationalismus zu zersetzen, zur unterschiedlosen Masse zu nivellieren drohe. In Italien führt Mussolini gleich in den ersten Nachkriegsjahren den schärfsten Vernichtungskampf gegen das rote Proletariat. In Deutschland nehmen die Frontkämpferbünde und Nationalsozialisten den Kampf gegen die „Novemberverbrecher" auf. „Die Zukunft Deutschlands heißt Vernichtung des Marxismus" (Hitler).

In anderen Ländern zeigt sich das gleiche Bild: Krieg gegen zwei Fronten. In Frankreich verkündet die faschistische Entente Paysanne[6] und die Action Française[7]: Kampf gegen die Plutokratie, gegen den Kapitalismus und Kampf gegen die Revolution. In Japan heißt die Parole der faschistischen Bewegung: Gegen Kapitalismus und gegen Bolschewismus.

Aber man kann nicht dauernd zu gleicher Zeit gegen zwei solche Riesenfronten ankämpfen, wenn man in so bedrohter Mittellage den Sieg erringen will. Man muß also die Kräfte der Bewegung zunächst auf e i n e n

---

[6] Vereinigte französische Bauernvertretung.
[7] Antidemokratisch, nationalistisch und größtenteils auch royalistisch gesinnte politische Bewegung in Frankreich (vgl. Ernst Nolte, Der Faschismus in seiner Epoche, München 1963).

Gegner konzentrieren und den Kampf gegen den anderen für später auf-
sparen. „Wenn wir den Bolschewismus unterdrückt haben, werden wir
mit den Kapitalisten und Großgrundbesitzern abrechnen" (Mussolini).
Der erste Gegner also, gegen den der Elan der Bewegung eingesetzt
wird, ist der Marxismus. Und dieser Kampf gegen die sozialistisch-
kommunistische Arbeiterschaft wird in allen faschistischen und halbfa-
schistischen Ländern mit hemmungsloser Brutalität geführt. Am brutal-
sten hat sich dieser Terror in Italien ausgetobt. Aber auch in Polen sind
Morde, Einkerkerungen und sadistische Folterungen bis auf den heutigen
Tag die üblichen Terrormittel im Unterdrückungskampf gegen das rotge-
sinnte Proletariat.[8]

Mit dieser einseitigen Wendung gegen den Marxismus beginnt die zweite
Phase der faschistischen Bewegung. Der Kampf gegen den klassenkämp-
ferischen Marxismus ist eine Parole, die jetzt der Faschismus gemeinsam
hat mit dem Kapitalismus. Was ist natürlicher, als daß sich in dieser
zweiten Phase ein taktisches und sachliches Kampfbündnis zwischen
faschistischer Revolution und Kapitalismus herausbildet gegen den ge-
meinsamen Gegner, den Marxismus. Dieses Bündnis wird für die Zukunft
von entscheidender Bedeutung.

1. Der Großkapitalismus erkennt in dem „revolutionären" Faschismus
einen Bundesgenossen gegen seinen gefährlichsten Feind. Er verliert
seine Furcht vor den Drohungen des Faschismus und geht dazu über,
die neue Bewegung finanziell zu unterstützen. In Italien flossen der fa-
schistischen Partei schon vor 1922 von den Großbanken, der Industrie
und den Grundbesitzern Millionenbeträge zu. „Der Marsch auf Rom",
der Siegeszug der Faschisten, war nicht zuletzt ein Sieg dieser Gelder.
Genau so entwickelt sich in Deutschland die Verbindung der Natio-
nalsozialisten mit dem Großkapital. Und je enger diese Verbindung
wird im Kampf gegen den Marxismus, je stärker sich die Bewegung

---

[8] Der letzte Satz ist in der von Jürgen Helling überarbeiteten Textfassung folgenderweise
abgeändert: „Aber auch in Polen sind Morde, Einkerkerungen und sadistische Folterungen die üblichen Terrormittel im Unterdrückungskampf gegen das rotgesinnte Proletariat."

dadurch entfalten kann, um so mehr wächst auch die Sympathie aller anderen nichtmarxistischen Kräfte mit dem Faschismus. Parteien, Presse, Justiz, Heer, Verwaltung – überall wächst die Tendenz zu einem antimarxistischen Block unter der Führung des Faschismus.

2. Die zweite Folge ist auf faschistischer Seite die Abschwächung und Änderung der antikapitalistischen Haltung. Die Parole heißt jetzt nicht mehr: Expropriation-Sozialismus, sondern „Sicherung der Ordnung". Diese Wandlung vollzieht sich in Deutschland ebenso wie in Italien. Die radikale Programmatik verschwindet. Nichts mehr von entschädigungsloser Enteignung, von Verstaatlichung der Banken, von Sozialisierung der Aktiengesellschaften. In seiner Programmerklärung von 1927 stellt Feder[9] sogar den Grundsatz auf: „Der Nationalsozialismus erkennt das Privateigentum grundsätzlich an und stellt es unter staatlichen Schutz." Der revolutionäre Flügel der Partei wird abgedrängt; zuerst auf der Bamberger Führertagung im Frühjahr 1926, dann endgültig im Mai 1930 und Frühjahr 1931 durch den Bruch Hitlers mit Otto Straßer[10] und Stennes[11].

---

[9] Gottfried Feder (1883-1941), NS-Politiker, führender Theoretiker und Propagandist des ‚linken' bzw. ‚antikapitalistischen' Flügels der NSDAP, der seine Anschauungen mit zahlreichen Publikationen verbreitete (vgl. Hermann Weiß, Art. Gottfried Feder, in: Biographisches Lexikon zum Dritten Reich, hg. v. Hermann Weiß, Frankfurt a.M. 1998, S. 118-120).

[10] Otto Straßer (1897-1974), als NSDAP-Mitglied führender Kopf der ‚nationalsozialistischen Linken', befand er sich ab 1930 im Gegensatz zu Hitler und Goebbels; Straßer, ein Bruder des NS-Politikers Gregor Straßer (1892-1934), gründete die „Kampfgemeinschaft Revolutionärer Nationalsozialisten" (KGRNS), die 1933 verboten wurde, deren Untergrundgruppen aber von ihm vom Ausland aus dirigiert wurden (vgl. Patrick Moreau, Nationalsozialismus von links. Die „Kampfgemeinschaft Revolutionärer Nationalsozialisten" und die „Schwarze Front" Otto Straßers, Stuttgart 1984).

[11] Walther Stennes (1895-1989) war Anführer der nach ihm benannten „Stennes-Revolte", einer Meuterei der Berliner SA, mit welcher nicht nur der Führungsanspruch der SS, sondern letztlich auch Hitler durch Staatsstreich zugunsten einer originären SA-Regierung beseitigt werden sollte. Die Revolte wurde durch den Berliner SS-Führer Kurt Daluege (1897-1946) niedergeschlagen. Stennes selbst wurde am 2. April 1931 aller politischen Ämter enthoben und seine Sympathisanten wurden anschließend aus der NSDAP ausgeschlossen (vgl. Charles Drage, Als Hitler nach Canossa ging. Biographie des Walther Stennes, Berlin 1982).

So vollzieht sich von beiden Seiten her ein festes Bündnis zwischen kapitalistischem Großbürgertum und Faschismus. Geschützt und gestärkt durch dieses Bündnis, gefördert durch die Duldung der alten Parteien, der Justiz und des Beamtentums wächst der Faschismus lawinenhaft an, bis eines Tages in Italien die Lage reif war zum „Marsch auf Rom", zur Übernahme der Macht.

* * *

Jetzt setzt die dritte Phase des Faschismus ein, die Phase der diktatorischen Herrschaft, die Endphase nach der Machtergreifung, die in Deutschland noch nicht erreicht ist. Was geschieht jetzt nach dem Sieg? Zunächst das, was zu erwarten war: Alle Machtpositionen und Einflußmöglichkeiten der proletarisch-sozialistischen Bewegung werden der Reihe nach vernichtet, Rede- und Versammlungsfreiheit werden unterdrückt, Streiks werden verboten, Ausnahmegerichte verhindern jeden Widerstand. So wird der Gegner, gegen den man seit langem alle Kräfte vereinigt hatte, besiegt. In Italien erfüllte Mussolini das Ziel, das in Deutschland Hitler vorschwebt: „der Zerbrecher des Marxismus" zu sein.

Aber in Italien geschah nach der Machtergreifung durch den Faschismus noch etwas anderes, was viele nicht erwarteten. Es setzte eine „zweite Welle" ein, die auch die nichtsozialistischen Vereinigungen traf. Mit der Beseitigung der Demokratie verfielen sämtliche politischen Parteien, sämtliche nichtfaschistischen Zeitungen, alle nichtfaschistischen Frontkämpferbünde, auch die katholischen und demokratischen Gewerkschaften, die Bauernligen und landwirtschaftlichen Genossenschaften der Auflösung. Der Druck der Diktatur richtete sich nicht nur gegen die rote Arbeiterschaft, sondern auch gegen den handwerklichen und bäuerlichen Mittelstand, also gerade auch gegen diejenigen Schichten, die den Faschismus hochgetragen hatten in dem Glauben, durch ihn gerettet zu werden. In dieser letzten Phase tritt eine vollkommene Verschmelzung des Faschismus mit den Interessen der Plutokratie ein. Wenn Mussolini in der zweiten Phase noch ausgerufen hatte: „Wenn wir den Bolschewismus unterdrückt haben, werden wir mit den Kapitalisten und Großgrundbesit-

zern abrechnen", so entschied er sich nach der Machtergreifung dazu, das Gegenteil zu verwirklichen.

Der siegreiche Faschismus setzt in Italien eine unerhörte Bevorrechtung des Großbesitzes durch: Aufhebung der Erbschaftssteuer, Ermäßigung der Kapitalsteuern, fünfzigprozentige Herabsetzung der Steuern auf Luxusgegenstände, Einstellung aller Untersuchungen über Kriegsgewinne, Millionensubventionen an die Großindustrie, Sonderhilfen für den Großgrundbesitz, dem auch die von den Bauern okkupierten Ländereien zurückgegeben werden, Überlassung des staatlich meliorisierten Bodens an die Landmagnaten als Eigentum, Steigerung der Pachtpreise, Erhöhung der Arbeitszeit, Abbau der Sozialversicherungen, Abbau der Löhne und Gehälter bis zu 25 Prozent, Steuerbelastung der mittleren und unteren Schichten. „In der Zeit seit 1922, d. h. seit der Machtübernahme des Faschismus bis zum heutigen Tage, sind gewaltige Reichtümer von den werktätigen Massen in Stadt und Land in die Hände einer Handvoll Magnaten, Kapitalisten, Finanzleuten und Großgrundbesitzern übergegangen ... durch Kürzung des Arbeitseinkommens der Arbeiter und durch Ruinierung breiter Bauernmassen" (Nicoletti[12]).

In allen übrigen faschistischen Ländern zeigt sich das gleiche Bild. In Polen besteht das engste Bündnis zwischen Pilsudski[13] und den Industrie-, Bank- und Feudalherren. In Deutschland wird es immer deutlicher, daß ein siegreicher Faschismus ebenso rücksichtslos die Politik des Großkapitals vertreten würde.

Überblickt man diese Entwicklung in ganz Europa, so ergibt sich mit vollkommener Deutlichkeit: In der gegenwärtigen Gesellschaftskrise bedeutet der Faschismus die wirtschaftliche Herrschaft des Agrar-, Industrie- und Bankkapitals in der Form der politischen Diktatur.

---

[12] Mario Nicoletti, Autor des Buches „Der Faschismus – der Feind der Bauernschaft. Die italienische Erfahrung" (Berlin 1929).

[13] Józef Klemens Piłsudski (1867-1935), polnischer Politiker und Oberbefehlshaber, war von 1919 bis 1923 Staatsoberhaupt, 1926 Initiator eines Staatsstreichs, von 1926 bis 1928 sowie 1930 Ministerpräsident eines von ihm 1926 errichteten autoritären politischen Systems in Polen (vgl. Andrzej Garlicki, Jozef Pilsudski 1867-1935, Aldershot 1995).

In der Periode des kapitalistischen Aufstiegs, der Expansion, der Reichtumsmehrung – da war Raum für Demokratie, Parlamentarismus, Sozial- und Kulturpolitik, Gewerkschaftseinfluß bis zu sozialistischer Mitbestimmung. Aber in der beginnenden Niedergangsperiode, in der Zeit der Dauerkrisen werden alle diese Faktoren als unerträgliche Belastungen empfunden. Jetzt, wo dem Machtsystem des Kapitals dauernde Gefahr droht, wird die Freiheitstradition der bürgerlichen Gesellschaft preisgegeben und der Übergang zu diktatorischer Herrschaft proklamiert. Die Aufstandsbewegung der Mittelschichten wird aufgefangen und den Interessen des Großkapitals dienstbar gemacht. Mit Hilfe des Faschismus werden die freiheitlichen Errungenschaften früherer Volksbewegungen, die heute dem Machtwillen des Monopolkapitals Schranken setzen, beseitigt oder unschädlich gemacht: Demokratie, Parlamentarismus, Selbstverwaltung, Klassenkampf, Sozialpolitik, Volksbildung. Was wir erleben, ist ein Strukturwandel der bürgerlichen Gesellschaft, die sich in ihren Niedergangskrisen durch Diktatur zu retten sucht. Im Vergleich zu der freiheitlich-demokratischen Aufstiegsperiode des Kapitalismus bedeutet diese Diktatur: Reaktion, vor allem auch kulturpolitische Reaktion im Bunde mit allen konservativen und kirchlichen Mächten.

Eine Rettung bringt der Faschismus nicht. Die Erleichterung, die er der Herrschaftsschicht der Großbesitzer bringt, muß durch Niederhaltung der Massen erkauft werden. Die Spannungen und Widersprüche des Gesamtsystems verschärfen sich. Es steigert sich die Krise des inneren Marktes, es steigert sich der Kampf um den Außenmarkt, der Kampf um die Neuverteilung der Erde, es steigert sich der Rüstungswettlauf, die nationalistische Leidenschaft, die Militarisierung der Volkskräfte, es steigert sich die Möglichkeit eines neuen Kriegsausbruches. Der furchtbare Todesweg des Kapitalismus hat begonnen. Werden die rettenden Gegenkräfte, die heute so zersplittert und kraftlos sind, innerlich und äußerlich stark genug werden, um das Schicksal Europas und der Welt zum Guten zu wenden?

Nach den drei Vorträgen über die drohende Gefahr des Faschismus waren die Zuhörer in einer Erregung, wie ich sie bisher nie bei anderen Gelegenheiten erlebt hatte. Sie forderten leidenschaftlich den Druck der Vorträge in möglichst hoher Auflage. Da uns aber dazu das Geld fehlte, gelang es mir, von Oestreich die Veröffentlichung in der „Neuen Erziehung" (Juni 1931) zu erreichen. Seitdem steigerte sich die Aktivität in unserem Landesverband Westfalen und darüber hinaus in Lippe und Osnabrück in solchem Maße, daß hier gar nicht mehr über die einzelnen Veranstaltungen berichtet werden kann. Auch die „Kulturpolitischen Zeitspiegel" wurden stärker verbreitet. Ich selbst mußte an den Wochenenden häufiger als früher in irgendeiner Ortsgruppe einen Vortrag halten. Auch meine Frau sprang als Rednerin ein und hielt im Juni 1931 bei einer Wochenendtagung einen Vortrag über „Moderne Bildung als Raubbau an der Jugend".

Dazu kam für mich die ehrenvolle Einladung Oestreichs, auf dem großen Herbstkongreß des Bundes in Berlin (Oktober 1931) einen Vortrag über „Kulturinhalte und Kulturformen im Spannungsfelde der politischen Parteien" zu halten[14]. Ich sagte im Vertrauen auf die Hilfe meiner Frau zu. Im ersten Teil meines Vortrags sprach ich von dem alten Spannungsfeld zwischen der konservativen und der liberal-sozialdemokratischen Welt, im zweiten Teil von dem neuen Spannungsfeld zwischen der völkisch-faschistischen und der sozialistisch-kommunistischen Welt. Als Endziel des revolutionären Sozialismus nannte ich „Beseitigung der Ausbeutung, Gemeinwirtschaft, Steigerung der Produktion zur Deckung aller wirtschaftlichen Bedürfnisse, Beseitigung der Armut, klassenlose Gesellschaft mit genossenschaftlicher Selbstverwaltung". Als Gefahr, die der Verwirklichung dieses Programms drohte, fügte ich hinzu: „Die provisorische Diktatur, die während der Übergangszeit vom Kapitalismus zum Kommunismus ‚nur eine notwendige Stufe zur Reinigung der Gesellschaft' (Lenin) sein soll, kann im Widerspruch mit der kommunistischen Theorie aus Angst vor der Preisgabe diktatorischer Sicherungen eine solche Verhärtung erfahren, daß sich eine erdrückende ‚Tyrannei der Menschenfurcht' herausbildet." Zum Schluß sagte ich: „Die Entscheidung darüber, ob die Verwirklichung der menschlichen Freiheit erreicht wird, d. h. ob die klassenlose Gesellschaft und ihr Grundsatz ‚Jeder nach

---

[14] Vgl. Fritz Helling, Kulturinhalte und Kulturformen im Spannungsfelde der politischen Parteien, in: Neue Erziehung 1931, S. 742 ff.

seinen Fähigkeiten, jedem nach seinen Bedürfnissen' verwirklicht wird, hängt letzten Endes von Glaubens-, Gestaltungs- und Bewährungskräften ab, die jenseits des Politisch-Organisierbaren liegen. Diese Wahrheit immer wieder denen zuzurufen, die alles Heil allein und ausschließlich von der ökonomisch-politischen Revolution erwarten, ist eine wesentliche Aufgabe des Bundes Entschiedener Schulreformer."

Im Herbst dieses Jahres 1931 nahmen die Aufforderungen zu Vorträgen noch zu, nicht nur in Westfalen, sondern auch in Lippe, wo Freund Lambracht[15] die Leitung hatte, und in Osnabrück. Im Oktoberheft der „Neuen Erziehung" (1931) hieß es von der Wochenendtagung in Lippe: „Hellings grandiose Schau unserer politischen Situation und Honigsheims[16] Ausführungen über die junge Generation und die Aufgaben der Erziehung packten alle und gaben Anlaß zu lebhafter und ausgedehnter Aussprache." Im Novemberheft 1931 berichtete die „Neue Erziehung": „Unser Freund Helling half dann auch mit, die Bewegung unserer Gruppe über Osnabrück und nähere Umgebung hinaus weiter in den Bezirk zu tragen. Er sprach Anfang September im Lehrerverein Neuenhaus des Kreises Bentheim an der holländischen Grenze. Auf weit vorgeschobenem Posten sitzt hier die Lehrerschaft teils in einsamen Dörfern ohne Eisenbahn und Straße. Hellings Vortrag ‚Gegenwartskrise und Pädagogik' zündete wie ein Blitzschlag ... Der Verein beschloß, an den Vorstand des Kreislehrervereins den Antrag zu stellen, auf der demnächstigen Kreislehrerversammlung am 23. Oktober die dort vorgesehenen Nebensächlichkeiten von der Tagesordnung abzusetzen und Helling sprechen zu lassen."

---

[15] Hermann Lambracht, Berufsschullehrer, bereits März 1933 als „dissidentischer Lehrer" zwangsbeurlaubt, konnte nach Kriegsende in seinen alten Beruf zurück, wurde Direktor des heutigen Dietrich-Bonhoeffer-Berufskollegs Lippe-Detmold und war von 1947 bis 1959 leitend an Ausbau und Zentralisierung des beruflichen Schulwesens im Landkreis Lippe beteiligt (vgl. Hermann Lambracht, Von der dorfeigenen Zwergschule zu großen Schulsystemen. Die Entwicklung der berufsbildenden Schulen in Lippe, in: Heimatland Lippe 59 [1966] 5; ders., Wiederbeginn schulischen Lebens in Lippe nach dem Ende der Hitlerdiktatur, in: Lippische Mitteilungen 43 [1973], S. 221-250).
[16] Paul Honigsheim (s. Kap. 5, Anm. 17).

Nicht weniger wichtig war in diesem Herbst 1931 die führende Mitarbeit an einem „Notprogramm des Bundes Entschiedener Schulreformer", das auf der Berliner Herbsttagung Anfang Oktober verlesen und im „Kulturpolitischen Zeitspiegel" November 1931 abgedruckt wurde. Es mag hier genügen, den ersten Teil wiederzugeben, aus dem man erkennt, wie aufgewühlt damals die Krisenzeit war:

Durch die neuesten Notverordnungen ist über das deutsche Schulwesen die Abbaukatastrophe hereingebrochen. 10 000 Lehrer werden allein in Preußen entlassen. Die Schulklassen werden mit 50, 60 bis 70 Kindern vollgestopft. Um 30 bis 50 Jahre wird das Schulwesen Deutschlands zurückgeworfen. Ohnmächtig stehen die Eltern diesem Bildungsraub an ihren Kindern gegenüber. In der Lehrerschaft herrscht Empörung, Verbitterung und ratlose Resignation. Junglehrer und Studienassessoren sind dem nackten Elend preisgegeben.

Was ist sofort zu tun? Die Not der Stunde verlangt rücksichtslose Sparpolitik. Aber das Grundgebot wahrhaft volkserhaltender Politik fordert: Nicht unten, sondern oben muß eingespart werden! Wir verlangen deshalb: Einschränkung der staatlichen Subventionen und Unterstützungen an Hochfinanz, Großgrundbesitz und Schwerindustrie. Herabsetzung der Rüstungsausgaben, Kürzung der Zahlungen an Kirchen und Religionsgemeinschaften. Herabsetzung der hohen Pensionen an ehemalige Offiziere, Minister und höhere Beamte. Radikale Kürzung aller Zahlungen an die ehemaligen Fürsten und Standesherren. Erhebung eines fünfzehn- bis zwanzigprozentigen Notopfers von allen großen Vermögen. Wegsteuerung der hohen Einkommen. Sofortige Abtragung aller hohen Gehälter bis 600 RM monatlich. Streichung sämtlicher Stellenzulagen innerhalb des öffentlichen Dienstes. Vereinfachung des Verwaltungsapparates. Abbau der kostspieligen und unproduktiven Schulbürokratie.

Durch solche Einsparungen an richtiger Stelle muß die Abdrosselung des Schulwesens, das Hereinbrechen der Kulturreaktion vermieden, muß vor allem die notwendige Wiedereinstellung und Beschäftigung aller Junglehrer und Studienassessoren durchgeführt, die Rettung des pädagogischen Nachwuchses, der Schutz der Schule vor Überalterung gesichert werden.

Solange in Deutschland trotz aller Volksnot die in Staat und Wirtschaft privilegierten Oberschichten von den schwersten Lasten verschont werden, ist es eine Kulturschande, der Jugend des Volkes die Bildungsmöglichkeiten zu rauben und den pädagogischen Nachwuchs auf die Straße zu werfen.

In dieser aufgewühlten Zeit wurde ich überall um Vorträge gebeten, am häufigsten im Ruhrgebiet und in Schwelm, aber auch südwärts in Düsseldorf, Köln, Mainz, Frankfurt und Nürnberg, nicht nur bei den Entschiedenen Schulreformern, sondern auch bei den bayerischen Junglehrern, der Liga für Menschenrechte und ähnlichen Verbänden. Wenn meine Frau nicht vom gleichen Geist wie ich erfüllt gewesen wäre, hätte sie mich sicher zurückgehalten. Aber sie bejahte meinen Kampf und stand mir treu und immer helfend zur Seite, so daß Oestreich einmal mit vollem Recht in einem Brief schrieb: „Es ist eine wunderbare Lebensbeglückung, wenn Ihre Frau und Sie in der Gleichgültigkeit gegen die sogenannten Genüsse einander verbunden bleiben." Im Februar 1932 wurde uns ein zweiter Sohn geboren[17].

Aus der ersten Hälfte dieses Jahres 1932 will ich aus unserer Arbeit hier nur das Wichtigste erwähnen: unsere kulturpolitischen Rußlandabende in Schwelm, die stark besucht wurden; meine Reden in der Gesellschaft zur Organisierung sozialwissenschaftlicher Vorträge (zu den Gründern dieser Gesellschaft gehörten der spätere Verleger Johann Fladung[18] und der

---

[17] Klaus Helling, geboren am 3. Februar 1932, gestorben am 28. Juni 1933.

[18] Johann Fladung (1898-1982), während des Zweiten Weltkriegs im Londoner Exil und dort Vorsitzender des Freien Deutschen Kulturbundes, war nach 1945 Sekretär des Kulturbundes in Westdeutschland sowie Inhaber und Leiter des Progress-Verlags GmbH (zeitweise auch unter dem Namen „Progress-Verlag Johann Fladung" geführt) mit Firmensitzen in Düsseldorf und Darmstadt. Mit dem Verlag bemühte sich Fladung, neben einem literarischen Programm vor allem kulturell anspruchsvolle illustrierte Zeitschriften („Kulturaufbau"; „Heute und Morgen"; „Geist und Zeit") am Markt zu etablieren, wobei er selbst als Herausgeber fungierte. Autoren des Verlages waren u.a. Johannes R. Becher, Ernst Bloch, Bertolt Brecht, Lion Feuchtwanger, Alfred Kantorowicz, Egon Erwin Kisch, Thomas Mann, Erich Mühsam, Pablo Neruda, Otto Pankok, Anna Seghers und Arnold Zweig. 1964 wurde Fladung Ehrendoktor der Friedrich-Schiller-Universität Jena.

Schauspieler Langhoff[19]) und im „Kulturpolitischen Zeitspiegel" Juni 1932 meine Abhandlung „Flucht oder Haltung"[20].

Hier trat ich für einen Sozialismus ein, „in dem nach Aufhebung der verhängnisvollen Klassenscheidung auf der Grundlage planvoller Gemeinwirtschaft alle Volkskräfte sich zu neuer, wahrhaft menschlicher Totalitätskultur entfalten können".

Auf dem großen Berliner Herbstkongreß des Bundes im Oktober 1932 sprach ich auf Wunsch Oestreichs über „Erziehung als Kulturpolitik"[21]. Auch in diesem Vortrag bekannte ich mich zum Sozialismus und berief mich auf Marx, der die Stunde der Befreiung dann für gekommen hielt, wenn die Stimme des Proletariats zur Stimme des Volkes werde. Ich sprach aber auch von dem tragischen Versagen der sozialistischen Bewegung in der damaligen Gegenwart. Man erliege einem verhängnisvollen Opportunismus oder einer orthodoxen Dogmatik und bekämpfe sich gegenseitig. Dabei stehe die Entscheidung für die Zukunft nahe bevor: „Entweder bleiben die Todesmächte der alten Welt in der Herrschaft, dann versinkt Europa in das Dauerelend einer sinnlos gewordenen Wirtschaft, in die Erstarrung einer Gewaltordnung, in die Hohlheit einer Scheinkultur, in ein müdes, glaubensloses Verzichtdasein ohne Jugend. Oder aber in den Leidenden brechen die Kräfte des Lebens zu einer totalen Befreiung durch. Dann und nur dann kann ein neuer Anfang, eine Auferstehung des Menschen beginnen, ein neuer Tag der Geschichte."

---

[19] Wolfgang Langhoff (1901-1966), Schauspieler, Regisseur, Theaterleiter und Autor; kam über Königsberg und Wiesbaden nach Düsseldorf (1929-1933), emigrierte nach KZ-Haft (über die er 1935 den bekannten Erlebnisbericht „Die Moorsoldaten" publizierte) in die Schweiz, wo er am Zürcher Schauspielhaus arbeitete (1934-1945, wobei 1934 in Zürich mehrere Begegnungen mit Thomas Mann und dessen Familie stattfanden, denen Langhoff aus dem Manuskript der „Moorsoldaten" ausführlich vorlas. Die Bekanntschaft mit Thomas Mann wurde in den dreißiger Jahren von beiden Seiten weiterhin gepflegt). Von 1946 bis 1963 war er Intendant des Deutschen Theaters in Ost-Berlin (vgl. Wolfgang Langhoff, Die Moorsoldaten. Dreizehn Monate Konzentrationslager, mit einem Vorwort von Willi Dickhut, Stuttgart 1976; Thomas Mann, Tagebücher 1933-1934, hg. v. Peter de Mendelssohn, München 1977, S. 488 f, 491 f, 574, 737).
[20] Kulturpolitischer Zeitspiegel 6 (1932), wiederabgedruckt in: Fritz Helling, Pädagogen in gesellschaftlicher Verantwortung, a.a.O., S. 80-86.
[21] Vgl. Fritz Helling, Erziehung als Kulturpolitik, in: Neue Erziehung 1932, S. 682 ff.

Wenige Monate später, am 30. Januar 1933, fiel die Entscheidung zugunsten der furchtbaren Gewaltordnung des Nationalsozialismus. Da diese Terrorherrschaft am 5. März durch Reichstagswahlen bestätigt werden sollte, nutzten wir Gegner bis dahin noch jede Gelegenheit aus, um den Kampf gegen das Unheil fortzusetzen. Ende Februar sprach ich noch auf dem von Karl Trinks[22], dem Vorsitzenden des sächsischen Lehrervereins, geleiteten Kulturtag in Riesa (Sachsen) zusammen mit Richard Meschkat (Premnitz)[23] über „Die Entscheidung der Pädagogik im Kulturkampf der Gegenwart". Die Veranstaltung hatte etwas Gespensterhaftes. Sie fand an einem Sonntagvormittag in einem riesengroßen, schlecht beleuchteten Kinosaal statt. Es war eine überfüllte Massenversammlung, die polizeilich überwacht wurde.

Wegen der Reichstagswahlen am 5. März machte Paul Oestreich das Märzheft der „Neuen Erziehung" zu einer Kampfschrift gegen die „Harzburger Front"[24] der Nationalsozialisten, der Deutschnationalen und des

---

[22] Karl Trinks (1891-1981) war Lehrer zunächst in Stollberg, Königstein und Dresden, dort auch Vorsitzender des örtlichen Lehrervereins (1924-1928), dann Vorsitzender des Sächsischen Lehrervereins (1927-1933), bevor er 1933 aus dem Schuldienst entlassen wurde und eine Tätigkeit als Privatlehrer aufnehmen mußte. 1946 wurde er Professor für theoretische Pädagogik und Geschichte der Pädagogik an der Technischen Universität Dresden (dort bis 1957) (vgl. UA Dresden, Findbuch zum Nachlaß Prof. Karl Trinks).
[23] Richard Meschkat (1899-1990), Lehrer, war wie Helling während der Weimarer Zeit im BESch in führender Position engagiert (Mitglied des Bundesvorstandes). 1933-34 Internierung im KZ Buchenwald, Mitglied der KPD und SED, nach 1945 zunächst Landrat in Teltow, 1950 Landessekretär Brandenburg der Nationalen Front. Ab 1952 Redakteur der Zeitschrift „Deutschunterricht" (vgl. Gert Geißler u.a., Schule: Streng vertraulich! Die Volksbildung der DDR in Dokumenten, Berlin 1996, S. 575).
[24] Harzburger Front, Zusammenschluß der Nationalsozialisten, Deutschnationalen, des „Stahlhelms", der Alldeutschen und einzelner (parteiunabhängiger) Personen (Hjalmar Schacht, Hans von Seeckt) auf einer Tagung in Bad Harzburg am 11. Oktober 1931; verstand sich als „nationale Opposition" gegen die Reichsregierung Brüning und die preußische Regierung Braun. Unter Führung Hitlers und Hugenbergs wurde von der Harzburger Front die Auflösung des Reichstags und des preußischen Landtags gefordert, was jedoch im Frühjahr 1932 scheiterte, als die Deutschnationalen es ablehnten, die Kandidatur Hitlers bei der Reichspräsidentenwahl zu unterstützen. Die Wiederbelebung der Harzburger Front im Januar 1933 diente Hitler als Kulisse seiner Regierungsbildung (vgl. Heidrun Holzbach-Linsenmaier, Art. Harzburger Front, in: Enzyklopädie des Natio-

Stahlhelms. Mein „Kulturpolitischer Zeitspiegel" in diesem Heft trug die Überschrift: „Faschistische Diktatur über Deutschland"[25] und sagte voraus: „Zur Niederhaltung der Arbeiterklasse, zur Brechung ihres sozialistischen Widerstandes wird mit rücksichtsloser Schärfe der Kampf gegen die Organisationen der Arbeiterschaft, der Kampf gegen den Marxismus proklamiert." Ich berief mich dabei auf Hitlers Rundfunkrede vom 10. Februar 1933, in der er gesagt hatte: „Die Parteien dieser Klassenspaltung mögen überzeugt sein: solange der Allmächtige mich am Leben läßt, wird mein Entschluß und mein Wille, sie zu vernichten, ein unbändiger sein. Niemals werde ich mich von der Aufgabe entfernen, den Marxismus und seine Begleiterscheinungen aus Deutschland auszurotten, und niemals will ich hier zu einem Kompromiß geneigt sein." Nach dem Siege Hitlers setzte dann wirklich ein ungeheuerlicher Terror ein, der bis zum Ende seiner Herrschaft 1945 andauerte.

Längst vor dem Wahlsieg Hitlers am 5. März 1933 war in Osnabrück von den Lehrerverbänden ein Streitgespräch zwischen Vertretern des Deutschen Lehrervereins, der Entschiedenen Schulreformer und des Nationalsozialistischen Lehrerbundes vereinbart worden. Es sollte am 17. März stattfinden. Nach Hitlers Wahlsieg stand ich vor der Frage, ob ich zu der vereinbarten Veranstaltung, an der man in Osnabrück festhielt, hinfahren sollte oder nicht. Meine Kollegen in Schwelm rieten mir dringend ab. Aber mit Einwilligung meiner Frau fuhr ich hin und kam in einen überfüllten Saal, in dem eine knisternde Spannung herrschte. Das verabredete Thema hieß: „Schule, Erziehung und Kulturpolitik". Als erster sprach der Vertreter des Deutschen Lehrervereins, vorsichtig und ohne Wirkung. Als ich dann als zweiter aufgefordert wurde und zum Rednerpult ging, trat im Saal eine Totenstille ein. Während ich sprach, hatte ich den Eindruck, als holten mir die Zuhörer die Worte aus dem Mund heraus. Niemals vorher und nachher habe ich zu so aufs höchste gespannten Menschen gesprochen. Von dem nationalsozialistischen Lehrer, der als dritter sprach, habe

---

nalsozialismus, hg. v. Wolfgang Benz, Hermann Graml u. Hermann Weiß, 2. Aufl. Stuttgart 1997, S. 502).
[25] Kulturpolitischer Zeitspiegel 3 (1933), wiederabgedruckt in: Fritz Helling, Pädagogen in gesellschaftlicher Verantwortung, a.a.O., S. 87 f.

ich nur das eine gegen mich gerichtete Wort behalten, meine Rede sei nichts anderes als „Kulturbolschewismus" gewesen, ein Urteil, das in der Versammlung heftigen Widerspruch fand. Aus meinem Schlußwort erinnere ich mich nur noch an den Satz, wir alle würden wohl bald erleben, durch wen der Kulturbolschewismus zur Wirklichkeit würde. Meine Annahme, daß man mich nicht verhaften würde, traf zu. Ich konnte nach der Veranstaltung nach Hause fahren und stand am nächsten Morgen wieder vor meiner Klasse.

In diesen Monaten der politischen Wende erreichten meine Diskussionen mit den Schülern der Mittel- und Oberklassen ihre Höhepunkte. Die leidenschaftlichste Auseinandersetzung erlebte ich am Tage nach dem Reichstagsbrand, der am 27. Februar 1933 stattfand. Noch am Abend des 27.2. hatte der Rundfunk mitgeteilt, der Brandstifter, ein Holländer namens van der Lubbe[26], sei bereits verhaftet worden. Man habe bei ihm ein Mitgliedsbuch der Kommunistischen Partei gefunden. Am nächsten Morgen wurde mir in der Klasse diese Nachricht triumphierend vorgehalten. Aber ich begründete demgegenüber meine feste Überzeugung, die sich später als wahr erwies, die Nazis hätten selbst den Reichstag angesteckt, um einen Terrorfeldzug gegen die Kommunistische Partei, die Arbeiterbewegung und die Demokratie in Deutschland beginnen zu können. Diese Offenheit konnte ich wagen, weil mein Vertrauensverhältnis zu den Schülern ungewöhnlich fest und tief begründet war. Das zeigte sich bald darauf auch bei einer anderen Gelegenheit. Am 20. April 1933 sollte Hitlers Geburtstag in großem Stil gefeiert werden. Auch die Schulen sollten an dem Aufmarsch teilnehmen, die Klassenlehrer außen neben ihren Klassen. Für mich eine peinliche Lage, über die es zu einem Gespräch

---

[26] Marinus van der Lubbe (1909-1934), ein niederländischer Maurergeselle, war der angebliche alleinige Verursacher des Reichstagsbrandes am 27. Februar 1933; vor dem Leipziger Reichsgericht aufgrund seines Geständnisses zum Tode verurteilt und hingerichtet. Die Alleintäterschaft, die vorübergehend als gesichert angesehen wurde, gilt heute aufgrund neu aufgekommener Zweifel als unwahrscheinlich. Der Reichstagsbrand diente den Nazis als Vorwand für umfangreiche Verfolgungs- und Propagandaaktionen gegen die KPD und SPD (vgl. Uwe Backes, Reichstagsbrand – Aufklärung einer historischen Legende, München 1986; Ulrich von Hehl, Die Kontroverse um den Reichstagsbrand, in: Vierteljahreshefte für Zeitgeschichte 36, 1988).

mit einigen meiner Obersekundaner kam. Dabei fand einer von ihnen einen guten Ausweg: „Wir nehmen Sie zwischen uns in die Viererreihen. Dann werden Sie nicht gesehen." So wurde mir wirklich jede Peinlichkeit erspart.

Kapitel 7

Entlassung aus dem Schuldienst und Gestapo-Haft

Ende April wurde die Mehrheit des Kollegiums auf Anweisung der NS-Partei von einem Oberschulrat aus Münster verhört, auch der Direktor[1]. Nach dem Ende des Verhörs meldete sich der Direktor noch einmal bei dem Oberschulrat, um die gefährdeten sozialistischen Kollegen zu verteidigen, dieselben Kollegen, mit denen er jahrelang so viele Auseinandersetzungen in den Konferenzen gehabt hatte. Die meisten der Verhörten kamen mit einem Freispruch oder einer Verwarnung davon. Vier wurden zunächst beurlaubt. Im September 1933 wurden zwei von ihnen strafversetzt und zwei, Dr. Kopperschmidt[2] und ich, nach § 4 des neuen NS-Beamtengesetzes als „politisch unzuverlässig" aus dem öffentlichen Schuldienst entlassen, Dr. Kopperschmidt als Mitglied der SPD und Redner bei den Gewerkschaften, ich als Leiter des Landesverbandes Westfalen im Bund Entschiedener Schulreformer. Am ersten Sonnabend und

---

[1] Max Hasenclever (s. Kap. 2, Anm. 39).

[2] Friedrich Heinrich (gen. Fritz) Kopperschmidt (1887-1938) studierte Philosophie, Germanistik und Klassische Philologie in Bonn und Göttingen, wo er 1911 mit der Dissertation „Fries' Begründung der Pädagogik" promoviert wurde und 1912 das Staatsexamen ablegte; Referendariat in Herford, Probejahr in Bielefeld, wo er bis 1916 unterrichtete. Vom Herbst 1916 an Teilnahme am Ersten Weltkrieg in Frankreich und Ostgalizien. Seit Januar 1919 am Gymnasium in Hamm, seit April 1919 Oberlehrer am Realgymnasium in Schwelm; Entlassung aus dem Schuldienst aufgrund des Gesetzes zur Wiederherstellung des Berufsbeamtentums am 7. April 1933 (in der Begründung hieß es u.a.: „Kopperschmidt ist Mitglied des Bundes Entschiedener Schulreformer. Einer der gefährlichsten marxistisch eingestellten Studienräte am hiesigen Gymnasium. Eingeschriebenes Mitglied der SPD ... Auch seine Entfernung wird stürmisch von der nationalen Elternschaft gefordert, da mit ihm eine nationale Erziehung am Gymnasium undenkbar ist", denn er „wirkte um so fürchterlicher, weil er in der raffiniertesten und vorsichtigsten Weise den Schülern das marxistische Gift einimpfte"). Aufgrund von Denunziationen zu vier Wochen Schutzhaft verurteilt, danach unter Fortsetzung eines Viertels der Ruhestandsbezüge auf freien Fuß gesetzt. Tod durch einen Autounfall gemeinsam mit seiner Frau im September 1938 (vgl. StA Schwelm, PA Dr. Fritz Kopperschmidt, Studienrat; Bestandsverzeichnis der Bibliothek Fritz Hellings [Privatarchiv Dr. Burkhard Dietz, Schwelm, Helling-Ordner II]).

Sonntag nach dem 1. Mai 1933 traf ich mich in Hannover mit Hoepner[3] und Meschkat[4] als Vertreter des Hauptvorstandes des Bundes Entschiedener Schulreformer. Paul Oestreich befand sich seit Ende März in Haft im Spandauer Gefängnis. In Hannover beschlossen wir, den Bund Entschiedener Schulreformer aufzulösen. Diese Auflösung bewahrte den Bund vor der von den Nazis beabsichtigten „Gleichschaltung".

Meschkat wurde dann Anfang Juni verhaftet. Aus dem Konzentrationslager in Brandenburg wurde er erst im März 1934 entlassen. Er erzählte uns später, er sei mit vielen bekannten Antifaschisten zusammengetroffen: Theodor Neubauer[5], Erich Mühsam[6], den die Nazis ermordeten, Fritz Küster[7], [...][8]

---

[3] Wilhelm Hoepner, Vorstandsmitglied des Bundes Entschiedener Schulreformer; zu seiner Rolle bei der hier angesprochenen Auflösung des BESch vgl. Peter Dudek, Gesamtdeutsche Pädagogik im Schwelmer Kreis. Geschichte und politisch-pädagogische Programmatik 1952-1974, Weinheim 1993, S. 29 ff und Christa Uhlig, Die Entwicklung des Bundes Entschiedener Schulreformer und seiner schulpolitischen und pädagogischen Entwicklung, (Habil-Schrift) Ost-Berlin 1980, S. 299 ff.

[4] Richard Meschkat (s. Kap. 6, Anm. 23).

[5] Theodor Neubauer (1890-1945), Studienrat und Politiker (seit 1920 KPD), war von 1921 bis 1924 Mitglied des Thüringer Landtags (1923 Staatsrat in der Thüringer Regierung) und ab 1924 Mitglied des Reichstags (erziehungspolitischer Sprecher der KPD), mußte dann in KZ-Haft (u.a. Buchenwald; 1933-1939). Nach der Entlassung bildete Neubauer mit Magnus Poser die größte kommunistische Widerstandsgruppe Mitteldeutschlands (die sog. „Neubauer-Organisation"); Juli 1944 erneute Verhaftung, Verurteilung zum Tode durch den Volksgerichtshof, Hinrichtung im Februar 1945 (vgl. Lexikon des Widerstandes 1933-1945, hg. v. Peter Steinbach u. Johannes Tuchel, 2. Aufl. München 1998, S. 145).

[6] Erich Mühsam (1878-1934), Schriftsteller und Publizist, war 1919 führend an der Münchner Räterepublik beteiligt, in Festungshaft (1920-1924), anschließend publizistisch in Berlin tätig; Herausgeber der anarchistischen Zeitschrift „Fanal". Im Februar 1933 wurde Mühsam verhaftet und nach Folterungen im KZ Oranienburg ermordet (vgl. Lexikon des deutschen Widerstandes, hg. v. Wolfgang Benz u. Walter H. Pehle, 2. Aufl. Frankfurt a.M. 2001, S. 378).

[7] Fritz Küster (1889-1966), Verleger und Politiker, gründete 1919 in Hagen die erste Ortsgruppe der Deutschen Friedensgesellschaft (s. auch Kap. 19, Anm. 16), wurde 1920 Mitglied der Deutschen Demokratischen Partei, war von 1921 bis 1931 SPD-Mitglied. Küster gründete 1921 die Monatsschrift „Der Pazifist" und 1924 den westdeutschen Landesverband der Deutschen Friedensgesellschaft, in dessen Vorstand er bis 1929 war.

Sehr viel schlimmer als mein Ausscheiden aus dem öffentlichen Schuldienst war ein Familienereignis, durch das wir aufs schwerste getroffen wurden: Im Juni 1933 verloren wir durch einen Unglücksfall unseren jüngeren Sohn[9] im Alter von 1 ½ Jahren. Unter diesem Ereignis hat vor allem meine Frau sehr lange schwer gelitten, viel schwerer als unter der äußeren Umstellung unseres Lebens. Bei unserer verkürzten Pension, die anfangs 277 RM im Monat betrug und bis zum Ende der Hitlerzeit auf rund 330 RM stieg, mußten wir uns in unserer Lebenshaltung sehr einschränken. Von unserer Wohnung im eigenen Hause vermieteten wir zwei Zimmer und gaben Privatstunden, die wir immer als ungewohnte Last empfanden. Andererseits entdeckten wir in dem privaten Leben auch etwas Gutes. Die Überanstrengung hörte auf. Wir hatten Zeit für Besuche von Freunden, die jetzt häufig kamen. Wir konnten bei gutem Wetter im Garten frühstücken, was uns besondere Freude machte, weil es so ungewohnt war. Wir konnten auch mancherlei lesen, wozu wir bisher keine Zeit hatten. Mich selbst lockte es, bald auch wieder wissenschaftlich zu arbeiten. Ich begann mit religionssoziologischen Untersuchungen über das Spätjudentum und die urchristliche Bewegung und brauchte mehr als zwei Jahre, um die Arbeit abzuschließen. Ich nannte sie „Die spätjüdischen Klassenkämpfe und das Evangelium Christi". Zu einer Veröffentlichung ist es leider weder damals noch später gekommen.[10]

1931 wurde er Mitglied der Sozialistischen Arbeiterpartei Deutschlands (SAP); 1933-1938 KZ-Haft (Buchenwald). 1945/46 geschäftsführender Vorsitzender der Deutschen Friedensgesellschaft, 1951 wurde Küster aus der SPD ausgeschlossen (vgl. Lexikon des deutschen Widerstandes, a.a.O., S. 370 f).

[8] Textlücke in der „Urfassung", S. 61 f.

[9] Klaus Helling (s. Kap. 6, Anm. 17).

[10] In der „Urfassung" des autobiographischen Textes findet sich hier die handschriftliche Korrektur „(... ist es) erst im Jahr 1976 (gekommen) ..." (Nachlaß Fritz Helling). In der Tat liegt der Aufsatz „Die spätjüdischen Klassenkämpfe und das Evangelium Christi" im Nachlaß Fritz Hellings in gedruckter Form, aber ohne jede bibliographische Angabe vor. Da die angegebene Korrektur jedoch auf die Zeit nach Hellings Tod verweist, kann sie entweder nur von Helling selbst vor seinem Ableben – also gewissermaßen prospektiv mit Blick auf die bevorstehende Drucklegung des Textes – oder von fremder Hand eingefügt worden sein. Siegfried Kreuzer äußert die Vermutung, daß der betreffende Text zusammen mit dem ungedruckt im Nachlaß befindlichen Aufsatz „Die urchristliche Botschaft in der späten Klassengesellschaft" vielleicht als Teil eines ursprünglich von Fritz Helling geplanten größeren Werkes über spätjüdische Klassenkämpfe angesehen werden

Eine sehr willkommene Unterbrechung meiner Arbeit war stets der Besuch eines mir zum Freund gewordenen Arbeiters aus Hagen namens Klais[11]. Ich hatte ihn bei den Wochenendtagungen der Entschiedenen Schulreformer kennengelernt. Er gehörte zur „Kommunistischen Opposition" (KPO)[12] und war gleich 1933 verhaftet und nach der Gefängniszeit in ein Konzentrationslager gebracht worden. Seine Freilassung verdankte er der zufälligen Tatsache, daß der Bruder seiner Frau Gauleiter Wagner[13] war. Er blieb bei uns in Schwelm gewöhnlich zwei Tage, die wir brauchten, um die politische Lage so klar wie möglich zu erfassen. Noch wich-

---

könnte (s. Siegfried Kreuzer, Vom Kulturvolk der Hebräer zum Staat des Mose: Fritz Hellings „Frühgeschichte des jüdischen Volkes", in: Burkhard Dietz [Hg.], Fritz Helling, Aufklärer und „politischer Pädagoge" im 20. Jahrhundert, Frankfurt a.M. 2003, S. 212).

[11] Hierbei handelt es sich vermutlich um den Hagener Arbeiter Hermann Klais, der – wie Helling selbst im weiteren Kontext des Berichts über seine Gestapo-Haft berichtet – schon vor dem 28. April 1937 verstarb (vgl. Adreßbuch der Stadt Hagen von 1928, freundliche Auskunft des Stadtarchivs Hagen vom 21. Oktober 2004).

[12] Kommunistische Partei Deutschlands-Opposition (KPDO bzw. KPO), „rechte" Opposition zur KPD, die sich seit 1928 formierte, gegen den von der Komintern verordneten ultralinken Kurs opponierte und zur Zusammenarbeit mit der SAP bereit war. Die KPO, die Anfang 1933 rd. 3000 Mitglieder hatte, war von den Verhaftungswellen nach der ‚Machtergreifung' besonders stark betroffen, obwohl schon Ende 1932 die Umstellung auf die Illegalität erfolgte. 1936 soll die Organisation immerhin noch 1000 Mitglieder gehabt haben (vgl. Theodor Bergmann, „Gegen den Strom". Die Geschichte der kommunistischen Partei-Opposition, Hamburg 1987; Hartmut Mehringer, Art. Kommunistische Partei Deutschlands/Opposition [KPDO bzw. KPO], in: Lexikon des deutschen Widerstandes, a.a.O., S. 245 ff).

[13] Josef Wagner (1899-1945), seit 1922 NSDAP-Mitglied, war Gründer der Ortsgruppe Bochum, Mitglied des Reichstags 1928-1941, 1928-1930 Gauleiter von Westfalen, 1931-1941 Gauleiter von Westfalen-Süd, 1933 Mitglied des preußischen Staatsrats und dessen erster Vizepräsident, 1934 zusätzlich Oberpräsident und Gauleiter für die Provinz Schlesien, 1934-1940 Gauleiter von Schlesien, 1935 Ernennung zum Oberpräsidenten von Nieder- und Oberschlesien, 1936 Reichskommissar für die Preisbildung beim Beauftragten des Führers für den Vierjahresplan Hermann Göring (seit 1940 als Staatssekretär), Verfasser des „Leitfadens der Hochschule für Politik der NSDAP" (1933) und von „Deutsche Zeitwende" (1934), 1939 Reichsverteidigungskommissar des Wehrkreises VIII, 1941 von Hitler seiner Posten enthoben, im Oktober 1942 Ausschluß aus der NSDAP auf persönlichen Befehl Hitlers, seitdem unter Gestapo-Überwachung, im Juli 1944 infolge seiner Zugehörigkeit zum Umfeld des 20. Juli verhaftet, im April 1945 in Berlin durch die SS ermordet (vgl. Karl Höffkes, Hitlers politische Generale. Die Gauleiter des Dritten Reiches. Ein biographisches Nachschlagewerk, Tübingen 1986, S. 367-371).

tiger war für mich, daß er mich über die Behandlungsmethoden bei der Gestapo, in den Gefängnissen und Lagern aufklärte und mir einschärfte, wie man sich diesen Methoden gegenüber zu verhalten habe. Durch ihn lernte ich auch einen Düsseldorfer Intellektuellen namens Lubinski[14] kennen, der ebenfalls zur KPO gehörte und mich für die Mitgliedschaft in ihr zu gewinnen suchte. Aber ich lehnte ab, weil ich das interne Sicherungssystem für völlig unzulänglich hielt. Außerdem war ich von einem eigenen Plan so erfüllt, daß ich mich nicht ablenken lassen wollte. Mir schien eine Zusammenarbeit aller illegalen Widerstandsgruppen so notwendig zu sein, daß ich im Sommer 1936 mit einer Reisegesellschaft in die Schweiz fuhr und dort ein ausführliches Memorandum schrieb, das an die illegalen Zentren im Ausland verschickt wurde[15]. Mein Schwelmer Gesinnungsfreund Molz[16] war vorher, wie ich wußte, wegen eines illegalen Auftrags in Holland gewesen.

Diese Geheimarbeit wurde damals immer gefährlicher. Besonders im Wintersemester 1936/37 steigerten sich die Verhaftungen in Rheinland und

---

[14] Dagobert (gen. „Dago") Lubinski (1893-1943), jüdischer Journalist, zuletzt Wirtschaftsredakteur der „Freiheit" in Düsseldorf, SPD-Mitglied 1911-1919, USPD-Mitglied 1919-1921, KPD-Mitglied 1921-1928, im Januar 1929 Ausschluß aus der KPD aufgrund von Meinungsverschiedenheiten in Gewerkschaftsfragen (Kritik an der Sozialfaschismus-These der KPD, Zugehörigkeit zur Brandler-Thalheimer-Fraktion), seit 1929 KPO-Mitglied, ab 1932 Leiter des KPO-Bezirks Niederrhein, Schutzhaft März bis Dezember 1933, erneute Verhaftung im November 1936, 17 Monate Untersuchungshaft in Düsseldorf und Wuppertal, im April 1938 Verurteilung zu zehn Jahren Zuchthaus, Einweisung ins Zuchthaus Remscheid-Lüttringhausen, im Januar 1943 Überführung „in den Osten", am 22. April 1943 Ermordung im KZ Auschwitz (vgl. Annette Leo, Briefe zwischen Kommen und Gehen, Berlin 1991; wir danken Frau Dr. Leo, Berlin, für ihre Auskünfte vom 26. Oktober 2004).

[15] Nicht ermittelt.

[16] Bernhard Molz, Angestellter, wohnhaft in Schwelm, Barmer Straße 50, d.h. in der Nähe von Fritz Hellings eigenem Haus (vgl. StA Schwelm, Amtliches Einwohnerbuch für die Städte Schwelm, Gevelsberg ..., Gevelsberg 1938, S. 102), war KPO-Leiter in Schwelm. Seit April 1933 hatte Molz Verbindung zu Dagobert Lubinski (s. Anm. 14), Oskar Triebel (KPO-Duisburg), Hans Löwendahl (Köln, KPO-Leiter Mittelrhein und Mitglied der KPO-Reichsleitung, zentraler Kurier) und Eberhard Brünen (Duisburg, Leiter der SAP Westdeutschland), mit denen er im Gebiet zwischen Rhein und Ruhr eine illegale KPO-Gruppe bildete und illegale Treffs durchführte, in denen die politische Untergrundarbeit geplant und koordiniert wurde.

Westfalen und auch in Schwelm in beunruhigendem Maße. Sie erfolgten in der Regel morgens früh und abends zwischen 19 und 21 Uhr. Am Morgen des 28. April 1937 traf auch mich das Erwartete: Ich wurde von zwei Gestapobeamten aus Düsseldorf verhaftet unter dem Vorwand, ich solle im Schwelmer Rathaus einige Aussagen machen.[17] Meine Frau aber wußte ebenso wie ich, was mir in Wirklichkeit bevorstand, und gab mir den wichtigen Rat: „Zieh Deinen guten Anzug an." Draußen im Auto saß schon Molz als Verhafteter, den man gleich mit nach Düsseldorf nahm, während ich ins Schwelmer Gefängnis gebracht wurde, wo ich zwei Tage lang blieb. Nach meiner Ablieferung im Schwelmer Gefängnis kehrten die beiden Gestapoleute noch einmal in meine Wohnung zurück, um dort eine gründliche Haussuchung vorzunehmen. Alles Verdächtige legten sie in meinem Arbeitszimmer auf einen Haufen und suchten dann in allen anderen Räumen weiter. Während dieser Zeit schlich sich meine Frau zu dem Beschlagnahmten und nahm wichtiges Material heraus und brachte es in die Wohnung des Untermieters, der die Sachen verbrannte. So erleichterte mir die Geistesgegenwärtigkeit meiner Frau meine spätere Verteidigung in Düsseldorf. Im Schwelmer Gefängnis wurde mir am Spätnachmittag des zweiten Tages eine andere Zelle angewiesen, weil ich jetzt von der Gestapo nach Düsseldorf geholt würde. Während der Wartezeit kam ein älterer Gefängnisbeamter mit einem Eßnapf zu mir und sagte: „Nun essen Sie erst mal was!", eine Menschlichkeit, für die ich mich später bei diesem Beamten aufs herzlichste bedankte. Auf der Fahrt nach Düsseldorf begann schon das Verhör. Man fragte mich z. B. nach Klais: ob ich wisse, daß er tot sei (was mir bekannt war) und fügte hinzu: „Der kann froh sein, daß er tot ist." Die Fahrt endete im Düsseldorfer Polizeipräsidium, das neu gebaut und sehr modern eingerichtet war. Die Zellen hatten Klosetts mit Wasserspülung.

---

[17] Vgl. hierzu HSTA Düsseldorf, RW 58, Nr. 29198: Vermerk vom 26. Mai 1937 zu Hellings Verhaftung am 28. April 1937, Haftbefehl vom 25. Juli 1937 (!) mit Begründung der Haft wegen Mitgliedschaft in der illegalen KPO und KPD sowie angeblicher Vorbereitung zum Hochverrat (mit Querverweis auf die „Akte Lubinski und andere"), Antrag auf Aufhebung des Haftbefehls durch den Oberstaatsanwalt in Hamm i.Westf. vom 5. August 1937 und Vermerk über die am selben Tag erfolgte Haftentlassung Hellings.

An den ersten beiden Tagen ließ man mich in Ruhe. Ich wurde morgens nur in den Waschraum geführt und bekam tagsüber die Mahlzeiten. Im Waschraum entdeckte ich einen Bekannten aus Gevelsberg[18], der ebenfalls verhaftet worden war. Als er mich sah, streckte er nach dem Waschen seinen linken Arm waagerecht aus und fuhr mit der rechten Hand und dem Handtuch dauernd über den linken Arm hin und her. Nach der Rückkehr in meine Zelle grübelte ich darüber nach, was das zu bedeuten habe, und fand als Antwort: „Wir kennen uns nicht." Am nächsten Morgen, als wir uns wieder im Waschraum trafen, machte ich ihm gegenüber dieselben Bewegungen als Beweis dafür, daß ich seine Ansicht bejahe. Erst am dritten Tage wurde ich in das Zimmer der beiden Gestapobeamten geführt. Von da an folgte eine vier- bis fünfwöchige Vernehmungszeit, in der ich täglich stundenlang in der Zelle auf und ab gehend, so intensiv nachgedacht habe wie nie vorher oder nachher in meinem Leben.

Die ersten Worte, die der leitende Beamte zu mir sprach, lauteten: „Wir haben den Auftrag, Staatsfeinde zu vernichten, und diesen Auftrag werden wir erfüllen." Er nannte mir dann alles, was er von mir wissen wollte, gab mir das nötige Papier für meine Aufzeichnungen, die in spätestens zwei Tagen fertig sein müßten. Dann wurde ich wieder in meine Zelle gebracht. Nach diesem Gespräch war klar, daß man von meiner Bekanntschaft mit dem Häftling aus Gevelsberg wußte. Unsere private Abmachung im Waschraum mußte also rückgängig gemacht werden. Ich schrieb auf einem kleinen Zettel: „Wir müssen uns doch kennen vom Bund Entschiedener Schulreformer." Ich knüllte ihn fest zusammen und warf ihn am nächsten Morgen, als der Gevelsberger nach dem Waschen in seiner offenen Zellentür stand, vor seinen Augen in seine Zelle. Diesen Tag benutzte ich dazu, die mir gestellten Fragen schriftlich zu beantworten. Beim Nachdenken in der Nacht wurde mir aber klar, daß das Geschriebene nicht haltbar war. Ich stand auf, zerriß den Text und spülte die Fetzen im Wasserklosett weg. Am nächsten Tag schrieb ich einen geänderten Text, der dann abends abgeholt wurde. Jetzt war das Wichtigste, die Verbindung mit Molz aufzunehmen. Das war nur möglich während des täglichen Morgenspaziergangs im Hof. Aber Molz ging als Gehbe-

---

[18] Nicht ermittelt.

hinderter im kleinen Kreis, ich dagegen im großen. Es gelang mir aber, eines Tages ebenfalls in den kleinen Kreis zu kommen, und zwar unmittelbar vor Molz. Jetzt konnte mir Molz das Notwendige zuflüstern: „Ich sage nichts von der Schweiz und Du nichts von Holland." Das war für uns beide die wichtigste Abmachung.

Als einige Tage später meine Frau zum Polizeipräsidium kam, um mir frische Wäsche zu bringen, wurde sie zu ihrer großen Überraschung zu einem Gespräch mit dem Gestapoleiter gebeten. Das konnte für mich nur günstig sein, da meine Frau – groß, schlank, blond und blauäugig – geradezu ein nordischer Idealtypus war, der imponierte. Als sie die Frage stellte, ob ich schon verhört worden sei, erhielt sie die Antwort, noch nicht so richtig. Da sie wußte, was damit gemeint war, sah sie dem Sprecher mit ihrer ganzen Kraft und Klarheit so lange in die Augen, bis er sich abwandte. Daß ich nie mißhandelt worden bin, verdanke ich nach meiner Ansicht diesem Verhalten meiner Frau. Als dann die Verhöre anfingen und – mit vielen Unterbrechungen – mehrere Wochen dauerten, war ich durch die intensive Überlegung aller Möglichkeiten allen Fragen gewachsen. Als der Frager einmal glaubte, er hätte mich in die Enge getrieben, und ich ihm doch entging, packte er den Aktenstoß, der vor ihm lag, mit beiden Händen, hob ihn hoch, knallte ihn auf den Tisch und schrie: „Immer entziehen Sie sich!" Nach den Verhören hatten die beiden Gestapoleute noch die Pflicht, ein schriftliches Protokoll über den Verlauf des Verhörs anzufertigen. Diese Arbeit war ihnen immer eine Last. Gewöhnlich war es schon Spätnachmittag geworden. Sie hatten vielleicht noch außerdienstliche Verabredungen und drängten darauf, schnell fertig zu werden. Diese Lage machte ich mir immer zunutze. In meiner Zelle überlegte ich mir für schwierige und wichtige Fälle Formulierungen, die zu meinen Gunsten waren und ins Protokoll aufgenommen wurden, weil es die Verhörer eilig hatten.

Nach dem Abschluß der Verhöre wurde ich Ende Mai 1937 zum Amtsgericht und am gleichen Tage noch in das normale Untersuchungsgefängnis überführt. Ein ungewöhnlich glücklicher Zufall brachte es mit sich, daß meine Frau gerade an diesem Tage mir neue Wäsche bringen wollte und im Polizeipräsidium erfuhr, ich sei augenblicklich im Amtsgericht, wo

ich von einem Richter vernommen würde. Meine Frau fuhr sofort dorthin
und traf dort – wie ich selbst kurz vorher – einen gutmütigen, älteren
Wachtmeister, der mir gesagt hatte: „Wir sind hier nicht bei der Gestapo", der also wohl kein Nazi war. Meine Frau machte die gleiche Erfahrung mit ihm und fragte ihn, wo mein Verhör stattfände. Er zeigte ihr den
Raum und gestattete ihr sogar, sich in dem Nebenraum aufzuhalten, wo
sie ihr Ohr ans Schlüsselloch legen und meine Verteidigung mit anhören
konnte. Das war von entscheidender Bedeutung. Meine Frau zog jetzt zu
ihrem Schwelmer Rechtsanwalt, einem früheren Schüler von mir, noch
einen zweiten in Wuppertal hinzu, der besondere Erfahrungen in politischen Prozessen hatte. Dieser sagte ihr, die von ihr bisher betriebene
Sammlung von günstigen Gutachten früherer Schüler sei zwecklos. Eine
günstige Entscheidung könne nur von oben her erreicht werden. Ob sie
nicht einen in maßgeblichen Nazi-Kreisen einflußreichen Mann kenne?
Nach einigem Überlegen antwortete sie: Wir kännten in Holland einen
einflußreichen Hoteldirektor, der auch den Hotelbesitzer Dreesen[19] in
Godesberg, den Freund Hitlers, kännte. Darauf der Rechtsanwalt: „Dann
ist die Sache gemacht." Nach einem vereinbarten Plan fuhr ein kluger
Jurist, Dr. Hans-Walter Poll[20], der ein früherer Schüler war, nach Holland
und erreichte dort, daß der Hoteldirektor an den Hitlerfreund Dreesen in
meiner Sache einen Brief schrieb mit der Bitte, ihm, dem Holländer, mit-

---

[19] Fritz Dreesen (1884-1944), Inhaber des Rheinhotels Dreesen, in dem Hitler – wahrscheinlich auf Empfehlung von Rudolf Heß, der in Bad Godesberg zur Schule gegangen
war – seit seinem ersten Besuch im November 1926 insgesamt über siebzig Mal aus
privaten, parteiamtlichen und staatspolitischen Anlässen zu Gast war. Aufgrund dieser
außergewöhnlichen Kontinuität kamen auch viele andere prominente NS-Größen zu
Besuch in die Luxusherberge, was die ohnehin schon sehr guten Beziehungen Dreesens
zur Polit-Prominenz des ‚Dritten Reiches' selbstredend auf eine noch breitere Grundlage
stellte (freundliche Auskunft von Dr. Norbert Schloßmacher, StA Bonn, 17. Januar 2005;
vgl. hierzu auch Horst-Pierre Bothien [Hg.], Adolf Hitler am „Deutschen Rhein". NS-
Prominenz aus der Sicht eines Hobbyfotografen, Essen 2003; Jürgen Ehlert, Das Dreesen.
Hundert Jahre Geschichte und Geschichten im Rheinhotel, Bonn 1994).
[20] Dr. Hans Walter Poll hatte seine Kanzlei in Schwelm in der Ludendorffstraße (heute
Römerstraße) Nr. 9 (vgl. StA Schwelm, Amtliches Einwohnerbuch für die Städte
Schwelm, a.a.O., S. 106). Das Thema seiner Dissertation, die am 24. Juli 1937 mit der
mündlichen Prüfung abgeschlossen wurde, lautete „Die Einwilligung des Verletzten in
der italienischen Strafrechtslehre und Gesetzgebung" (Diss. Köln 1937).

zuteilen, was er für mich tun könne. Jetzt bat meine Frau den Schwelmer Rechtsanwalt, sich in den nächsten Wochen nicht beim Oberlandesgericht in Hamm nach meinem Fall zu erkundigen. Erst nach etwa fünf Wochen riet sie ihm, nach Hamm zu fahren. Er kam verblüfft zurück: man habe in Hamm gar kein Interesse mehr an meiner Haft. Als meine Frau mich bald darauf im Untersuchungsgefängnis besuchte, sagte sie mir, sie rechne damit, daß ich bald entlassen würde. Ich konnte das nicht glauben, aber am 5. August 1937 wurde ich tatsächlich entlassen und von meiner Frau und meinem Schwelmer Rechtsanwalt im Wagen nach Hause gebracht[21].

Später erfuhr ich auf Umwegen, was sich damals hinter den Kulissen ereignet hatte. Dreesen hatte den Brief seines holländischen Bekannten an den Düsseldorfer Polizeipräsidenten weitergeschickt. Da dieser ein guter Freund und häufiger Gast Dreesens war, entschied er sich im Sinne des Briefes für meine Freilassung und setzte sie gegen den Willen der Gestapobeamten durch.

Von meinen Erlebnissen im Untersuchungsgefängnis kann ich leider nur das mitteilen, was ich nach dreißig Jahren[22] noch behalten habe. Die erste Zeit in der Zelle verbrachte ich mit einem jungen, etwa zwanzigjährigen Mann zusammen, der zum zweiten Mal wegen Diebstahls verhaftet worden war. Ich kam gut mit ihm aus. Seine Prahlereien, er bewohne eine Dreizimmer-Wohnung und habe eine reiche Geliebte, störten mich nicht. Dann kam Jonny Schmitz[23] – etwas über dreißig Jahre alt – als dritter hinzu. Mit ihm kam Leben in die Zelle. Er führte das Du zwischen uns ein und fühlte sich in der Zelle wie zu Hause, weil er schon zum neunten oder zehnten Mal wegen Diebstahls im Gefängnis gewesen war. Nur manchmal bedrückte ihn die Sorge, man könne diesmal die Sicherungsverwahrung als Dauerhaft über ihn verhängen. Er hatte in Hamburg als Zuhälter begonnen und auch später in Köln sein Leben mit immer wechselnden Mädchen zugebracht, für die er die nötigen Geschenke stahl. Als ich ihn mal fragte, wieviele Mädchen er denn wohl gehabt hätte, meinte

---

[21] S. Anm. 17.
[22] Hier ein weiterer Hinweis auf die Entstehungszeit des Textes (s. auch Kap. 5, Anm. 23).
[23] Nicht ermittelt.

er nach einigem Überlegen, es könnten wohl sechzig sein. Über die Art, wie man Diebstähle unternehmen müsse, gab er uns regelrechten Unterricht. Er machte uns klar, welche Diebstähle man allein, welche man zu zweit und welche man nur zu dritt machen müsse. Da man im Gefängnis etwa alle drei Wochen für sich einkaufen konnte, brachte ich den beiden, die kein Geld hatten, das Nötigste mit. Dafür erfüllten sie mir abends meine Wünsche um Ruhe, weil ich unter schlechtem Schlaf litt.

Dann trat plötzlich eine schlimme Veränderung für mich ein. Die Gefängnisverwaltung wollte mir offenbar einen Gefallen tun und verlegte mich in eine andere Zelle, in der ich mit einem Oberingenieur und einem Juristen zusammen war. Der Oberingenieur war ein stiller Mann, mit dem man sich gut vertragen konnte. Aber der Nazi-Jurist, der Unterschlagungen gemacht hatte, war ein unerträglicher Mensch. Den ganzen Tag lang fragte er mich nach meinem Urteil über die Einzelheiten seines Falles. Des Nachts schnarchte er ununterbrochen, so daß ich überhaupt nicht zum Schlafen kam. Als sich das mehrere Tage und Nächte wiederholt hatte, war ich so erledigt, daß ich mich krank melden wollte. Da kam die erlösende Nachricht, daß ich entlassen würde.

Sobald ich zu Hause war, löste ich ein an Jonny gegebenes Versprechen ein: Auf meine Bitte bescheinigte ein mir nahestehender Fabrikant schriftlich, daß er bereit sei, Jonny nach Verbüßung der Haft in seinem Betrieb anzustellen. Diese Zusage schickte ich mit einem Begleitschreiben an den Düsseldorfer Staatsanwalt. Der Erfolg war, daß man Jonny nach Beendigung seiner Haft freiließ. Als er uns später besuchte, erzählte er fröhlich von seiner Arbeit und seiner Heirat.

Zur Erholung von meiner Gefängniszeit fuhren meine Frau, Jürgen und ich zu unseren Freunden nach Lippe. Hier verlebten wir herrliche Sommertage. Ich blieb allein noch etwas länger dort und schrieb an meine Frau in einem Brief: „Ich lebe hier wie Gott in Frankreich. Vorgestern bin ich den ganzen Tag in den Bergen gewesen. Jedes Wald- und Heidestück, jede Eidechse und alles, was lebt und singt und zirpt, ist mein Entzücken. Nur Du fehlst mir, Du, über die ich all mein Frohsein ausschütten möchte, daß Dir der Atem verging. Draußen, weit ab von den Menschen, müßtest Du meine Liebe spüren, süß und wild."

Kapitel 8

Exil und Zweiter Weltkrieg

Als ich dann wieder zu Hause war, merkte ich bald, daß ich jetzt nach der Gefängnishaft in einer völlig anderen Lage war als vorher. Ich hätte von jetzt an in Schwelm den Nationalsozialismus und den Heil-Hitler-Gruß nicht einfach mehr ignorieren können, wie ich das bisher getan hatte. Da kam meine Frau auf den Gedanken, Schwelm zu verlassen. Ich war einverstanden. Auch meine Mutter[1] willigte ein, da sie sich noch kräftig genug fühlte, das Haus allein zu verwalten. Als neue Wohnung wählten wir Anfang 1938 die erste Etage eines neuen, zweistöckigen Hauses in Beuel bei Bonn[2], weil ich von da aus in Bonn die Universitätsbibliothek auf der anderen Rheinseite bequem benutzen konnte. Die Kehrseite war allerdings, daß wir uns der neuen Wohnung wegen noch mehr einschränken mußten als vorher. Ich konnte mir keine Zeitung mehr halten, half mir aber dadurch, daß ich täglich über die Rheinbrücke nach Bonn zum Aushang der Kölnischen Zeitung ging. Im Sommer hätte ich gerne an heißen Tagen in einer Gaststätte ein Glas Bier oder Wein getrunken. Auf und ab gehend überlegte ich oft, ob ich es tun sollte oder nicht. Aber stets habe ich diesen Wunsch unterdrückt. Am schwersten war der Wohnwechsel für unseren neunjährigen Jürgen. Aus der Oehder[3] Jungenshorde herausgerissen, fühlte er sich einsam und blieb meist zu Hause, bis er in einem Klassenkameraden einen Gefährten fand und nach meinem Besuch bei seiner Lehrerin sich auch in der Schule wohler fühlte. Ostern 1939 wurde er in die Sexta des Bonner Realgymnasiums[4] aufgenommen.

Meine Frau war von mancherlei Pflichten, die sie in Schwelm zu erfüllen hatte, frei und fühlte sich in der neuen Lebensstätte sehr wohl. Für mich

---

[1] Maria Helling, geb. Pasche (1862-1941).

[2] Adresse: Ringstraße 50 (StA Schwelm, PA Dr. Fritz Helling, Oberstudiendirektor).

[3] Schwelm-Oehde, im Westen der Stadt, an der Grenze zu Wuppertal-Langerfeld gelegen.

[4] Realgymnasium und Oberrealschule der Stadt Bonn, gegründet 1882, seinerzeit gelegen an der Doetschstraße, seit 1938 weitergeführt unter dem Namen „Ernst-Moritz-Arndt-Gymnasium", seit 1952 gelegen an der Endenicher Allee (vgl. General-Anzeiger Bonn v. 22. Juni 1982 [StA Bonn]).

war die Benutzung der Bonner Universitätsbibliothek eine große Erleichterung meiner Arbeit. Ich hatte die Freude, bei der Untersuchung der Geschichtsperioden im Mittelalter zu neuen Ergebnissen zu kommen.

Im Sommer 1939 schrieb uns meine Mutter aus Schwelm, sie sei nicht mehr in der Lage, die Verwaltung unseres Hauses weiterzuführen. Es ginge ihr gesundheitlich nicht gut. Wir holten sie sofort nach Beuel in unsere Wohnung. Da eine Besserung nicht eintrat, riet unser dortiger Arzt zu einer Untersuchung in der Universitätsklinik. Als auch hier die Untersuchung kein bestimmtes Krankheitsbild ergab, mieteten wir für meine Mutter zwei Zimmer, die gerade im Bonner Langenbach-Stift[5] für alte Damen frei wurden. Hier besuchte ich sie täglich vor- und nachmittags.

Bald aber kam das große Unglück: der Ausbruch des Hitler-Krieges am 1. September 1939. Was sollten wir jetzt in dieser neuen Lage tun? Es war uns klar, daß ich wieder berufstätig werden mußte. In einer pädagogischen Zeitschrift fanden wir die Nachricht, daß die Privatschule in Gladenbach (Hessen)[6] zwei Lehrkräfte für die geistes- und naturwissen-

---

[5] Bei dem Julius-Langenbach-Stift (heute Wohnstift Augustinum) in Bonn handelte es sich um ein 1904 eröffnetes Damenstift, das ursprünglich als „Heimathaus für ältere Musikerwitwen und Musiklehrerinnen" aus den Mitteln der 1903 gegründeten Julius-Langenbach-Stiftung und den verbliebenen Mitteln der ebenfalls von dem Komponisten und Dirigenten Julius Langenbach (1823-1886) und seiner Frau 1884 ins Leben gerufenen, später aber weitgehend eingegangenen Unterstützungskasse für „Deutschlands Musiker-Witwen und -Waisen" (Stiftung „Mildwida") vor den damaligen Toren der Stadt in Kessenich gebaut wurde (Adresse: Coblenzerstraße 237, später Friedrich-Ebert-Allee 41). Aufgrund seiner Zweizimmer-Appartments, des großzügigen Angebots an Gemeinschaftsräumen und der modernen Sanitär- und Heizungseinrichtung galt das Langenbach-Stift lange als besonders komfortables Altenheim für Damen (vgl. Kurt Bahlmann, Chronik der Julius-Langenbach-Stiftung in Bonn, in: Bonner Geschichtsblätter 25, 1973, S. 292-353).

[6] Hierbei handelt es sich um die heutige Gesamtschule „Freiherr-vom-Stein-Schule – Europaschule Gladenbach", die bis 1946/47 unter dem Namen „Freiherr-vom-Stein-Schule. Private Höhere und Mittlere Schule" geführt wurde, dann mit der schon im ‚Dritten Reich' gegründeten Hauptschule Gladenbach als staatliche Schule vereinigt wurde. In der Zeit, als das Ehepaar Helling hier unterrichtete, wobei Fritz Helling 20 und Hilda Helling 16 Wochenstunden hatte, wurde die Lehranstalt im Durchschnitt nur von rd. 100 Schülern besucht (vgl. Dieter Blume/Jürgen Runzheimer/Siegfried Seyler [Red.]: Frei-

schaftlichen Fächer suche. Diese Möglichkeit war für meine Frau und mich wie geschaffen. Wir bewarben uns und erhielten als Antwort die Aufforderung, ich solle mich persönlich vorstellen. Als ich Ende September 1939 auf der Fahrt nach Gladenbach hinter Herborn durch ein stilles, wenig bewohntes Tal dem Ziel meiner Reise immer näher kam, jubelte ich im stillen über die Abgelegenheit des ersehnten Städtchens Gladenbach. Am Bahnhof holte mich der Direktor der Schule, Dr. Bräuner[7], ab. In seiner Wohnung wurde verhandelt mit dem Ergebnis, daß er meine Frau und mich anstellen wolle, vorausgesetzt, daß die NSDAP in meiner Heimat keinen Einspruch erhebe. Dieser Einspruch erfolgte nicht, da der Ortsgruppenleiter[8] in Schwelm und der Kreisleiter im Ennepe-Ruhr-Kreis[9] frühere Schüler von mir waren, die mich als Lehrer hoch schätzten. So begann ich schon im Oktober 1939 meinen Unterricht, während meine Frau und Jürgen mit dem Hausrat später kamen. Von meiner Mutter in Bonn war ich nun leider getrennt. Sie erhielt freilich jede Woche einen Brief von mir oder meiner Frau oder von Jürgen. Alle fünf oder sechs Wochen fuhr ich am Wochenende nach Bonn zu einem persönlichen Besuch, auf den sich meine Mutter immer freute. Aber ihre Kräfte ließen mehr und mehr nach, so daß sie im September 1941 starb. Sie

---

herr-vom-Stein-Schule. Aus 630 Jahren Gladenbacher Schulgeschichte. Festschrift zum zehnjährigen Bestehen der Gesamtschule, Gladenbach 1980, S. 51-77, insbes. S. 62, 65; wir danken dem ehemaligen Schulleiter der Freiherr-vom-Stein-Schule, Herrn Jürgen Runzheimer, Gladenbach, für seine Auskünfte vom 12. Januar 2005).

[7] Dr. Gerhard Bräuner, Romanist und Anglist, nach Studienaufenthalten in Frankreich, England und der Schweiz wurde er 1912 Lehrer an einem US-amerikanischen College, lehnte 1914 infolge des Kriegsausbruchs einen Ruf an die Yale University ab. In der Weimarer Republik war er Lehrer für Französisch und Englisch in Charlottenburg, 1931 bis 1945 Leiter der Freiherr-vom-Stein-Schule in Gladenbach; 1945 Absetzung als Schulleiter aufgrund seiner Mitgliedschaft in der NSDAP. Da er aber – auch nach Hellings Einschätzung – offensichtlich „kein politischer Eiferer" (J. Runzheimer) war, blieb Bräuner nach 1945 weiterhin Mitglied des Lehrerkollegiums (Auskünfte Jürgen Runzheimer, s. Anm. 6).

[8] Ortsgruppenleiter der NSDAP in Schwelm war Fritz Siepmann (vgl. StA Schwelm, Amtliches Einwohnerbuch für die Städte Schwelm ..., Ausgabe 1938, Gevelsberg 1938, S. 14).

[9] Kreisleiter der NSDAP im Ennepe-Ruhr-Kreis war Hans Gerhard Dedeke MdR (vgl. StA Schwelm, Amtliches Einwohnerbuch, a.a.O., S. 143).

wurde in unserem Schwelmer Erbbegräbnis neben meinem Vater[10] bestattet.

Die private Freiherr-vom-Stein-Schule, in der meine Frau und ich nun unterrichteten, wurde von den Schülern aus Gladenbach und der Umgebung besucht. Sie wollten die mittlere Reife erreichen. Es gab auch Lateinkurse für diejenigen, die vorhatten, in Gießen oder Marburg ihr Abitur zu machen. Das Schulgebäude war früher eine Zigarrenfabrik gewesen und befand sich in einem armseligen Zustand. Die Treppe zum ersten Stock knarrte bei jedem Schritt. Eine Schelle zum Anzeigen der Pausen gab es nicht. Ein Schüler der obersten Klasse hatte eine Weckuhr vor sich auf seinem Platz stehen und mußte, wenn die Pausenzeit anfing, aufstehen und in allen Klassen den Beginn der Pause bekannt geben. Die beiden einflußreichsten Lehrer zeichneten sich dadurch aus, daß sie viel prügelten. Mit dieser Gewohnheit hörten sie allmählich auf, als sie merkten, daß meine Frau und ich, die ohne Prügelstrafe auskamen, bei den Schülern das höhere Ansehen genossen. Der Direktor, der pflichtgemäß zur Partei und ihren Nebenorganisationen gehörte, war seinem Wesen nach ein unpolitischer, gebildeter Mensch, zu dem wir in einem guten Verhältnis standen.

Zu einem unerwarteten Problem wurde für uns schon im ersten Winter die Ernährungsfrage. Wir hatten geglaubt, die bäuerlichen Eltern unserer Schüler und Schülerinnen würden uns von ihren Vorräten für gutes Geld bereitwillig etwas abgeben. Aber das erwies sich als Irrtum. Das ablehnende Verhalten war so erniedrigend, daß wir uns entschlossen, selbst für zusätzliche Ernährung zu sorgen. Jürgen zimmerte einen großen Stall für fünfzehn oder zwanzig Kaninchen. Wir kauften für teures Geld eine Ziege, die im Stall neben unserem Hause untergebracht wurde. Der Preis war von dem Bauern so überhöht worden, daß wir obendrein noch Strafe bezahlen mußten. Auch Enten schafften wir uns an, da ein Bach in der Nähe war. Ein oder zwei Gänse kamen noch hinzu. Um das nötige Futter zu beschaffen, mieteten wir an Wegrändern Gras, das ich täglich mähen mußte. Jeden Nachmittag zogen meine Frau und ich mit einem kleinen

---

[10] Rektor Friedrich Helling (1860-1921, s. auch Kap. 1, Anm. 3).

Handwagen nach draußen, um die Grasernte nach Hause zu bringen. Um auch für den Winter ausreichenden Vorrat zu haben, mieteten wir an einem Berghang eine große Grasfläche, die uns ein Bauer im Sommer abmähte. Das Heu verwahrten wir in unserem zweiten, größeren Stall. Diese landwirtschaftliche Betätigung brachte uns mehr Ansehen ein als unsere Schulmeisterei. Für unseren Sohn Jürgen waren diese Gladenbacher Jahre die schönste Zeit seiner Jugend.

Ich selbst hatte bei Dr. Bräuner eine für mich sehr wichtige Vergünstigung erreicht: einen freien Unterrichtstag in der Woche, an dem ich nach Marburg zur Universitätsbibliothek fahren konnte, um mir die notwendigen Bücher für meine wissenschaftliche Arbeit zu holen oder im Lesesaal zu arbeiten. Meine biblischen Forschungen hatten mich allmählich vom neuen zum alten Testament bis zu den Büchern Mose geführt. Hier fand ich mit Hilfe meiner religionssoziologischen Forschungsweise ganz neue Deutungen des Textes, die ich nach etwa drei- bis vierjähriger Arbeit in einem Schreibmaschinenband zusammenfassen konnte. Die Veröffentlichung sollte später nach Kriegsende erfolgen[11]. Im ersten Teil dieser Arbeit wies ich zunächst nach, daß die Hebräer der Patriarchenzeit nicht mehr primitive Nomaden waren, wie die moderne Forschung annahm, sondern an der relativ hohen Kultur Vorderasiens, die auf Viehzucht und Ackerbau, Handel und Geldwirtschaft beruhte, teilnahmen. Im Unterschied zu der eingesessenen Bevölkerung Kanaans waren sie aber nur „Fremdlinge und Beisassen", die außerhalb der Rechtsgemeinschaft der Einheimischen standen, Dienste und Abgaben zu leisten hatten und in ihrer Ohnmacht und Rechtlosigkeit wie Parias behandelt wurden. Das Ziel der Patriarchen war, die Fesseln dieses Gastvolkdaseins zu sprengen und Freiheit und Herrschaft in Kanaan zu erobern, was aber lange Zeit mißlang. Der zweite Teil des Buches untersuchte den Aufenthalt der Hebräer in Ägypten, wo sie sich zunächst infolge günstigerer Lebensver-

---

[11] Fritz Helling, Frühgeschichte des jüdischen Volkes, Frankfurt a.M. 1947. – Zur Entstehungsgeschichte dieser umfangreichsten Schrift Fritz Hellings, seiner werkimmanenten und forschungsgeschichtlichen Beurteilung vgl. Siegfried Kreuzer, Vom Kulturvolk der Hebräer zum Staat des Mose: Fritz Hellings „Frühgeschichte des jüdischen Volkes", in: Burkhard Dietz (Hg.), Fritz Helling, Aufklärer und „politischer Pädagoge" im 20. Jahrhundert, Frankfurt a.M. 2003, S. 211-252.

hältnisse mit ihrer Dienstbarkeit abfanden, dann aber später unter dem Druck schwerer Fronarbeiten die Erlösung aus ihrem Pariaelend ersehnten. Im dritten Teil tritt Mose als Führer der antiägyptischen Widerstandsbewegung in den Vordergrund. Er wird aber nicht nur als Befreier und Religionserneuerer dargestellt, sondern zum ersten Mal auch als Gründer des israelitischen Staates. Diese in der Einsamkeit des hessischen Hinterlandes geleistete Forschungsarbeit war bei der Fülle der Schwierigkeiten oft quälend, aber ebenso oft beim Aufleuchten neuer Erkenntnisse beglückend. Das galt auch für die neue Arbeit, die ich dann in Angriff nahm: die Aufhellung der deutschen Geschichte[12]. Aufgrund früherer Studien gelang es mir, wenigstens den ersten Teil niederzuschreiben, der vom frühen Mittelalter bis zur Reformation, dem Bauernkrieg und der Wiedertäuferbewegung reichte. Den wichtigen zweiten Teil mußte ich der noch ungewissen Zukunft überlassen.

So waren die Gladenbacher Jahre für uns drei – meine Frau, Jürgen und mich – Jahre eines erfüllten, friedlichen Lebens mitten im Krieg. Von einigen Krankheiten abgesehen, kamen wir nur zweimal in eine gefährliche und sorgenvolle Lage. Als die siegreichen Heere Hitlers immer weiter vordrangen, sagte mir eines Tages der NS-Propagandaleiter im Auftrage der Partei, man könne es nicht länger zulassen, daß ich als einziger Akademiker am Ort noch nicht Mitglied der NSDAP sei, und forderte mich auf, jetzt endlich in die Partei einzutreten. Meine Frau und ich waren betroffen und suchten nach einem Ausweg aus dieser fatalen Lage. Da tauchte ein Bild vor mir auf: Ich stand mit dem Parteiabzeichen am Rockaufschlag meinem Freund Lubinski[13] gegenüber, der zu zehn Jahren Zuchthaus verurteilt war und später in Auschwitz umkam. Jetzt war uns klar: auf keinen Fall Eintritt in die Partei. Wir mußten eine Entlassung aus der Schule oder jede andere Konsequenz auf uns nehmen. Aber dazu kam es nicht. Der Direktor, dem ich mein Nein mit einer unpolitischen

---

[12] Fritz Helling, Der Katastrophenweg der deutschen Geschichte, Frankfurt a.M.: Vittorio Klostermann 1947. – Vgl. dazu Burkhard Dietz, Fritz Helling als Historiker: der „Katastrophenweg der deutschen Geschichte" (1947) und der Beginn der historischen NS-Forschung in Deutschland, in: ders. (Hg.), Fritz Helling, a.a.O., S. 253-279.

[13] Dagobert Lubinski (s. Kap. 7, Anm. 14).

Begründung mitteilte, trat bei dem Ortsgruppenleiter für mein Bleiben auch ohne Parteimitgliedschaft ein, so daß ich wider Erwarten in Ruhe gelassen wurde. – Viel gefährlicher für uns war, daß im Juli 1944 unser Sohn als Luftwaffenhelfer eingezogen und zum Schutz eines Flugplatzes bei Frankfurt eingesetzt wurde. Als Weihnachten 1944 ein schwerer Angriff auf diesen Platz erfolgte, waren wir tagelang in höchster Sorge, bis wir erfuhren, daß unser Sohn den Angriff heil überstanden hatte. Im März 1945, als die Amerikaner kamen, konnte er sich bis Gladenbach durchschlagen und zu Hause bleiben.

*Abb. 9: Familie Helling im Nutzgarten des Sied-
lungshauses in Gladenbach, ca. 1942*

117

Abb. 10: Jürgen Helling mit der Milchziege in Gladenbach

Kapitel 9

Kriegsende, Rückkehr nach Schwelm und Neubeginn

Nach dem Ende der Hitlerherrschaft bildeten in Gladenbach die Antifaschisten spontan einen politischen Rat, der die Geschicke der Stadt von nun an leiten sollte. Auch ich beteiligte mich aktiv an der Bildung dieses Rates, in dem die Sozialisten die Führung hatten. Aber die Amerikaner verboten sehr bald diesen revolutionären Neubeginn und stellten die traditionelle bürgerliche Ordnung unter einem ihnen genehmen, von auswärts geholten Bürgermeister wieder her. An der Marburger Universität hielt man ebenfalls an den alten Traditionen fest und entschloß sich nicht einmal dazu, den hochbegabten Professor Dr. Werner Krauss[1], der in der Hitlerzeit zum Tode verurteilt worden war und von den Russen früh genug befreit wurde, gebührend anzuerkennen. Er entschloß sich deshalb schon früh, Marburg zu verlassen und in Leipzig eine ordentliche Professur zu übernehmen. Durch einen gemeinsamen Freund erhielt ich Verbindung mit ihm und gab ihm, als er noch in Marburg war, meine alttestamentliche Arbeit zum Lesen. Er war begeistert und bemühte sich sofort, einen Verlag für sie ausfindig zu machen[2].

Bald darauf aber fand mein Leben im hessischen Hinterland ein unerwartetes Ende. Pfingsten 1945 besuchte mich der Landrat des Ennepe-Ruhr-

---

[1] Werner Krauss (1900-1976), einer der bedeutendsten Romanisten des 20. Jahrhunderts, 1941 Professor in Marburg, 1942-1945 als NS-Gegner inhaftiert und zum Tode verurteilt, ab 1945 wieder in Marburg, seit 1947 in Leipzig und an der Humboldt-Universität in (Ost-)Berlin. Krauss arbeitete vor allem zur spanischen Literatur und zur Geistesgeschichte der Aufklärung (vgl. Ottmar Ette u.a. [Hg.], Werner Krauss. Wege – Werke – Wirkungen, Berlin 1999; Hans Robert Jauß, Ein Kronzeuge unseres Jahrhunderts, in: Werner Krauss. Vor gefallenem Vorhang. Aufzeichnungen eines Kronzeugen des Jahrhunderts, hg. v. Manfred Naumann, Frankfurt a.M. 1995, S. 10 ff; Werner Krauss, Briefe 1922 bis 1976, hg. v. Peter Jehle, Frankfurt a.M. 2002; Werner Krauss, Ein Romanist im Widerstand. Briefe an die Familie und andere Dokumente, hg. v. Peter Jehle u. Peter-Volker Springborn, Frankfurt a.M. 2004).
[2] Fritz Hellings „Frühgeschichte des jüdischen Volkes" erschien 1947 im Vittorio Klostermann Verlag (Frankfurt a.M.).

Kreises Wilhelm Vahle[3] in Gladenbach und machte mir im Auftrag der englischen Militärregierung das Angebot, die Wiederaufnahme des vorläufig stillgelegten Schulunterrichts durch die politische Überprüfung der dortigen Lehrerschaft zu ermöglichen. Ich sagte zu und fuhr gleich mit ihm nach Schwelm, während meine Frau und mein Sohn noch in Gladenbach blieben. Die erste Hilfe bei meiner neuen Arbeit in Schwelm fand ich in meinem früheren Schüler Walter Kluthe[4], mit dem mich seitdem eine unzertrennliche Freundschaft verbindet. Um die politische Überprüfung der Lehrerschaft so gewissenhaft wie möglich vorzunehmen, bildete ich aus den Reihen der unbelasteten Lehrer im Ennepe-Ruhr-Kreis einen Ausschuß, der die Gewähr für die Richtigkeit unserer Vorschläge an die Militärregierung bot. Im September 1945 konnte dann ein großer Teil der Schulen mit dem Unterricht wieder beginnen. Zu diesem Ereignis sprach mir der Landrat in einem herzlich gehaltenen Brief seine Anerkennung und seinen Dank aus. Einen Monat später wählten mich die Schwelmer Stadtverordneten zum Direktor der beiden Oberschulen[5] der Stadt.

---

[3] Wilhelm Vahle (1897-1964) war vor 1945 Mitarbeiter der Stadtverwaltung Schwelm, nach 1945 zunächst Bürgermeister der Stadt Schwelm (Amtszeit: Juni 1945), dann Landrat und Oberkreisdirektor des Ennepe-Ruhr-Kreises (Amtszeit: Februar 1946 - 12. März 1946), Mitbegründer der CDU in Schwelm und im Ennepe-Ruhr-Kreis (NRW), Ministerialrat im Wirtschaftsministerium des Landes Nordrhein-Westfalen (vgl. Der Ennepe-Ruhr-Kreis. Festschrift zum 25jährigen Bestehen des Kreises, Hattingen 1954, S. 247, 253; HSTA Düsseldorf, NW 30, Nr. 94, 301, 370, 722; Schwelmer Zeitung vom 13. Mai 1964, Nr. 110 [StA Schwelm]).
[4] Walter Kluthe (1915-1992), jüngerer Bruder von Hans Albert Kluthe (1904-1970, s. Kap. 4, Anm. 26), war Schüler, später engster Vertrauter und Freund Fritz Hellings sowie seiner Familie. Nach 1945 Sekretär der Sozialakademie in Dortmund, aus der er wegen seines Engagements gegen die Remilitarisierung der Bundesrepublik 1951 entlassen wurde. Hauptamtlicher Mitarbeiter des Kulturbundes (s. Kap. 10, Anm. 13) und in dessen Auftrag Organisator gesamtdeutscher Treffen. Ab 1954 Schriftleiter der Zeitschrift „Schule und Nation" und Sekretär des Schwelmer Kreises (vgl. Peter Dudek, Gesamtdeutsche Pädagogik im Schwelmer Kreis. Geschichte und politisch-pädagogische Programmatik 1952-1974, Weinheim 1993, S. 215).
[5] Gemeint sind hier das nur bis zur zehnten Klasse führende ehemalige „Lyzeum" als höhere Schule für Mädchen und das (Real-)Gymnasium, das seinerzeit noch ausschließlich Jungen vorbehalten war (vgl. Jürgen Sprave, Fritz Helling und der Aufbau des höheren Schulwesens in Schwelm und Nordrhein-Westfalen, in: Burkhard Dietz [Hg.], Fritz Helling, Aufklärer und „politischer Pädagoge" im 20. Jahrhundert, Frankfurt a.M. 2003, S. 319-401, hier S. 335 f).

Im Dezember 1945 kehrten dann meine Frau und mein Sohn mit dem gesamten Hausrat nach Schwelm zurück, wo wir die Parterrewohnung in unserem eigenen Haus wieder bewohnen konnten. Zwei Zimmer überließen wir der Stadt für Wohnungslose. Das große Schulgebäude, in dem das Realgymnasium und die Frauenoberschule ihre Räume hatten, war gegen Ende des Krieges durch Bomben so stark zerstört worden, daß für lange Zeit nur ein sehr behelfsmäßiger Schichtunterricht möglich war. Die anstrengendste Arbeit war für mich der Kampf um die Ausbesserung der Schäden. Gegen alle Gewohnheit mußte ich mich um die Beschaffung von Dachpappe, Blechplatten und Fensterscheiben bekümmern, Verhandlungen mit dem Bauamt führen und über Umbaupläne mit entscheiden. Nur an den Nachmittagen fand ich noch Zeit für die Beendigung meiner Arbeit über deutsche Geschichte.

Im Mai 1946 erhielt ich von Professor Krauss einen Brief, in dem er zur Veröffentlichung meiner „Frühgeschichte des jüdischen Volkes" schrieb: „Vittorio Klostermann[6], Frankfurt, hat mich soeben telefonisch benachrichtigt, daß er Ihr Manuskript gelesen habe und sehr beeindruckt sei. Er will es in seinen Verlag aufnehmen und mit der Drucklegung sofort beginnen ... K. ist sich übrigens bewußt, daß er den Widerspruch der offiziellen Theologen erregen wird, aber er ist überzeugt davon, daß dieses ein Verdienst ist."

---

[6] Vittorio Klostermann (1901-1977), Verleger, gründete 1930 den nach ihm benannten wissenschaftlichen Verlag mit den inhaltlichen Schwerpunkten Philosophie, Sprach- und Literaturwissenschaft, Geschichte und Archäologie, Bibliothekswesen und Bibliographie sowie Rechts-, Staats- und Wirtschaftswissenschaften (vgl. Vittorio Klostermann, Frankfurt am Main 1930-2000. Verlagsgeschichte und Bibliographie, unter Mitarbeit von Siegfried Blasche, hg. v. Vittorio E. Klostermann, Frankfurt a.M. 2000). Der enge Kontakt zwischen Werner Krauss und Vittorio Klostermann beruhte u.a. darauf, daß Krauss 1946 in Klostermanns Verlag die Schrift „PLN. Die Passionen der halkyonischen Seele" veröffentlicht hatte, d.h. seine als zum Tode Verurteilter in verschiedenen NS-Gefängnissen geheim niedergeschriebenen Gedanken. Vgl. dazu auch das zeitgenössische Geschäftsarchiv des Verlages Vittorio Klostermann im Deutschen Literaturarchiv Marbach am Neckar (s. auch Anm. 1).

1947 erschien das Buch und fand eine erfreuliche Beachtung. Schon bald (Juni 1947) brachten die „Frankfurter Hefte"[7] eine verständnisvolle Besprechung durch den Mitherausgeber Dr. Eugen Kogon[8]. „Wer das Buch liest", schrieb er, „freut sich von vornherein an der klaren Sprache und der streng wissenschaftlichen Methode. Es ist eine Lust, feststellen zu dürfen, daß es so etwas in Deutschland heute wieder gibt: Tauben aus der Gelehrsamkeitsarche, in der doch einige von der Spezies gediegener geisteswissenschaftlicher Forscher die nationalsozialistische Sintflut überlebt haben. Und just ein Werk über die jüdische Geschichte ist der Ölzweig, der das Wiederauftauchen echter Forschung kündet!"[9]

In der „Zeitwende"[10] (September 1948) hieß es: „Dankenswert ist, daß hier energisch versucht wird, die Frühgeschichte des israelitischen Volkes aus vorliegenden alttestamentarischen Zeugnissen zu verstehen." Eine ebenso aufgeschlossene Stellungnahme brachte im Juni 1948 der Theologe K. Thieme[11] im „Michael", der Wochenzeitung junger Deutscher[12]:

---

[7] Die „Frankfurter Hefte. Zeitschrift für Kultur und Politik" wurden 1946 von Eugen Kogon (s. Anm. 8) und Walter Dirks (1901-1991) gegründet und bis 1984 herausgegeben (seitdem unter dem Titel „Neue Gesellschaft – Frankfurter Hefte", hg. v. der Friedrich-Ebert-Stiftung); sie erreichten schnell eine für damalige Verhältnisse sehr hohe Auflage von bis zu 75.000 Exemplaren und waren bis in die 1950er Jahre eine der einflußreichsten gesellschafts- und kulturpolitischen Zeitschriften der Nachkriegszeit (vgl. 50 Jahre Frankfurter Hefte, in: Neue Gesellschaft, Frankfurter Hefte 43/4, 1996, S. 290-384).

[8] Eugen Kogon (1903-1987), Politologe und Publizist, war Mitarbeiter der katholischen Zeitschrift „Schönere Zukunft" in Wien, 1938-1945 in Haft (seit 1939 im KZ Buchenwald), nach 1945 Mitherausgeber der „Frankfurter Hefte". 1945 veröffentlichte er sein seitdem immer wieder aufgelegtes Buch „Der SS-Staat. Das System der deutschen Konzentrationslager". Von 1951 bis 1968 war Kogon Professor in Darmstadt (vgl. Peter Graf Kielmansegg, Abschied von Eugen Kogon, in: Merkur 42, 1988, S. 250-257; Lexikon des deutschen Widerstandes, hg. v. Wolfgang Benz u. Walter H. Pehle, 2. Aufl. München 2001, S. 368).

[9] Frankfurter Hefte 2 (1947) 6, S. 616-619.

[10] „Zeitwende. Kultur, Kirche, Zeitgeschehen", gegründet 1925 und seitdem mit häufig wechselndem Verlagsort (u.a. Oldenbourg Verlag, Beck Verlag, eigene Verlagsgesellschaften in Karlsruhe und Hamburg), erscheint bis heute vierteljährlich.

[11] Karl Otto Thieme (1902-1963), Historiker, Theologe und Publizist, war 1924-1933 Mitglied der SPD und des Reichsbanners Schwarz-Rot-Gold (s. Kap. 5, Anm. 3), seit 1927 aktives Mitglied des Bundes der religiösen Sozialisten Deutschlands, gehörte seit 1933 zum Hofgeismarer-Kreis von Jungsozialisten, war seit 1927 Dozent an der Deut-

„Hier ist zu Ende gedacht", schrieb er, „was der geniale Max Weber[13] in seinem bahnbrechenden Alterswerk über ‚Die Juden' (Ges. Aufsätze zur Religionssoziologie III, Tübingen 1921) zuerst erkannt hat." In einer Luxemburger Zeitung hieß es: „Dieses Buch hält vernichtendes Gericht

---

schen Hochschule für Politik in Berlin, seit 1931 Professor an der Pädagogischen Akademie im ostpreußischen Elbing. 1933 aus politischen Gründen entlassen, wurde Thieme seit Ende 1933 Redaktionsmitglied der katholischen Wochenzeitung „Junge Front" (später „Michael") mit dem Untertitel „Wochenzeitung junger Deutscher" (s. Anm. 12). 1934 konvertierte Thieme aus Protest gegen die schwächliche Haltung der evangelischen Kirche gegenüber den nationalsozialistischen „Deutschen Christen" zum Katholizismus. 1935 Emigration in die Schweiz, wo er 1944 gemeinsam mit anderen Emigranten Pläne zur politischen Neuordnung Deutschlands entwickelte. Nach 1945 wurde Thieme kultur- und hochschulpolitischer Berater der französischen Besatzungstruppen, 1947-53 Gastprofessor für Geschichte an der Dolmetscherschule in Germersheim, 1953-63 a.ord. Professor und von 1954 bis 1963 Direktor des Auslands- und Dolmetscher-Instituts der Universität Mainz. Internationale Anerkennung fand Thieme mit seinem Engagement für den christlich-jüdischen Dialog nach dem Holocaust (vgl. Friedrich Wilhelm Graf, Art. Karl Otto Thieme, in: Biographisch-Bibliographisches Kirchenlexikon, Bd. XI, Herzberg 1996, Sp. 1113-1131).

[12] Die katholische Wochenzeitung „Michael" (mit wechselnden Untertiteln erschienen) stellte seit 1935 und bis zu ihrem Verbot 1936 die Nachfolge der vom NS-Regime eingestellten Zeitschrift „Junge Front" dar, mit welcher der betont gegen das Regime Hitlers eingestellten „Jungen Kirche" eine öffentlich wirksame Stimme gegeben werden sollte (Auflagenhöhe 1936: 330.000). Ihr ehemaliger Redaktionsleiter Johannes Maaßen setzte nach 1945 die erfolgreiche Tradition dieser katholischen Pressearbeit fort, „um an der Umschulung und Neuerziehung mitzuwirken" (vgl. Klaus Gotto, Die Wochenzeitung Junge Front/Michael. Eine Studie zum katholischen Selbstverständnis und zum Verhalten der jungen Kirche gegenüber dem Nationalsozialismus, Mainz 1970, insbes. S. 244).

[13] Max Weber (1864-1920), Volkswirtschaftler und Soziologe mit wissenschaftsgeschichtlich großem internationalen Einfluß, insbesondere im Bereich der Sozialwissenschaften; Professor in Berlin (1893), Freiburg (1894), Heidelberg (1897), Wien (1918) und München (1919). Die hier angegebene Textstelle bezieht sich auf seine 1920/21 in drei Bänden erschienenen „Gesammelten Aufsätze zur Religionssoziologie", mit denen er ähnlich wie in seinem berühmtesten Werk „Die protestantische Ethik und der Geist des Kapitalismus" (1904/05) die Wechselwirkungen von Wirtschaft, Religion, Recht, Politik, Kunst und Wissenschaft in den Blick nahm und versuchte gleichsam kulturhistorisch zu beschreiben. Im Mittelpunkt stehen dabei der Legitimitätswandel politischer Herrschaft, die Veränderungsformen sozial-ökonomischer Ungleichheit und die religiös-kulturelle Umformung individueller und kollektiver Lebensformen (vgl. Gangolf Hübinger, Art. Max Weber, in: Historikerlexikon. Von der Antike bis zum 20. Jahrhundert, hg. v. Rüdiger vom Bruch u. Rainer A. Müller, München 1991, S. 335 f).

über die modernen Pentateuchkritiker aus der Schule Wellhausens[14] und liefert erneut den Beweis für die historische Zuverlässigkeit des ‚Fünfbuches' und der biblischen Überlieferungen im allgemeinen ... Der Autor kommt auf Grund einer scharfen ökonomischen, soziologischen, politischen und religiösen Analyse der Patriarchenzeit zum Schluß, daß die Genesis eine historische Quelle ersten Ranges ist und auch soziologisch so ernst wie möglich genommen werden muß." Als dann aber der Alttestamentler, Professor Dr. Noth (Bonn)[15], als Vertreter der von mir angegriffenen Schule in einer theologischen Zeitschrift eine scharf ablehnende Kritik veröffentlichte[16], verfiel mein Buch der Verfemung.

Im Dezember 1946 teilte ich dem Verleger Klostermann in einem Brief mit, daß jetzt mein zweites Buch „Der Katastrophenweg der deutschen Geschichte" als Manuskript fertig vorliege. Zu seiner Charakterisierung schrieb ich: „Das Buch gibt keine Totaldarstellung der deutschen Geschichte, sondern zeichnet nur die Hauptlinien der ökonomisch-

---

[14] Julius Wellhausen (1844-1918), Theologe, Orientalist und Arabist, einer der bedeutendsten deutschen Gelehrten des 19. Jahrhunderts, war Professor für Altes Testament in Greifswald (seit 1872), für semitische Sprachen in Halle (seit 1882), Marburg (seit 1885) und Göttingen (1892-1913). Wie sein Freund Ulrich von Wilamowitz-Moellendorff (s. Kap. 2, Anm. 7) war Wellhausen ein prominenter Vertreter der historisch-kritischen Methode der Philologie und Gegner etwa der universalhistorischen Perspektive Eduard Meyers (vgl. Kap. 2, Anm. 12), bei dem Fritz Helling studiert hatte. Wellhausen interpretierte die Geschichte des israelitischen Volkes, seiner Religion und seiner Literatur auf der Grundlage der Bibelexegese als einen einheitlichen Prozeß, in dem er vor allem der „Priesterschrift" im Pentateuch ihre Stelle als jüngste (nach dem Exil entstandene) zuwies. Mit seiner „Geschichte Israels, 1. Teil" (1878) hat er dieser Ansicht auf lange Zeit zur fast allgemeinen Anerkennung verholfen. Sie bildet auch die Basis seiner übrigen zusammenfassenden Werke zur israelitischen und jüdischen Geschichte, zum aramäischen Ursprung sowie zum frühen Islam (vgl. Marco Frenschkowski, Art. Julius Wellhausen, in: Biographisch-bibliographisches Kirchenlexikon, Bd. XIII, Herzberg 1998, Sp. 716-727).

[15] Martin Noth (1902-1963), einer der bedeutendsten und einflußreichsten Alttestamentler des 20. Jahrhunderts, war seit 1929 Professor in Königsberg, seit 1946 in Bonn, seit 1964 Leiter des wiedereröffneten „deutschen Evangelischen Instituts für Altertumswissenschaft des Heiligen Landes" in Jerusalem (vgl. Winfried Thiel, Art. Martin Noth, in: Biographisch-Bibliographisches Kirchenlexikon, Bd. VI, Herzberg 1993, Sp. 1023-1032).

[16] Zeitschrift des Deutschen Palästina-Vereins, hg. v. Martin Noth 68 (1946-1951), S. 93 ff.

politischen Entwicklung von der germanischen Frühzeit bis zur Gegenwart. Seine Bedeutung liegt darin, daß es eine tiefgreifende Revision des traditionellen Geschichtsbildes enthält. Die Anwendung der ‚materialistischen' Geschichtsmethode tritt deutlicher zu Tage als in meiner alttestamentlichen Arbeit." Ich fragte ihn dann, ob er bereit und in der Lage sei, den Verlag zu übernehmen. „Ich wende mich zuerst an Sie, weil ich Ihnen für den Druck meiner ersten Arbeit zu Dank verpflichtet bin." Klostermann antwortete zustimmend. Und so erschien das Buch im Jahre 1947[17].

Auf seiner Schlußseite erhob ich für die Zukunft die Forderung, „endlich eine soziale Demokratie zu verwirklichen, die den Mut hat, nicht nur die nationalistischen Kriegsverbrecher unschädlich zu machen, sondern auch die feudalen und kapitalistischen Volksfeinde durch die Enteignung des Großgrundbesitzes und die Sozialisierung der Großbetriebe zu entmachten. Zu der Riesenarbeit des demokratisch-sozialistischen Neuaufbaus, für die der Weg dadurch frei gemacht wird, müssen sich alle fortschrittlichen Kräfte – die sozialistischen Arbeiterparteien und die Gewerkschaften ebenso wie das aus christlicher und humanistischer Verantwortung für die Zukunftsnotwendigkeiten aufgeschlossene Bürgertum – zu einem machtvollen Volksblock vereinigen. Nur das Bündnis dieser Kräfte kann die große Wandlung vollbringen, durch die das deutsche Volk zum ersten Mal in seiner Geschichte zu einer sozialen Demokratie aufsteigt und dank seiner Bereitschaft zum Frieden in der Gemeinschaft der Völker zu einer Brücke zwischen den Mächten des Ostens und des Westens wird. Das ist der Auftrag, den wir im Glauben an unser Volk zu erfüllen haben." Das wurde im gleichen Jahr 1947 geschrieben, als die neu gegründete Christlich-Demokratische Union (CDU) in ihr Ahlener Programm[18] die überra-

---

[17] Vgl. dazu Kap. 8, Anm. 12.

[18] Das Ahlener Programm vom März 1947, das im wesentlichen ein Wirtschaftsprogramm war und vor dem Hintergrund einer in der westdeutschen Öffentlichkeit breit geführten Sozialisierungsdebatte entstand, wurde inhaltlich stark von den Vorstellungen des „christlichen Sozialismus" geprägt, wie sie vor allem die Frankfurter Gruppe um Walter Dirks (s. Anm. 7) propagierte (vgl. Dorothee Buchhaas, Die Volkspartei. Programmatische Entwicklung der CDU 1950-1973, Düsseldorf 1981, S. 164; Peter Haugs, Die CDU: Prototyp einer Volkspartei, in: Parteien in der Bundesrepublik Deutschland, hg. v. Alf

schenden Sätze aufnahm: „Das kapitalistische Wirtschaftssystem ist den staatlichen und sozialen Lebensinteressen des deutschen Volkes nicht gerecht geworden. Nach dem furchtbaren politischen, wirtschaftlichen und sozialen Zusammenbruch als Folge einer verbrecherischen Machtpolitik kann nur eine Neuordnung von Grund auf erfolgen. Inhalt und Ziel dieser sozialen und wirtschaftlichen Neuordnung kann nicht mehr das kapitalistische Gewinn- und Machtstreben, sondern nur das Wohlergehen unseres Volkes sein. Durch eine gemeinwirtschaftliche Ordnung soll das deutsche Volk eine Wirtschafts- und Sozialverfassung erhalten, die dem Recht und der Würde des Menschen entspricht, dem geistigen und materiellen Aufbau unseres Volkes dient und den inneren und äußeren Frieden sichert." Kein Wunder, daß bei der weiten Verbreitung solcher Überzeugungen mein Buch damals sehr starke Beachtung fand, viel gekauft, gelesen und in der Presse besprochen wurde. Den eindrucksvollsten Beweis dafür brachte „Die Neue Zeitung"[19], die am 17. Oktober 1947 bekannt gab: „Seit Mai 1945 bis Ende August dieses Jahres sind in der amerikanischen Zone Deutschlands 3894 Bücher und Zeitschriften veröffentlicht worden. Diese Zahl stammt aus dem Monatsbericht der amerikanischen Militärregierung, der als wichtige Bücher besonders erwähnt: Fritz Helling ‚Der Katastrophenweg der deutschen Geschichte', Ernst Michel ‚Sozialgeschichte der industriellen Arbeitswelt'[20] und H. Pinnow ‚Von Weltkrieg zu Weltkrieg'[21].

Mintzel u. Heinrich Oberreuter, Bonn 1990, S. 158-198, insbes. S. 167). S. auch Kap. 11, Anm. 31.

[19] Die Neue Zeitung. Die amerikanische Zeitung in Deutschland, hg. v. der amerikanischen Militärregierung, Frankfurt a.M., 1. Jg. (18. Oktober 1945) bis 11. Jg. (30. Januar 1955); 1945 verantwortlicher Redakteur: Hans Habe, Mitarbeiter u.a.: Alfred Andersch, Egon Bahr, Hildegard Brücher, Stefan Heym, erschien anfangs zweimal, später immer sechsmal wöchentlich; Aufl. 1948: 2 Mill. (vgl. Dominique Herbet, „Die Neue Zeitung": eine amerikanische Zeitung für die deutsche Bevölkerung, Diss. Valenciennes 1996).

[20] Ernst Michel (1889-1964), katholischer Religionsphilosoph, Sozialpsychologe, Psychotherapeut und Publizist; zuletzt tätig als Hochschullehrer an der Universität Frankfurt a.M., gehörte zur Gruppe der „christlichen Sozialisten" um Walter Dirks (s. Anm. 7). Michels „Sozialgeschichte der industriellen Arbeitswelt, ihrer Krisenformen und Gestaltungsversuche", die 1947 erschien und eine terminologisch-methodologische Verwandtschaft bzw. Vorreiterrolle zur Industriesoziologie Hans Freyers, Gunther Ipsens und Walter G. Hoffmanns sowie zu der daraus entwickelten „Strukturgeschichte des tech-

Von dem Glauben an den Beginn einer neuen Zukunft war auch meine pädagogische Arbeit in unserer Schwelmer höheren Schule getragen. Nach den furchtbaren Jahren der nationalsozialistischen Unmenschlichkeit sollte in unserer Schule der Geist der Menschlichkeit und Hilfsbereitschaft herrschen. Den Lehrern gewährte ich ein Höchstmaß geistiger Freiheit in ihrem Unterricht. Die Schüler und Schülerinnen sollten in mir den Anwalt ihrer Rechte sehen, der für sie eintrat, wenn ihnen ein Unrecht geschah. So kam es wieder zu einem vertrauensvollen Verhältnis zwischen Lehrern und Schülern.

Das offenbarte sich am frühesten und schönsten in den Feierstunden der dramatischen und musikalischen Aufführungen, die wir der Hingabe unserer Künstler-Kollegen und aller mitwirkenden Schüler und Schülerinnen verdankten. Aber auch im alltäglich-praktischen Bereich machten wir die Schule für die Jugend zum Mittelpunkt vielseitiger Aktivität, so daß die Freude an der Schule wuchs. Für die Schüler und Schülerinnen der Mittelstufe (U III – U II) richteten wir Werkstätten ein[22], in denen sie unter Leitung von bezahlten Fachkräften zwei Stunden in der Woche nachmittags freiwillig arbeiten konnten. Wir hatten eine Schlosserei, Schreinerei, Buchbinderei, Weberei und eine Werkstatt für plastische Arbeiten. Alle Werkräume, die im hellen Kellergeschoß der Schule lagen, waren mit den notwendigsten Werkzeugen und Maschinen ausgestattet. In den Lehrgängen wurde teils für den Eigengebrauch der Schüler, teils für die Schule gearbeitet. 40 bis 45 Prozent der Schüler und Schülerinnen

---

nisch-industriellen Zeitalters" Werner Conzes erkennen läßt, erlebte später noch mehrere Neuauflagen. Ihr hatte Ernst Michel bereits 1937 eine „Sozialgeschichte der modernen Arbeitswelt" (Limburg a.d.Lahn) vorausgeschickt (vgl. Weltverantwortung des Christen. Zum Gedenken an Ernst Michel [1889-1964], hg. v. Arnulf Groß u.a., Frankfurt a.M. 1996).

[21] Hermann Pinnow, Historiker und Publizist, insbesondere Autor von historischen Schulbüchern. Sein hier erwähntes schmales Buch „Von Weltkrieg zu Weltkrieg, 1919-1945" (Heidelberg 1947) erlebte 1948 eine zweite Auflage und ging aus einer Vorlesung an der Universität Heidelberg hervor.

[22] Zu den hier und im folgenden angesprochenen reformpädagogischen Maßnahmen, die unter der Regie von Fritz Helling als Schulleiter am Schwelmer Gymnasium nach 1945 durchgeführt wurden, vgl. Jürgen Sprave, Fritz Helling und der Aufbau, a.a.O., S. 319-401.

nahmen an diesen Werkkursen teil und waren mit großem Eifer bei der Sache. In der Oberstufe (O II – O I) unseres mathematisch-naturwissenschaftlichen Gymnasiums wagten wir einen Versuch, der sehr langwierige Vorbereitungen nötig machte. Wir gestatteten hier eine gewisse Freiheit in der Wahl bestimmter Fächer, für die wir Kurse mit vermehrter oder verminderter Stundenzahl einrichteten. Zwei Drittel des Unterrichts blieb ein für alle verbindlicher Pflichtunterricht zur Sicherung der allgemeinen Bildung. Ein Drittel bot in den Kursen die neuen Wahlmöglichkeiten, die den individuellen Interessen und Begabungen mehr Raum zu geben vermochten. Als neue Wahlfächer führten wir Altertumskunde, Gesellschaftslehre und Gegenwartskunde ein. Auch diese Auflockerung der Oberstufe wurde begrüßt, so daß ein Primaner einmal sagte: „Jetzt merke ich erst, daß die Schule auch schön sein kann." An den Beratungen dieser Pläne nahmen die Schüler und Schülerinnen der Oberstufe ebenso regelmäßig wie die Lehrer teil und bewiesen dabei eine erstaunliche Sachlichkeit. Gerade sie waren es, die bei der wahlfreien Differenzierung auf die Wahrung der Allgemeinbildung achteten. Die Mitverantwortung, die sie trugen, war eine spürbare Hilfe zur Bildung ihrer werdenden Persönlichkeit und erhöhte ihr Selbstvertrauen. Mehr und mehr wurde die Schule ihre eigene Schule, für die sie bei vielen Gelegenheiten ebenso gern und eifrig eintraten wie früher die Primaner vor 1933. Auch die Eltern bekamen ein engeres Verhältnis zur Schule, so daß die Elternversammlungen immer stärker besucht wurden. Die finanzielle Hilfe, die wir für die Neuerungen nötig hatten, wurde uns stets bereitwillig von der Stadt Schwelm gewährt. Im städtischen Schulausschuß wurden meine Anträge ausnahmslos von den Vertretern aller Parteien, von der CDU bis zur KPD, einstimmig angenommen. Da auch das Schulkollegium in Münster und das Kultusministerium in Düsseldorf unsere Reformen förderten, blieb es nicht aus, daß wir häufig interessierte Besucher zu Gast hatten. Ein Journalist schrieb nach seinem Besuch einen Bericht in der „Welt" unter der Überschrift: „Fast eine Revolution". Eines Vormittags kam ein englischer Universitätsprofessor[23] zu uns, als wir gerade mit den

---

[23] Im Zuge der verschiedenen seit 1945 am Schwelmer Realgymnasium eingeführten Schulreformen fanden wiederholt Hospitationen durch in- und ausländische Pädagogen, Bildungspolitiker und Verwaltungsexperten statt, u.a. Ende 1947 durch den Leiter des

Mittel- und Oberklassen und den Lehrern in der behelfsmäßig hergerichteten Turnhalle zu einer „Schulgemeinde" versammelt waren, in der über mancherlei diskutiert wurde. Als ich nachher mit dem Gast, der sich an der Diskussion beteiligt hatte, das eben Erlebte besprach, sagte er: „Eine so freie Demokratie in der Schule haben wir in England nicht."

Im Herbst 1949 erhielt ich Gelegenheit, auf der ersten westfälischen Direktorenkonferenz meine Ideen und Versuche in einem Vortrag[24] über das von Münster gestellte Thema „Die stärkere Berücksichtigung der Erziehungsaufgaben der höheren Schule unter Wahrung ihrer Leistungshöhe" darzustellen.

Oxforder Ruskin-College, der in Begleitung des Leiters der Erziehungsabteilung Westfalen-Süd der Militärregierung in Bochum in Schwelm erschien (vgl. Jürgen Sprave, Fritz Helling und der Aufbau, a.a.O., S. 361).
[24] Der 32seitige Text dieser in Hamm gehaltenen Rede befindet sich als Manuskript im Nachlaß Fritz Helling.

Kapitel 10

Restauration, Kalter Krieg und Pensionierung

Mittlerweile war die politische Entwicklung immer stärker auf die Wiederherstellung der bürgerlich-kapitalistischen Gesellschaftsordnung ausgerichtet worden. Da ich die Größe dieser Gefahr erkannte, trat ich wie vor 1933 in vielen Referaten für eine möglichst enge Zusammenarbeit von SPD und KPD ein als einzige Gewähr dafür, die Wiedererstarkung des Kapitalismus zu verhindern. Ich berief mich dabei auf das „Prager Manifest"[1], in dem die illegale SPD-Führung 1934 betont hatte: „Die Einigung der Arbeiterklasse wird zum Zwang, den die Geschichte selbst auferlegt. Die Führung der deutschen Sozialdemokratie ... lehnt es ab, die Selbstzerfleischung zuzulassen ..., die die Spaltung der Arbeiterklasse ... verewigen will." Statt aber 1945 diese Wahrheit anzuerkennen und zur Wirklichkeit werden zu lassen, ließ sich die SPD wiederum zu einem Antikommunismus verleiten, der die Arbeiterklasse von neuem spaltete und dadurch zur Ohnmacht verurteilte.

In viel gefährlicherem Maße setzte sich dieser Antikommunismus in der internationalen Politik durch. Der Grund dafür lag in der unheilvollen Wende, welche die weltpolitische Entwicklung infolge des Kurswechsels der amerikanischen Politik nahm. Drei Tage nach dem am 15. April 1945 erfolgten Tode Roosevelts[2] versammelten sich die einflußreichsten Vertreter der politischen Opposition zu einer Konferenz im amerikanischen Außenministerium, in der die Abkehr von der Politik Roosevelts vereinbart wurde. Man entschied sich dafür, die Sowjetunion als Feind zu be-

---

[1] Programmatisches Dokument des Exilvorstands der SPD, das zum Jahrestag der ‚Machtergreifung' Hitlers im Januar 1934 unter dem Titel „Kampf und Ziel des revolutionären Sozialismus" veröffentlicht wurde. Das Manifest übte Selbstkritik an der Haltung der Partei nach 1918, rief zum Kampf und zur „gemeinsamen Front aller antifaschistischen Schichten" gegen den Nationalsozialismus auf und formulierte als politisches Ziel die Errichtung eines demokratischen und sozialistischen Deutschland (vgl. Uta Petersen, Das Prager Manifest der SPD von 1934. Ein Beitrag zur Geschichte des sozialdemokratischen Exils 1933-1936, Hamburg 1983).

[2] Franklin D(elano) Roosevelt (1882-1945), Präsident der USA von 1933-1945.

handeln. Im Vertrauen auf den Alleinbesitz der Atombombe glaubte man, durch eine „Politik der Stärke" die Führung in der Welt erringen zu können. Zielbewußt wurde von nun an die amerikanische Politik auf diesen neuen Kurs gebracht, der auch im englischen Foreign Office unter Churchill[3] und im französischen Außenministerium unterstützt wurde.

Im Dezember 1946 erklärte der amerikanische Präsident Truman[4] in seiner Botschaft an den Kongreß: „Wir alle müssen verstehen, daß der Sieg, den wir errungen haben, dem amerikanischen Volk die Bürde der dauernden Verantwortung für die Führung der Welt auferlegt hat." Im gleichen Sinne versicherte General Marshall[5] in einer Rede vor Finanzleuten und Industriellen in Pittsburgh am 15. Januar 1948: „Das amerikanische Volk hört oft die Behauptung, daß die Ereignisse unserem Volk eine führende Rolle in der Welt auferlegt haben ... Ich zögere nicht zu sagen, daß keine Gruppe der Nation entschlossener ist, die Rolle tatkräftig und entschlossen durchzuführen, als die der Geschäftsleute." Noch deutlicher schrieb Charles Eaton[6], der Vorsitzende des außenpolitischen Ausschusses, im Juli 1947 in der Zeitschrift „American Magazine"[7]: „Ich bin der Meinung, daß wir die Frage unserer Beziehungen zu den Russen immer noch mit psychologischen Mitteln lösen können; sollte uns aber dies nicht gelingen, so müssen wir sie mit Waffengewalt niederschlagen. Die Zeit ist gekommen, ihnen das zu sagen." Diese Politik bedeutete den Bruch aller feierlichen Versprechen, durch die man sich zu einer Zusammenarbeit mit

---

[3] Winston Churchill (1874-1965), britischer Premierminister (1940-1945 und 1951-1955).

[4] Harry S. Truman (1884-1972), Präsident der USA (1945-1953).

[5] George Marshall (1880-1959), US-General und Politiker, 1947-1949 Außenminister der USA, 1950/51 Verteidigungsminister, Urheber des „Marshall-Plans" zum Wiederaufbau Westdeutschlands (5. Juni 1947), erhielt 1953 zusammen mit Albert Schweitzer den Friedensnobelpreis (vgl. George Marshall, Deutschland und die Wende im Ost-West-Konflikt, hg. v. Christof Dahm, Bonn 1997).

[6] Charles Aubrey Eaton (1868-1953), Journalist und Politiker, 1925-1953 Abgeordneter des amerikanischen Kongresses, Experte für Wirtschaftsfragen (vgl. Who was who in America, Vol. 3, Chicago 1960, S. 248).

[7] Eine eigenständige Zeitschrift dieses Titels ist bibliographisch für den betreffenden Zeitraum nicht nachgewiesen. Wahrscheinlich handelt es sich um „Welt-Spiegel. An American Magazine written in the German and English Language, New York 1946-1951".

der Sowjetunion verpflichtet hatte. Es war die Politik des „Kalten Krieges", der, wenn es angebracht erschien, zum Atomkrieg gesteigert werden sollte.

Der Kommunismus galt wieder, wie in der Hitlerzeit, als „Weltfeind Nr. 1". Die Welt erfüllte sich wieder mit Hetze und Haß. Das alte Unheil des Wettrüstens setzte von neuem ein. Durch diese Spaltung der Welt in zwei feindliche Hälften wurde auch Deutschland auseinandergerissen. Das Potsdamer Abkommen[8] wurde gebrochen. Am 20. September 1949 wurde die Bundesrepublik Deutschland gegründet. Am 7. Oktober 1949 erfolgte die Gründung der Deutschen Demokratischen Republik. So wurde der „Kalte Krieg" für Deutschland zu einer Tragödie. In der Bundesrepublik setzte eine unerhörte Hetze gegen die Sowjetunion und die DDR ein. Im Vertrauen auf die gewaltige Militärmacht der USA hoffte man, die unter Hitler erlittene Niederlage doch noch in einen Sieg über den kommunistischen Osten verwandeln zu können.

Auf einer Pressekonferenz in Washington am 13. März 1952 sagte Staatssekretär Hallstein[9], daß die Bonner Regierung die „Integration Europas"

---

[8] Potsdamer Abkommen, das von den vier Siegermächten des Zweiten Weltkriegs ausgehandelte und am 2. August 1945 ratifizierte Schlußprotokoll der Potsdamer Konferenz über Deutschland und seine künftige Stellung in Europa. Festschreibung der Beschlüsse über die Entnazifizierung, die Meinungs- und Pressefreiheit, die Zulassung von Parteien und Gewerkschaften zwecks Bildung eines demokratischen Gemeinwesens, die Dezentralisierung der Verwaltung und die Entmilitarisierung bei gleichzeitiger militärischer Besatzung durch die Alliierten und Oberaufsicht durch den Alliierten Kontrollrat, wobei die tatsächliche politische Macht in den Besatzungszonen den jeweiligen Militärgouverneuren zuerkannt wurde. Festschreibung von Reparationen (Demontage) mit Ausnahme der sowjetischen Reparationsforderungen, Abtrennung der deutschen Ostgebiete jenseits der Oder-Neiße-Linie, die unter polnische Verwaltung gestellt wurden (Michael Antoni, Das Potsdamer Abkommen, Trauma oder Chance? Geltung, Inhalt und staatsrechtliche Bedeutung, Berlin 1985).
[9] Walter Hallstein (1901-1982), Jurist und Politiker (CDU), entschiedener Verfechter der europäischen Integration; 1950/51 Staatssekretär im Bundeskanzleramt, 1951-1957 Staatssekretär im Auswärtigen Amt, 1957 formulierte er eine Strategie („Hallsteindoktrin"), nach der die Bundesrepublik zu keinem Staat diplomatische Beziehungen unterhalten solle, der die DDR anerkannte; 1958-1967 Präsident der EWG-Kommission in Brüssel, 1968-1974 Präsident der Europa-Bewegung (vgl. Der Beitrag Walter Hallsteins zur

133

bis zum Ural anstrebe. Die „Frankfurter Allgemeine" vom 14. März 1952 erklärte dazu: „Durch den Mund des deutschen Staatssekretärs erfährt die Öffentlichkeit unseres Wissens zum ersten Male das eigentliche Ziel, das sich die Führer der westlichen Diplomatie gestellt haben, seitdem sie mit ihren Bemühungen begannen, die Bundesrepublik in die Gemeinschaft der westlichen Völker einzubauen. Der Staatssekretär nennt die Etappen des einzuschlagenden Weges: die Eingliederung der Bundesrepublik in den Westen, das Ende der deutschen Spaltung, der Zusammenschluß des freien westlichen mit dem vom Bolschewismus befreiten östlichen Europa – bis zum Ural." Drei Tage später, am 16. März 1952, bezeichnete auch Dr. Adenauer[10] auf einer CDU-Tagung in Siegen es als wichtigstes Ziel seiner Politik, „daß die Wiederaufrüstung Westdeutschlands die Vorbereitung einer Neuordnung in Europa sein solle". Wer Gegner dieser Aufrüstungs- und Eroberungspolitik war, wurde als Staatsfeind angesehen und behandelt.

Als ich an einem Septembertag 1950 in der Oberstufe meinen Unterricht in Gegenwartskunde beginnen wollte, fragten mich die Schüler, ob ich die Morgenzeitung schon gelesen hätte. Dort wäre eine Mitteilung erschienen, die mich sicher interessieren würde. Sie nannten mir kurz den Inhalt, den ich noch nicht kannte. Sobald ich frei war, ging ich nach Hause und fand dort in der Zeitung die Nachricht, daß der Bundesinnenminister Dr. Heinemann[11] (!) allen Beamten des Bundes verboten habe, be-

---

Zukunft Europas, hg. v. Manfred Zuleeg, Baden-Baden 2003; Werner Kilian, Die Hallstein-Doktrin: der diplomatische Krieg zwischen der BRD und der DDR 1955-1973. Aus den Akten der beiden deutschen Außenministerien, Berlin 2001).

[10] Konrad Adenauer (1876-1967), deutscher Politiker (Zentrum; CDU), war von 1949 bis 1963 der erste Bundeskanzler der Bundesrepublik Deutschland, von 1951 bis 1955 außerdem Bundesminister des Auswärtigen und von 1950 bis 1966 der erste Bundesvorsitzende der CDU (vgl. Henning Köhler, Adenauer. Eine politische Biographie, Berlin 1994).

[11] Gustav Heinemann (1899-1976), geboren in Schwelm, Jurist und Politiker (zunächst Mitglied der Deutschen Demokratischen Partei, 1945-1952 CDU-Mitglied, 1952 Gründer und Vorsitzender der Gesamtdeutschen Volkspartei, seit 1957 SPD-Mitglied), war 1946-1949 Oberbürgermeister von Essen, 1947-1950 Mitglied des Landtags NRW, 1947-1948 NRW-Justizminister, 1949 Bundesinnenminister (1950 aus Protest gegen die Wiederbewaffnungspläne Konrad Adenauers zurückgetreten), 1957-1969 Mitglied des Bundestages und Mitglied des Vorstandes der SPD-Fraktion, 1966-1969 Bundesjustizminister, 1969-

stimmten kommunistisch verdächtigen Organisationen anzugehören[12]. Zu ihnen gehörten auch zwei, denen ich selbst angehörte: der Demokratische Kulturbund[13] und das Friedenskomitee[14]. Als ich das las, stieg ein Ekel in

1974 Bundespräsident (vgl. Gustav Heinemann und seine Politik. Wissenschaftliches Symposium am 10. Mai 1999 aus Anlaß des 100. Geburtstages von Dr. Dr. Gustav Heinemann im Haus der Geschichte der Bundesrepublik Deutschland, Redaktion: Regina Krane, Berlin 1999).

[12] Hiermit ist der sogenannte „Heinemann-Erlaß" vom 19. September 1950 gemeint, der offiziell die Bezeichnung „Beschluß über die politische Betätigung von Angehörigen des öffentlichen Dienstes gegen die demokratische Grundordnung (D104)" trug. Vgl. hierzu Alexander von Brünneck, Politische Justiz gegen Kommunisten in der Bundesrepublik Deutschland 1949-1968, Frankfurt a.M. 1978, S. 57 ff; Christoph Kleßmann, Die doppelte Staatsgründung. Deutsche Geschichte 1945-1955, 4. Aufl. Bonn 1986, S. 255.

[13] „Kulturbund zur demokratischen Erneuerung Deutschlands", eine im Juli 1945 auf Betreiben der sowjetischen Militäradministration gegründete interzonale Organisation mit der „Aufgabe, alle Angehörigen der Intelligenzberufe zu vereinigen". In der Bundesrepublik Deutschland, wo er die Bezeichnung „Demokratischer Kulturbund Deutschlands" (DKBD) führte, war er seit 1949 aus verfassungsschutzrechtlichen Gründen verboten. In der DDR wurde der zunächst überparteilich angelegte Kulturbund zunehmend zu einer kommunistischen Kulturorganisation. 1958 wurde er in „Deutscher Kulturbund", 1974 dann in „Kulturbund der DDR" umbenannt (vgl. Gerd Friedrich, Der Kulturbund zur demokratischen Erneuerung Deutschlands. Geschichte und Funktion, Köln 1952; Magdalena Heider, Politik – Kultur – Kulturbund. Zur Gründungs- und Frühgeschichte des Kulturbundes zur demokratischen Erneuerung Deutschlands 1945-1954 in der SBZ/DDR, Köln 1993; Jost Hermand, Deutsche Kulturgeschichte des 20. Jahrhunderts, Darmstadt 2006). – Wie der „Demokratische Kulturbund Deutschlands" wurde wenig später auch der von Helling im April 1952 gegründete „Schwelmer Kreis" vom nordrheinwestfälischen Verfassungsschutz unter der Rubrik „KP-Kulturarbeit" in die Liste der verfassungswidrigen Organisationen aufgenommen, so daß er damit für Angehörige des öffentlichen Dienstes ebenfalls unter das Verbot des „Heinemann-Erlasses" fiel (Innenministerium Nordrhein-Westfalen, Bericht des ehemaligen Leiters des Landesverfassungsschutzes, Fritz Tejessy, über „Entstehung, Entwicklung und gegenwärtige Tätigkeit des Landesamtes für Verfassungsschutz", Düsseldorf o.D. [1956], S. 9).

[14] (West-)Deutsches Friedenskomitee, eine seit 1950 von Berlin, später von Düsseldorf aus agierende Organisation, die sich u.a. mit Unterstützung von Naturwissenschaftlern aus der DDR wie Robert Havemann insbesondere gegen die atomare Aufrüstung engagierte (vgl. Der Frieden. Internationale Zeitschrift, Berlin 1950 ff; Robert Havemann, Atomtechnik geheim?, Berlin 1951; Informationen/Deutsches Friedenskomitee 1 [1950]-3 [1952], fortgesetzt als „Forum des Friedens"). Westdeutsche Mitglieder des Friedenskomitees waren mithin vom „Heinemann-Erlaß" betroffen (vgl. Innenministerium Nordrhein-Westfalen, Bericht, a.a.O., S. 10).

mir hoch. Seit 1945 hatte ich meine ganze Kraft dafür eingesetzt, ein neues, friedliebendes Deutschland aufzubauen. Und jetzt sollte der Lohn dafür die politische Diffamierung sein. Meine Frau und mein Sohn, der als Student der Technischen Hochschule Aachen die Ferien bei uns verbrachte, waren mit mir der Meinung, daß es jetzt nur eine einzige Entscheidung für mich geben könne: aus dem Schuldienst auszuscheiden, mich zunächst beurlauben und dann pensionieren zu lassen. Noch am gleichen Tage sprach ich über diese Entscheidung mit meinem Oberstudienrat[15], meinem Hausarzt[16] und dem Bürgermeister Schüßler[17]. Mein Hausarzt, der zwei Kinder in meiner Schule hatte, suchte mich zum Bleiben zu bewegen. Ich könne mich von aller Arbeit befreien lassen. Wenn ich nur da wäre, nur in meinem Direktorzimmer säße, wäre das für das Vertrauen der Schülerschaft genug. Als ich bei meiner Entscheidung blieb, schrieb er mir das ärztliche Attest (Überreizung des Nervensystems), das ich für meine Beurlaubung nötig hatte. Die Anteilnahme an meiner Entscheidung war in der Lehrer-, Schüler- und Elternschaft außerordentlich stark.

Es war ein trüber Herbst und Winter, der nun für mich folgte, weil mein Nerven- und Erschöpfungszustand nur langsam zu überwinden war. Ein-

---

[15] Wilhelm Johannes Kaspers (1889-1960) war Oberlehrer am städtischen Lyzeum Schwelm seit 1919, wurde 1938 an das Gymnasium Schwelm versetzt. Als Oberstudienrat (seit 1947) war er zugleich Stellvertreter des erkrankten Schulleiters Helling, infolge der Pensionierung Hellings zum 1. Juli 1951 bekleidete Kaspers das Amt des Oberstudiendirektors bis zur eigenen Pensionierung am 31. März 1955 (vgl. StA Schwelm, PA Wilhelm Kaspers).

[16] Dr. med. Gerhard Altena (vgl. StA Schwelm, PA Dr. Fritz Helling, Oberstudiendirektor).

[17] Hugo Schüßler (1891-1959), gelernter Schuhmacher, SPD-Mitglied seit 1918, 1924-1933 Vorsitzender der SPD-Ortsgruppe Schwelm, entschiedener Gegner des Nationalsozialismus, vorübergehend inhaftiert, Bürgermeister der Stadt Schwelm vom 30. Mai 1945 bis 30. März 1946, seitdem bis 1956 Stadtdirektor von Schwelm (vgl. Lothar Hense, Geschichte der Stadt Schwelm von 1945 bis zur Währungsreform, in: Beiträge zur Heimatkunde der Stadt Schwelm und ihrer Umgebung N.F. 9, 1959, S. 5-15, hier S. 10 f; Britta Kruse, Von „Die Folgen des Krieges – Jahre der Not" bis „Stabilität und Wandel in den 90ern", in: Schwelm, hg. v. d. Stadt Schwelm, Wuppertal 1996, S. 99, 107; Paul Schulte, In memoriam Hugo Schüßler, in: Schwelmer Heimatbrief, 20. Folge, Weihnachten 1959, S. 4 f).

zigartig schön war aber das dauernde Zusammensein mit meiner Frau. Im Frühjahr 1951 ging ich für drei Wochen in das Kneipp-Kurhaus nach Münstereifel, eine Erholungszeit, die mir gut tat. In einem der Briefe von dort schrieb ich meiner Frau: „Es ist doch schön, daß wir zusammen einen anderen, wenn auch schwereren Weg gegangen sind als die Genießer." Im Antwortbrief meiner Frau hieß es: „Ist es nicht schön, daß uns am Beginn unseres Alterns noch dies Aufatmen geschenkt ist?"

Im Frühsommer 1951 reichte ich meine Pensionierung ein, die ohne Verzögerung genehmigt wurde. Die Stadt Schwelm ließ es sich nicht nehmen, mich am 31. Juli 1951, meinem 63. Geburtstag, im großen Saal des „Modernen Theaters"[18] feierlich zu verabschieden. Stadtdirektor Schüßler[19], Frau Oberschulrätin Justus[20], Oberstudienrat Kaspers, Herr Walter Degenhardt[21] als Sprecher des Elternbeirats und Bürgermeister Lambeck[22] rühmten meine pädagogische Arbeit. Zum Dank für sie überreichte mir der Bürgermeister den Ehrenteller der Stadt, wie mir später auch der

---

[18] Das „Moderne Theater", ein Kino bzw. „Lichtspielhaus", befand sich an der nördlichen Kopfseite des heutigen Schwelmer Neumarkts. Dort war auch am 14. September 1946 die Amtseinführung Fritz Hellings als Schulleiter feierlich begangen worden (vgl. Jürgen Sprave, Fritz Helling und der Aufbau des höheren Schulwesens in Schwelm und Nordrhein-Westfalen, in: Burkhard Dietz [Hg.], Fritz Helling, Aufklärer und „politischer Pädagoge" im 20. Jahrhundert, Frankfurt a.M. 2003, S. 389).
[19] Hugo Schüßler (vgl. Anm. 17).
[20] Anna Justus (1896-1977), Pädagogin, Besuch des Lehrerinnenseminars in Wuppertal-Barmen, Unterricht an mehreren Schulen, ab 1920 Oberschullehrerin am Lyzeum in Wuppertal, 1925 Studienbeginn, 1931 pädagogische Prüfung für das Lehramt an höheren Schulen, dann Studienassessorin in Magdeburg, 1933-1934 wegen SPD-Mitgliedschaft beurlaubt, 1942 aus politischen Gründen entlassen, 1945 Oberschulrätin in Magdeburg, 1949 Schulkollegium Münster, ab 1960 im Ruhestand (freundliche Auskunft des Nordrhein-Westfälischen Staatsarchivs Münster, PA I, Nr. 774).
[21] Walter Degenhardt, Obersteuerinspektor, stellvertretender Landrat (CDU), Vater des später bekannten Liedermachers, Schriftstellers und Rechtsanwalts Dr. Franz Josef Degenhardt, der 1931 in Schwelm geboren wurde und dort 1952 Abitur machte (freundliche Auskunft des StA Schwelm, 18. Januar 2005).
[22] Ernst Lambeck, Bürgermeister der Stadt Schwelm von November 1948 bis Dezember 1951, CDU-Mitglied, Färbereibesitzer (vgl. Britta Kruse, Von „Die Folgen des Krieges – Jahre der Not" bis „Stabilität und Wandel in den 90ern", a.a.O., S. 99; freundliche Auskunft des StA Schwelm, 18. Januar 2005).

Landrat[23] den Wappenteller des Ennepe-Ruhr-Kreises zum Geschenk machte.

Von allen Reden, die bei der Abschiedsfeier gehalten wurden, rührten mich am stärksten die Worte, die der Oberprimaner Homberg[24] im Namen der Schülerschaft an mich richtete. Er sagte: „Stets wenn man bei Ihnen Unterricht hatte, wußte man, da vorn steht jemand, der will mehr als nur Wissen vermitteln, der will bilden, einen Menschen aus dir machen, kein lebendes Repetitorium. Sie waren uns Lehrer und Freund zugleich, Lehrer im besten Sinne: Sie lehrten uns nicht nur, Sie halfen uns auch. Sie öffneten uns die Augen für Dinge, die abseits des Unterrichts lagen und die doch für das Leben so wichtig sind. Sie lehrten uns, eine eigene Meinung zu bilden und diese Meinung zu vertreten. Sie lehrten uns selbständig und kritisch zu denken. – Und was Sie als Lehrer in der Klasse taten, taten Sie auch als Direktor der Schule. Unter Ihrer Leitung und Anleitung bekamen wir ein Gefühl für die Schule, das uns neu und ungewohnt war: Das Gefühl, daß dies unsere Schule sei, das Gefühl, daß die Schule für uns da sei, nicht wir für die Schule. Wir arbeiteten an dieser Schule, nicht weil wir mußten, sondern weil wir zu arbeiten willens waren. Wir halfen mit, die Schule zu verwalten; die Schülervertretung erzog uns zur Verantwortlichkeit. Und wir wußten immer, die Leitung der Schule hat ein offenes Ohr für deine Sorgen und Nöte, deine Wünsche und Anregungen. Darum trugen wir gern, was uns an Pflichten und Verantwortung aufgebürdet wurde. Dafür, verehrter Herr Dr. Helling, danken wir Ihnen. Vielleicht werden wir einmal vergessen, was Sie uns an Fachwissen lehrten, Sie selbst werden wir nie vergessen!"

---

[23] Otto Hühn, SPD-Mitglied, Gewerkschaftssekretär aus Ennepetal, Landrat des Ennepe-Ruhr-Kreises (NRW) von 1949 bis 1960 (vgl. Heimat-Adreßbuch Ennepe-Ruhr-Kreis 1960, S. II/1, IV/2; StA Schwelm, Der Ennepe-Ruhr-Kreis. Festschrift zum 25jährigen Bestehen des Kreises, Hattingen 1954, S. 5, 248, 251).

[24] Ernst Homberg (1932-1996), Sohn eines im ‚Dritten Reich' mit KZ-Haft politisch Verfolgten, 1952 Abitur in Schwelm (gemeinsam mit Franz Josef Degenhardt, vgl. Anm. 21), SPD-Mitglied, Jurist, 1960-1969 Justitiar des Ennepe-Ruhr-Kreises (NRW), 1969-1972 Kreisdirektor, 1972-1992 Oberkreisdirektor ebenda (freundliche Auskunft des StA Schwelm, Archiv des Märkischen Gymnasiums, Informationsmaterial der Kreisverwaltung zu Ernst Homberg vom 15. Mai 1992).

In meiner Abschlußrede antwortete ich darauf: „Als Befreiung der Schüler und Schülerinnen wollte ich der Schule den Charakter einer Kaserne nehmen und sie zu einer Lebensstätte der Jugend machen, in der sie sich wohl fühlen und ihre individuellen Kräfte entfalten könnte. ‚Für die Jugend und mit der Jugend' war die Losung, die über allem stand. Die Bundesgenossenschaft mit den Schülern und Schülerinnen war für mich das Beglückendste der letzten Jahre. Weil die Jugend spürte, daß ihr Liebe entgegengebracht, Vertrauen geschenkt, daß sie ernst genommen, daß ihr Recht gewahrt wurde, daß sie sich zu jeder Zeit Rat und Hilfe holen konnte, deshalb war auch sie zu Dienst und Hilfe bereit. Und wie hat sie geholfen! Die Jugend stand tätig und mitverantwortlich im Leben der Schule und wurde eben dadurch in ihrer Haltung freier, sicherer und selbständiger."

Als Anwalt der Jugend wies ich dann zum Schluß auf zwei Aufgaben besonders hin. „Zum Gesetz der Schule gehört der Lehrplan, das Pensum. Aber dieses Pensum darf nicht zum steinernen Götzen gemacht werden. Überlebtes Lehrgut muß aus der Schule ausgeschieden und zeitnotwendiges hineingenommen werden. Es geht darum, zu einer sinnvolleren Schule zu kommen, die sich auf das für unsere Zeit Notwendige und Wesentliche zu beschränken weiß. Dann würde die Freude der Jugend an der geistigen Eroberung der Welt größer werden. Und noch von einer zweiten, größeren Aufgabe möchte ich sprechen. Der ganze gesetzliche Bereich der Pflichten und Forderungen muß durchstählt werden von einer Kraft, die aus einer tieferen Schicht, aus der Innerlichkeit der Herzen stammt. Er muß durchstählt werden vom Licht der Güte, des Verstehens, der Liebe, des Vergebens, des Aufrichtens, der Heiterkeit, der Freude. Diese Kraft der aus der Liebe strömenden Menschlichkeit ist die einzige Kraft, die es vermag, daß das Gesetz erfüllt und überwunden wird. Die wortlos daseiende, tätig helfende, gläubig vertrauende Liebe zu den jungen Menschen ist die Sonne, unter deren Strahlen die Jugend zum rechten Wachstum kommt und fröhlich wird. Daß dieser Geist in unserer Schule zu Hause sei und bleibe, ist mein tiefster Herzenswunsch zum Abschied."

Kapitel 11

Friedens-Engagement, Ost-West-Pädagogik

Nach dieser Pensionierung konnte ich mich im Sommer und Herbst 1951 soweit erholen und kräftigen, daß sich mein Drang nach Betätigung wieder regte. Ich wollte mich jetzt in aller Öffentlichkeit der gegen den Osten gerichteten Rüstungs- und Eroberungspolitik entgegenstellen und auch für eine innerdeutsche Verständigung eintreten. Deshalb fuhr ich im Oktober bei herrlichem Herbstwetter mit meiner Frau zu alten Bekannten nach Süddeutschland, um sie zur Unterschrift unter die Einladung zu einer Kulturtagung[1] für Frieden und Verständigung in Bad Vilbel bei Frankfurt zu bewegen. Die Tagung fand am 5. und 6. Januar 1952 statt. Als Gäste nahmen auch einige Wissenschaftler, Pädagogen und Künstler aus der DDR teil[2]. Der Geist dieser Tagung fand seinen Ausdruck in einem Aufruf, den Professor Dr. Iwand (Bonn)[3] entworfen hatte:

---

[1] Der erste „Kulturtag" (offiziell „Erster Deutscher Kulturkongreß" genannt) wurde im Mai 1951 in Leipzig abgehalten, andere folgten in beiden Teilen Deutschlands und in verschiedenen Städten. „Auf solchen Tagen [sollten] kulturelle Schöpfungen aus beiden Teilen Deutschlands gezeigt werden und so die Einheit der nationalen Kultur zur Darstellung gebracht werden [...]. Aber die Deutschen Kulturtage waren dann [...] politische Foren, auf denen in Rede und Gegenrede zwischen Wissenschaftlern, Künstlern, Schriftstellern über das Problem der Wiedervereinigung verhandelt wurde. [...] Immerhin gelang es, ein ständiges Präsidium zu errichten, in dem Ost- und Westdeutsche vertreten waren; der Vorsitz lag bei dem Münchener Universitätsprofessor Karl Saller" (Heinrich Deiters, Bildung und Leben. Erinnerungen eines deutschen Pädagogen, hg. u. eingel. v. Detlef Oppermann, Köln 1989, S. 224; vgl. Karl Richter, Die trojanische Herde. Ein dokumentarischer Bericht, Köln 1959, S. 101 ff).

[2] Aus der Bundesrepublik folgten etwa 150 Teilnehmer der Einladung, aus der DDR reisten 11 persönlich eingeladene Teilnehmer an. Unter den Anwesenden aus der DDR waren Prof. Dr. Hans Mayer (Leipzig), Prof. Dr. Heinrich Franck (Berlin), Prof. Dr. Gertrud Rosenow (Berlin), Prof. Paul Oestreich (Berlin), der Sekretär des Kulturbundes Alexander Abusch und die Intendanten Ernst Legal und Wolfgang Langhoff (vgl. Peter Dudek, Die Gründung des Schwelmer Kreises im Kalten Krieg, in: Beiträge zur Heimatkunde der Stadt Schwelm und ihrer Umgebung N.F. 45, 1996, S. 136; Karl Richter, Die trojanische Herde, a.a.O., S. 110).

[3] Gemeint ist hier der Theologe Prof. Dr. Hans Joachim Iwand (1899-1960), nach 1945 Mitglied der Gesamtdeutschen Volkspartei (GVP). Während der NS-Zeit nahm Iwand auf

Die große Hoffnung, die uns am Ende des zweiten Weltkrieges beseelte, daß aus den Stätten der Verwüstung und des Menschenhasses der Geist der Versöhnung und des Friedens ein neues Leben erbauen werde, hat sich nicht erfüllt. Uns bedroht heute schon wieder die Gefahr eines neuen Krieges, und Frieden und Gerechtigkeit scheinen in unabsehbare Ferne gerückt. Wir können uns nicht beruhigen bei dem Gedanken, daß uns Entscheidungen im Bereich der Politik nichts angehen sollten.

Wissenschaftler, Pädagogen, Künstler und Männer der Technik, die sich ins Fachliche und Private zurückziehen, haben damit von jeher darauf verzichtet, die Gestaltung der Wirklichkeit entscheidend mit zu beeinflussen.

Eine Anzahl von Männern und Frauen hat sich gelobt, nicht noch einmal zu schweigen, wenn ihnen das Gewissen zu reden gebietet. Wir wollen nicht wieder durch schweigendes Abwarten schuldig werden. Wir wollen rechtzeitig reden und rechtzeitig zum Versuch geistiger Klärung und Sammlung aufrufen.

Uns Überlebende aus zwei Weltkriegen verpflichtet das uns noch einmal geschenkte Leben, das Gespräch zwischen den Deutschen im Osten und Westen unseres Vaterlandes anzubahnen und die uns bedrängenden Fragen auf geistigem Boden einer Lösung näherzubringen. Es gibt kein Fatum, in allem Schicksal ist Schuld eingewoben. Entscheidungsstunden, die uns nicht wachsam finden, werden sich gegen uns wenden. Heute regiert im Bereich des geistigen Lebens Angst, Mißtrauen und Sorge vor den Mächtigen – und Angst ist ein schlechter Berater. Wenn die für die Kultur verantwortlichen Männer und Frauen nicht das Ihre tun, um die Angst aus den geistigen Bezirken des Lebens zu vertreiben und an ihre Stelle Nüchternheit und Zuversicht zu setzen, werden unsere Politiker nicht in der Lage sein, das Ziel des Wiederaufbaus und des Friedens unter den Völkern zu sichern. Der politische Haßgesang, die Doktrin der

---

der Seite der Bekennenden Kirche aktiv am Kirchenkampf gegen die „Deutschen Christen" teil, 1935 Entzug der Venia legendi, daraufhin 1935-1937 Leiter des illegalen Predigerseminars der Bekennenden Kirche in Bloestau (Ostpreußen) und in Jordan (Neumark), 1936 „Reichsredeverbot", 1938 vier Monate Haft. 1945 bis 1960 Professor für Systematische Theologie, und zwar bis 1952 in Göttingen, danach bis zu seinem Tod 1960 in Bonn (vgl. Werner Führer, Art. Hans Joachim Iwand, in: Biographisch-bibliographisches Kirchenlexikon, Bd. XIV, Herzberg 1998, Sp. 1101-1104).

Unversöhnlichkeit, die Torheit, seine letzte Hoffnung auf das zu setzen, was nur Ausdruck tiefster Hoffnungslosigkeit ist: auf Waffen und neuen Krieg – das alles sind bedrückende Anzeichen. Es gilt, die vorhandenen Möglichkeiten zur Erhaltung und Neugestaltung der menschlichen Gesellschaft und ihrer Ordnungen zu überprüfen und in rechter Weise einzusetzen. Kein noch so fleißiger Wiederaufbau, keine Sonderrichtung und Fachwissenschaft, keine Erfindung wird uns helfen und nützen, wenn der Geist, in dem der Wiederaufbau einer zerbrochenen Welt erfolgt, nicht im Zeichen der Umkehr und der wahrhaftigen Menschenliebe steht.
Wir müssen das öffentlich sagen. Wir glauben, daß es noch möglich ist, trotz der drohenden Katastrophe dem Frieden der Welt gerade von Deutschland aus einen Weg zu bahnen.

Zugleich wurde die Petition des Bundesministers a. D. Dr. Dr. Heinemann[4] an den Bundestag durch einstimmige Annahme folgenden Antrages unterstützt:
„Die gestern und heute tagende ‚Westdeutsche Kulturtagung 1952' stimmt der Petition des Herrn Bundesministers a. D. Dr. Dr. Heinemann an den Herrn Präsidenten des Bundestages[5] zu und nimmt sie auf ihre eigene Verantwortung."

Diese Petition hatte folgenden Wortlaut:
Herr Präsident! Da uns die Mitbestimmung über die geplante Wiederbewaffnung unseres Volkes versagt wird, bleibt uns als letzte legale Möglichkeit zur Bekundung unseres Willens nur eine Petition an den Bundestag.
Wir sind der Überzeugung, daß eine westdeutsche Aufrüstung nicht der Sicherung des Friedens dient, sondern die Kriegsgefahr erhöht. Ein Krieg würde unser Untergang sein. Deutschland wäre sein Schauplatz. Wir wollen aber nicht, daß es uns wie den Koreanern geht, wo man erst

---

[4] Gustav Heinemann (s. Kap. 10, Anm. 11).
[5] Adressat war Dr. Hermann Ehlers (1904-1954), deutscher Politiker (CDU), der von 1950 bis zu seinem Tode Präsident des Deutschen Bundestages war (vgl. Karl Dietrich Erdmann [Hg.], Hermann Ehlers – Präsident des Deutschen Bundestages. Ausgewählte Reden, Aufsätze und Briefe 1950-1954, Boppard a.Rh. 1991).

dann wieder Verhandlungen suchte, nachdem die Feuerwalze fremder Mächte Volk und Land vernichtet hatte.
Wir glauben nicht daran, daß westdeutsche Aufrüstung zur friedlichen Befreiung der Sowjetzone und Wiederherstellung der deutschen Einheit führt. Aufrüstung wird vielmehr den Eisernen Vorhang dichter schließen und 18 Millionen Deutsche, vor allem die junge Generation, den Gegenmaßnahmen des Sowjetsystems preisgeben.
Ohne einen Friedensvertrag mit allen vier Besatzungsmächten kann es völkerrechtlich überhaupt keine deutschen Soldaten geben. Wehrpflicht wäre ein staatlicher Zwang zu völkerrechtswidrigem Verhalten.
Wir fordern den Bundestag deshalb auf, die geplante Aufrüstung abzulehnen und die Bundesregierung zu veranlassen, eine Politik redlicher Verständigung und glaubhafter Bemühung um die Wiedervereinigung Deutschlands unter einer gesamtdeutschen Regierung zu führen.

Auf der Tagung in Vilbel gab es auch Fachkonferenzen[6]. Zu unserer pädagogischen Konferenz gehörten als Vertreter der DDR Professor Paul Oestreich[7] und Frau Professor Dr. Rosenow[8]. Mit ihrer Zustimmung nahm man einen von mir vorgeschlagenen Antrag an, Ostern 1952 in

---

[6] In verschiedenen Arbeitsausschüssen wurden auf der Tagung die Inhalte der Referate und andere damit zusammenhängende Themen diskutiert. So tagte u.a. ein „Ausschuß für Pädagogik", in dem sich laut dem ebenfalls teilnehmenden Paul Oestreich mehrheitlich „alte Kameraden [aus dem BESch, d. Hg.], besonders aus Franken" trafen, die an positive Erfahrungen aus der gemeinsamen Zeit im BESch anknüpfen konnten (Paul Oestreich, Das gesamtdeutsche Gespräch der Pädagogen wird fortgesetzt, in: Die neue Schule 8 [1953] 49, S. 4).
[7] S. Kap. 5, Anm. 1.
[8] Gertrud Rosenow (1889-1976) wurde 1930 die erste weibliche Schulrätin in Sachsen-Anhalt, nachdem sie zuvor seit 1915 Lehrerin und seit 1925 Direktorin der II. Mädchen-Mittelschule in Neukölln gewesen war. Mitglied im BESch sowie Mitarbeit in Lehrbuch-Kommissionen. 1933 Berufsverbot durch die Nazis. Nach 1945 war sie zunächst Referentin, dann Leiterin des Referates Lehrerbildung in der Deutschen Zentrale für Volksbildung (DZfV), ab 1946 tätig an der Pädagogischen Fakultät der Humboldt-Universität zu Berlin, d.h. zunächst Dozentin, ab 1948 Professorin für Praktische Pädagogik (Methodik des Deutschunterrichts), ab 1950 bis zur Emeritierung 1957 Direktorin des Instituts für Unterrichtsmethodik (vgl. Ursula Basikow, Gertrud Rosenow. 1889-1976, in: Gerd Radde u.a. [Hg.], Schulreform – Kontinuitäten und Brüche. Das Versuchsfeld Berlin-Neukölln, Bd. II: 1945 bis 1972, Opladen 1993, S. 228-230).

Schwelm eine pädagogische Tagung im Sinne Vilbels mit Gästen aus der DDR zu veranstalten. Nach mühevollen Vorbereitungen fand sie vom 7. bis 9. April statt und war von etwa 70 Teilnehmern besucht, unter ihnen 6 aus der DDR: Prof. Oestreich, Frau Prof. Dr. Rosenow, Prof. Weise[9], Prof. Dr. Tacke[10], Direktor Thomae[11] und Bibliotheksdirektor Regener[12]. Unter der Überschrift „Ostertagung deutscher Pädagogen" verbreiteten wir nach der Tagung folgenden von mir verfaßten Bericht:

Das schöne Kurhaus Friedrichsbad in Schwelm, das alte Tradition mit moderner Wohnkultur vereinigt, bot den glücklichsten Rahmen für die Gespräche, die den Verständigungsversuch der Westdeutschen Kulturtagung in Bad Vilbel fortsetzten.
Zu der Ostertagung deutscher Pädagogen hatten eingeladen: Ministerialrat a. D. Prof. Antz, Bonn[13] – Dr. Nikolaus Ehlen, Velbert[14] – Prof. Has-

---

[9] Martin Weise (1891-1952), Reformpädagoge und enger Mitarbeiter von Oestreich im BESch, war ab 1923 Dozent am Pädagogischen Institut der Technischen Universität Dresden bis er 1933/34 von den Nazis seines Amtes enthoben wurde. 1947-49 Lektor im Verlag „Volk und Wissen", seit 1949 Professor für Pädagogik an der Universität Greifswald (vgl. Sylvia Mebus, Martin Weise – ein reformpädagogisch orientierter Lehrerbildner zwischen Anerkennung und Ächtung, in: Andreas Pehnke u.a. [Hg.], Anregungen international verwirklichter Reformpädagogik, Frankfurt a.M. 1999, S. 611-626).
[10] Otto Tacke (s. Kap. 5, Anm. 18).
[11] Paul Thomae, während der Weimarer Zeit bis 1933 Lehrer an der Odenwaldschule, nach 1945 Leiter des Lehrerbildungs-Instituts in Beichlingen i.Sachs.-Anh., wechselte Mitte der 50er Jahre zum Lehrerbildungs-Institut nach Dresden (vgl. Peter Dudek, Gesamtdeutsche Pädagogik im Schwelmer Kreis. Geschichte und politisch-pädagogische Programmatik 1952-1974, Weinheim 1993, S. 217).
[12] Leo Regener (1900-1975), Lehrer, Mitbegründer der Freien Lehrergewerkschaft, wurde 1933 aus dem Schuldienst entlassen; 1946-1952 Mitarbeiter, Hauptreferent, Dezernent im Hauptschulamt von Groß-Berlin, Lehreraus- und -weiterbildung, Pädagogisches Institut von Groß-Berlin, 1952-1965 Direktor der Pädagogischen Zentralbibliothek in Ost-Berlin (vgl. Findbuch zum Nachlaß von Leo Regener, BBF/DIPF/Archiv, Berlin 1998).
[13] Joseph Antz (1880-1960), Lehrerbildner, gehörte in der Weimarer Zeit dem „Hohenrodter Bund" der Volksbildner an, war führend im „Friedensbund deutscher Katholiken" tätig und von 1927 an Professor an der Pädagogischen Akademie in Bonn. Im Mai 1933 Berufsverbot, später zudem Publikationsverbot (u.a. 1941 Verbot seines 1940 mit Bernhard Bergmann herausgegebenen religionspädagogischen Buches „Heiliges Erbe. Hausbuch der christlichen Familie"). Nach 1945 Leiter der Gruppe „Pädagogische Akademien" im Kultusministerium NRW und dort im Referat Lehrerbildung mit der Reorgani-

seberg, Lüdenscheid[15] – Dr. Fritz Helling, Schwelm – Ministerialdirektor a. D. Dr. Koch, Meinerzhagen[16] – Dr. Ernst Matthias, Krefeld[17] – Dr. Josef Müller, Retzbach b. Würzburg[18] – Oberstudiendirektor Dr. Vontin, Hamburg[19].

sation der Lehrerbildung beauftragt. Begründer der Monatsschrift „Pädagogische Rundschau" (1947) und der Friedrich-Wilhelm-Foerster-Gesellschaft (1951) (vgl. Gedenkblätter für Joseph Antz, in: Pädagogische Rundschau 14 [1960], S. 240-268; Oskar Hammelsbeck [Hg.], Überlieferung und Neubeginn. Probleme der Lehrerbildung und Bildung nach zehn Jahren des Aufbaus, Ratingen 1957).

[14] Nikolaus Ehlen (1886-1965), Pädagoge, Publizist und sogenannter Siedlervater, war führend in der frühen katholischen Jugendbewegung, im internationalen Versöhnungsbund und im Friedensbund Deutscher Katholiken tätig, Begründer der Zeitschrift „Großdeutsche Jugend" (1915-1927), Herausgeber von deren Nachfolgepublikation „Lotsenrufe" (1927-1939, 1949-1965). 1914 zum Dr. phil. promoviert, 1915 Studienassessor am Gymnasium Sigmaringen, ab 1919 Oberlehrer bzw. Studienrat in Velbert. Aufgrund seines pazifistischen Engagements seit 1931 zunehmenden Repressalien durch die Nazis ausgesetzt. Über Velbert hinaus wurde er durch zahlreiche Gründungen von Siedlergemeinschaften bekannt (Gründung des „Rings Deutscher Siedler" [RDS], 1948), 1950 Bundesverdienstkreuz, 1961 Großes Bundesverdienstkreuz (vgl. Rolf Brüne, Das familiengerechte Heim. Nikolaus Ehlen [1886-1965]. Person, Kreis, Hintergrund, Frankfurt a.M. 2002; Barbara Wolandt/Gerd Wolandt, Nikolaus Ehlen – ein Leben für den Nächsten, Velbert 1986).

[15] Adolf Hasseberg, Professor der Erziehungswissenschaft, Begründer und Rektor der Pädagogischen Akademie Lüdenscheid (vgl. Schule und Nation 4 [1958] 4, S. 29).

[16] S. Anm. 24.

[17] Ernst Matthias (1886-1976), Dr. phil., Kriegsteilnahme am Ersten Weltkrieg, wo er schwer verwundet wurde. 1933 Hausdurchsuchung und Beschlagnahmungen durch die Nazis. Großvater des Lyrikers Thomas Kling (1957-2005) (vgl. Hermann Korte, „Bildbeil", „Restnachrichten" und „CNN Verdun". Thomas Klings Erster Weltkrieg, in: Text+Kritik, H. 147, München 2000, S. 114 f., Anm. 9; Hubert Winkels, Der Stimmen Ordnung. Über Thomas Kling, Köln 2005, S. 16, 35).

[18] Dr. Josef Müller (1904-1967), Oberlehrer und Dozent, während der Weimarer Zeit Mitarbeiter im BESch, gründete 1952 den Schwelmer Kreis mit und war ständiger Mitarbeiter und Mitherausgeber von dessen Zeitschrift „Schule und Nation". Aufgrund politischer Nonkonformität Behinderung der beruflichen Karriere an Schule und Hochschule sowohl im ‚Dritten Reich' als auch in der Bundesrepublik. Wissenschaftliche Veröffentlichungen und Vorträge auf dem Fachgebiet der Agrarsoziologie und des Landschulwesens, Initiator und Mitglied des Ausschusses für Landschulfragen der Gewerkschaft Erziehung und Wissenschaft (GEW), Lehrauftrag für ländliche Soziologie an der Pädagogischen Hochschule Gießen (vgl. In memoriam Dr. Josef Müller – Retzbach, in: Schule und Nation 14 [1967] 2, S. 1-4).

Studienrat F. Denk, Erlangen,[20] sprach in Vertretung des erkrankten Professors Harder, Wuppertal,[21] über „Unsere Verantwortung in der Ost-West-Spannung", Frau Professor Dr. Faßbinder, Bonn,[22] über „Die Er-

---

[19] Dr. Walter Vontin (geb. 1899), Lehrer, war 1931 Mitbegründer der dem Widerstand gegen die Nazis zuzurechnenden, vor allem in Hamburg und Berlin organisierten Interessengemeinschaft Oppositioneller Lehrer (IOL) um Dietrich Rothenberg (s. Kap. 19, Anm. 52) und Johannes Ketzscher. Anfang der 50er Jahre Leiter der Heinrich-Hertz-Schule. Mitglied der SPD und Unterstützer des Schwelmer Kreises (vgl. Peter Dudek, Gesamtdeutsche Pädagogik, a.a.O., S. 218).

[20] Franz Denk (1897-1977), Mathematiklehrer, war Redner auf internationalen philosophischen und mathematikwissenschaftlichen Kongressen sowie tätig an Volksschulen, bei der Naturhistorischen Gesellschaft in Nürnberg und an pädagogischen Hochschulen im In- und Ausland, 1950 Studienprofessor mit Lehrauftrag an der Philosophisch-Theologischen Hochschule Regensburg. Denk plädierte für eine allen Altersstufen zugute kommende und die Kluft zwischen den verschiedenen Schultypen überbrückende Reform des Mathematikunterrichts. Zunächst Schriftleiter, dann Herausgeber des mathematisch-philosophischen Periodikums „Archimedes" (1948-1972) sowie auch Autor einiger Artikel in der Zeitschrift des Schwelmer Kreises „Schule und Nation" (vgl. Walther Leonhard Fischer, Studienprofessor a.D. Franz Denk 70 Jahre, in: Archimedes. Anregungen und Aufgaben für Lehrer, Schüler und Freunde der Mathematik 19 [1967], Sonderheft, S. 1-4; Karl Rottel, Franz Denk und sein „Archimedes", in: Globulus 6 [1998], S. 45-52).

[21] Johannes (Hans) Harder (1903-1987) war seit 1946 Professor für Sozialwissenschaften an der Pädagogischen Akademie (später Hochschule) in Wuppertal. Engagiert für eine christlich-demokratische Sozialreform rief er zu politischer Verantwortung auf, zu öffentlichen Protesten, wie z.B. zu Ostermärschen und zur Teilnahme an Demonstrationen bis hin zum Sitzstreik vor dem Raketenlager in Mutlangen. Nach seiner Emeritierung 1968 wirkte er als Prediger der Mennonitengemeinde in Frankfurt a.M. (vgl. Daniel Heinz, Art. Johannes [Hans] Harder, in: Biographisch-Bibliographisches Kirchenlexikon, Bd. XV, Herzberg 1999, Sp. 685-688).

[22] Klara Marie Faßbinder (1890-1974), 1919 in Bonn promovierte Oberschullehrerin, war aufgrund ihres pazifistischen Engagements 1933 vorübergehend sowohl von ihrer Lehrerstelle als auch von ihrer Stelle als Landesgeschäftsführerin des Bühnenvolksbunds in Saarbrücken suspendiert und 1935 schließlich endgültig entlassen worden, weil sie sich zum wiederholten Male öffentlich gegen antijüdische Übergriffe artikuliert hatte (zu Leben und Arbeit Klara Marie Faßbinders zur Zeit des NS siehe Gisela Notz, „Wie eine Fliege im Spinnennetz". Klara Marie Faßbinder 1890-1974, in: Annette Kuhn [Hg.], Frauenleben im NS-Alltag, Pfaffenweiler 1994, S. 29-38). Faßbinder, belegt mit einem Berufsverbot für öffentliche Schulen, konnte 1940 in einer privaten katholischen Mädchenrealschule arbeiten. Nach 1945 Professur für Geschichte an der Pädagogischen Akademie in Bonn, Mitglied der deutschen Gruppe des internationalen Versöhnungsbundes und der Vereinigung der Freunde Polens, gehörte zu den ersten Mitgliedern der am 29.

ziehung zu Demokratie und Frieden" und Dr. Hammelrath, Oberhausen,[23] *über „Wege zueinander".*

Die Diskussionen, die der Tagung die farbige Lebendigkeit gaben, blieben auf der Höhe der Vorträge und wurden unter der Leitung von Ministerialdirektor a. D. Dr. Otto Koch[24] *nicht zu einer Kette beziehungsloser Monologe, sondern echte Auseinandersetzungen. Wenn auch die schwere Kunst des Zuhörens nicht immer virtuos geübt wurde, so zeigte sich doch, daß ehrlich offener Widerspruch mehr binden kann als ängstliches Vertuschen.*

Wie schon der Begrüßungsabend Kulturgut aller Zeiten spannungsreich und doch versöhnend umschloß, so wurde auch während der Tagung in den temperamentvollen Gruppen- und Gesamtdiskussionen und am Schluß in dem konkreten Plan der Fortsetzungsarbeit das Gemeinsame beglückend klar.

November 1952 durch den späteren Bundespräsidenten Gustav Heinemann, Helene Wessel und andere Politiker gegründeten Gesamtdeutschen Volkspartei (GVP). Ihr Engagement für Ost-West-Gespräche brachte ihr die Verdächtigung ein, „Agentin des sowjetzonalen Staatssicherheitsdienstes" zu sein, und führte Ende 1953 zu ihrer Suspendierung von der Professur. Als aktive (Links-)Katholikin besonders an der Frauen-Friedensbewegung beteiligt (Klara Marie Faßbinder, Begegnungen und Entscheidungen, Darmstadt 1961; Gisela Notz, „Unser Fräulein Doktor..., die hat uns immer die Wahrheit gesagt". Klara-Marie Faßbinder zum 100. Geburtstag, in: Beiträge zur feministischen Theorie und Praxis, 27 [1990], S. 161-171).

[23] Dr. Willi (Wilhelm Leo Maria) Hammelrath (1893-1966), der katholischen Jugendbewegung zuzuordnen, wo er u.a. Leiter der Jugendgruppe „Die Schar" war, ist der Gründer der Arbeiterhochschule Burg Vondern (1948) in Oberhausen, einer der ersten Volkshochschulen nach dem Zweiten Weltkrieg (vgl. Willi Hammelrath, Volksbildung – Arbeiterbildung, Nürnberg 1954).

[24] Dr. Otto Koch (1886-1972) war ab 1912 Lehrer an verschiedenen Berliner Schulen, 1918 in die SPD eingetreten und ab 1919 Mitarbeiter am Provinzialschulkollegium (PSK) in Hannover. Mitbegründer des BESch. 1928 bis 1932 Oberschulrat am PSK Magdeburg und 1932/33 am PSK Brandenburg-Berlin, Entlassung nach der ‚Machtergreifung' der NSDAP infolge des Gesetzes zur Wiederherstellung des Berufsbeamtentums. Nach dem Krieg setzte Koch seine politische Karriere fort und wurde bis zu seiner Pensionierung (Ende 1951) Ministerialdirektor im Kultusministerium NRW. Seinem Friedensengagement ging er in verschiedenen Gremien der evangelischen Kirche als „religiöser Sozialist" nach (vgl. Klaus Himmelstein [Hg.], Otto Koch – Wider das deutsche Erziehungselend. Versuche eines Schulreformers, Frankfurt a.M. 1992).

148

*Die etwa 70 Anwesenden, die sich aus den verschiedensten weltanschau-
lichen Lagern zusammensetzten, bekannten sich einstimmig zu folgender
Erklärung:*

*„Das Grundgesetz der Deutschen Bundesrepublik und die einzelnen Lan-
desverfassungen stellen uns Pädagogen die Aufgabe, die Jugend im Geist
der Völkerverständigung und des Friedens zu erziehen.*
*Die Erfüllung dieser Aufgabe wird durch das Wettrüsten in der Welt, in
das auch Deutschland hineingezogen werden soll, unmöglich gemacht.*
*Die ungeheuren Rüstungskosten würden den kulturellen Wiederaufbau
ins Stocken bringen und insbesondere das Schulwesen auf die Dauer
einem unvermeidlichen Niedergang ausliefern.*
*Wir können unsere Aufgabe an der Jugend nur dann erfüllen, wenn ‚der
Raum der Erziehung freigehalten wird von jeder Kriegshetze, von allen
Verherrlichungen des Krieges und von jeglicher Verunglimpfung anderer
Völker', wie schon Pfingsten 1950 von der Vertreterversammlung der
Gewerkschaft Erziehung und Wissenschaft in Goslar proklamiert worden
ist.*
*In dieser Überzeugung fühlen wir uns mit allen denen verbunden, die
ebenfalls die Politik des kalten Krieges durch eine Politik der ehrlichen
Verständigung ersetzen möchten.*
*Auch die von allen Deutschen ersehnte Wiedervereinigung unseres
zerspaltenen Volkes halten wir nur auf diesem Wege für möglich.*
*Einige ostdeutsche Pädagogen haben wir als Gäste zu unserer Tagung
eingeladen, um uns damit zur Verbundenheit aller Deutschen zu bekennen."*

An die Kulturminister und die Kulturausschüsse der Landtage in der
Deutschen Bundesrepublik wurde folgender Antrag übermittelt, der ebenfalls die Zustimmung aller Teilnehmer fand:

*Auf der Westdeutschen Kulturtagung in Bad Vilbel bei Frankfurt (5. bis
6. Januar 1952) und der Ostertagung deutscher Pädagogen in Schwelm/
Westfalen (7. bis 9. April 1952) wurde die Besorgnis laut, daß sich in
zunehmendem Maße Tendenzen geltend machen, die entgegen dem
Grundgesetz und den einzelnen Landesverfassungen die Erziehung der
Jugend im Geist des Friedens und der Völkerverständigung bedenklich zu
erschweren drohen. Die sich anbahnende Verleugnung jener Gesin-*

nungsumkehr, die sich nach der Katastrophe von 1945 offenbarte, halten die auf der Ostertagung in Schwelm versammelten Pädagogen für verhängnisvoll. Die neue Wende zu einer nun wieder entgegengesetzten Haltung wird tiefsten Schaden an der Seele der heranwachsenden Jugend anrichten und ebenso tiefen Schaden an der Seele der Lehrer, deren sittliche Autorität gegenüber den Schülern ins Wanken gerät.

Wir bitten deshalb die Herren Kulturminister und die Kulturausschüsse der Landtage, dafür Sorge zu tragen, daß der Lehrerschaft aller Schulen die Bestimmungen des Grundgesetzes und der jeweiligen Landesverfassung über die Erziehung im Geist der Völkerverständigung durch einen neuen Erlaß ausdrücklich wieder ins Gedächtnis gerufen werden. Wir bitten ferner, die Lehrerschaft in diesem Erlaß erneut auf ihre pädagogische Pflicht hinzuweisen, nicht den Geist des Hasses und der Verhetzung, sondern den Geist der Liebe und der Versöhnung zu pflegen, der allein unserm deutschen Erbe entspricht: dem Christentum, dem Humanismus, dem Sozialismus.

Es wurde ferner beschlossen, an die Pfingsten in Berlin stattfindende Lehrertagung und an die gesamte Lehrerpresse die Bitte zu richten, alles zu vermeiden, was die Verständigung und Wiedervereinigung aller Deutschen erschweren könnte.

Unsere Tagung in Schwelm hatte als erstes pädagogisches Ost-West-Gespräch, an dem die Gäste aus dem Osten gleichberechtigt teilnahmen, bahnbrechende Bedeutung. Sie stärkte alle in der Entschlossenheit, die Entfremdung zwischen den deutschen Pädagogen diesseits und jenseits des eisernen Vorhangs mehr und mehr zu überwinden.

Ein Ausschuß, dem Pädagogen beider deutscher Teilstaaten angehörten, wurde mit der Fortführung der Arbeit beauftragt. Sekretär für die Bundesrepublik wurde Walter Kluthe (Schwelm)[25], für die Deutsche Demokratische Republik Fritz Heidenreich (Berlin)[26].

---

[25] S. Kap. 9, Anm. 4.

[26] Fritz Heidenreich (1921-1978) war Oberstudienrat und Kreisschulrat in (Ost-)Berlin, Mitglied des Kulturbundes der DDR, dort ab 1952 u.a. hauptamtlicher Leiter der Abtei-

Im gleichen Jahr 1952 kamen wir im April, Juni und August aus beiden Teilen Deutschlands in Schwelm zusammen, um ein gemeinsames Programm für die Zukunft zu entwerfen. Es wurde im Oktober 1952 als „Aufruf deutscher Pädagogen" veröffentlicht[27]. Zur politischen Lage erklärten wir:

Als deutsche Pädagogen bekennen wir uns zur Einheit unseres Vaterlandes. Fichte, Fröbel[28], Diesterweg[29] und viele andere deutsche Erzieher sind in der Vergangenheit für die Einheit eingetreten. Wir sind die Hüter ihres Vermächtnisses. Alle Deutschen ersehnen ihre friedliche Wiedervereinigung. Die Hoffnung, sie durch eine ultimative Politik erreichen zu können, teilen wir nicht. Nur der Weg der Verhandlung und Verständigung kann uns aus der gegenwärtigen Krise herausführen.

---

lung internationale Politik des Kulturbundes. 1954-61 war er Leiter des Koordinierungsbüros für gesamtdeutsche Pädagogik (vgl. Peter Dudek, Gesamtdeutsche Pädagogik, a.a.O., S. 214).

[27] Die Auflagenhöhe belief sich auf 5000 Exemplare, 700 von ihnen wurden in der DDR verteilt (Peter Dudek, Die Gründung des Schwelmer Kreises, a.a.O., S. 137).

[28] Friedrich Wilhelm August Fröbel (1782-1852), deutscher Pädagoge (Schüler Pestalozzis), gilt als Begründer der Spielpädagogik und des ersten deutschen Kindergartens (1840) (vgl. Helmut Heiland [Hg.], Friedrich Wilhelm August Fröbel [1782-1852] [Basiswissen Pädagogik, Bd. 5], Baltmannsweiler 2002).

[29] Friedrich Adolph Wilhelm Diesterweg (1790-1866), deutscher Pädagoge, Publizist, und Politiker, war ein Anhänger der Ideen Pestalozzis und vertrat die didaktischen Prinzipien „Anschauung" und „Selbsttätigkeit", gab seinen pädagogischen Grundsätzen aber eine stärkere politische Ausrichtung, wenn er das Ziel der Heranbildung eines mündigen und kritischen Staatsbürgers betonte (Volksbildung als „Volksbefreiung"). Diesterweg wandte sich sowohl gegen einen starken kirchlichen als auch politischen Einfluss auf die Bildung („Autonomie" der Schule gegenüber den gesellschaftlichen Mächten), forderte eine einheitliche Schulorganisation sowie eine Professionalisierung des Lehrerberufes. Einflußreich war seine Zeitschrift „Rheinische Blätter" (ab 1827 hg.) und sein „Jahrbuch für Lehrer- und Schulfreunde" (ab 1851 hg.). Aus politischen Gründen 1850 aus dem Staatsdienst in den Ruhestand versetzt, stritt Diesterweg als Abgeordneter der Fortschrittspartei im preußischen Landtag (1858-1866) gegen die Volksschulerlasse Preußens. Adolph Diesterweg ist der Vater von Moritz Diesterweg, dem Gründer des gleichnamigen Diesterweg Verlages (vgl. Gert Geißler [Hg.], Friedrich Adolph Wilhelm Diesterweg [1790-1866] [Basiswissen Pädagogik, Bd. 6], Baltmannsweiler 2002).

Der dann folgende Hauptteil war der gemeinsamen pädagogischen Aufgabe gewidmet. Zum Schluß folgten dann die 116 Namen der Unterzeichner aus beiden Teilen Deutschlands.

Dieser Aufruf erregte ein unerwartet großes Aufsehen wegen der zahlreichen Unterschriften kommunistischer Pädagogen aus der DDR. Der Antikommunismus war damals schon wieder eine politische Großmacht in der Bundesrepublik und hatte ein besonders aktives Zentrum in der „Vereinigung der aus der Sowjetzone verdrängten Lehrer und Beamten". Ihr Vorsitzender Oberschulrat Giesberts[30] schrieb Anfang Dezember 1952 in einem empörten Brief an mich und die anderen westdeutschen Unterzeichner unseres Aufrufs: „Ein gesamtdeutsches Gespräch, auch ein pädagogisches, ist nicht zu verantworten mit abgestempelten Vertretern des sowjetischen Systems, sondern nur mit denen, die unter dem System leiden und denen unsere ganze Liebe gehören sollte." Mitte Dezember 1952 veranstalteten diese Flüchtlingslehrer im Düsseldorfer Landtagsgebäude eine gegen den Schwelmer Kreis gerichtete Kundgebung, auf der ihr Vorsitzender über „Freiheitliche Erziehung" sprach. Seitdem gehörte diese „Vereinigung der aus der Sowjetzone verdrängten Lehrer und Beamten" zu den erbittertsten Gegnern unserer Arbeit.

Aber auch die politischen Parteien machten sich die Frontstellung gegen den Kommunismus des Ostens zu eigen, nicht nur die CDU, die ihr Ah-

---

[30] Johannes Giesberts (1909-1981) war in der NS-Zeit als Gymnasiallehrer tätig, wurde 1946 im Thüringer Kultusministerium mit der Leitung und Schulaufsicht über die Gymnasien des Landes beauftragt und gründete zur selben Zeit den CDU-Landesverband Thüringen mit. Im Dezember 1947 wurde ihm vom Kultusministerium des Landes Nordrhein-Westfalen die Schulaufsicht über die rheinischen Gymnasien und die Leitung der Versuchsschulen übertragen. Von 1953 bis 1969 Beigeordneter Schuldezernent der Stadt Köln. 1966 erhielt Giesberts das Bundesverdienstkreuz I. Klasse, 1970 den Leo-Baeck-Preis für sein Engagement für christlich-jüdische Verständigung. – Die „Vereinigung der aus der Sowjetzone verdrängten Lehrer und Beamten e.V." (später „Lehrervereinigung Düsseldorf e.V.") gründete Giesberts 1949; den Vorsitz hatte er seither inne, die Geschäftsführung übernahm im Mai 1950 Alfred Klose (vgl. Johannes Giesberts in memoriam. Zum Tod des Vorsitzenden der Lehrervereinigung, in: Pädagogik und Schule in Ost und West 29 [1981] 4, S. 73; Alfred Klose/Horst E. Wittig, Johannes Giesberts zum 65. Geburtstag, in: Pädagogik und Schule in Ost und West 22 [1974] 3, S. 91 f).

lener Programm verleugnete[31], sondern auch die SPD, die unsere Verständigungsarbeit ablehnte. Das zeigte sich im Sommer 1953, als einer unserer Freunde, ein altes SPD-Mitglied,[32] sich in einem Brief an seine Parteileitung nach ihrer Stellung zu unserer Erklärung „Warum Ost-West-Gespräche?" erkundigte. Er erhielt von einem Mitglied des Parteivorstandes folgende Antwort:

Ich habe die Angelegenheit mit den Genossen im Parteivorstand besprochen. Wir sind zu der einhelligen Meinung gekommen, Dir dringend abzuraten, die Erklärung zu unterschreiben und bei den Aktionen mitzuwirken. Die Forderungen des Kreises beschränken sich nicht auf Viermächtegespräche über die Einheit Deutschlands, wie sie die SPD ständig verlangt, sondern auf sogenannte gesamtdeutsche Gespräche, bei denen Teilnehmer aus Ost- und Westdeutschland mitwirken sollen. Es hat sich aber bisher bei allen derartigen Versuchen gezeigt, daß die Teilnehmer aus der Sowjetzone keine echten Gesprächspartner darstellen, sondern mit genau festgelegten Aufträgen zu derartigen Konferenzen geschickt werden. Sie repräsentieren also die Generallinie der SED-Machthaber und versuchen immer wieder, die westdeutschen Teilnehmer auf Resolutionen festzulegen, die dann im Sinne der Kommunisten ausgelegt werden ... Wir möchten Dir also nochmals dringend davon abraten, Dich an der Sache zu beteiligen und Dich gleichzeitig bitten, jene Mitarbeiter des Kreises zu warnen, deren ehrlicher Friedenswille wieder einmal durch getarnte KP-Leute mißbraucht zu werden droht.

---

[31] Das im Februar 1947 in Ahlen zunächst nur von der CDU der britischen Zone beschlossene politische Programm, in dem vor allem Forderungen zur Verstaatlichung der Grundstoffindustrie, zur strengen Kartellgesetzgebung und betrieblichen Mitbestimmung der Arbeitnehmer festgeschrieben waren, wurde bald für rd. zwei Jahre zum ersten Grundsatzprogramm der gesamten CDU. Im Juli 1949 sprach sich die Partei in den Düsseldorfer Leitsätzen jedoch vor dem Hintergrund des Kalten Krieges, der Währungsreform und des Marshallplans für die Soziale Marktwirtschaft als ihrem wirtschaftspolitischen Grundprinzip aus (vgl. Christoph Kleßmann, Die doppelte Staatsgründung. Deutsche Geschichte 1945-1955, 4. Aufl. Bonn 1986, S. 144 f; Rudolf Uertz, Christentum und Sozialismus in der frühen CDU. Grundlagen und Wirkungen der christlich-sozialen Ideen in der Union 1945-1949, Stuttgart 1981, S. 207 f). S. auch Kap. 9, Anm. 18.

[32] Gemeint ist hier Otto Koch (s. Anm. 24).

Trotz dieser Erfahrungen wollten wir im Herbst 1953 in Wuppertal eine größere Tagung veranstalten, auf der Frau Dr. Elisabeth Rotten aus der Schweiz[33] über „Pädagogik der weltweiten Verständigung", Professor Dr. Deiters aus Ostberlin[34] über „Die nationalpädagogische Tradition und ihre Neuwertung für die Gegenwart" und Frau Professor Dr. Faßbinder aus Bonn über „Was müssen, was können wir tun?" sprechen sollten. Die Leitung der Tagung hatten Professor Paul Oestreich aus Berlin und Professor Pierre Grappin aus Nancy[35] zugesagt. Sobald aber die Einladungen

---

[33] Dr. Elisabeth Friederike Rotten (1882-1964), Schriftstellerin und Pädagogin, während des Ersten Weltkrieges in karitativen und pazifistischen Organisationen engagiert, war 1921 Mitbegründerin des international wirkenden „Weltbundes für die Erneuerung der Erziehung" (New Educational Fellowship), in dessen deutschsprachiger Abteilung und Zeitschrift „Das werdende Zeitalter" (1922-32) sie leitend mitarbeitete. 1934 remigrierte Rotten in ihr Heimatland, die Schweiz. Nach dem Zweiten Weltkrieg wieder international engagiert in friedenspädagogischen Organisationen, Mitbegründerin des internationalen Pestalozzi-Kinderdorfes in Trogen, Leiterin des Schweizer „Bureaus für kulturellen Austausch", ferner maßgeblich an der Wiedergründung der „Deutschen Sektion des Weltbundes für Erneuerung der Erziehung" (1950) beteiligt (vgl. Dietmar Haubfleisch, Elisabeth Rotten [1882-1964] – eine [fast] vergessene Reformpädagogin, in: „etwas erzählen". Die lebensgeschichtliche Dimension in der Pädagogik, hg. v. Inge Hansen-Schaberg, Baltmannsweiler 1997, S. 114-131).

[34] Heinrich Deiters (1887-1966) promovierte 1911 an der Friedrich-Wilhelms-Universität in Berlin, war ab 1912 im höheren Lehramt tätig, u.a. an der Reformschule Berlin-Lichterfelde. Mitglied im BESch und seit 1923 in der SPD. 1933 Zwangsentlassung. Nach 1945 war Deiters zunächst Leiter des Paulsen-Realgymnasiums in Berlin-Steglitz, dann Leiter des Referats Lehrerbildung im Deutschen Zentralinstitut für Volksbildung (DZfV), ab 1946 bis zur Emeritierung 1958 Professor für systematische Pädagogik an der Humboldt-Universität in Ost-Berlin, außerdem Volkskammerabgeordneter der DDR, bis 1958 Mitherausgeber der Zeitschrift „Pädagogik" sowie Mitarbeiter im Kulturbund der DDR (vgl. Heinrich Deiters, Bildung und Leben. Erinnerungen eines deutschen Pädagogen, hg. u. eingel. v. Detlef Oppermann, Köln 1989).

[35] Pierre Grappin (1915-1997), französischer Germanist und Autor verschiedener französisch-deutscher Übersetzungswerke, Professor an der Universität Nancy und später an der Universität Paris-Nanterre, wo er u.a. Dekan der Philosophischen Fakultät war. Exponierter Vertreter der Friedensbewegung „Mouvement des 150" (auch „Mouvement des Universitaires français devant la menace d'une nouvelle guerre mondiale"), deren Ziel die Abwendung eines weiteren Weltkrieges war („Sekretär' dieser „Bewegung" war Henri Pouget [Paris]) (vgl. Appel des Universitaires français devant la menace d'une nouvelle guerre mondiale. Bulletin d'information mensuel, Juni 1953; dies., Oktober 1953; Guy

verschickt waren, wurde in Presse und Rundfunk mehrfach die Nachricht verbreitet, das Bundesministerium für gesamtdeutsche Fragen habe durch einen Sprecher mitteilen lassen, die geplante Tagung sei eine getarnte kommunistische Veranstaltung, vor der die Lehrerschaft gewarnt würde[36]. In der schwierigen Lage, in der wir uns jetzt befanden, sahen wir uns gezwungen, die Tagung zu verschieben. Wir richteten Protestschreiben an den Rundfunk, an Generaldirektor Dr. Grimme[37] und an das Ministerium für gesamtdeutsche Fragen in Bonn. Frau Professor Faßbinder, Professor Grappin und ich fuhren nach Bonn, um persönlich unser Protestschreiben im Gesamtdeutschen Ministerium zu überreichen. In der Aussprache, die wir dort hatten, erklärte uns der zuständige Ministerialrat dem Sinne nach: „Wir haben den Auftrag, den Kommunismus zu bekämpfen. Die Bundesrepublik wird sich durch ihre Aufrüstung militärisch so stark machen, daß die Regierung der Sowjetunion eines Tages in die Knie geht. Sobald das in der sowjetisch besetzten Zone bekannt wird, setzt eine Flucht aller Funktionäre und Mitläufer nach Osten ein. Dann können wir die Zone ohne Krieg in Besitz nehmen." Diese uns offiziell verkündete Politik empfanden wir als ungeheuerliche Illusion.

Besse, Après la disparition d'Henri Claude, in: Journal l'Humanité vom 12. August 1994, Rubrik „Articles").

[36] So titelte etwa die Schwelmer Zeitung über zwei Spalten: „Warnung vor KP-‚Lehrerkonferenz'"; darunter: „Ein Sprecher des Bundesministeriums für Gesamtdeutsche Fragen wies am Mittwoch darauf hin, daß eine für das kommende Wochenende in Wuppertal geplante Konferenz der sogenannten Arbeitsgemeinschaft demokratischer Lehrer und Erzieher eine getarnte kommunistische Veranstaltung ist." (Schwelmer Zeitung v. 29. Oktober 1953; vgl. auch z.B. General-Anzeiger der Stadt Wuppertal v. 29. u. 31. Oktober 1953 oder Rheinische Post v. 29. Oktober 1953 [Privatarchiv Prof. Dr. Wolfgang Keim, Paderborn]).

[37] Adolf Grimme (1889-1963), deutscher Kulturpolitiker (SPD), war in der Nachkriegszeit bis Dezember 1948 der erste Kultusminister des Landes Niedersachsen, bevor er zum Generaldirektor des Nordwestdeutschen Rundfunks (NWDR; Hamburg) ernannt wurde, den er in diesem Amt bis zu dessen Auflösung zum 1. Januar 1956 leitete. 1948 Ehrendoktor der Philosophischen Fakultät der Georg-Augustus-Universität Göttingen. Namensgeber des seit 1964 jährlich verliehenen Adolf-Grimme-Preises, des 1973 gegründeten Adolf-Grimme-Instituts (Marl i.Westf.) sowie des seit 2001 vergebenen Grimme Online Award (vgl. Julius Seiters [Hg.], Adolf Grimme – ein niedersächsischer Bildungspolitiker, Hannover 1990).

Als wir in Schwelm unsere Beratungen wieder aufnahmen, machte Professor Dr. Alt aus Ostberlin[38] unter dem Eindruck unserer schwierigen Lage den Vorschlag, die Tagung Ostern 1954 nicht in der Bundesrepublik, sondern in der DDR und zwar in Eisenach zu veranstalten. Das war für uns ein befreiender Vorschlag, den wir mit großer Freude annahmen. Eine Tagung in Eisenach konnte von der Bundesrepublik aus nicht verhindert werden. Von jetzt an setzte bei uns in Schwelm eine starke Werbetätigkeit ein, die besonders von Walter Kluthe, meiner Frau und mir geleistet wurde. In der ganzen Bundesrepublik setzten unsere Gesinnungsfreunde ihre Kraft für die geplante Tagung ein. Im Februar 1954 verbreiteten wir als Werbung für die Ostertagung einen Aufruf „An die deutsche Lehrerschaft"[39], der von 59 Pädagogen aus allen Teilen der Bundesrepublik unterzeichnet war. In ihm hieß es zum gesamtdeutschen Problem:

---

[38] Robert Alt (1905-1978), ab 1929 an Fritz Karsens Reformschulenkomplex der Karl-Marx-Schule in Berlin-Neukölln als Lehrer tätig, wurde 1933 aus dem öffentlichen Schulwesen ausgeschlossen sowie aufgrund seiner jüdischen Herkunft von der Berliner Universität relegiert. Zunächst noch Lehrer an jüdischen Volksschulen und am jüdischen Kindergärtnerinnen-Seminar in Berlin, wurde er 1941 verhaftet und in verschiedene KZs, u.a. nach Auschwitz, deportiert; Alt war einer der wenigen Überlebenden des KZ-Schiffs „Cap Arcona". Nach 1945 Dozent an der Pädagogischen Hochschule Groß-Berlins sowie Lehrbeauftragter der 1946 eröffneten Pädagogischen Fakultät der (Ost-)Berliner Humboldt-Universität, wo er 1948 seine noch 1937 fertiggestellte Promotionsschrift einreichen konnte und wenig später zum Professor für Geschichte der Pädagogik ernannt wurde. Alt wurde zu einem der führenden Erziehungswissenschaftler der DDR in den 50er und frühen 60er Jahren, war u.a. seit 1952 Direktor des Instituts für Systematische Pädagogik und Geschichte der Pädagogik an der Pädagogischen Fakultät der Humboldt-Universität (bis 1963), Präsident der Gesellschaft für kulturelle Verbindungen mit dem Ausland, Vizepräsident der Liga für Völkerfreundschaft sowie Mitbegründer und -herausgeber der Zeitschrift „Pädagogik" (bis 1958), ferner von 1954-58 Mitglied des ZK der SED und seiner Schulkommission, des Wissenschaftlichen Beirates für Pädagogik des Staatssekretariats für Hoch- und Fachschulwesen und des Kollegiums des Ministeriums für Volksbildung (vgl. Bodo Friedrich/Dieter Kirchhöfer/Christa Uhlig [Hg.], Robert Alt [1905-1978], Frankfurt a.M. 2006; Rudi Schulz, Robert Alts Leistungen für die Pädagogik in der ehemaligen SBZ/DDR. Erster Versuch einer Neubewertung, in: Benno Schmoldt [Hg.], Pädagogen in Berlin. Auswahl von Biographien zwischen Aufklärung und Gegenwart, Baltmannsweiler 1991, S. 367-389).
[39] U.a. abgedruckt in: Der Pflüger 3 (1954) 1/2, S. 185.

Überwinden wir das jahrelang genährte Mißtrauen gegeneinander! Wagen wir es, zusammenzukommen und miteinander zu sprechen! Helfen wir uns gegenseitig, uns einander überhaupt erst wieder verständlich zu machen! Es gilt vor allem, die pädagogische Arbeit, die hüben und drüben geleistet worden ist, durch sachliche Berichterstattung und persönlichen Erfahrungsaustausch besser kennenzulernen, auf beiden Seiten auch das Gute zu sehen und vorurteilsfrei zu bejahen. Diese Aufgaben des Einander-Neufindens können am unmittelbarsten durch persönliche Begegnung einer Lösung näher gebracht werden ... Das offene Miteinandersprechen ist der beste Weg, um die geistig-seelische Wiedervereinigung der Getrennten anzubahnen. Der Geist der Verständigungsbereitschaft, der in unseren Verfassungen und Lehrplänen für die Beziehungen zwischen dem deutschen Volk und den anderen Völkern gefordert wird, kann seine verbindende Kraft vor allem bei der Überwindung der innerdeutschen Entfremdung erproben ... Darum rufen wir alle Erzieher auf, in eigener Gewissensentscheidung an diesem geistigen Prozeß der Verständigung zwischen west- und ostdeutschen Pädagogen mitzuarbeiten.

Zur gleichen Zeit hatten wir uns der Angriffe des Bundesamtes für Verfassungsschutz zu erwehren. Dieses Amt vertrat und verbreitete die unwahre Ansicht, der Schwelmer Kreis stehe mit seinen angeblichen Untergruppen, die es gar nicht gab, in Abhängigkeit vom westdeutschen „Demokratischen Kulturbund Deutschlands" (DKBD). Dieser Kulturbund unterstehe seinerseits dem sowjetzonalen „Kulturbund zur demokratischen Erneuerung Deutschlands", der seine Weisungen vom Zentralkomitee der Sozialistischen Einheitspartei Deutschlands (SED) erhalte. Nach dieser unwahren Konstruktion war also der Schwelmer Kreis ein festes Glied in einer kommunistischen Kette, die bis zur SED in Ostberlin reichte[40]. Deshalb die Warnung vor unserer Herbsttagung in Wuppertal.

---

[40] Der Schwelmer Kreis wurde in einer von Fritz Tejessy, dem ersten Leiter des Verfassungsschutzes NRW (1949-60), unterzeichneten Ausarbeitung über „Entstehung, Entwicklung und gegenwärtige Tätigkeit des Landesamtes für Verfassungsschutz" (1956) als eine der „KP-Kulturarbeit" untergeordnete linksextremistische Organisation aufgeführt (das Originaldokument ist auf der Internetseite des Innenministeriums NRW, Landesamt für Verfassungsschutz einzusehen unter: http://www.im.nrw.de/sch/doks/vs/lfv.pdf, letzt-

Deshalb die Ermittlungsverfahren gegen zahlreiche Mitglieder des Schwelmer Kreises wegen Staatsgefährdung, deshalb die Haussuchungen und die Vernehmungen durch die Kriminalpolizei. Am 10. Januar 1954 sah ich mich in dieser Lage zu folgendem Schreiben an den Staatsanwalt in Dortmund veranlaßt:

Zu dem Gutachten des Bundesamtes für Verfassungsschutz über den „Demokratischen Kulturbund Deutschlands" vom 1.11.1953 gebe ich, soweit es sich auf den Seite 7 erwähnten sogenannten „Schwelmer Kreis" bezieht, folgende eidesstattliche Erklärung ab:

1. *Der „Schwelmer Kreis" ist keine Unterorganisation des „Demokratischen Kulturbundes Deutschlands", sondern ein völlig selbständiger pädagogischer Arbeitskreis.*
2. *Er ist nicht, wie das Gutachten annimmt, mit der „Arbeitsgemeinschaft demokratischer Lehrer und Erzieher" identisch. Mit dieser Arbeitsgemeinschaft, die mir völlig unbekannt ist, besteht keinerlei Verbindung.*
3. *Der „Schwelmer Kreis" hat keine Untergruppen, wie in dem Gutachten behauptet wird. Sofern die vier genannten Gruppen selbständig bestehen, hat der „Schwelmer Kreis" keinerlei Beziehungen zu ihnen.*

Im Juli 1954 sah ich mich veranlaßt, noch einmal eine eidesstattliche Erklärung abzugeben, die sehr viel ausführlicher war. Irgendeinen Erfolg hatten diese Erklärungen nicht. Wir wurden nach wie vor als „Staatsfeinde" angesehen, deren Tätigkeit heimlich überwacht wurde. Meine Frau und ich rechneten sogar damit, daß wir vor der Eisenacher Tagung verhaftet werden könnten, und entschlossen uns deshalb, eine Woche vorher unsere Wohnung zu verlassen. Wir fuhren nach Ostberlin und von da nach Eisenach, wo die Tagung vom 15. bis 17. April 1954 stattfand.

Fast 200 Lehrer und Erzieher aus der Bundesrepublik waren gekommen, etwa 300 aus der Deutschen Demokratischen Republik. Als Gäste aus dem Ausland waren 7 französische, 2 englische Pädagogen und 1 russi-

---

ter Zugriff: Sept. 2005). – Vgl. zu Hellings ‚Kollisionen' mit dem Verfassungsschutz auch Kap. 10, Anm. 12, 13, 14.

scher Universitätsprofessor anwesend[41]. Diese 500 waren Menschen der verschiedensten Überzeugungen. Zu dem Tagungsthema „Der humanistische Auftrag der deutschen Pädagogen" erhielt zunächst Professor Dr. Alt von der Humboldt-Universität Berlin das Wort[42]. Er ging von der Grundforderung des Humanismus aus, jedem zur höchstmöglichen Entfaltung der in ihm angelegten Kräfte zu verhelfen. „Wir glauben", sagte er, „daß wir mit dem Aufbau der demokratischen Schule einen Anfang damit gemacht haben, diese alte humanistische Forderung der fortschrittlichen Pädagogik in die Sphäre ihrer Verwirklichung zu heben." Nach dem Hinweis auf den sozialistischen Charakter des DDR-Staates, „in dem die Werktätigen ihr Schicksal selbst in die Hand genommen haben", betonte er mit Nachdruck: „Unsere nationale Erziehung kann heute nur darin bestehen, die deutsche Jugend für die Friedensaufgaben ihres Vaterlandes auszurüsten und anzuspornen." Nach Professor Alt erhielt ich das Wort zu dem gleichen Thema[43]. Auch ich erinnerte an den Humanismus der klassischen Pädagogen und gab der Hoffnung Ausdruck, daß es auch bei uns in einer fortschrittlich sich entwickelnden Gesellschaft zu einer humanistischen Sinnerfüllung der Jugenderziehung kommen werde. „Dann sind wir deutschen Pädagogen in Ost und West durch das gleiche Ziel, die gleiche Aufgabe verbunden ... Wenn man aber heute nicht nur Deutschland in zwei Lager zerteilt, sondern auch Europa und die ganze Welt, dann reißt man Wunden auf, die für die Menschheit lebensgefähr-

---

[41] Von den ausländischen Gästen konnten ermittelt werden: der Germanistikprofessor Edouard Pfrimmer (Paris), Prof. Nikolai Nikolajewitsch Petuchow (Leningrad), der zu dieser Zeit als Gastdozent für Pädagogik an der Humboldt-Universität Berlin tätig war, und die Vertreterin der friedenspädagogischen Initiative „Teachers for Peace", Dorothy M. Diamond (London) (vgl. v.a. Der Pflüger, Sonderheft [Juli 1954] Nr. 2, S. 5).

[42] Der Text seines Referates ist abgedruckt in: Pädagogik 9 (1954) 6, S. 401-419. – Zu dem Referat und zu Alts Engagement im Schwelmer Kreis vgl. Jost Biermann, Robert Alt im Schwelmer Kreis – Anwalt einer gesellschaftlich engagierten gesamtdeutschen Pädagogik in den 1950er und 60er Jahren, in: Bodo Friedrich/Dieter Kirchhöfer/Christa Uhlig (Hg.), Robert Alt (1905-1978), a.a.O., S. 117-134.

[43] Hellings Referatstext ist abgedruckt in: Fritz Helling, Schulreform in der Zeitenwende. Eine Auswahl aus Reden und Aufsätzen aus der Zeit von 1926 bis 1958, Schwelm 1958, S. 55-69; ebenso in: Fritz Helling, Pädagogen in gesellschaftlicher Verantwortung. Ausgewählte Schriften eines entschiedenen Schulreformers, hg. u. eingel. v. Jürgen Eierdanz u. Karl-Heinz Heinemann, Frankfurt a.M. 1988, S. 105-121.

lich sind. Jeder Lehrer und Erzieher, der seinen humanistischen Auftrag ernst nimmt, hat deshalb für den Frieden zu kämpfen im Bunde mit den Hunderten von Millionen, die in allen Völkern der Erde den gleichen Kampf führen." Frau Professor Faßbinder, die die Versammlung leitete, fügte den beiden Referaten ihre christliche Auffassung hinzu. Sie sehe zwischen dem humanistischen und dem christlichen Menschenbild keine Gegensätzlichkeit im Wesen, sondern betrachte das Christliche als die Überhöhung und Vollendung des Natürlich-Menschlichen. Sie wies darauf hin, daß das christliche Abendland sich in seinem Wesen aufgebe, wenn es nach dem Einmünden der russischen Geistigkeit in die Gesamtkultur Europas im 19. Jahrhundert jetzt eine Trennungslinie ziehen wolle. Eine Erneuerung europäischer Kultur sei nur möglich, wenn die westlichen Länder Europas auch die geistigen Werte der osteuropäischen Länder aufnähmen. Dies zu fordern, sei ebenfalls eine Aufgabe der Eisenacher Tagung.

Am Karfreitag-Nachmittag traf man sich zu Beratungen in den Fachgruppen für Vorschulerziehung, Grundschulen, Oberschulen, Universitäten, Landschulen, Sonderschulen, Lehrerbildung, Heimerziehung, Kinderliteratur, Kinderfilm und Kindertheater, Schulhygiene und Berufsausbildung. Der Erfahrungsaustausch weckte den Wunsch, auch in Zukunft miteinander in Verbindung zu bleiben. Am Samstagmorgen versammelte man sich im Plenum zu der großen Diskussion, bei der die Unterschiede und Gegensätze oft mit leidenschaftlicher Schärfe zum Ausdruck kamen. Ihren Höhepunkt erreichte die Aussprache gegen Mittag, als der französische Delegierte E. Pfrimmer (Paris), der russische Professor Petuchow und die englische Vertreterin der Bewegung „Teachers for Peace", D. Diamond (London),[44] nacheinander das Wort ergriffen und einen Sturm der Begeisterung auslösten. Am Spätnachmittag fand im Hof der Wartburg die Abschlußfeier statt. Frau Professor Faßbinder würdigte die Wartburg als Stätte deutscher Einheit. Professor Paul Oestreich weitete die deutsche Schau zur Weltschau aus und gab der Zuversicht Ausdruck, daß sich die Menschheit aus den Ängsten der Gegenwart zur Freiheit eines neuen

---

[44] Edouard Pfrimmer, Nikolai Petuchow und Dorothy Diamond (vgl. Anm. 41).

Lebens hindurchfinden werde[45]. Der Schulrat des Kreises Eisenach sprach den Abschiedsgruß. Dann wurde das Lied angestimmt:

> „Wann wir schreiten Seit' an Seit'
> Und die alten Lieder singen
> Und die Wälder widerklingen,
> Fühlen wir, es muß gelingen:
> Mit uns zieht die neue Zeit. "

Während der Tagung wurde im Arbeitsausschuß des Schwelmer Kreises ein Aufruf an alle deutschen Pädagogen und ein Arbeitsprogramm für die weitere Zusammenarbeit beschlossen. Als besonders wichtig erwies sich der Beschluß, zu gesamtdeutschen pädagogischen Fachgesprächen einzuladen. Von nun an fuhren viele ostdeutsche Kollegen zu Besuchen in die Bundesrepublik und westdeutsche Lehrer in die DDR. Eine große Hilfe für unsere Verständigungsarbeit war seit Juli 1954 die neue pädagogische Zeitschrift „Schule und Nation"[46], die es unter der Schriftleitung von Walter Kluthe (Schwelm) ebenso wie der seit Mai 1952 in Hamburg erschienene „Pflüger"[47] als ihre Aufgabe ansieht, die Entfremdung zwischen den Lehrern des geteilten Deutschlands zu überwinden, das Gemeinsame ihres Erbes und Auftrags hervorzuheben, das nationale Bewußtsein mit Weltoffenheit zu verbinden und für die Verständigung und Freundschaft mit allen Völkern einzutreten.

In jenen Jahren 1953/54 hatte für uns das politische Geschehen oft Vorrang vor unserer pädagogischen Arbeit. Es war die Zeit, in der der Anschluß der Bundesrepublik an das westeuropäische Militärbündnis der

---

[45] Die Schlußansprache Paul Oestreichs ist wiedergegeben in: Der Pflüger, Sonderheft (Juli 1954) Nr. 2, S. 52 f.

[46] Schule und Nation, Schriftleitung Walter Kluthe, Schwelm i.Westf. 1 (1954) - 19 (1973).

[47] Die Zeitschrift „Der Pflüger. Blätter für Pädagogische Begegnung" wurde von der Arbeitsgemeinschaft Demokratischer Lehrer (Hamburg) herausgegeben, einer Vereinigung, die ebenfalls für deutsch-deutsche Verständigung plädierte und u.a. Reisen von westdeutschen Lehrerdelegationen in die DDR organisierte. Der erste „Pflüger" erschien im Mai 1952, der letzte im August 1965.

NATO vor der Entscheidung stand. Wir lehnten dieses Militärbündnis ab, zumal das Atomwaffen-Monopol des Westens im August 1953 von der Sowjetunion gebrochen worden war. Wir bejahten die Erklärung, die Molotow[48] auf der Berliner Außenministerkonferenz am 30. Januar 1954 abgab. „Wir müßten", sagte er damals, „eine Einigung darüber erzielen, daß Deutschland nach gesamtdeutschen Wahlen durch keinerlei Abmachungen mit dieser oder jener Mächtegruppierung gebunden ist, daß Deutschland unbeirrt einen friedlichen und demokratischen Weg beschreitet und daß es nicht nur über seine inneren, sondern auch über seine äußeren Angelegenheiten frei entscheiden kann. Wir müssen dafür Sorge tragen, daß Deutschland als ein einheitlicher und unabhängiger, demokratischer und friedliebender deutscher Staat neu ersteht. Ein solches wahrhaft freies Deutschland wird niemals eine Bedrohung für seine Nachbarn werden und wird als eine der Großmächte einen würdigen Platz unter den friedliebenden Staaten Europas einnehmen."

Auf der Pariser Konferenz 1954 machte die Sowjetunion am 23. Oktober darüber hinaus noch den Vorschlag, eine gesamteuropäische Konferenz einzuberufen, um über die Schaffung eines Systems der kollektiven Sicherheit in Europa zu beraten. Aber auf eben dieser Konferenz in Paris wurde die Bundesrepublik am 23. Oktober 1954 in das Militärbündnis der NATO aufgenommen und erhielt dadurch das Recht zu der seit langem angestrebten Wiederaufrüstung. Die Sowjetunion antwortete mit der Erklärung, daß die Bundesrepublik und die DDR von nun an zwei deutsche Staaten seien, deren Wiedervereinigung Sache direkter Verhandlungen zwischen diesen beiden Staaten sei.

In dieser Lage richteten wir Pädagogen des Schwelmer Kreises und unsere französischen Freunde im Februar 1955 an die Mitglieder der Nationalversammlung in Paris und des Bundestages in Bonn folgende Erklärung gegen die neue Aufrüstung:

---

[48] Wjatscheslaw Michailowitsch Molotow (eigentl. Skrjabin, 1890-1986) war von 1939 bis 1949 Volkskommissar für Äußeres und erneut von 1953 bis 1956 Außenminister der Sowjetunion (vgl. Derek Watson, Molotov. A Biography, Basingstoke 2005).

Wir westdeutschen Erzieher halten die Pariser Verträge, durch die junge Deutsche gegen andere junge Deutsche bewaffnet werden, für ein nationales Unglück, vor dem wir warnen.

Wir französischen Erzieher erklären, daß die Wiederbewaffnung eines geteilten, friedlosen Deutschlands ein Unglück für Frankreich und Europa ist, vor dem wir warnen.

Wir französischen und wir westdeutschen Erzieher erklären in dieser Entscheidungsstunde feierlich, daß nicht eine Politik der Stärke und Drohung, sondern nur eine Politik der Verhandlung und Verständigung ... die friedliche Entwicklung unserer beiden Nationen und die friedliche Zukunft der Menschheit gewährleisten kann.

Diese Auffassung bekräftigten wir am 13. März 1955 auf einer deutsch-französischen Erziehertagung in Paris[49], wo ich über „Die Wiedervereinigung Deutschlands als Bedingung des Friedens in Europa"[50] sprach.

In der Gespanntheit dieser Lage luden wir zu einer Ostertagung deutscher Pädagogen in Eisenach ein, die vom 7. bis 9. April 1955 stattfand und diesmal von etwa 600 Lehrern und Erziehern aus ganz Deutschland besucht wurde. Von ihnen kamen 250 Pädagogen aus der Bundesrepublik. Zu den ausländischen Gästen, die aus Frankreich, Polen und der Tschechoslowakei kamen, gehörten auch die in Berlin lehrenden Gastprofessoren aus der Sowjetunion. Das Thema der Tagung lautete: „Unsere Verantwortung für die deutsche Jugend heute".

Professor Dr. Deiters, Dekan der Pädagogischen Fakultät der Humboldt-Universität Berlin, betonte in seinem Referat: „Die große Mehrheit der

---

[49] Die Tagung fand auf Einladung der „Mouvement des Universitaires français devant la menace d'une nouvelle guerre mondiale" („Mouvement des 150") statt (s. Anm. 35). Neben Helling nahmen an der Pariser Tagung auch renommierte Gelehrte wie der Mathematiker Prof. Dr. Jacques Hadamar (1865-1953), der Mediziner Dr. Georges Bourguignon (1876-1963), der Agrarwissenschaftler Prof. Dr. P. Malterre (Paris-Grignon) sowie der Germanist Prof. Edouard Pfrimmer (Paris, s. Anm. 41) teil (vgl. Schule und Nation 1 [1955] 4, S. 25).

[50] Das Referat ist abgedruckt in: Schule und Nation 2 (1955) 1, S. 5-8; ebenso in: Pädagogik 10 (1955) 7, S. 497-502.

deutschen Lehrer auch in der Bundesrepublik steht heute in Opposition zu den Pariser Verträgen, zur Wiederaufrüstung der Bundesrepublik, zu den Methoden der Bedrohung oder Gewaltausübung gegenüber der Sowjetunion. Aber wir vermissen auch bei den offiziellen Vertretern dieser Opposition ein klares Wort über das Verhältnis des künftigen wiedervereinigten Deutschlands zur Sowjetunion und den ihr befreundeten und Deutschland benachbarten Volksdemokratien. ... Die russische Oktoberrevolution von 1917 und ihre Folgen sind aus der Geschichte der Menschheit nicht mehr wegzudenken, und niemand wird im Ernst annehmen, daß sie rückgängig gemacht werden können. ... Die Feindschaft gegen die Sowjetunion und ihr gesellschaftliches System muß deshalb in unserem Volk überwunden werden, wenn wir den Kampf um den Frieden erfolgreich zu Ende führen wollen." Der zweite Redner, Religionslehrer Hanns Jacobs aus Wuppertal[51], berief sich auf diese Gedanken am Schluß seines Vortrags: „Es ist jetzt zu Ende selbstverständlich", sagte er, „das dankbar aufzugreifen, was das vorangehende Referat in seiner Sicht bereits in den Mittelpunkt gestellt hat. Wir fordern eine dem Menschen dienende, wenn wir es recht verstehen wollen, eine menschheitsgläubige Erziehung. Wir fordern die Überwindung jener Politik, die kalter Krieg und heißer Krieg sagt, ... das hoffnungsvolle Bewußtsein, in eine Menschengesellschaft hineinzuleben, die vom Frieden her die Entfaltung des Menschen ermöglicht." Die gleichen Gedanken wurden in einem „Aufruf an die deutschen Pädagogen" zum Ausdruck gebracht.

Als die Tagung ihrem Ende zuging, steigerten die Ansprachen der ausländischen Gäste und meine Schlußworte die Einmütigkeit bis zur Begeisterung. „Wir dürfen uns", sagte ich, „durch gar nichts entmutigen lassen, auch nicht durch die Ratifizierung der Verträge. Wir müssen die

---

[51] Hanns Jacobs (1912-2002), im Heidelberger Klinikpfarramt und in der evangelischen Jugendbewegung tätig, bevor er nach 1945 ev. Religionslehrer in Wuppertal, ab 1951 an den Gewerblichen Schulen II ebenda wurde. Jacobs gehörte der KPD an, war Mitglied des Demokratischen Kulturbundes sowie der VVN, engagierte sich in Friedensbewegungen und im Arbeitsausschuß des Schwelmer Kreises und war außerdem Mitarbeiter im Kreis um Martin Niemöller (vgl. Peter Dudek, Gesamtdeutsche Pädagogik, a.a.O., S. 215; Rundbrief der Arbeitsgemeinschaft Christinnen und Christen der PDS, Berlin, 31. Januar 2003).

Zuversicht behalten. Und die entscheidende Zuversicht ist die, daß es den gewaltigen Friedenskräften in der ganzen Welt gelingt, die Kriegstreiber an der Entfesselung des Krieges zu hindern." Im gleichen Sinne wandte sich am Nachmittag beim festlichen Abschluß auf der Wartburg Paul Oestreich an die westdeutschen Kollegen: „Ihr habt erlebt, wie wir arbeiten und leben. Ihr werdet keine Verleumdungen mehr glauben. Kommt wieder zu uns, damit wir uns kennenlernen und zusammenwachsen." Als Zeichen der Verbundenheit wurde mir die Wartburg-Ehrenplakette verliehen.

Die starke Wirkung dieser Ostertagung zeigte sich schon bald darin, daß die Begegnungen der Lehrer aus beiden Teilen Deutschlands – vor allem zu gesamtdeutschen Fachgesprächen – an Zahl und Bedeutung erheblich zunahmen. Vor allem dehnte der zentrale Arbeitsausschuß des Schwelmer Kreises seine Arbeit sehr viel weiter aus als früher. In wichtigen Eingaben wandte er sich im Juni 1955 an den Hauptvorstand der Arbeitsgemeinschaft Deutscher Lehrerverbände, im Juli 1955 an die Kultusminister in der Bundesrepublik, im Oktober des gleichen Jahres an die Genfer Außenministerkonferenz.

Im folgenden Jahr 1956 dehnte sich die Arbeit des Schwelmer Kreises noch weiter aus. Wir scheuten uns nicht, mit den Kollegen aus der DDR auch über die vorläufigen Thesen zu ihrem V. Pädagogischen Kongreß[52] zu diskutieren, der 1956 in Leipzig stattfinden sollte. In einem Rundschreiben vertrat ich dazu die Meinung: „Hätten bisher die großen Lehrerverbände in beiden Teilen Deutschlands diesen Gedankenaustausch

---

[52] Der V. Pädagogische Kongreß fand in Leipzig vom 15. bis 18. Mai 1956 statt. Unter den etwa 1800 Teilnehmenden aus der DDR befanden sich nicht nur Lehrer und Erziehungswissenschaftler, sondern auch Abordnungen der verschiedenen sozialistischen Massenorganisationen und Arbeitervertretungen aus den volkseigenen Betrieben sowie ausländische Gäste aus Bulgarien, China, Finnland, Frankreich, der Koreanischen Volksrepublik, Österreich, Polen, Rumänien, der Sowjetunion, der Tschechoslowakei, Ungarn und eben aus der Bundesrepublik. Sie alle hatten zu den von ministeriellen Fachkommissionen ausgearbeiteten Entschließungsentwürfen zuvor schriftliche Stellungnahmen abgegeben (vgl. Aufgaben und Probleme der deutschen Pädagogik. Aus den Verhandlungen des V. Pädagogischen Kongresses Leipzig 1956, Berlin [Ost] 1956).

miteinander gehabt, so wäre jetzt die Wahrscheinlichkeit größer, daß auf dem Leipziger Kongreß, der die Pädagogik der DDR auf Jahre hinaus bestimmen wird, westdeutsche Auffassungen Beachtung fänden und zur Annäherung beitrügen."

In diesem ereignisreichen Jahr 1956 erlebte ich auch persönlich noch einige außergewöhnliche Höhepunkte. Dank unserer Verbindungen mit Pädagogen der Tschechoslowakei kam im April 1956 vom Prager Schulministerium eine Einladung an Walter Kluthe, den Schriftleiter von „Schule und Nation", mit einigen Gesinnungsfreunden zum Studium des tschechoslowakischen Bildungswesens nach Prag zu kommen. Kluthe, Dr. Vieregge[53] und ich (drei Schwelmer) waren zeitlich in der Lage, die Einladung anzunehmen, und fuhren Ende April über Berlin nach Prag. Im Juliheft von „Schule und Nation" veröffentlichten wir einen Bericht[54], von dem hier nur der Anfang wiedergegeben sei: „Während eines vierzehntägigen Studienaufenthaltes in der Tschechoslowakei hatten die Unterzeichner Gelegenheit, das Rektorat der Karls-Universität, das Komensky-Institut für pädagogische Forschung, die Pädagogische Hochschule in Prag, verschiedene allgemeinbildende Schulen und andere pädagogische Einrichtungen zu besuchen und sich bei einem Empfang durch den Minister für das Schulwesen der CSSR, den Mathematiker und früheren Professor an der Pädagogischen Hochschule, Dr. Frantisek Kahuda[55], über

---

[53] Prof. Dr. Heinz (eigentl. Heinrich) Vieregge, geboren in Schwelm, Mathematiker in Köln, siedelte 1957 auf Vermittlung von Fritz Helling mit seiner Familie in die DDR nach Erfurt über (vgl. Burkhard Dietz, Erneute politische und gesellschaftliche Diskriminierung in den 1950er und 1960er Jahren, in: ders. [Hg.], Fritz Helling, Aufklärer und „politischer Pädagoge" im 20. Jahrhundert, Frankfurt a.M. 2003, S. 466).
[54] S. Walter Kluthe/Fritz Helling/Heinz Vieregge, Das Erziehungswesen in der Tschechoslowakei, in: Schule und Nation 3 (1956) 1, S. 29 f.
[55] Dr. Frantisek Kahuda (1911-1987), Bildungspolitiker, gründete 1946 das Pädagogische Comenius-Forschungsinstitut in Prag und war von 1948 bis 1950 Beamter im Ministerium für Schulwesen, 1950 bis 1953 amtierte er als Direktor des Institutes für Schulpraxis. Seit 1952 war er Dozent an der Pädagogischen Fakultät der Universität Prag und zugleich Leiter der Sektion Hochschulen beim Ministerium für Schulwesen, 1953 zunächst Erster stellv. Minister für Hochschulwesen, dann stellv. Minister für Unterricht und seit Dezember 1954 Minister für Unterricht und Kultur (bis 1963). Nach einer Regierungsneubildung wurde er 1963 wieder stellv. Kultur- und Unterrichtsminister der Tschechoslowakei (vgl.

das gesamte Schulwesen zu informieren. Überall begegneten wir überaus herzlicher Gastfreundschaft und großer Aufgeschlossenheit. Nirgendwo bemerkten wir auch nur eine Spur von Deutschenhaß."

Für mich war diese Auslandsreise eine Erlösung vom Druck einer jahrelangen Überanstrengung. Seit ich 1952 die Leitung des Schwelmer Kreises übernommen hatte, waren die Anforderungen an mich ständig gewachsen. Als jetzt die Einladung nach Prag kam, empfand ich sie als Befreiung von einer Last. Ich war überglücklich, eine Zeitlang ohne alle Verpflichtungen leben zu können und ein Land zu besuchen, auf das ich seit langem gespannt war. In Prag lebte ich anfangs geradezu in einem Rausch der Freude, wie meine Briefe und Karten an meine Frau am besten zum Ausdruck bringen.

24.4.56: „Meine Liebste, Du bekommst jetzt einen Märchenbrief. Ich bin in Prag und wohne in einem Hotel, das so groß ist wie ein Schloß und so bunt wie eine Stadt. Im ersten Stock habe ich ein Zimmer mit Rokokomöbeln, in dem sicher schon der Kaiser Joseph II.[56] gewohnt hat. Der Schreibtisch, an dem ich schreibe, steht auf ganz dünnen, zierlichen Füßchen und ist ein Gedicht von kunstvollem Zierat. Und ebenso Stuhl und Sessel und Tisch. Am Kopfende des Bettes sind Füllhörner eingeschnitzt, die Blumen über mich streuen. Unsere Dolmetscherin ist, wie das nicht anders sein kann, eine Prinzessin aus dem kaiserlichen Hause. Ich lebe wie in einem Märchen." Meine Frau antwortete: „Du mein Verzauberter".[57] Am 27.4. schrieb ich auf einer Karte: „Meine Liebste! Wenig Zeit. Viel gesehen. Wohl versorgt. Fröhlich. Überall mit höchsten Ehren und unbeschreiblich herzlicher Gastfreundschaft empfangen." Am 28.4.56 abends: „Liebste! Heute nachmittag Besichtigung des alten Prags auf der Kleinseite der Moldau mit der Burg, der alten Krönungsstätte und Residenz der böhmischen Könige. Ein unbeschreiblicher Reichtum an Bauten

---

Internationales Biographisches Archiv 50/1963 vom 2. Dezember 1963, in: Munzinger Online Archiv).

[56] Joseph II. (1741-1790) war der älteste Sohn von Maria Theresia und Kaiser Franz I., nach dessen Tod er 1765 Kaiser des Heiligen Römischen Reiches Deutscher Nation wurde.

[57] Dieser Satz ist in der von Jürgen Helling überarbeiteten Textfassung herausgekürzt.

aus allen Jahrhunderten. Die Anerkennung, die man uns zu Hause vorenthält, wird uns hier im Überfluß zuteil. In einer Schule überreichten mir die Kinder Blumen und zwei Bilderbücher. An den Unterhaltungen in der Universität, dem pädagogischen Zentralinstitut und der pädagogischen Hochschule nahmen die führenden Leute teil. Morgen findet ein Empfang beim Volksbildungsminister statt. Für Theater und Film besorgt man uns Logenplätze. Für die ganze Zeit steht uns von morgens bis abends eine Dolmetscherin und ein Wagen zur Verfügung. Überall begegnen wir herzlichster Menschlichkeit. Es ist unbeschreiblich schön." 30.4. abends: „Gestern waren wir in der zwischen Bergen versteckten, uneinnehmbaren und völlig erhaltenen Burg Karls IV. (14. Jh.)[58], in der die kaiserlichköniglichen Kroninsignien aufbewahrt waren. Heute in Tabor, der Hussitenstadt,[59] über die uns der Museumsdirektor alle von mir längst gesuchten Aufschlüsse gab." 2.5. morgens: „Da ich mich nicht mit Denken und Formulieren abzuquälen habe, sind mir die Tage hier trotz mancherlei Anstrengungen bisher überraschend gut bekommen. Heute am Frühnachmittag fliegen wir von Prag nach Bratislava (Preßburg) und werden auch da wohl einen Empfang im Ministerium erleben. Morgen früh fahren wir dann in die Berge zur Hohen Tatra[60]."

Am 5.5. ging es mit dem Flugzeug zurück nach Prag, am 6.5. zurück nach Berlin. Es waren zwei einzigartige, unvergeßliche Wochen.

Statt aber nun nach Hause fahren zu können, mußte ich noch an der Jahrestagung des Deutsches Kulturtages teilnehmen, der vom 9.-12. April unter der Leitung von Professor Dr. Dr. Saller[61] in München stattfand.

---

[58] Karl IV. (1316-1378), König von Böhmen (seit 1347), Kaiser des Heiligen Römischen Reiches Deutscher Nation (1355-1378), machte Prag zur Haupt- und Residenzstadt des Reiches, stiftete dort 1348 die erste deutsche Universität (die Karlsuniversität, Univerzita Karlova) und erließ 1356 mit der Goldenen Bulle ein ‚Grundgesetz', das bis 1806 gültig blieb.

[59] Die 90 km von Prag gelegene, von den Hussiten 1420 ausgebaute Befestigungsstätte mit dem biblischen Namen Tábor war Ausgangspunkt der Feldzüge unter den Hussiten-Hauptmännern Jan Žižka und Prokop Holý.

[60] Die Hohe Tatra ist der höchste Teil der Karpaten (Gipfelhöhen um 2600 m) und gehört heute größtenteils zur Slowakei, zu etwa einem Fünftel zu Polen.

[61] Karl Felix Saller (1902-1969), Anthropologe, Dr. phil. und Dr. med. habil., 1927 Privatdozent für Anthropologie und Anatomie an der Universität Kiel und 1928 bis 1935 in

Mit meiner Frau, die auf einem Klassentag in Hannover ihre Jugend-
freundinnen traf, hatte ich ein Wiedersehen in München vereinbart. Ich
kam mit dem Flugzeug, sie mit der Bahn.[62] Beide waren wir glücklich,
wieder zusammen zu sein. Bei herrlichstem Sonnenschein gingen wir am
nächsten Morgen in den englischen Garten, wo wir auf einer Bank gemeinsam meinen Tagungsbeitrag entwarfen. Auf der Rückfahrt nach
Schwelm gab es viel zu erzählen.

Das nächste große Erlebnis war in der Pfingstzeit 1956 der V. Pädagogische Kongreß der DDR in Leipzig, an dem auch einige Mitglieder des
Schwelmer Kreises teilnahmen. Hier gab ich in der Diskussion einen
Bericht[63] über die Arbeit unseres Schwelmer Kreises und sagte zum
Schluß: „Jetzt fahren wir nach Hause in der Gewißheit, daß sich bei Ihnen
ein neues Leben in der pädagogischen Arbeit entfalten wird. Die Offenheit und Aufgeschlossenheit, die wir hier auf dem Kongreß erlebt haben,
gibt uns die Gewähr, daß von nun an die notwendige Annäherung aller
fortschrittlichen pädagogischen Kräfte in Deutschland leichter wird. Halten wir auch nach dem Kongreß an unserer beispielhaften Zusammenarbeit fest. Sie dient der Entspannung, die sich in der ganzen Welt immer
stärker durchsetzt." Und dann folgte der letzte Satz, der leider bisher noch
nicht in Erfüllung ging: „Seien wir alle des unerschütterlichen Glaubens:
Unter der Fahne der gemeinsamen, gleichberechtigten Partnerschaft im
Geiste einer zukunftsträchtigen Pädagogik werden wir früher oder später
in ganz Deutschland die Drachen der Reaktion besiegen!"
Nach dieser Ansprache erhoben sich die 1800 Zuhörer spontan von ihren

---

gleicher Stellung in Göttingen, dort 1935 Entlassung wegen Stellungnahme gegen die
NS-Rassenlehre. Von Dezember 1945 bis 1948 Leitung des Robert-Bosch-Krankenhauses
in Stuttgart, dann Berufung auf einen Lehrstuhl für Anthropologie sowie Direktor des
anthropologischen Instituts der Münchner Universität. Mitglied im „Kulturbund" und
leitende Position beim „Deutschen Kulturtag" (vgl. auch Anm. 1; Internationales Biographisches Archiv 16/1973 vom 9. April 1973, in: Munzinger Online Archiv; Franz Schötz,
170 Jahre „Biologie" in München. Ein historischer Überblick, in: Biologie '97 – Eine
Fakultät stellt sich vor, hg. vom Botanischen Institut der LMU München, München 1996,
S. 4-9).
[62] Dieser Satz ist in der von Jürgen Helling überarbeiteten Fassung herausgekürzt.
[63] Hellings Redebeitrag ist – neben den anderen Beiträgen des Kongresses – abgedruckt
in: Aufgaben und Probleme der deutschen Pädagogik, a.a.O., S. 281-283.

Plätzen und stimmten das Lied an: „Wann wir schreiten Seit' an Seit' ...". Nach dem Dank des Kongreßleiters wurde der aus der Versammlung heraus gestellte Antrag angenommen, mich in das Präsidium des Kongresses aufzunehmen.

Im Sommer 1956 hatten wir das Glück, uns für unsere Friedens- und Verständigungsarbeit auf den indischen Ministerpräsidenten Nehru[64] berufen zu können, der damals die Bundesrepublik besuchte. Eine Woche nach der Wiedereinführung der Allgemeinen Wehrpflicht in der Bundesrepublik hielt er am 14. Juli 1956 auf dem Petersberg bei Bonn eine Rede, in der wir unsere Gedanken völlig bestätigt fanden. Zur Bonner Regierungspolitik der Aufrüstung sagte Nehru den deutschen Zuhörern: „Wenn Sie sowohl den großen wie den kleineren Krieg ausschalten wollen, was hat dann die Aufrüstung für einen Sinn? Was soll das dann bedeuten? Wozu wird das gemacht? ... Der Kalte Krieg läßt sich nur rechtfertigen, wenn es irgendwann mal einen heißen Krieg gibt, in dem geschossen wird. Aber sobald man dazu übergeht zu sagen, wir wollen einen aktiven Krieg nicht haben, dann verliert ja der Kalte Krieg jede Bedeutung und jede Rechtfertigung. Dann hat es überhaupt keinen Sinn mehr." Zur deutschen Wiedervereinigung, deren Notwendigkeit er anerkannte, stellte er die Frage nach ihrer Verwirklichung: „Wie wollen wir diese Probleme lösen? Wenn wir keinen Krieg wollen, dann ist ja offensichtlich die einzige andere Möglichkeit, eine Lösung zu finden, eine friedliche, d. h. eine auf Verhandlungsgrundlage. Denn friedliche Lösungen bedeuten ja unausweichlich Verhandlungen. Oder sonst sind es ja Lösungen, die durch größere Macht aufgezwungen werden, entweder im Frieden oder im Krieg." Über den Geist, in dem solche Verhandlungen geführt werden müßten, sagte Nehru: „Wenn in dieser Art vorgegangen werden muß,

---

[64] Jawaharlal Nehru (1889-1964) war von 1947 bis 1964 erster Ministerpräsident Indiens. Außenpolitisch trat er vor allem als Wegbereiter der sich im Ost-West-Konflikt neutral verhaltenden Bewegung der blockfreien Staaten (seit 1955) hervor (vgl. Tariq Ali, Die Nehrus und die Gandhis. Eine indische Dynastie, Kreuzlingen 2005; Jürgen Lütt, Nehru und Indiens Politik der Blockfreiheit, in: Dominik Geppert und Udo Wengst [Hg.], Neutralität – Chance oder Chimäre? Konzepte des Dritten Weges für Deutschland und die Welt 1945-1990, München 2005, S. 133-154).

dann muß eine Atmosphäre des Friedens geschaffen werden ... Und da wir keinen Krieg haben wollen, bleibt uns keine andere Lösung übrig."

In einer kleinen Schrift „Unser Weg", die wir am 1. September 1956 veröffentlichten, beriefen wir uns auf diese Auffassung Nehrus und schrieben: „Wird dieser Weg der Verständigung eingehalten, dann führt er zur Abrüstung, zur Abschaffung der Massenvernichtungswaffen, zur Befreiung der Völker vom jetzigen Druck der Rüstungslasten und der Angst vor dem Krieg. Er gibt die Aussicht frei auf ein friedliches Nebeneinander der Völker, auf eine Erhöhung des Wohlstandes, der Gesittung und Kultur ... Das Wettrüsten führt zur Verarmung der Völker, zur Verkümmerung der Kultur. Mehr und mehr werden die Völker durch gegenseitige Verhetzung in eine moralische Entwertung hineingetrieben und stehen schließlich, zur Unmenschlichkeit entstellt, vor dem Abgrund eines allgemeinen Vernichtungskrieges." Wir erinnerten an die Erklärung der Nobelpreisträger[65]: „Alle Nationen müssen zu der Entscheidung kommen, freiwillig auf die Gewalt als letztes Mittel der Politik zu verzichten. Sind sie dazu nicht bereit, so werden sie aufhören zu existieren." Wir beriefen uns auch auf die Empfehlung, die der Inder Krishna Menon[66] damals in der Vollversammlung der UNO zur Lösung der deutschen Frage ausgesprochen hatte mit den Worten: „Wir möchten gern dem Gedanken Ausdruck geben, daß diese direkten Verhandlungen zwischen den beiden Regierungen geführt werden sollten. Unserer Meinung nach müßte es möglich sein, daß Deutsche mit Deutschen über Mittel und Wege zur Wiedervereinigung ihres Landes sprechen." Wir erinnerten auch an den-

---

[65] Gemeint ist die am 15. Juli 1955 von Otto Hahn (1879-1968) initiierte „Mainauer Kundgebung der Nobelpreisträger" gegen Atomwaffen (vgl. Horst Kant, Otto Hahn and the Declaration of Mainau and Göttingen, Berlin 2002).

[66] V(engalil) K(rishnan) Krishna Menon (1897-1974), indischer Diplomat, war Gründer und Generalsekretär der in England für die indische Unabhängigkeit kämpfenden Indischen Liga und wurde 1947 erster indischer Hochkommissar in London. 1952 bis 1960 war er Chefdelegierter Indiens bei den Vereinten Nationen in New York, 1957 bis 1962 indischer Verteidigungsminister sowie enger Vertrauter und Berater des indischen Premierministers Jawaharlal Nehru (s. Anm. 64) (vgl. T.J.S. George, Krishna Menon: A Biography, London 1964).

selben Rat, den der jugoslawische Staatspräsident Tito[67] kurz vorher gegeben hatte: „Die Deutschen sollten beginnen, darüber zu verhandeln, in welcher Weise sie sich wiedervereinigen können."

Den deutschen Pädagogen gaben wir folgenden Rat: „Heute sollten sich Lehrer und Schüler in beiden Teilen Deutschlands dazu entschließen, sich so oft wie möglich gegenseitig zu besuchen. Die Schulleiter sollten ihre Schulen mit Zustimmung der Behörden den Gast-Kollegen bereitwillig öffnen und ihnen in West und Ost Gutes und Vorbildliches zeigen, damit das Lernen voneinander uns näher bringt. Die Lehrerverbände sollten die inzwischen Fremdgewordenen wieder zu ihren Tagungen einladen und auch andere Gelegenheiten schaffen, um den Gedankenaustausch zu erneuern. Dasselbe sollten die Professoren und Dozenten der pädagogischen Akademien und der Universitäten tun, dem Beispiel folgend, daß im Oktober 1955 das wissenschaftliche Gespräch west- und ostdeutscher Pädagogen in Darmstadt gegeben hatte. Die pädagogischen Zeitschriften sollten die Anregung der ‚Pädagogik' aufgreifen und ihre Leser regelmäßig durch sachliche Berichte über den Stand des Schulwesens jenseits der Grenze unterrichten. Auch die Schulbehörden bis zu den Kultusministerien sollten sich zu Taten entschließen, durch die die aufgerichteten Mauern abgetragen werden. Der ‚Deutsche Ausschuß für das Erziehungs- und Bildungswesen'[68] sollte seinem erfreulichen Gutachten über ‚Osteuropa

---

[67] Josip Broz Tito (1892-1980) war im Zweiten Weltkrieg Marschall des kommunistischen Widerstandskampfes gegen die deutsche Besatzung Jugoslawiens und wurde 1945 Ministerpräsident, 1953 Präsident Jugoslawiens. Tito verfolgte eine von der stalinistisch geprägten Sowjetunion unabhängige Politik, suchte in dem Modell der Arbeiterselbstverwaltung einen „dritten Weg" zwischen Kapitalismus und sozialistischer Planwirtschaft („Titoismus"). 1954 deklarierte er zusammen mit dem indischen Regierungschef Jawaharlal Nehru (s. Anm. 64) die Blockfreiheit und die „friedliche Koexistenz" (vgl. Milovan Djilas, Tito. Eine kritische Biographie, Wien 1984).

[68] Der Deutsche Ausschuß für das Erziehungs- und Bildungswesen wurde 1953 gegründet und bestand bis zu seiner Ablösung durch den Deutschen Bildungsrat 1965 (s. Kap. 15, Anm. 11). Dem „Persönlichkeiten des öffentlichen Lebens" angehörigen Beratungsgremium kam keinerlei Rechtsbefugnis oder politisches Mandat zu, es sollte durch Empfehlungen, Gutachten und Erklärungen eine „Kulturpolitik ohne Parteienstreit" betreiben (vgl. Empfehlungen und Gutachten des Deutschen Ausschusses für das Erziehungs- und Bildungswesen 1953-1965. Gesamtausgabe, im Auftrag des Ausschusses besorgt v. Hans Bohnenkamp, Walter Dirks u. Doris Knab, Stuttgart 1966; s. auch Kap. 15).

in der deutschen Bildung' eine Empfehlung der innerdeutschen Verständigung folgen lassen, wozu ihn seine eigene Forderung drängen müßte: ‚Als Volk der Mitte Europas müssen wir uns für die Kultur von Ost und West gleichmäßig aufgeschlossen halten.' Denn zu dieser Aufgeschlossenheit kann unser Volk nur dadurch kommen, daß es in sich selbst die Verfeindung zwischen Ost und West überwindet."

Dieser Rechenschaftsbericht „Unser Weg" fand überraschend zahlreiche Zustimmungen. So schrieb uns ein Bundestagsabgeordneter der SPD: „Ich habe die interessante Denkschrift auf der Fahrt nach Bonn gelesen und freue mich, daß es doch noch ernste Menschen gibt, die vor dem schwierigen Problem der geistigen Wiedervereinigung nicht kapitulieren." Die Bundespressestelle der FDP in Bonn antwortete uns: „Wir haben mit Interesse Ihren Bericht gelesen. Grundsätzlich vertreten wir die Ansicht, daß jeder Versuch, zwischen beiden Teilen Deutschlands und zwischen Deutschland und seinen Nachbarländern Verständigungsmöglichkeiten herbeizuführen, gutzuheißen ist. Das gilt selbstverständlich im besonderen Maße für den wichtigen Erziehungssektor." Der Direktor des Unesco-Instituts in Hamburg[69], A. St. Langeland,[70] schrieb: „Den Arbeitsbericht des Schwelmer Kreises habe ich mit größtem Interesse gelesen und halte Ihre Bestrebungen, durch die gesamtdeutschen Gespräche eine pädagogische Verständigung mit den westdeutschen Erziehern herbeizuführen, für äußerst wertvoll. Ich wünsche Ihnen für die dankenswerte Aufgabe, die Sie sich hiermit gestellt haben, gutes Gedeihen."

---

[69] Die Unesco, 1946 gegründet, ist eine der ersten Organisationen der Vereinten Nationen, der die Bundesrepublik beitrat (1951); die DDR wurde 1972 hier erstmals Mitglied einer UN-Organisation. – Das Unesco-Institut für Pädagogik (UIP) wurde 1951 in Hamburg im Zuge des Engagements der Unesco für eine Reform des Bildungswesens im Nachkriegsdeutschland gegründet und besteht heute noch (vgl. UNESCO-Handbuch, hg. v. Klaus Hüfner u. Wolfgang Reuther, Bonn 2005).

[70] Alv (Gunnar) St(orheid) Langeland (1908-1965), Oberschullehrer aus Norwegen, war von 1955 bis 1958 Direktor und von 1961 bis 1965 Kuratoriumsmitglied des UIP (s. Anm. 69) (vgl. Willi Koelle, In memoriam Alv St. Langeland, in: Internationale Zeitschrift für Erziehung 12 [1966] 2, S. 196 f; UIP [Hg.], Auf dem Weg zu einer lernenden Welt. 50 Jahre UNESCO-Institut für Pädagogik, Hamburg 2002, S. 60, 81).

Unter dem Eindruck dieser Zustimmungen wagten es unsere westfälischen Freunde, für den 6. und 7. Oktober 1956 eine Herbsttagung des Schwelmer Kreises nach Dortmund einzuberufen. An ihr nahmen 150 Teilnehmer aus der Bundesrepublik und der Deutschen Demokratischen Republik teil, unter ihnen auch der Nestor der deutschen Pädagogik, Professor Dr. h. c. Paul Oestreich. Über das Tagungsthema „Die pädagogischen Pfingstkongresse 1956 in gesamtdeutscher Sicht" sprach Gewerbeoberlehrer Vaßen (Münster)[71]. Im Referat und in der Diskussion bejahte man folgende Forderungen der Kongresse: Förderung der Begabungen aus allen Schichten des Volkes, Verlängerung der Ausbildungszeit über die achtjährige Schulpflicht hinaus, Heranführung der Schulen und ihrer Lehrer an die Produktion, Verstärkung der naturwissenschaftlich-technischen Bildung im Dienst eines zeitgemäßen Humanismus, Erarbeitung einer lebensnahen Allgemeinbildung, Neuordnung der Lehrerbildung.

Einzigartig war die Tatsache, daß die Gäste aus der DDR nicht nur im Schul- und Kulturamt der Stadt Dortmund empfangen wurden, sondern auch die Erlaubnis erhielten, durch Hospitationen und Besichtigungen direkten Einblick in die Arbeit Dortmunder Schulen zu nehmen und auch andere Kultureinrichtungen zu besuchen. Dieses Entgegenkommen rief aber den Protest der politischen Parteien, vor allem auch der SPD, hervor, so daß später niemals mehr ein ähnlich bedeutsames Ost-West-Treffen in Dortmund möglich war. Der Geist des Kalten Krieges war noch immer übermächtig. Der Schwelmer Kreis wurde aller Wahrheit zum Trotz von der Staatsanwaltschaft, dem Verfassungsschutz und der Kriminalpolizei nach wie vor als kommunistische Tarn-Organisation angesehen und als politisch gefährlich verfolgt[72].

Um so erfreulicher war wenige Wochen nach der Dortmunder Tagung die Einladung an meine Frau und mich, an der internationalen Comeniolo-

---

[71] Oberstudienrat Richard Vaßen (oft findet sich die – allerdings unkorrekte – Namensschreibweise „Vahsen"; 1899-1968), Gewerbeoberlehrer aus Münster-Angelmodde. Im Schwelmer Kreis trat er, abgesehen von der hier genannten Dortmunder Herbsttagung 1956, vor allem noch auf der Ostertagung deutscher Pädagogen 1957 in Leipzig als Hauptreferent in Erscheinung (vgl. Anm. 84).

[72] Vgl. Anm. 40.

gen-Konferenz in Prag (1956)[73] teilzunehmen. Die Annahme dieser Einladung wurde für uns zum stärksten und nachhaltigsten Erlebnis dieses Jahres. Die zahlreichen Gäste aus vielen Ländern fuhren vor Beginn der Tagung südwärts nach Uherský Brod[74], dem Geburtsort Komenskys, wo sein eindrucksvolles Denkmal eingeweiht wurde. Die gesamte Bevölkerung nahm an diesem Fest der Einweihung teil. Für uns Gäste war ein breiter Weg bis zum Denkmal freigelassen worden. Etwa 50 Meter vor mir schritt meine Frau mit hoch erhobenem Kopf, wie getragen von der Feierlichkeit der Stunde.[75] Nach der Weihe des Denkmals fuhren wir nach Prag zurück, wo an den nächsten beiden Tagen die internationale Comenius-Konferenz stattfand. Professor Chlup hielt das Hauptreferat[76]. Die dann folgenden Diskussionsreden brachten für meine Frau und mich die große Überraschung, daß sich alle Redner aus den kommunistischen Staaten nicht vor einer scharfen Selbstkritik ihres Schulwesens scheuten. Alle prangerten die Überfülle der Unterrichtsstoffe an. Ich selbst sagte in der Diskussion dazu:[77]

Ich möchte ein paar Bemerkungen zur Frage des Lehrstoffes machen. Ich bin dazu angeregt worden durch die Referate Professor Chlups und Professor Pavliks[78]. Beide brachten zum Ausdruck, daß die allenthalben

---

[73] Die Konferenz fand im Oktober 1956 über drei Tage statt, führende tschechoslowakische Pädagogen und Wissenschaftler wie auch Gäste aus Belgien, der Bundesrepublik sowie der DDR, Großbritannien, Holland, Jugoslawien, Polen, der Sowjetunion und Ungarn nahmen teil (vgl. Schule und Nation 3 [1957] 3, S. 19).

[74] Die Stadt Uherský Brod liegt ganz im Osten der heutigen Tschechischen Republik in der Nähe der Grenze zur Slowakei, im Vorgebirge der Weißen Karpaten am Zusammenfluß der Olšava und Korečnice.

[75] Die letzten beiden Sätze sind in der von Jürgen Helling überarbeiteten Fassung herausgekürzt.

[76] Otokar Chlup (1875-1965), u.a. Dekan der Pädagogischen Fakultät der Karls-Universität Prag (vgl. Geschichte der Erziehung, hg. unter der Leitung v. Karl-Heinz Günther, 15. Aufl. Berlin [Ost] 1987, S. 631 f). – Ein Auszug aus dem Referat von Prof. Otokar Chlup (Prag), „Stand und Aufgaben unserer Pädagogik", ist abgedruckt in: Schule und Nation 3 (1957) 3, S. 19-21.

[77] Ein Auszug aus Hellings Diskussionsbeitrag ist abgedruckt in: Schule und Nation 3 (1957) 3, S. 24 f.

[78] Ein Auszug aus dem Referat von Prof. Ondrej Pavlik (Bratislava), „Einige Probleme der pädagogischen Theorie", ist abgedruckt in: Schule und Nation 3 (1957) 3, S. 21-23.

geforderte Vielwisserei, der „Receptismus", ein schweres Übel sei, daß
„das Kind, das Leben, die Bedürfnisse, Interessen und Möglichkeiten des
Kindes dabei vergessen werden". Auch im Westen ist der Protest dage-
gen, besonders bei der Elternschaft, sehr stark.
Professor Chlup hat völlig recht mit seiner Behauptung, daß die Frage
des Lehrstoffes eines der dringendsten Probleme für die Schulen in der
ganzen Welt ist. Die Pädagogen sind nicht fertig geworden mit der Tat-
sache, daß in den letzten Jahrhunderten die Erkenntnisse der Menschheit
ins Unübersehbare gewachsen sind. Sie haben sich dazu verführen las-
sen, diese ungeheure Vielheit mit raffinierten Methoden in die Kinderköp-
fe hineinzubringen. Die Kinder gleichen Feldern, auf die so schwere
Düngermassen gefahren werden, daß das natürliche Wachstum erstickt.
Das ist eine schlimme Versündigung. Vor kurzem sagte mir ein sehr be-
kannter westdeutscher Schriftsteller, der diese Wissensmast bei seinen
eigenen Kindern erlebt, voller Empörung: „Für Euch Pädagogen muß
die Prügelstrafe eingeführt werden."
Nun, so weit dürfen wir es nicht kommen lassen. Wir müssen uns schleu-
nigst bessern. Wir müssen wiedergutmachen, was wir angerichtet haben.
Dazu hat Professor Chlup den richtigen, den einzig richtigen Weg gewie-
sen. Ihm geht es nicht bloß um eine Verminderung des Stoffes, sondern
um den Vorstoß zum Wesentlichen, um die Herausarbeitung dessen, was
er den „Grundlehrstoff" nennt.
Damit wird das große Anliegen Komenskys wiederaufgenommen. Sie
erinnern sich der großartigen Stelle in seiner Didaktik: „Es ist sicher ...,
daß die gelehrte Bildung auf ganz wenigen Prinzipien sich aufbaut, aus
denen dann eine unendliche Menge von Lehrsätzen erwächst – vergleich-
bar einem Baum, aus dessen wohlbegründeter Wurzel hunderte von Äst-
en, tausende von Blättern, Blüten und Früchten hervorwachsen können.
Oh, möchte sich doch Gott unserer Zeit erbarmen und einem Menschen
die Augen des Geistes öffnen, daß er die Zusammenhänge der Dinge
recht erkenne und sie den anderen zeige." Comenius selbst gab in seiner
Pansophia[79] *eine Probe solcher Wegweisung, in der Hoffnung, daß diese*
Arbeit durch andere weitergeführt werde.

---

[79] Die Pansophie (lat. pansophia), als dessen Begründer Komensky (latinisiert: Comenius)
gilt, heißt übersetzt „Allweisheit" und bezeichnet eine religiös-philosophische Lehre des

Wie Sie wissen, entfaltete sich für Comenius das Leben in Natur und Geschichte nach bestimmten Gesetzen in einer – wie er sagte – „wunderbaren und über alles sich breitenden Ordnung". Menschenbildung bestand für ihn im Erkennen und Befolgen dieser Weltordnung. Er lehrte deshalb, daß es allenthalben auf die Erkenntnis der Grundgesetze, der fundamentalia, ankomme, daß man den Kern der Dinge erfassen, zu den Wurzeln der Dinge vordringen müsse, um nicht von der Überfülle des Nebensächlichen verwirrt und erdrückt zu werden.

Heute ist es an der Zeit, diese Forderung endlich zu erfüllen. Heute ist zum Glück hier in der Tschechoslowakei, in der Heimat Komenskys, unter der Leitung Professor Chlups ein Anfang gemacht worden. Bei dieser Arbeit müssen sich die Pädagogen mit den Wissenschaftlern vereinigen, mit den wahren Gelehrten, die Wissen und Weisheit verbinden, wie Komensky es forderte für die Beschaffung pandidaktischer Bücher. „Diese hängt ab", sagte er, „von der Einmütigkeit im Hinblick auf das heilige Ziel und von der Zusammenarbeit vieler geistreicher und gelehrter Männer, welche eine solche Arbeit nicht scheuen."

Ich glaube, daß heute in vielen Ländern Pädagogen und Gelehrte bereit sind, sich an dieser dringlichen Arbeit zu beteiligen. Deshalb erlaube ich mir den Vorschlag, eine Einladung zu einer internationalen Konferenz eines collegium didacticum ergehen zu lassen. Wenn sich hier im Geiste Komenskys Pädagogen und Gelehrte aus Ost und West zusammenfänden, könnten sie mit ihrer Arbeit nicht nur den Kindern einen großen Dienst erweisen, sondern auch der zerrissenen Welt ein weithin wirkendes Beispiel der Verständigung und des Friedens geben.

Dieser Diskussionsbeitrag erntete ungewöhnlich starken Beifall. Als ich auf meinen Platz zurückkehrte, beugte sich Professor Kairow (Moskau)[80],

---

16. bis 18. Jahrhunderts für ein alles umfassendes Wissen, eine universalistische Grundlage aller Wissenschaften, ein Streben nach einem weltweiten Gelehrten- und Friedensreich. – Zu Hellings Komensky-Rezeption vgl. Klaus Schaller, Comenius im Horizont der Pädagogik Fritz Hellings, in: Burkhard Dietz (Hg.), Fritz Helling, a.a.O., S. 281-301; s. auch insbesondere Kap. 12 und Kap. 14 vorliegender Autobiographie.

[80] Iwan Andrejewitsch Kairow (1893-1978) war u.a. Präsident der Akademie der Pädagogischen Wissenschaften der UdSSR in Moskau und Autor sowjetischer pädagogischer Standardlehrwerke (vgl. Geschichte der Erziehung, hg. unter der Leitung v. Karl-Heinz

der links neben mir saß, zu mir hin und sagte: „Gut, gut." Zwei Vertreter einer in Prag erscheinenden Lehrerzeitung suchten meine Frau und mich auf und baten um ein Interview. Zu unserem Hotel, in dem auch die Russen wohnten, schenkte mir Professor Gontscharow (Moskau)[81] einen Bildband mit eigener Unterschrift. So kehrten wir voller Genugtuung über Berlin nach Hause zurück.

Inzwischen war in der von Walter Kluthe herausgegebenen Zeitschrift „Schule und Nation" (Oktober 1956) ein Aufsatz meiner Frau „Gedanken zum Puppenspiel" veröffentlicht worden.[82]

Im Dezember 1956 begann unser Arbeitsausschuß mit der Vorbereitung unserer nächsten gesamtdeutschen Tagung, deren Thema sein sollte: „Die moderne industrielle Entwicklung und der humanistische Bildungsauftrag der deutschen Pädagogen". An dieser Tagung, die im April 1957 in Leipzig stattfand, nahmen über 700 Pädagogen teil, von denen mehr als die Hälfte aus der Bundesrepublik kam. Unter den Gästen, zu denen auch meine Frau gehörte,[83] befanden sich Lehrer und Professoren aus Bulgarien, Frankreich, Großbritannien, Japan, Österreich, Rumänien, der Sowjetunion und der Tschechoslowakei. Auch diesmal fanden während der Tagung wieder Fachgespräche, Hospitationen und Besichtigungen statt. Im Plenum kam es nach den Referaten[84] von Gewerbeoberlehrer Vaßen

---

Günther, 15. Aufl. Berlin [Ost] 1987, S. 555, 672; M. I. Kondakov, Academy of Pedagogical Sciences, USSR, in: The International Encyclopedia of Education, Vol. 1, Kronberg 1985, S. 14 f).

[81] Nikolai Kirillowitsch Gontscharow (1902-1978) war u.a. Vizepräsident der Akademie der Pädagogischen Wissenschaften der UdSSR in Moskau und führender Autor sowjetischer Pädagogik-Lehrbücher (vgl. Geschichte der Erziehung, a.a.O., S. 672, 702; M. I. Kondakov, Academy of Pedagogical Sciences, a.a.O., S. 14 f).

[82] Dieser Satz ist in der von Jürgen Helling überarbeiteten Fassung herausgekürzt. – Siehe zu besagtem Aufsatz: Hilda Helling, Gedanken zum Puppenspiel, in: Schule und Nation 3 (1956) 2, S. 20 f.

[83] Dieser (durch Kommata abgetrennte) Einschub ist in der von Jürgen Helling überarbeiteten Textfassung herausgekürzt.

[84] Auszüge aus den überarbeiteten Referaten in: Schule und Nation 4 (1958) 3, S. 18-20 (Vaßen), 20-23 (Schrader).

(Münster) und Professor Dr. Schrader (Jena)[85] zu lebhaften Diskussionen. Die westdeutschen Pädagogen forderten vor allem den Aufbau einer in sich differenzierten Gesamtschule für alle Kinder. Die DDR-Pädagogen sahen ihre nächsten Aufgaben vor allem in der Durchführung der allgemeinen zehnjährigen Schulbildung und der Weiterentwicklung der polytechnischen Bildung und Erziehung. Ich selbst sprach in der Diskussion über die Notwendigkeit einer neu zu bestimmenden Allgemeinbildung. Für die Erhaltung des Friedens wurde eine Resolution einstimmig angenommen, deren Schluß lautete: „Die in Leipzig versammelten Pädagogen schließen sich der Warnung der 18 Atomphysiker aus der Bundesrepublik[86], der Atomwissenschaftler der DDR, Frankreichs, Großbritanniens, der Sowjetunion, der Vereinigten Staaten von Amerika und Japans an und richten an alle Regierungen der Welt die Forderung, ihre Politik diesen wissenschaftlichen Autoritäten anzugleichen."

Im Sommer und Herbst 1957 ging die gewohnte Arbeit des Schwelmer Kreises weiter. Ost- und westdeutsche Pädagogen trafen sich zu gemeinsamen Fachgesprächen und zu regionalen Tagungen in beiden Teilen Deutschlands.

Je erfolgreicher diese Arbeit weiterging, um so heftiger wurden die Verleumdungen unserer Gegner, zu denen vor allem die „Vereinigung der

---

[85] Karl Schrader (1898-1977), 1920 Volksschullehrer, 1927 Promotion an der Universität Jena, Mitglied der Arbeitsgemeinschaft sozialdemokratischer Lehrer Thüringens. Nach 1933 weiter im Amt ohne Mitgliedschaft in der NSDAP oder einer ihrer Gliederungen. Ab 1945 zunächst kommissarischer Schulleiter und Schulrat in Jena, wurde er 1948 Lehrbeauftragter für „Praktische Pädagogik" an der Universität Jena, wo er im Oktober desselben Jahres zum Dekan der Pädagogischen Fakultät ernannt wurde und nach deren Auflösung Direktor des Instituts für Pädagogik (bis 1962) war (vgl. Gert Geißler/Ulrich Wiegmann, Schule und Erziehung in der DDR. Studien und Dokumente, Neuwied 1995, S. 320).

[86] Gemeint ist die viel Aufsehen erregende, der Öffentlichkeit am 12. April 1957 von 18 führenden westdeutschen Atomphysikern wie Otto Hahn (1879-1968), Max Born (1882-1970), Werner Heisenberg (1901-1976), Carl Friedrich v. Weizsäcker (1912-2007) übergebene und unterzeichnete „Göttinger Erklärung" (auch „Göttinger Manifest") gegen die atomare Bewaffnung der Bundesrepublik (die Deklaration wurde publiziert u.a. in: Physikalische Blätter 13 [1957] 5, S. 193 f).

aus der Sowjetzone verdrängten Lehrer und Beamten e. V." gehörte[87]. In ihrem „Informationsdienst für freiheitliche Erzieher" schrieb sie im Augustheft 1954: „Seiner jetzigen Zusammensetzung und Tätigkeit nach ist der Schwelmer Kreis u. E. eindeutig als rein kommunistische Organisation anzusehen." Wir seien „Propagandisten des Weltkommunismus und bürgerliche Funktionäre der SED". Als sich diese Verleumdungen wiederholten, antwortete ich schließlich mit einem sachlichen Bericht über unsere Arbeit:

DER SCHWELMER KREIS
(1957)

Als wir Anfang 1952 unsere erste Ostertagung in Schwelm vorbereiteten, luden wir von den Pädagogen aus der Deutschen Demokratischen Republik diejenigen ein, die uns von früher her als Schulreformer persönlich bekannt und befreundet waren.

Wir Älteren kamen fast alle aus der reformpädagogischen Bewegung der Weimarer Zeit und waren uns trotz aller Trennungen geistig nahegeblieben. Schon deshalb, weil in uns allen der pädagogische Enthusiasmus, der uns damals beseelte, immer lebendig geblieben war.

Gemeinsam waren uns auch die Erfahrungen, die wir im Laufe der Zeit gemacht hatten. Wir alle hatten den individualistischen Utopismus, zu dem wir uns früher mehr oder weniger hatten verleiten lassen, überwunden. Wir waren insofern Realisten geworden, als wir die Bedeutung der gesellschaftlichen Umwelt für das pädagogische Gelingen erkannt hatten. Denn wie war es uns ergangen? Während wir in der Schule um des Kindes willen radikale Neuerungen erprobten, gingen die Gesellschaft, in der wir lebten, und die Politik, die gemacht wurde, ganz andere Wege. Sie wurden restaurativ und reaktionär und führten uns schließlich in den Faschismus.

Diese Erfahrungen hatten uns alle zu der Einsicht gebracht, daß jede fortschrittliche Pädagogik ihre Ziele nur dann erreichen kann, wenn auch die Gesellschaft und ihre Politik sich in fortschrittlicher Bewegung befinden. Wir hatten gelernt, daß jeder Schulreformer sich dafür einsetzen

---

[87] Vgl. bei Anm. 30.

muß, daß die fortschrittlichen Kräfte in der Gesellschaft und ihrer Politik zum Siege kommen, damit eine Schulerneuerung wirklich durchgesetzt werden kann.

Als wir nach 1945 an dem pädagogischen Neubeginn wieder teilnahmen, war uns allen diese Zusammengehörigkeit des Pädagogischen mit dem Gesellschaftlich-Politischen klar. Als dann die Spaltung Deutschlands kam, war es uns möglich, die Enge einer fachpädagogischen Selbstgenügsamkeit zu ertragen. Wir erkannten die neue politisch-pädagogische Aufgabe, Deutschland, seine Jugend und seine Lehrer wieder zu einigen, und wollten ihr dadurch dienen, daß wir – zunächst wenigstens – die Schulreformer aus beiden Teilen Deutschlands zusammenzubringen suchten.

Die Themen, die wir für unsere gemeinsame Ostertagung 1952 in Schwelm bestimmten, zeigten deutlich, worauf es uns ankam: „Unsere Verantwortung in der Ost-West-Spannung", „Die Erziehung zu Demokratie und Frieden" und „Wege zueinander". Wir bekannten uns zu einer Politik ehrlicher Verständigung und wählten einen gesamtdeutschen pädagogischen Arbeitsausschuß, der seitdem regelmäßig zusammengekommen ist und unserer Arbeit die Richtung gewiesen hat.

Ein Jahr später richteten wir einen Aufruf an die deutschen Lehrer, in dem wir ausführlich darlegten, daß gerade die Pädagogen, die aus ihrer Berufserfahrung wissen, daß in einer Atmosphäre feindseliger Kälte kein gutes Werk gedeihen kann, sich an der innerdeutschen Verständigung beteiligen müssen. „Wir dürfen die Dinge nicht länger treiben lassen, sondern müssen uns zu offenen, ehrlichen Gesprächen zusammenfinden, um die Kluft, die uns trennt, zu überbrücken."

Daß es möglich ist, durch solche Gespräche die Entfremdung zwischen den Pädagogen aus Ost und West zu überwinden, haben wir seitdem immer wieder erleben dürfen. Das Gemeinsame ist viel stärker, als die Zweifler wahrhaben wollen.

Zu diesem Gemeinsamen gehört vor allem die Erkenntnis, daß heute kein politisches Problem mehr mit den Mitteln des kalten oder gar heißen Krieges zu lösen ist. Die bestehenden Gegensätze zwischen der westlichen und der östlichen Welt und zwischen den beiden deutschen Staaten lassen sich nur durch Verhandlungen, durch Entspannung und Verständigung ungefährlich machen. Diese Überzeugung ist allen Freunden des

Schwelmer Kreises in Ost und West gemeinsam. Wir alle bejahen den Weg der ehrlich gewollten Verständigung und Annäherung als den einzig realistischen Weg, der zu unserer Wiedervereinigung führen kann. Gemeinsam ist uns außer diesem politischen Humanismus auch der pädagogische Humanismus, so verschieden seine weltanschauliche Begründung auch sein mag. Jeder von uns erstrebt für die Jugend eine Ausbildung ihrer Kräfte, die ein sinnvolles Leben in einer sinnvollen Gesellschaft möglich macht. So wurde unsere große Ostertagung in Eisenach 1954 mit ihrem Thema „Der humanistische Auftrag der deutschen Pädagogen" zu einem Bekenntnis gemeinsamer Humanitätsgesinnung.

Mit diesem politischen und pädagogischen Humanismus nehmen wir die Ideen Herders und Goethes, Pestalozzis und Fichtes, Fröbels und Diesterwegs und mancher Späteren auf, um sie für unsere Gegenwart lebendig und fruchtbar zu machen. Es ist ein viel zu wenig empfundenes Glück, daß dieses reiche Erbe in beiden Teilen Deutschlands hoch geschätzt wird. Die große Tradition, auf die wir deutschen Pädagogen stolz sein dürfen, ist hüben und drüben auch heute noch eine spürbare Hilfe bei dem Bemühen um eine zeitgemäße Menschenbildung.

Um diese Gemeinsamkeit möglichst vielen Lehrern und Erziehern in ganz Deutschland bewußt zu machen, haben wir in zunehmendem Maße Gelegenheiten zu persönlichen Begegnungen und pädagogischen Gesprächen geschaffen. Wir haben darüber hinaus auch regionale Zusammenkünfte und drei große Ostertagungen in Eisenach 1954 und 1955 und 1957 in Leipzig veranstaltet, an denen je 500 bis 750 Pädagogen teilnahmen. Durch diese beharrliche Zusammenarbeit ist es uns schon jetzt gelungen, die Entfremdung zwischen den Lehrern in Ost und West erheblich zu vermindern.

Wir haben das nicht zum wenigsten dadurch erreicht, daß wir die besonders lebhaften Wünsche nach Fachgesprächen erfüllten. So konnten die Grundschullehrer, die Berufspädagogen und die Heimerzieher ihre Erfahrungen und ihre Fragen miteinander austauschen. So kamen die Historiker, die Deutschlehrer, die Jugendbuchkenner, die Sonderschullehrer und andere Gruppen zusammen. Wir griffen aber auch allgemeine Probleme auf, die in einer konkreten Situation aktuell waren. Mit besonderer Freude nahmen wir die Einladung an, uns an den Vorberatungen zum V. Pädagogischen Kongreß der DDR zu beteiligen. Ebenso intensiv haben wir im letzten Winter über die Pläne für unsere Ostertagung 1957 verhandelt.

Sehr oft kam es bei diesen Begegnungen zu lebhaften und spannungsreichen Diskussionen, besonders in unserem Arbeitsausschuß. Der Schwierigkeiten, die sich dadurch ergaben, sind wir dank des Willens auf beiden Seiten, zusammenzukommen und zusammenzubleiben, Herr geworden.

Wir haben uns ständig in der schweren Kunst geübt, aufeinander zu hören, den anderen ernst zu nehmen und zu verstehen und einen Ausgleich mit ihm zu finden, ohne das Grundsätzliche des eigenen Standpunktes preiszugeben.

Dank dieser Haltung haben wir viel voneinander gelernt. Jeder ist weitergekommen. Jeder hat sich von irgendwelchen Einseitigkeiten freigemacht und sein Blickfeld erweitert. Gerade durch die Offenheit, mit der wir zu diskutieren pflegen, haben wir Vertrauen zueinander gewonnen. Eine Kollegin, die im vorigen Jahr zum ersten Mal an solch einem Ost-West-Gespräch teilnahm, schrieb über ihre Eindrücke: „Ich war natürlich gespannt, wie sich eine solche Tagung gestalten würde, und was fand ich vor? Ein selbstverständliches Zusammensein von Lehrern und sonst für Erziehung Interessierten aus beiden Teilen Deutschlands und den verschiedensten Lagern. Dieses Selbstverständliche war mir zunächst das größte Erlebnis, und dazu kam das herzliche, frohe, vertrauensvolle Miteinander, der gute Wille, die Aufgeschlossenheit, – kurz, eine Atmosphäre, in der ich mich von Anfang an wohlfühlte".

Um das Lernen voneinander zu fördern, haben wir immer großen Wert darauf gelegt, den Besuchern hüben und drüben das pädagogisch Gute auf der anderen Seite zu zeigen. Wir gewöhnen uns immer mehr daran, dieses Gute anzuerkennen und dadurch zu einer selbstkritischen Sachlichkeit zu kommen, die beiden Partnern dienlicher ist als die pharisäische Unsitte, auf der anderen Seite nur das Negative zu sehen. In diesem Geist bemühen wir uns um eine Verständigung und eine Annäherung.

Wir wissen natürlich, daß wir vorläufig nur ein kleiner Vortrupp sind. Aber wir glauben fest daran, daß unsere Arbeit Früchte trägt und eines Tages auch von den großen Lehrerverbänden aufgenommen wird. Dann werden die Schranken, die jetzt noch bestehen, fallen und die Wege frei werden für eine gesamtdeutsche Schulerneuerung."

In diesem Sommer 1957 erreichte uns eine Nachricht, die uns geradezu unfaßbar erschien: Die Dienststrafkammer West-Berlins hatte unseren Freund, Professor Dr. Paul Oestreich, wegen seiner Zugehörigkeit zur SED die Ruhegehaltsansprüche aberkannt[88]. Wir entschlossen uns sofort zu einem Gesuch um Revision dieses ungeheuerlichen Urteils und erklärten:

Es ist empörend, einen großen deutschen Pädagogen an seinem Lebensabend verfemt und entrechtet zu sehen, weil er wie immer in seinem Leben es gewagt hat, zu seiner persönlichen Überzeugung zu stehen und sie zum Ausdruck zu bringen.

Als Gründer und Leiter des Bundes Entschiedener Schulreformer hat er nicht nur der deutschen, sondern der internationalen Lehrerschaft Ziele gewiesen, denen die Zukunft gehört. Als Hüter der großen humanistischen Tradition hat er durch seinen leidenschaftlichen Kampf gegen Reaktion und Nationalsozialismus dem Ansehen Deutschlands in der Welt gedient. Nach dem Zusammenbruch der Hitler-Barbarei trat er wieder in die erste Reihe derer, die sich für eine neue demokratische Schule einsetzten. Als Hauptschulrat und Mitschöpfer des Berliner Schulgesetzes hat er sich Verdienste erworben, die 1948 bei seinem 70. Geburtstag der Magistrat von Groß-Berlin ehrend in einem Gruß- und Dankschreiben anerkannte, das auch die Unterschrift des sozialdemokratischen Stadtrates Walter May[89] trug. Darin hieß es: „Wir beehren uns, dem erfolgreichen Lehrer, dem unermüdlichen Wegbereiter einer Neugestaltung des Erziehungswesens, dem unbeugsamen Kämpfer für einen sozialen Aufstieg aller Schaffenden, dem leidenschaftlichen Freund und Verbünder eines freien Menschentums, dem Menschen und Erzieher Paul Oestreich zu seinem 70. Geburtstag unsere herzlichsten Glückwünsche zu übermit-

---

[88] Oestreich war bereits zuvor, im Dezember 1948, „eines der ersten Opfer" damaliger West-Berliner „Berufsverbotspraxis" geworden, als er wegen seiner SED-Mitgliedschaft seine Anstellung als Hauptschulrat in Berlin-Zehlendorf verlor (Wolfgang Ellerbrock, Paul Oestreich. Porträt eines politischen Pädagogen, Weinheim 1992, S. 257).

[89] Walter May (1900-1953), Lehrer aus Niederschönhausen, war von Juli 1947 bis Januar 1951 Stadtrat für Volksbildung in Berlin und hatte maßgeblich Anteil am Berliner Schulgesetz von 1948 (laut „Senatsgalerie" der Senatskanzlei Berlin, „Magistrat Ostrowski, Reuter, Schröder [1947-1949]", „Magistrat und Senat Reuter [1949-1953]").

teln." Hier wird die Wahrheit über Oestreich ausgesprochen. Hier bejaht *man seinen Kampf, den er als politischer Pädagoge jahrzehntelang führte, und fügte als Schluß sogar hinzu: „Es ist für uns, und wie wir wissen, auch für ihn an diesem Tage die größte Freude, zu sehen, daß seine Gedanken und Pläne immer mehr verwirklicht werden." Und nun soll dieser unbeugsame Kämpfer das Opfer des inzwischen unheilvoll entfesselten „kalten Krieges" werden? Nun soll er am Ende seines Lebens nach 50 Jahren vorbildlicher Arbeit seiner wohlverdienten Rechte beraubt werden? Wir können nicht glauben, daß dieses ungeheuerliche, Berlin und ganz Deutschland entehrende Urteil in Kraft treten soll.*
Noch ist es Zeit, die Unmenschlichkeit des Urteils zu überprüfen und zurückzunehmen. Wir bitten Sie deshalb dringend, das Urteil zu revidieren.

Diese Bitte ging aber nicht in Erfüllung. Paul Oestreich hätte verhungern müssen,[90] wenn ihm nicht die Regierung der DDR die Pension und später auch den Aufenthalt im Krankenhaus bis zu seinem Tode bezahlt hätte.

---

[90] Dieser (Haupt-)Satz ist in der von Jürgen Helling überarbeiteten Textfassung folgenderweise abgeändert: „Paul Oestreich wäre ins Elend geraten,".

Abb. 11: *Die Wartburg in Eisenach, zentraler Ort der Ostertagungen des Schwelmer Kreises, Mitte der 1950er Jahre*

Abb. 12: *Fritz Helling im Pausengespräch auf der Ostertagung 1955*

Kapitel 12

Ganzheitliches Bildungsideal

Für den Herbst dieses Jahres 1957 erhielten meine Frau und ich eine Einladung nach Prag zu einer neuen internationalen Comenius-Konferenz[1]. Wir sagten mit Freuden zu, weil ich diese Gelegenheit nutzen wollte, um eine wichtige Wandlung meiner pädagogischen Anschauungen vorzutragen. Bei meinem Comenius-Studium war es mir zur Gewißheit geworden, daß Comenius recht hatte mit seiner Forderung, Menschenbildung müsse auf das Verstehen der universalen Ordnung in Natur und Gesellschaft gerichtet sein, auf das Erkennen und Befolgen der „wunderbaren und über alles sich breitenden Ordnung der Welt"[2]. Bisher war ich durch die moderne Reformpädagogik daran gewöhnt worden, den Blick auf den einzelnen Menschen zu richten und eine Antwort auf die Frage zu finden, wie die in diesem Menschen liegenden Kräfte zur vollen Entfaltung gebracht werden können. Jetzt aber wurde mein Blick auf die kosmische Ordnung, auf das Ganze der Welt gerichtet, in der wir alle zu leben haben. Natürlich blieb mir bewußt, daß die Hinführung zum Verstehen dieses Weltganzen nur im Einklang mit den individuellen Eigentümlichkeiten der jungen Menschen gelingen könne. Entscheidend aber war für mich, daß ich von nun an ein inhaltlich bestimmtes, allgemeinverbindliches Bildungsziel vor Augen hatte. Die jahrzehntelange Ungewißheit

---

[1] An der vom 23. bis 28. September 1957 stattfindenden Konferenz über das Werk J. A. Komenskys nahmen auf Einladung eines internationalen Ausschusses und der Tschechoslowakischen Akademie der Wissenschaften über 50 Pädagogen und Theologen aus 18 Ländern teil. Unter den zahlreichen Referenten und Diskutanten waren u.a. Prof. Dr. Robert Alt (Ost-Berlin), Dr. Josef Brambora (Prag), Prof. Dr. Josef L. Hromadka (Prag), Prof. Dr. Lukasz Kurdybacha (Warschau), Dr. Amedeo Molnar (Prag), Dr. Jan Patocka (Prag) (vgl. Fritz Hahn, Internationale Comenius-Konferenz in Prag, in: Schule und Nation 4 [1958] 3, S. 29). – Zu Fritz Hellings Comenius-Rezeption vgl. Klaus Schaller, Comenius im Horizont der Pädagogik Fritz Hellings, in: Burkhard Dietz (Hg.), Fritz Helling, Aufklärer und „politischer Pädagoge" im 20. Jahrhundert, Frankfurt a.M. 2003, S. 281-301.

[2] Vgl. dazu (zur „Pansophia") Kap. 11, bei Anm. 79 sowie Kap. 14 und 16.

über das Was der Bildung war nun überwunden. Das Nähere darüber folgt noch[3].

Vor der Pragreise wollten wir unseren lange entbehrten Urlaub im Süden an der Adriaküste verbringen. Wir wählten auf Rat eines Freundes Makarska an der jugoslawischen Küste zwischen Split und Dubrovnik. Dort verlebten wir drei wundervolle Septemberwochen, deren Schönheit nur mit unserer Hochzeitsreise nach Paris zu vergleichen war. Als wir uns dann bereit machten, nach Prag zu fahren, mußten wir leider die Erfahrung machen, daß wir bei den umständlichen Verbindungen nicht mehr rechtzeitig zur Comenius-Konferenz kommen konnten. So blieb mir nichts anderes übrig, als in Makarska meine Gedanken schriftlich zu formulieren und als Brief nach Prag zu schicken, wo sie später in den „Acta Comeniana" (XIX. 1. 1960) veröffentlicht wurden.[4]

Zu Hause arbeitete ich dann zusammen mit meiner Frau und einem früheren Schüler, einem sehr begabten Naturwissenschaftler, weiterhin an dem Problem der neuen Allgemeinbildung. Dabei wurde mir endgültig klar, daß die Forderung eines universalen Verständnisses der Weltwirklichkeit in unserem 20. Jahrhundert dank der außerordentlichen Entdeckungen der Realwissenschaften von der Natur und der menschlichen Gesellschaft keineswegs ein utopisches Verlangen, sondern eine realisierbare Möglichkeit und Notwendigkeit ist.

Zu unserer Freude erhielten meine Frau und ich im Dezember 1957 die gewünschte Gelegenheit, im Ostberliner Pädagogischen Zentralinstitut unsere Auffassungen über die neue Allgemeinbildung vorzutragen. Ich sprach über das Grundsätzliche, meine Frau exemplarisch über die kon-

---

[3] S. dazu Kap. 14 sowie Kap. 16.
[4] Dieser Absatz ist in der von Jürgen Helling überarbeiteten Textfassung folgenderweise abgeändert: „Gemeinsam mit meiner Frau begann ich nun, dieses neu gewonnene ganzheitliche Bildungsziel konkreter auszufüllen und darzulegen. Als ein Ergebnis der Tagung in Prag wurde mein Beitrag in die ‚Acta Comeniana‘ aufgenommen und veröffentlicht (XIX. 1. 1960)."

krete Anwendung im Fach Physik[5]. Wir fanden Verständnis und Zustimmung.

Dann feierten wir wie üblich mit unserem Sohn zusammen das Weihnachtsfest, das durch ein einzigartiges Geschenk meiner Frau zu einem unvergeßlichen Erlebnis wurde. In einem großen Briefumschlag mit der Aufschrift „Fritz zu Weihnachten 1957" fand ich eine von meiner Frau verfaßte Erzählung vor, die die in Makarska verlebten Wochen in „Dichtung und Wahrheit" verwandelte.[6] Da diese Erzählung ihr schönstes Geschenk an mich war, möge sie hier in meinen Lebenserinnerungen ihren Platz finden:

Der Abend war wie aus Träumen gewoben. Die hellen Steine der Terrassen waren noch warm von der Sonne des Tages. Aus den dunklen Kronen der Palmen fiel das Licht der Lampen unwirklich, schattenlos und zärtlicher als Mondschein. Darüber ein samtener Himmel von unerschöpflicher Tiefe. Mit dem leisen Wind kamen Wogen vom Duft der blühenden Sträucher, aber auch der herbe Geruch des Tangs, dem nichts in der Welt gleicht. Von unten herauf tönte das leise Anschlagen der Wellen an die Klippen und das ernste Dröhnen der Dampfer, das im Herzen das Fernweh weckt. Manchmal klangen Volkslieder, anschwellend, abklingend. Dort gingen junge Menschen, denen das Herz überquoll von Wehmut und Verlangen; denn die Liebe wachte in dieser Nacht in jedem Herzen. Unter den Paaren, die an kleinen Tischen unter den Palmen saßen, waren Gerd und Jutta sicher die ältesten, aber wohl auch die glücklichsten. Gerd genoß alle Schönheit mit gesunden, frohen Sinnen. Noch glücklicher aber war er über die Verwandlung, ja Verzauberung seiner Frau, die hier wieder jung wurde wie damals als er sie sich erkor. Sie hatte sich der Sonne geöffnet wie eine Blume und dem Sturm verschwistert wie ein Vogel. Ja, sie war ganz erfüllt von dem einen Glück, wieder am Meer zu sein, am südlichen Meer ihrer Heimat.

[5] S. auch Kap. 13, bei Anm. 1.
[6] Dieser Satz ist in der von Jürgen Helling überarbeiteten Textfassung folgenderweise abgeändert: „Sie hatte unsere im Sommer in Makarska an der Adria erlebten Urlaubswochen in eine Erzählung ‚Dichtung und Wahrheit' verwandelt." – Fritz Helling spielt mit „Dichtung und Wahrheit" offensichtlich auf Goethes autobiographische Schrift „Aus meinem Leben. Dichtung und Wahrheit" an.

Es waren wohl 40 Jahre, daß sie als junges Mädchen ihre Heimat verlassen hatte, in die sie nun als alternde Frau zurückkehrte. Sie war damals ihrem Mann in die Berge gefolgt, die seine Heimat waren. Ihr aber waren sie fremd und feindlich. Sie zerrissen den heilen Himmel, der bis dahin über ihr geleuchtet hatte. Sie erschwerten ihren Gang, der bisher ein Schwingen mit dem Wind gewesen war. Wenn sie in stillen Nächten fern die Züge hörte, die nach Süden fuhren, ans Meer, dann packte das Heimweh sie und durchschüttelte sie, wie noch nichts im Leben sie durchschüttelt hatte. Ihr Mund riß sich auf wie zu einem Schrei. Aber sie blieb stumm. Denn ihr Mann schlief neben ihr. Und so jung sie damals war, wußte sie doch schon um die Zerbrechlichkeit der Liebe. Würde sie es ertragen, wenn ihr Mann gegenüber diesem unerklärbaren Weh verständnislos blieb? Und konnte er es verstehen, da er ja in seiner Heimat festverwurzelt lebte? Sie hatte selbst gewählt. Sie mußte damit fertig werden.

Ihren Kindern aber erzählte sie von dem, was ihre Jugend gefüllt hatte: vom Meer mit allem, was es in seiner geheimnisvollen Tiefe umschloß: Krebse und Muscheln, Seesterne und Algen, Schönes und Unholdes, Lebendes und Verwestes. Die Sonne entstieg dem Meer und kehrte dahin zurück. Der Himmel stand auf dem Meer, unendlich im Vergleich zum Land. Alles beherrschte das Meer, sanftmütig und gefährlich, unerschöpflich in Schönheit und Grausamkeit.

Doch sie mußte erfahren, daß das alles für ihre Kinder kein Leben gewann und daß sie von ihrem Schoß fortstrebten zu ihren eigenen Erlebnissen und Abenteuern. Sie mußte lernen – und eigentlich lernte sie es doch nie –, daß ihre Heimat nicht die ihrer Kinder war, daß sie in genagelten Stiefeln herumkletterten und nicht das Bild ihrer weichen Füße dem nachgebenden Sand eindrückten.

Nun, es war so, und sie hielt sich an das Gute.

Sie mußte doch froh sein, daß ihre Kinder ihren festen Platz in ihrer Welt fanden und nicht in Fernen strebten, in die keine beschützende Liebe folgen konnte. Nur manchmal in einsamen traurigen Stunden überkam sie Sehnsucht. Dann nahm sie die wenigen Bilder und Erinnerungen ihrer Heimat aus dem sorgsam gehüteten Versteck und weinte wohl auch. Aber Einsamkeit und Trauer fanden immer weniger Raum in ihrem Leben, in dem alles gedieh unter seinem praktischen Sinn und ihren flinken Hän-

den. Von der lärmenden Farbigkeit der Erlebnisse wurden die Erinnerungen stiller und blasser, wie ein heller Streifen über dem Meer. Und es kam keinem Kinde ins Bewußtsein, daß ihre Mutter nicht wie sie immer hier gelebt hatte, in ihren Bergen.

Das wurde mit einem Schlag anders, als im letzten Sommer ihre beiden Söhne den Plan faßten, in den Ferien nach Süden zu fahren ans Meer, und ihr Mann – von diesen Plänen angeregt und von seinem guten Herzen getrieben – seiner Frau zum Geburtstag eine gemeinsame Reise ans Meer schenkte.

Jutta erschrak. Die Erinnerungen waren so lange beiseite geschoben, war es recht, sie zu wecken? Konnten sie nicht übermächtig werden und ihr sauber und froh aufgebautes Leben zerstören? Würde sie, die alternde Frau, bestehen vor der Begegnung mit den Kindheitsstätten und ihren Träumen? Wie würden die Menschen dort, alt und hart geworden, in ihr Kindheitsparadies passen? Vor allem er, Ernesto, der Gefährte ihrer jungen Jahre?

Jutta fand einen Ausweg. Sie vermied die Nähe ihrer Heimatstadt und wählte einen anderen Ort des südlichen Meeres. Dort fand sie alles wieder: Möwen und Meer – Sand und Sonne – Sturm und Stille. Ihr Gang wurde leicht und geschmeidig; ihr Sinn hell und froh; ihre Haut straff und braun, ihre Augen leuchtend und dunkel, ihre Liebe heiß und verlangend. Alles war durchpulst von der Welle des Glücks, dem Jutta sich überließ mit ungeteiltem Herzen.

Gerd hob die Karaffe mit dem roten Wein, um die Gläser neu zu füllen. Dabei fiel sein Blick auf die hinteren Büsche. Dort saß einer allein an seinem Tisch. Gerd zeigte ihn Jutta.

Juttas Gedanken kamen zurück von dem unendlichen Saum des Glücks zu der weißen Terrasse, dem einsamen Mann. Sein linker Arm hing lässig herab, der Kopf aber mit der kantigen Stirn war zurückgebeugt, so daß das Licht darauf fiel. Die Haltung kannte sie. Unauslöschlich war sie ihr eingeprägt seit jenem Morgen des Abschieds, des Abschieds von Ernesto. Er stand auf dem Schiff, das sich vom Pier trennte. Die Passagiere winkten, riefen den Zurückbleibenden. Er aber hatte schon Abschied genommen. Von ihm hatte die Ferne schon Besitz ergriffen. Er stand abseits, lässig. Aber der Kopf war zurückgebeugt, so daß der Schimmer der Morgendämmerung auf seine kantige Stirn fiel. Es war kein Zweifel möglich.

Der Einsame war Ernesto. „Unter diesem Himmel wird mir doch alles geschenkt", dachte Jutta. Morgen werden wir wieder zusammen segeln, wie damals, als Kinder.
Sie waren als Nachbarskinder zusammen aufgewachsen wie Geschwister. So sagte man. Aber es war doch wohl anders. Nie war ein Bruder zu seiner kleineren Schwester so scheu behutsam wie der überschlanke Ernesto zur kindlich rundlichen Jutta. Er zeigte ihr alles, was er kannte: Pflanzen und Tiere, Wolken und Winde, und erzählte ihr vom Meer, dem unergründlichen, geheimnisvollen. Er schenkte ihr alles Absonderliche und Liebenswerte, das der Strand bot. Und noch jetzt besaß Jutta einen glatten Stein, vom Meer so rund geschliffen, daß die Hand ihn zärtlich umschließen konnte. An jeder Entdeckung ließ er sie teilnehmen. Und sie gab ihm für alles das Eine: ihr unbedingtes, bewunderndes Vertrauen. Selbst später, als sie zusammen im Segelboot hinausfuhren und sie in gefährliche Böen gerieten, kam kein Zweifel in ihr Herz. Die salzige, peitschende Gischt erweckte sie nur zu übermütiger Freude. Sie hätte bersten mögen vor Lebensgier und − Glück. Aber Angst? Nein. Ihr war, als ob er in seiner sehr schmalen, braunen Hand mit der Gewalt über Segel und Steuer auch die über Wind und Wetter hielt. Er gehörte zum Meer. Und von Anfang an war es ihr selbstverständlich, daß er eines Tages herausfahren würde in die unermeßlichen Fernen zu sonderbaren Abenteuern.
Aber was dann aus ihr werden würde, daran hatten sie nie gedacht. Darum traf sie die Einsamkeit nach jenem fahlen Abschiedsmorgen völlig unvorbereitet. Sie war nun auch aus der Schule und ging zur Arbeit, wie die anderen Mädchen. Aber die hatten ihren Schatz. Sie kicherten und tuschelten miteinander. Jutta war allein. Ernesto hatte sie durch nichts an sich gebunden. War es ihm selbstverständlich, daß sie zusammengehörten? Oder wollte er frei sein für fremde Frauen? Aus den kurzen Grüssen von ihm konnte sie es nicht hinein- und herausfragen. Von Zweifel und Abwarten konnte ihr junges Herz nicht satt werden. Auch nicht von dem Vorsatz, treu bleiben zu wollen. Sie war ja nun kein Kind mehr. Und er war kein Knabe mehr. Sein einziger Urlaub war viel zu kurz für die so Veränderten und machte alles noch viel schlimmer. Man tat gut daran, ihn zu vergessen und den Knaben Ernesto in Erinnerung festzu-

halten, den schlanken, scheuen. Aber konnte man dem treu bleiben, der gar nicht mehr war?

Für Jutta war es eine Wohltat, daß Gerd in ihr Leben trat, tüchtig und freundlich, froh und sicher. Er kam zu Ostern als Feriengast und verliebte sich in sie. Als er im Herbst wieder kam und um sie warb, ehrlich und rechtschaffen, gab sie nach. Sie war noch nicht 20 Jahre alt, als sie ihm in die Berge folgte, die seine Heimat waren. Der Abschied von Ernestos Mutter riß ihr das Herz auf. Ernesto selbst schrieb viel später aus einem fernen Land: „Liebe Jutta! Ich hörte erst jetzt, daß Du verheiratet bist, und wünsche Dir, daß Du glücklich wirst. Dein Ernesto".

Das alles war lange vorbei, und die Wunden, die jedes dieser Worte in dem heilenwollenden Herzen aufgerissen hatten, waren längst vernarbt. Auch das Fragen nach der Richtigkeit ihrer Wahl war lange überwuchert. Ihr Leben war richtig gewesen und ihre Liebe gut. Das genügte. Sie füllte beide Gläser, und sie tranken. Gerd erzählte, aber sie hörte nicht zu. Jetzt waren ihre Gedanken beim Heute angekommen: Ernesto saß wenige Schritte entfernt auf der gleichen Terrasse. Und doch durch ein Leben getrennt. Das entschied.

Sie konnte nicht mit ihm segeln wie damals. Sand und Sonne, Meer und Möwen, Stille und Sturm waren wie einst, aber nicht die Menschen. Es war sinnlos, zu Ernesto zu gehen; noch sinnloser, die beiden Männer zusammenzuführen. Völlig grotesk aber war die Vorstellung, gemeinsam zu segeln. Es war schlimm, daß dieses Wiedersehen das Glück des Abends zerriß, aber nun war es genug. Sie mußte ihm fern bleiben. Verstohlen sah sie noch einmal hinüber. Er würde sie nicht erkennen, wenn sie jetzt aufstand, dachte sie mit zärtlicher Wehmut; er träumte in die Ferne wie einst.

Jutta stand auf. Gerd legte behutsam den Schal um ihre Schulter. Sie ging ein wenig vornübergebeugt. Ihre Hand lag leicht im Arm ihres Mannes. Dabei hatte sie ein Gefühl, als ob eine Strömung sie zurückriß und den Kiesel unter ihren Füßen wegspülte. Sie aber ging weiter. In der hellen Halle gewann sie ihre Sicherheit. Die Tür zur Terrasse war geschlossen. Sie sah ihr Bild im Spiegel der Vorhalle. „Ich hab' Dich noch genau so lieb wie damals", dachte Gerd. „Was wäre aus mir geworden, wenn Du mich nicht so festgehalten hättest", dachte Jutta. Voll warmen, dank-

baren Glücks drückte sie seinen Arm, als sie zusammen ins Zimmer hinaufgingen.

Kapitel 13

Krankheit und Tod Hilda Hellings

Dieses Glück unserer Ehe spürte ich besonders stark in der Wirklichkeit unserer gemeinsamen Arbeit. Mitte Januar 1958 sprachen wir beide vor den Freunden des Schwelmer Kreises in Hamburg. Ich begnügte mich damit, meinen in „Schule und Nation" gerade erschienenen Aufsatz „Der Weg zu einer neuen Allgemeinbildung"[1] vorzulesen. Meine Frau hob dann in ihren Ausführungen über Physik hervor, die Kinder sollten im Physikunterricht vor allem die wesentliche Tatsache erkennen lernen, daß die Sonne, der Mittelpunkt unseres Planetensystems, für alles irdische Leben von entscheidender Bedeutung sei. Es genüge nicht, sie als eine der natürlichen Lichtquellen aufzuzeigen und die Temperatur ihrer Oberfläche als erste in der Skala der Temperaturen zu nennen. Es gelte vielmehr, unvergeßlich klar zu machen, daß die Sonne durch ihre Anziehungskraft und durch ihre Licht-Wärme-Strahlung die Erde in einem Zustand erhalte, der das Leben auf ihr überhaupt erst ermögliche. Hätten die Kinder begriffen, daß die Sonne unsere zuverlässigste Energiequelle sei, dann sei auch der Hinweis geboten, daß wir Menschen durch die Atomzerspaltung zum ersten Mal auf der Erde eine ähnlich starke Energiequelle zur Verfügung hätten, wie sie in der Sonne vorhanden sei. Von der modernen Atomphysik müsse den Kindern mitgeteilt werden, daß alle Materie – bei Sternen sowohl wie bei Pflanzen und Menschen – aus Atomen bestehe und jedes dieser Atome aus einem Kern und einer Elektronenhülle zusammengesetzt sei. Als Beispiel für die Einheit der Natur habe die Wellenlehre große Bedeutung. Was den Kindern völlig verschiedenartig als Licht, Wärme und Radiomusik erscheine, werde in gleicher Weise durch elektromagnetische Wellen verursacht, die den gleichen Gesetzen gehorchen. Man solle noch hinzufügen, daß sie für unsere Technik und unser Alltagsleben von zunehmender Wichtigkeit sei. Mit

---

[1] „Der Weg zu einer neuen Allgemeinbildung", in: Schule und Nation 4 (1958) 3, S. 23-26. – Vgl. auch „Zur Diskussion über ‚Wege zu einer neuen Allgemeinbildung'" in Schule und Nation 4 (1958) 4, S. 28 f.

diesen Ausführungen machte meine Frau einen starken Eindruck auf die Hörer. Ich selbst empfand Bewunderung für sie.[2]

Im Februar 1958 fuhren wir beide noch einmal zu einer Arbeitsausschuß-Sitzung des Schwelmer Kreises nach Berlin und besuchten anschließend die uns sehr befreundete Familie Gentz[3]-Meschkat[4] in Kleinmachnow[5]. Hier fühlte sich meine Frau am Abend krank. In der Nacht traten Schmerzen in den Beinen auf. Während der Rückfahrt nach Schwelm am nächsten Tag hatte sie Fieber, das zu Hause auf 40,5 °C stieg. Unser Hausarzt[6] nahm eine Virus-Grippe an. Als aber seine Behandlung nicht half, entschlossen wir uns im März auf seinen Rat zu einer stationären Behandlung im Städtischen Krankenhaus Schwelm[7], wo der Internist eine Endokarditis (Herzklappenentzündung) annahm. Als die neue Behandlung ebenfalls zu keiner Besserung führte, zogen wir noch einen Wuppertaler Internisten hinzu, der aber die Krankheit ebenso wenig erkannte. Ich war in verzweifelter Aufregung, durfte sie aber nicht merken lassen, wenn ich vormittags und nachmittags meine Frau besuchte.

Eines Tages, etwa Anfang April, gab sie mir einen kleinen Zettel, auf dem sie für mich geschrieben hatte: „Du mußt nicht meinen, es wäre we-

---

[2] Den ersten Satz ausgenommen, ist dieser gesamte Absatz in der von Jürgen Helling überarbeiteten Textfassung herausgekürzt.

[3] Bei Gentz handelt es sich um Inge und Werner Gentz (vgl. Brief von Richard Meschkat an Walter Kluthe vom 24. Juli 1972 [Privatarchiv Prof. Dr. Wolfgang Keim, Paderborn]; s. auch Kap. 16, bei Anm. 32); Dr. jur. Werner Gentz (geb. 1884) war 1945-1949 Leiter der Abteilung Strafvollzug der Deutschen Justizverwaltung der Sowjetischen Besatzungszone (SBZ), anschließend im Justizministerium der DDR tätig und Vorsitzender des Staatlichen Vertragsgerichtes (vgl. Rosemarie Preuß, Art. Werner Gentz, in: Biographisches Handbuch der SBZ/DDR, hg. v. Gabriele Baumgartner u. Dieter Hebig, Bd. 1, München 1996, S. 216).

[4] Richard Meschkat (s. Kap. 6, Anm. 23).

[5] Gemeinde im Landkreis Potsdam-Mittelmark i.Brandenb., grenzt wenige Kilometer östlich von Potsdam unmittelbar an den südwestlichen Berliner Bezirk Steglitz-Zehlendorf.

[6] Dr. med. Gerhard Altena (StA Schwelm, PA Dr. Fritz Helling, Oberstudiendirektor).

[7] Das Städtische Krankenhaus Schwelm lag an der Wilhelmstraße, wurde 1867 eröffnet und im Verlauf seines Bestehens mehrfach modernisiert und erweitert bis es 1977 durch das neu errichtete Klinikum des südlichen Ennepe-Ruhr-Kreises, gelegen am Schloß Martfeld, ersetzt wurde (vgl. Britta Kruse, Von „Die Folgen des Krieges – Jahre der Not" bis „Stabilität und Wandel in den 90ern", in: Schwelm, hg. v. d. Stadt Schwelm, Wuppertal 1996, S. 129).

nig, wenn Du mir die Welt mitbrächtest. Du weißt gar nicht, wie weit ich von ihr weg war. Und Deine Liebe gehört ja auch dazu". Im gleichen Monat schrieb sie mir auf einem größeren Zettel: „Mein liebster Einziger! Wir haben einige Tage Ferien von unseren Sorgen und wollen sie nutzen, um wieder auf unsern normalen Arbeits-Trampelpfad zu kommen. Ich habe gestern nach einer kurzen und sehr netten Unterredung mit Dr. Schmitt-Halin[8] folgende Abmachung getroffen: Ich werde rektal gemessen, und weder Du noch ich erfahren einstweilen das Resultat.[9] Das ist doch die allerbeste Lösung! Ich beginne gleich, das Durchlesen Deiner Manuskripte wieder aufzunehmen, Du Fleißiger. Sei von ganzem Herzen gegrüßt! Die Deine."

Als auch jetzt die erhoffte Besserung nicht eintrat, entschlossen wir uns zu dem Versuch, in der medizinischen Akademie in Düsseldorf[10] Aufnahme für meine Frau zu finden. Das glückte dank der Vermittlung eines uns befreundeten Arztes in Düsseldorf. Es war uns selbstverständlich, daß ich nicht allein in Schwelm blieb, sondern ebenfalls nach Düsseldorf übersiedelte. In der ersten Maihälfte 1958 fuhren wir beide mit unserem Gepäck in einem Krankenwagen zur Düsseldorfer Akademie, wo meine Frau ein schönes großes Einzelzimmer erhielt. Der Stationsleiter war Professor Dr. Oberdisse[11]. Ich selbst fand zunächst außerhalb von Düs-

---

[8] Ernst Schmitt-Halin, Internist, Oehder Weg 8, Schwelm; hatte 1933 mit einer Studie zum Thema „Untersuchungen über den Einfluß unipolar beladener Luft auf den Muskelstoffwechsel" promoviert (publiziert zusammen mit G. E. Selter, in: Zeitschrift für die gesamte experimentelle Medizin 93 [1934], S. 570-575; Heimat-Adreßbuch Ennepe-Ruhr-Kreis 1960).

[9] Dieser Satz ist in der von Jürgen Helling überarbeiteten Textfassung folgenderweise abgeändert: „Weder Du noch ich erfahren einstweilen das Resultat der Fiebermessungen."

[10] Die Akademie ging auf die 1907 errichtete „Düsseldorfer Akademie für praktische Medizin" zurück, die 1923 in „Medizinische Akademie in Düsseldorf" umbenannt worden war und seit 1965 sukzessive zur „Universität Düsseldorf" ausgebaut werden sollte (seit 1989 „Heinrich-Heine-Universität") (vgl. Jubiläum: 40 Jahre Universität, in: Magazin der Heinrich-Heine-Universität 2 [2005], S. 16-25).

[11] Dr. Karl Oberdisse (1903-2002) war 1932-1947 Assistenz-, später Oberarzt der Medizinischen Universitätsklinik Würzburg, habilitierte 1935 und wurde 1942 a.ord. Professor für Innere Medizin. 1947-1954 war er Chefarzt am Knappschaftskrankenhaus Bochum-Langendreer. In Düsseldorf hatte er eine ord. Professur für Innere Medizin an der Medizinischen Akademie inne (1956-1971) und war Direktor der 2. Medizinischen Klinik und

seldorf, dann aber in der Nähe der Klinik eine Unterkunft, mit der ich sehr zufrieden sein konnte. Den größten Teil des Tages verbrachte ich bei meiner Frau, was wir beide als ein großes Glück empfanden. Nur zum Mittagessen fuhr ich in die Stadt und von da zum Ausruhen in mein Privatzimmer, bevor ich am Frühnachmittag wieder zur Klinik ging. Abends mußte ich ebenfalls in der Stadt essen. Das Frühstück erhielt ich im Zimmer meiner Wirtin.[12]

Schon am zweiten Tage sagte uns der Assistenzarzt, eine Herzklappenentzündung läge nicht vor. Jeder von uns beiden erfuhr dann bald auf seine Frage, daß eine unheilbare Leukämie vorliege. Ich war völlig niedergeschlagen. Meine Frau gestand mir, sie weine jeden Tag, wenn sie allein sei. Daß wir beide Tag für Tag beieinander waren, empfanden wir als die einzige Wohltat in unserem Unglück. Jede Stunde unseres Zusammenseins war uns kostbar. Ich war jetzt so ausschließlich mit meiner Frau verbunden, daß die bisherige Arbeit für den Schwelmer Kreis völlig ausfiel. Eine besondere Freude war es für meine Frau, wenn von Zeit zu Zeit an Wochenenden unser Sohn[13] zu Besuch in die Klinik kam.

Als im Juli 1958 mein 70. Geburtstag herannahte, besprachen meine Frau und ich die Auswahl aus meinen früheren Reden und Aufsätzen, die jetzt neu gedruckt werden sollten. Morgens um 5 Uhr stand ich auf, um an dem Manuskript zu arbeiten. Am Vor- und Nachmittag diskutierten wir beide über die Auswahl. Der Titel der Broschüre lautete „Schulreform in

---

Poliklinik der 1965 gegründeten Universität (s. Anm. 10). Er rief 1965 das Deutsche Diabetes-Forschungsinstitut in Düsseldorf ins Leben, war Mitinitiator der European Association for the Study of Diabetes (EASD); Oberdisse gilt als Gründungsvater der Diabetologie in Europa und ist u.a. Namensgeber des von der Nordrhein-Westfälischen Gesellschaft für Endokrinologie und Diabetologie (Bochum) jährlich vergebenen renommierten Karl-Oberdisse-Preises (vgl. u.a. 125 Jahre Ferdinand-Sauerbruch-Klinikum Wuppertal-Elberfeld, hg. v. Verein der Freunde und Förderer des Ferdinand-Sauerbruch-Klinikums in Verbindung mit dem Presse- und Informationsamt der Stadt, Wuppertal 1988, S. 78).
[12] Diese letzten drei Sätze sind in der von Jürgen Helling überarbeiteten Fassung herausgekürzt.
[13] Jürgen Helling hatte inzwischen sein Studium an der TH Aachen als Dipl.-Ing. abgeschlossen und war nun in den Krupp Motoren- und Kraftwagenfabriken in Essen als Entwicklungsingenieur tätig (vgl. Kap. 5, Anm. 22).

der Zeitenwende"[14]. Mein Freund Dr. Otto Koch[15], der Staatssekretär im Kultusministerium Nordrhein-Westfalens gewesen war, schrieb das Vorwort:

Lieber Freund Helling!

Ich bin gebeten worden, zu der Sammlung Ihrer Reden und Aufsätze, die Sie zu Ihrem 70. Geburtstag erfreuen sollen, ein Grußwort zu schreiben. Daß man zu seinem Geburtstag Freunde und Bekannte, Anhänger und Gegner beschenkt, ist sicher nicht das Übliche, aber gerade deswegen ist es Ihnen angemessen, dessen ganzes Leben und Wirken von der Frühzeit der deutschen Jugendbewegung bis in die Tage des kämpferischen Alters ein einziger Protest gegen alles Verschlafene und Abgestorbene, gegen alles Verstockte und Verlogene einer erstarrten Gesellschaft war, ist und sein wird. Nie aber sind Sie in einer unfruchtbaren Negation stecken geblieben, sondern immer haben Sie mit schönem Schwung Wege zu einem neuen Leben in einer neuen Gesellschaft gezeigt. Es sind diese Reden und Aufsätze lebendige Zeugen, die den Leser mitreißen oder ärgern, nie in Ruhe lassen werden. Beunruhigen, Aufrütteln, die verstoßenden Kräfte der Elite der deutschen Jugend freizumachen und zur Wirkung kommen zu lassen, das ist Ihnen Lebensinhalt. Mit westfälischer Zähigkeit haben Sie um diese Jugend gerungen und sind so manchem Ihrer Schüler zum entscheidenden Anstoß für ein ganzes Leben geworden. Und wie der Jugend, so wurden Sie auch der Elite der Erzieher und Lehrer zum Vorkämpfer und Mittelpunkt. Freilich an Feindschaft und Verleumdung hat es in Ihrem Leben nicht gefehlt, aber wann wäre ein Neuerer der Erziehung diesem Schicksal entgangen! Es hat Sie nicht gestört, nicht kleingekriegt, wie man es so gern gesehen hätte.
Möge dieses Buch, mit dem Sie uns, Ihre Freunde, an Ihrem 70. Geburtstag beschenken, Ihren Geist weitertragen im Gefolge der großen Klassiker der Pädagogik, deren Wollen heute noch unerfüllt vor der le-

---

[14] Der vollständige Titel der 1958 im Schule und Nation Verlag (Schwelm i.Westf.) erschienenen, 90seitigen Aufsatzsammlung lautete „Schulreform in der Zeitenwende. Eine Auswahl aus Reden und Aufsätzen aus der Zeit von 1926 bis 1958".
[15] S. Kap. 11, Anm. 24.

benden Generation steht. Möge eine Zeitepoche kommen, die nicht satt und träge an dem wahren Leben vorbeilebt, sondern hungrig ausschaut nach vertieftem, echtem Menschentum. Sie wird allen guten Geistern der Vergangenheit, auch Ihnen danken und leben, was Sie anregten und forderten.

Dr. Otto Koch, Staatssekretär a. D.

Der erste Aufsatz in der Broschüre war eine Ehrung Pestalozzis. Am Schluß des ersten Teiles stand „Die Botschaft Paul Oestreichs". Da hieß es: „In ihm brannte eine Glut, die ihn zu verzehren drohte. Es war die Glut eines prophetischen Menschen, der das Unheil kommen sah, wenn es in der Welt so weiter ging. Er durchschaute die immer brutaler werdende Wirtschaftsanarchie des überlebten Kapitalismus. Er sah, daß die Stauungskrisen zunahmen, die Konkurrenzkämpfe um die Weltmärkte immer erbitterter wurden und in den Wahnsinn imperialistischer Kriege trieben. Nach seiner Ansicht konnte in der ‚alle Tage schneller zunehmenden Sinnlosigkeit des Lebens' keine Kultur mehr gedeihen. Er war erschüttert von der Entartung und Entleerung des Menschen. Ja, er sah bereits ‚die Dämonie der Unterwelt im verkrampften Menschentum' zur Herrschaft kommen.
Aber sollte es keine Rettung geben? Konnte der drohende Untergang nicht verhindert werden? Oestreichs Antwort war ein unbedingtes Ja. Die Rettung sah er in der Schaffung einer gerechten sozialistischen Gesellschaft, ‚in die wir uns hineinzukämpfen haben, wenn nicht das Chaos das Ende der Zukunft werden soll'. ‚Es wird keinerlei stabile Ordnung eintreten', erklärte er, ‚solange das alte Eigentums-, Klassen- und Gewaltsystem bestehen bleibt'. Die Kraftquellen der Wirtschaft müssen der Verfügungsgewalt der Besitzer entzogen werden. ‚Die Vergesellschaftung aller Naturkräfte und -stoffe ist Voraussetzung für die allein die gegenwärtige und zukünftige soziale Chaotik beschwörende Umstellung auf den notwendigen Bedarf'. Nur dann können Wirtschaft und Technik ihren wahren Sinn erfüllen; nur dann können die Menschen, befreit vom Druck der Not, Armut und Lebensangst, den Reichtum ihrer Fähigkeiten frei entfalten. ‚Echte Kultur baut sich auf einer geordneten Wirtschaft auf, die der Gesellschaft Sicherung der täglichen Lebensexistenz gibt'. Der Sozialismus war und ist für Oestreich der unerlässliche Weg zur Erlösung der

Menschheit, zur Verwirklichung totalen Menschentums, zu klassenloser Brüderlichkeit, zu Volks- und Menschheitssolidarität. So steht bei ihm neben der Unheilsprophetie die Heilsverkündung. Auf der einen Seite das Dunkel der drohenden Nacht, auf der anderen Seite das Licht eines neuen Menschheitstages."
Im zweiten Teil meiner Broschüre deckte ich in einem Aufsatz die Gefährlichkeit antihumanistischer Ideen auf, die damals stark verbreitet wurden, weil man außenpolitisch im Bunde mit den USA den Angriff gegen den kommunistischen Osten vorbereitete, innenpolitisch die Arbeiterschaft als Gefahr bekämpfte. [...][16]

An meinem Geburtstag (31. Juli 1958) kamen einige Freunde – auch aus der DDR – nach Düsseldorf, um mir am Vormittag Gesellschaft zu leisten. Der Nachmittag gehörte wieder meiner Frau.

Als sich ihr Krankheitszustand zeitweise besserte und eine Rückkehr nach Hause erwogen wurde, setzte sich unser Sohn an seinen Wochenenden dafür ein, daß unsere Wohnung in Schwelm[17] endlich gründlich erneuert wurde, wozu wir, die Eltern, nie Zeit gefunden hatten. Als wir dann Ende August 1958 nach Hause zurückkehren konnten, war es für uns eine Wohltat, in den verschönten Räumen wohnen zu können.

Da sich in den folgenden Monaten das Krankheitsbild zum Glück nicht verschlechterte, konnte ich mich wieder etwas um den Schwelmer Kreis kümmern. Ich half bei der Formulierung der „Leitsätze" mit, die im Herbst 1958 gedruckt und verbreitet wurden. Sie lauteten:

---

[16] Der Aufsatz, auf den sich Helling zuletzt bezieht, hieß „Eine notwendige Besinnung (1955)" und ist in „Schulreform in der Zeitenwende" (s. Anm. 14) auf den Seiten 69-75 abgedruckt; im Manuskript der „Urfassung" ist eine Kopie dieses gedruckten Aufsatztextes hier eingeschoben (erstmals wurde der Aufsatz 1956 im Januar-Heft von „Schule und Nation" veröffentlicht: 2 [1956] 3, S. 22-24; außerdem abgedruckt in: Fritz Helling, Pädagogen in gesellschaftlicher Verantwortung. Ausgewählte Schriften eines entschiedenen Schulreformers, hg. u. eingel. v. Jürgen Eierdanz u. Karl-Heinz Heinemann, Frankfurt a.M. 1988, S. 89-96). – Die letzten drei Absätze (beginnend mit: „Der erste Aufsatz in der Broschüre") sind in der von Jürgen Helling überarbeiteten Fassung herausgekürzt.
[17] Barmer Straße 76 (vgl. Kap. 1, Anm. 26).

Leitsätze

Der Schwelmer Kreis, 1952 in Schwelm in Westfalen gebildet, umfaßt Pädagogen der Bundesrepublik und der Deutschen Demokratischen Republik.

Die im Schwelmer Kreis verbundenen Lehrer und Erzieher stehen auf dem Boden der Verfassung des deutschen Staates, dem sie angehören.

Bei aller Gegensätzlichkeit der in der BRD und der DDR bestehenden Gesellschaftssysteme bemüht sich der Schwelmer Kreis, durch Zusammenarbeit im pädagogischen Bereich die Annäherung der beiden getrennten deutschen Staaten zu fördern und durch eigene Mithilfe zur Entspannung der Gegensätze und zur Wiedervereinigung Deutschlands beizutragen.

Der Schwelmer Kreis setzt sich für den Frieden ein. Da er sich für die den Erziehern anvertraute Jugend verantwortlich fühlt, wendet er sich gegen alle Formen der Kriegsvorbereitung, besonders gegen die Aufrüstung mit atomaren Waffen.

Auch im Wiederaufleben des Rassenhasses und des Chauvinismus sieht er eine ernste Gefahr. Die Menschheit kann nicht durch eine Politik des Gegeneinander, des Drohens und der Abschreckung, sondern nur durch eine klare Entscheidung für die friedliche Koexistenz der Völker gerettet werden.

Der Schwelmer Kreis erstrebt eine Bildung und Erziehung der Jugend im Geiste des Humanismus, der Demokratie, des Friedens und der Völkerverständigung.

Verbunden mit den fortschrittlichen Traditionen der deutschen und der internationalen Pädagogik hält es der Schwelmer Kreis in der heutigen Zeitwende für nötig, der deutschen Schule n e u e Bildungsinhalte und -werte und n e u e Formen des Aufbaus zu geben. Er erstrebt eine höhere Allgemeinbildung für a l l e Kinder des Volkes. Der Schwelmer Kreis will schon heute an der Gestaltung eines künftigen einheitlichen Schulwesens mitwirken.

Das setzt eine enge Zusammenarbeit der Pädagogen aus beiden Teilen Deutschlands voraus.

Deshalb stellt sich der Schwelmer Kreis die Aufgabe, den Gedanken- und Erfahrungsaustausch zwischen Pädagogen beider deutschen Staaten zu pflegen und zu fördern, durch kameradschaftlich-kritische Aussprachen die Verschiedenheit oder Gemeinsamkeit der Auffassungen zu klären und die dabei gewonnenen Erkenntnisse unter den gegebenen Bedingungen auf die Schule des einen oder anderen deutschen Staates anzuwenden.

Herbst 1958

Im Februar 1959 gab der Arbeitsausschuß des Schwelmer Kreises bekannt, daß Ostern 1959 wieder eine große Tagung in Eisenach mit dem Thema „Gegenwartsprobleme und Perspektiven der deutschen Schule in Ost und West" stattfinden sollte.[18] In der Voreinladung hieß es: „Angesichts der in Bewegung geratenen Weltpolitik ist das Verständnis für unsere Bemühungen um ehrliche Begegnungen und Verhandlungen zwischen Ost und West gewachsen. So hoffen wir, daß viele Lehrer und Erzieher aus beiden deutschen Staaten den Wunsch haben, an der angekündigten Tagung teilzunehmen, um ihren Willen zur Entspannung der Gegensätze zu bekunden ... Die Einladung dazu ergeht nicht nur an die Lehrer aller Schularten, sondern auch an die Eltern und Erzieher wie Jugendleiter, Fürsorger, Ärzte, Jugendrichter, Berufsberater und andere, die sich in ihrem Gewissen verpflichtet fühlen, ihre Hand zur Verständigung darzubieten."

Bei den Vorbereitungen fiel mir die Aufgabe zu, einen westdeutschen Redner für diese Tagung zu gewinnen. Aber alle meine Bemühungen scheiterten. Ich erhielt entweder Absagen oder überhaupt keine Antworten. So sah ich als Leiter des Schwelmer Kreises keinen anderen Ausweg, als den Vortrag selbst zu übernehmen, was sich in meiner Lage mehr und mehr als Überanstrengung erwies. Sprecher für die DDR war Dr. Wolf-

---

[18] Etwa 600 Pädagogen, unter ihnen Gäste aus Frankreich und Österreich, kamen zur fünften Ostertagung deutscher Pädagogen. Nach dem Vorprogramm vom 22. bis 25. März, das zu Hospitationen, Betriebsbesuchen, Gesprächen und Besichtigungen im Bezirk Eisenach einlud, begannen die Plenumssitzungen am 26. und endeten am 27. März mit einer feierlichen Abschlußkundgebung auf der Wartburg (vgl. Gegenwartsprobleme und Perspektiven der deutschen Schule in Ost und West, in: Schule und Nation 5 [1959] 4, S. 10).

gang Reischock[19]. Auf der Hinfahrt nach Eisenach gingen meine Gedanken immer wieder zu meiner kranken Frau. In einem Brief schrieb ich ihr: „Ich sehe in die Weite und denke an Dich. Wie oft werde ich das in den 4 Tagen, die wir getrennt sind, tun?! Du meine Liebste und Einzige!"[20] Vom ersten Tag in Eisenach telegraphierte ich ihr: „Vormittag gut verlaufen. Beide Referate wirkungsvoll",[21] nach dem Abschluß: „Tagung als beste von allen glänzend verlaufen." Über die Bedeutung dieser eindrucksvollen Tagung sagte ich am Ende der Plenarversammlung als Leiter:

Wir können natürlich nicht erwarten, daß wir bei solchen Aussprachen zu einer Übereinstimmung unserer Anschauungen kommen. Dazu denken wir zu verschieden. Hier sitzen Christen und Nichtchristen, Sozialisten, Bürgerliche und Kommunisten nebeneinander. Und doch ist diesmal das uns allen Gemeinsame so stark hervorgetreten wie niemals zuvor. Dieses Gemeinsame ist vor allem der leidenschaftliche Wille zum Frieden. Noch nie ist mit solch inbrünstigem Ernst über die Gefahr des Krieges gesprochen worden. Noch nie war die Empörung gegen die Kriegstreiber so stark. Wir haben hier ein einmütiges Bekenntnis abgelegt für die Befriedung der Welt, für einen Friedensvertrag mit Deutschland, für eine Konföderation der beiden deutschen Staaten als Weg zu unserer Wiederver-

---

[19] Wolfgang Reischock (geb. 1921) war Schüler an Fritz Karsens Reformschule in Berlin-Neukölln, der Karl-Marx-Schule. Nach dem Zweiten Weltkrieg absolvierte er ein Lehramtsstudium an der Humboldt-Universität in Ost-Berlin und promovierte ebenda 1953 bei Heinrich Deiters (s. Kap. 11, Anm. 34), arbeitete danach in der Redaktion der Zeitschrift „Die Neue Schule" (1946-1954 erschienen) und in deren Nachfolgepublikation, der „Deutschen Lehrerzeitung" (1954-1999 erschienen), und war außerdem Hochschuldozent für Allgemeine Pädagogik an der Humboldt-Universität (vgl. Wolfgang Reischock, Ohne Hoffnung kann man nicht leben. Autobiographischer Bericht über ein Leben in der DDR, Weinheim 1995).

[20] Der letzte Teil des Zitats ist in der von Jürgen Helling überarbeiteten Fassung herausgekürzt.

[21] Das Kommuniqué und der Appell an die deutschen Lehrer sowie einige Auszüge aus dem Referat von Dr. Wolfgang Reischock (s. Anm. 19) und ein Diskussionsbeitrag von Hanns Jacobs (s. Kap. 11, Anm. 51) wurden in „Schule und Nation" veröffentlicht (s. Gegenwartsprobleme und Perspektiven der deutschen Schule in Ost und West, in: Schule und Nation 5 [1959] 4, S. 10-14).

einigung, die wir alle ersehnen.
Gemeinsam war auch etwas anderes, die Überzeugung, daß das Unheil
abgewendet werden kann. Wir alle glauben nicht an die Unvermeidlich-
keit des Krieges. Wir glauben, daß wir Menschen die Kraft haben, die
Gefahr zu bannen, wenn wir für den Frieden kämpfen. So wurden viele
Reden zu einem Appell, sich einzureihen in die große Friedensbewegung,
die in der ganzen Welt ständig wächst.
Sehr bedeutsam war noch ein Drittes: Trotz aller Gefahren, die uns dro-
hen, ist unsere Tagung doch eine Tagung der Hoffnung und Zuversicht
geworden. Es hat keinen einzigen Redner gegeben, der aus Verzagtheit
und Resignation gesprochen hat. Niemand wird leugnen, daß hier auf
unserer Tagung ein optimistischer Realismus vorherrschte. Worin besteht
dieser Realismus? Ich möchte antworten: Er besteht in der klaren Er-
kenntnis dessen, was in der heutigen Wirklichkeit das Neuwerdende und
Zukunftsträchtige ist und was andererseits zum Alten, Überlebten, Starr-
gewordenen und Absterbenden gehört; denn zwischen diesen beiden voll-
zieht sich der Kampf, in dem wir Partei ergreifen und uns entscheiden
müssen – für das Werdende, zu dem auch das Leben ohne Krieg gehört,
für das Aufblühende und Zukunftsnotwendige. Sie kennen das schöne Ge-
dicht, in dem Goethe dasselbe ausspricht:

> *„Umzuschaffen das Geschaffene,*
> *damit sichs nicht zum Starren waffne,*
> *wirkt ewiges lebendiges Tun.*
> *Und was nicht war, nun will es werden*
> *zu reinen Sonnen, farbigen Erden,*
> *in keinem Falle darf es ruhn."*

Aus solcher Entscheidung für das Kommende und Zukunftsnotwendige
erwächst Zuversicht, Hoffnung und Glaube, während diejenigen, die das
Alt- und Starrgewordene verteidigen, die Anwälte des Pessimismus sind.
Und noch ein Letztes ist als Gemeinsames hervorgetreten. Noch nie ist so
deutlich geworden, daß wir in Ost und West Schulreformer sind. Jeder
Teilnehmer aus dem Westen wird mit dem starken Eindruck nach Hause
gehen, daß in der Deutschen Demokratischen Republik pädagogisches
Neuland erobert wird. Und auch für den Westen können wir die Gewiß-

heit mitnehmen, daß die Forderung einer gründlichen Schulreform nicht mehr von der Tagesordnung verschwinden wird. In der Voraussicht dieser Entwicklung ist es bei uns im Westen dringend notwendig, daß die Lehrerschaft ein pädagogisches Programm erarbeitet.

Wir sind der Zukunft verpflichtet, wie es unser Paul Oestreich forderte, dessen wir noch einmal gedenken wollen. Er rief die Pädagogen dazu auf, das Zukünftige zu sehen, „Menschheitsliebende" zu sein. Er selbst sah, um seine eigenen Worte zu gebrauchen, „eine allem Menschlichen gerecht werdende Ordnung der Welt" voraus und bekannte sich deshalb als Pädagoge zu dem Satz von Kant: „Kinder sollen nicht dem gegenwärtigen, sondern dem zukünftig möglichen besseren Zustand des menschlichen Geschlechts, d. i. der Idee der Menschheit und deren ganzer Bestimmung angemessen erzogen werden." Und ganz besonders nahe waren Paul Oestreich die herrlichen Worte Hölderlins, mit denen ich schließen will: ‚Meine Liebe ist das Menschengeschlecht, freilich nicht das verdorbene, knechtische, träge, wie wir es nur zu oft finden ... Ich liebe die große schöne Anlage ... Ich liebe das Geschlecht der kommenden Jahrhunderte ... Das heilige Ziel meiner Wünsche und meiner Tätigkeit ist dies, daß ich in unserem Zeitalter die Keime wecke, die in einem zukünftigen reifen werden ..., Bildung, Besserung des Menschengeschlechts, jenes Ziel, das wir in unserem Erdenleben nur unvollkommen erreichen, das aber doch um so leichter erreicht werden wird von der besseren Nachwelt, je mehr auch wir es in unserem Wirkungskreise vorbereitet haben."

Unter dem Eindruck dieser großartigen Tagung mutete ich mir zu Hause noch die Aufgabe zu, einen ausführlichen, 32 Druckseiten langen Bericht über das in Eisenach Erlebte niederzuschreiben. Bald stellte sich heraus, daß diese Anstrengungen zusammen mit der Sorge um meine Frau über meine Kraft ging und zu einem Magenleiden führte, das chronisch wurde. Wenn meine Frau zeitweise zur Behandlung in die Barmer Klinik[22] mußte, konnte ich sie meines kranken Magens wegen nur jeden zweiten Tag

---

[22] Das heute noch bestehende Krankenhaus im Wuppertaler Ortsteil Barmen (Heusnerstraße) wurde ursprünglich 1841 eröffnet, nach verschiedenen unzureichenden Erweiterungen aber 1911 auf einem großzügigen Areal im Pavillon-System, das nach Kranken-

besuchen. Im Spätherbst 1959 mußte ich mich außerdem noch zu einer Prostataoperation entschließen, die zum Glück gut verlief.[23]

Zu meinem Geburtstag am 31.7.1959 schrieb mir meine Frau aus der Klinik: „Ich wollt Dir von meiner Liebe schreiben. Zu Deinem Geburtstag. Sie wächst, weil Du jetzt so traurig und verloren herumläufst. Meine Liebe sollte Dich umhüllen wie ein Mantel, wie ein warmer Mantel, wenn man allein liegt und die graue Morgenkühle herankriecht. Aber alles, was ich schreiben möchte, ist traurig. Nein, es scheint trauriger, als es ist. Wenn wir einmal gemeinsam in einem Zelt geschlafen hätten und in der unfaßbaren Stille und Größe der Nacht gesehen hätten, wie die Sterne daherziehen – die ungeheuren Welten und wir – verloren in ihrer Gewaltigkeit – sind doch verbunden durch unsere Liebe mit all den Schöpferkräften und durch unser Dasein mit allem Sein –, wenn wir das einmal gemeinsam erlebt hätten, dann würde von der Trauer vieles herabtröpfeln. Das einzig wirklich Schwere ist der Abschied voneinander. Diese Verse, verstümmelt in meiner Erinnerung, sage ich mir täglich. Wie fromme Menschen ihre Psalmen und Lieder. Sie geben mir den gleichen Trost. Denke auch Du an sie. Später, wenn die Linden blühen, die Sommerlinden vor unserem Haus und die Winterlinden auf dem Weg zum Steinbruch. Und wenn der Sommerwind Dir durchs Haar streicht. Und wenn Du noch einmal alle Schönheit und Herrlichkeit der Erde verspürst, wie wir so oft gemeinsam:

> Die Linden duften unsterblich.
> Herz, was willst Du nur?
> Du wirst vergehn und deiner Füße Spur
> wird keiner mehr im Grase finden ...

> Denn Ihr beginnt, wo ich begrenzt.
> Doch einmal werd ich grenzenlos

---

stationen gegliedert war, neu errichtet (vgl. Klaus Peter Huttel, Wuppertaler Bilddokumente. Ein Geschichtsbuch zum 19. Jahrhundert in Bild und Text, Bd. 2, Wuppertal 1985, S. 562 ff).

[23] Dieser Satz ist in der von Jürgen Helling überarbeiteten Fassung herausgekürzt.

Und liege sternenüberglänzt
Mit Euch in einer Mutter Schoß.

Heute kommst Du nicht. Warum hab ich es gewünscht? Nun mache ich alle Klappen herunter und warte, bis der Tag vorüber ist. Du bist mir nötig wie Wasser und Luft. Das war nicht immer so. Das ist erst so geworden. Und ich weiß genau, was das bedeutet, daß Du mir Wasser und Luft bist, durch die ich bin und lebe. Jetzt durchqueren wir die Niederungen der Existenz gemeinsam. Darauf hätte ich gern verzichtet. Das hätte ich Dir auch weiterhin gern abgenommen. Aber nun wollen wir zufrieden sein, daß wir es gemeinsam können und, wie ich hoffe, zum guten Ende bringen. Daran glaube ich, denn nach Deinem Hiersein gehen wir doch beide mit leichterem und wärmerem Herzen auseinander als bei Deinem Kommen. Aber daß wir noch viel gemeinsam erleben von dem stillen und gewaltigen Werden und Wachsen in den wehenden Geranien- und Lobelienblüten, in den prächtigen Kastanien und dem vielfältig glitzernden Strom menschlichen Lebens, das wünsche ich doch und daran glaube ich auch. Wir müssen nur erst wieder zusammensein und still werden. So still wie die Nächte hier.

31.7.1959. Dein Geburtstag. Wie schwer die Jahre jetzt wiegen! Jedes Jahr schwerer. Als ob ein letzter Gipfel erklommen werden müßte. Sollte man sich nicht lieber bereit machen zum Einströmen in die große Stille? Als Morgengruß für alle, die heute Anrecht auf Glückwünsche haben, brachte der Rundfunk: ‚All meine Gedanken, die ich hab, die sind bei dir'. Ach, das wir das nicht zusammen hören konnten. Vielleicht wären unsere Tränen zusammen gepurzelt. Und auch das wäre schön gewesen."[24]

Zwei Tage später schrieb unser Jürgen ins Barmer Krankenhaus: „Meine liebste Mutter! In meiner ersten Nacht in meiner neuen Selbständigkeit bin ich mit den schönsten Gedanken bei dir. Ich habe lange geweint und

---

[24] Die letzen drei Sätze des Zitats (beginnend mit: „Ach, das wir das nicht") sowie der folgende Absatz (bis: „– Dein Jürgen.") sind in der von Jürgen Helling überarbeiteten Fassung herausgekürzt.

bin doch glücklich. Du erlebst das Schwerste und das Erhabenste, und das eine ist nicht ohne das andere. Du erlebst das Alleinfache auf die menschlichste Weise. Meine Gedanken an dich kommen so schwer aus mir heraus. Aber wir spüren es ja gemeinsam. Wir sind jetzt ganz miteinander verbunden! – Dein Jürgen."

Bald darauf wurde uns eine neue Belastung auferlegt, als sich bei mir zu dem Magenleiden noch eine Vergrößerung der Vorsteherdrüse (Prostata) einstellte, die durch eine Operation beseitigt werden mußte. Ende September 1959 kam ich in die Barmer Klinik, wo mich meine Frau in der Urologischen Abteilung noch vor der Operation besuchen konnte. Am nächsten Tag schrieb sie mir: „In dieser Nacht habe ich schon viel besser geschlafen, weil ich dir nun viel näher gekommen bin. Nun brauche ich nur ganz stille zu werden, dann sehe ich dich vor mir in deinem hellen Zimmer, was vom Kastanienbaum behütet wird. Ob du nachts sein Rauschen hörst? Es tut mir gut, an dich zu denken, seitdem ich Dich ruhig weiß und nicht so zerquält und zerfurcht, wie ich fürchtete. Du wirst auch die Dir nun gestellte Aufgabe erfüllen, wie alle früheren, die wesentlich waren."

Nach der gut verlaufenen Operation, die der weit bekannte Professor Dr. Boshamer[25] vornahm, hätte ich zu normaler Zeit entlassen werden können, blieb aber wegen meiner Magen-und-Darm-Beschwerden noch länger im Krankenhaus und konnte nun mit meiner Frau zusammen in einem Zimmer liegen, für jeden von uns eine beglückende Wohltat. Jetzt konnten wir uns im Krankenhaus zu unserer Freude auch wieder gemeinsam an der pädagogischen Arbeit des Schwelmer Kreises beteiligen, der sich gerade damals die Aufgabe gestellt hatte, seine Gedanken zur Neuordnung des Schulwesens in der Bundesrepublik programmatisch zusammenzufassen.

---

[25] Dr. Kurt Boshamer (1900-1981), renommierter Urologe, u.a. Autor des in mehreren Auflagen erschienenen medizinischen Standardwerkes „Lehrbuch der Urologie" (1. Aufl. Jena 1939, 7. Aufl. Stuttgart 1968) (vgl. Hans G. Stoll, Kurt Boshamer zum Gedächtnis, in: Der Urologe 21 [1982] 2, Einlage).

In dem Gesamttext, der erst 1960 veröffentlicht wurde, „Unsere Zeit verlangt eine neue Schule",[26] stammten von uns beiden folgende Abschnitte
über die „Wissenschaftliche Grundlage des Unterrichts":

*In den natur- und gesellschaftskundlichen Fächern steht die Lehrerschaft
vor der Aufgabe, die Erkenntnisse der heutigen Wissenschaft zur Grundlage einer neuen Allgemeinbildung zu machen. Zu ihr gehört vor allem,
daß die Schule jedem jungen Menschen die Hilfe gibt, sich ein deutliches
Bild von der Welt zu erarbeiten, in der er zu leben hat.*

*Solch eine universale Bildung für alle, die zu einer echten Offenheit für
jede neue Erkenntnis führt, schwebte schon Comenius vor. Man müsse
der Jugend, so schrieb er, „ein lebendiges Bild des Universums vermitteln", eine „universelle Erkenntnis der Dinge, die alles unter sich befaßt
und überall mit sich zusammenhängt".*

*Pestalozzi forderte ebenfalls eine auf das Ganze der Wirklichkeit gerich-
tete Allgemeinbildung, die von der „Anschauung der Natur" ausgehend
und zu „wesentlichen, umfassenden und allgemeinen Ansichten der Dinge" führen solle.*

*Erst die Wissenschaften des 20. Jahrhunderts schufen die Möglichkeit,
diese Ideen zu verwirklichen. Auf der 100. Tagung der Gesellschaft Deutscher Naturforscher und Ärzte[27] in Wiesbaden im Herbst 1958 sagte der
Präsident der Gesellschaft, der Heidelberger Professor Dr. Bauer[28]:*

---

[26] Der komplette Titel der Schrift lautete „Unsere Zeit verlangt eine neue Schule (Gedanken des ‚Schwelmer Kreises' zur Neuordnung des Schulwesens in der Bundesrepublik)",
abgedruckt wurde sie in Schule und Nation 6 (1960) 4, S. 28-32.

[27] Die Gesellschaft Deutscher Naturforscher und Ärzte e.V. (GDNÄ) wurde 1822 in
Leipzig vom Naturforscher und Naturphilosophen Lorenz Oken (1779-1851) und einem
Kreis weiterer Naturforscher und Ärzte gegründet und ist die älteste und größte interdisziplinäre Wissenschaftsvereinigung in Deutschland. Die jeweils unter einem Generalthe-
ma stehenden Versammlungen wurden nach der Gründung zunächst jährlich abgehalten,
finden seit dem Zweiten Weltkrieg in einem zweijährigen Rhythmus in verschiedenen
Städten statt (Dietrich von Engelhardt [Hg.], Zwei Jahrhunderte Wissenschaft und Forschung in Deutschland. Entwicklungen – Perspektiven. Symposium aus Anlaß des
175jährigen Bestehens der GDNÄ, Stuttgart 1998).

[28] Dr. Karl Heinrich Bauer (1890-1978), Professor für Chirurgie an der Universität Heidelberg, deren erster Rektor er 1946 wurde, galt als einer der führenden Chirurgen
Deutschlands und hat sich einen besonderen Ruf auf dem Gebiet der Krebsforschung
erworben. Er war Vorsitzender der GDNÄ für den Turnus 1957/58 (s. Anm. 27), 1964

„Kein Zweifel, Naturwissenschaft, Technik und Medizin haben in den letzten 50 Jahren Fortschritte errungen, wie kaum je in 5000 Jahren." Besonders die Naturwissenschaften haben ihre Spezialforschungen soweit vorangetrieben, daß es ihnen gelungen ist, über die Gesamtstruktur der Wirklichkeit beweisbare Aussagen zu machen. Sie sind zu einem wissenschaftlichen Weltbild vorgedrungen, das zwar nicht vollständig ist, aber doch schon klar genug zeigt, daß „die Gesamtheit des Seienden ein Einheitliches und Sinnvolles" ist (A. Einstein)[29], so daß wir die uns gegebene Welt erkennen und sie durch menschenwürdige Anwendung erkannter Naturgesetze zum Wohle der Menschen gestalten und verändern können. Dies fordert die ethische Verantwortung des Menschen, der sich in seinem Erkennen und Entscheiden bewähren soll: in der Ehrfurcht vor der Ordnung des Kosmos, in der Sicherung und Erhaltung des Friedens gegenüber jeder antihumanen Rechtfertigung des Krieges als Mittel der Politik und in der Gestaltung einer allen Menschen gerecht werdenden Sozialordnung.
Auch die Gesellschaftswissenschaften haben in den letzten Jahrzehnten bei der Aufhellung der Menschheitsgeschichte die Entwicklungstendenzen und Gesetzmäßigkeiten aufgespürt, die in der Aufeinanderfolge der Epochen wirksam sind.

Im November 1959, als meine Frau und ich wieder nach Hause kamen, verschlimmerten sich meine Magen- und Darmbeschwerden, weil unsere Haushälterin die Diätkost nicht richtig zubereiten konnte. In dieser Notlage gaben mir unsere Freunde Dr. Otto Koch und seine Frau[30] den Rat,

---

Gründer des Deutschen Krebsforschungszentrums. – Wovon Helling vermutlich nichts wußte, war Bauers NS-Vergangenheit: In Aufsätzen zur „Erbgesundheitspflege" vertrat Bauer die NS-konforme Ideologie der Eugenik („Ausmerze" von „Erbbübeln" durch „Unfruchtbarmachung"), er war im Beirat der 1943 gegründeten Deutschen Gesellschaft für Konstitutionsforschung, 1944 Wissenschaftlicher Beirat des Bevollmächtigten für das Gesundheitswesen (Karl Brandt) (vgl. Ernst Klee, Das Personenlexikon zum Dritten Reich, 2. Aufl. Frankfurt a.M. 2003, S. 31).
[29] Das Zitat stammte aus einem am 11. November 1930 im „Berliner Tageblatt" erstmals zu lesenden Artikel von Albert Einstein (1879-1955) über „Religion und Wissenschaft" (ebenso in: Albert Einstein, Mein Weltbild, hg. v. Carl Seelig, erw. Aufl. Frankfurt a.M. 1966 [Erstdruck Amsterdam 1934], S. 16).
[30] Annemarie Koch, verwitwete Kleberger, seit 1943 mit Otto Koch (s. Kap. 11, Anm. 24) bis zu dessen Tod 1972 verheiratet (vgl. Klaus Himmelstein [Hg.], Otto Koch – Wider das

mich dem Diätarzt Dr. Bruker in Lemgo anzuvertrauen, der das Krankenhaus Eben-Ezer leitete[31]. Meine Anmeldung wurde angenommen, und
gleich nach Weihnachten 1959 fuhr mich mein Sohn mit seinem Wagen
hin. Es war wie ein Wunder, daß ich schon nach wenigen Tagen eine
vorzügliche Verdauung hatte und stets mit großem Appetit essen konnte.
Nur die homöopathischen Schlafmittel halfen mir nicht. In den schlaflosen Nachtstunden überfielen mich Depressionen.[32]

Alles, was ich hier erlebte, teilte ich fast täglich in Briefen meiner Frau
mit, die mir ebenso oft antwortete. Gleich zu Anfang schrieb sie mir:
„Heut schon bringt mir die Post Deinen ersten Brief mit der großen guten
Nachricht, daß Du wieder Vertrauen faßt! Allerdings zittert in mir beim
Lesen doch die Angst, daß Du wie früher die Briefe optimistischer
schreibst, als es Deiner Seelenlage entspricht. Ich bitte Dich um alles,
schreib mir ehrlich. Ich bitte Dich, schreib so, daß ich mich darauf verlassen kann. Alles können wir gemeinsam tragen, aber in diesem Wesentlichen laß mich alles wissen, wie es ist! Darum bitte ich Dich." Ich antwortete: „Heute Mittag kam Dein Dienstag-Brief mit der Bitte um ehrliche
Nachrichten, auf die Du Dich verlassen kannst. Ja, Du sollst Dich darauf
verlassen können. Aber mein Befinden ist so wechselnd, dass es schwer
ist, ganz zutreffend zu schreiben."

---

deutsche Erziehungselend. Versuche eines Schulreformers, Frankfurt a.M. 1992, S. 67,
417 f).

[31] Dr. Max Otto Bruker (1909-2001) war einer der ersten deutschen Vertreter einer auf
naturheilkundlichen Behandlungsmethoden basierenden ganzheitlichen Gesundheitslehre.
Er entwickelte die „vitalstoffreiche Vollwertkost" und verband diese mit traditionellen
Methoden der Naturheilkunde, insbesondere der Kneipp-Medizin und Homöopathie.
Noch im hohen Alter, Anfang der 1990er Jahre, wurde er zum Honorarprofessor der
Medizinischen Fakultät der Universität Kiew ernannt. In Lemgo war er von 1946 bis
1971 Ärztlicher Leiter der Heilerziehungs- und Pflegeanstalt Eben-Ezer (vgl. Mathias
Jung [Hg.], „... die höchste Arznei aber ist die Liebe". Ein Max-Otto-Bruker-Lesebuch,
Lahnstein 1992; Siegfried Pater, Dr. med. Max Otto Bruker, der Gesundheitsarzt, Bonn
2001).
[32] Die letzten drei Sätze (beginnend mit: „Es war wie ein Wunder") sind in der von Jürgen
Helling überarbeiteten Fassung herausgekürzt.

214

Einen Tag später (30.12.1959) schrieb mir Hilda: „Wie wohltuend wäre es, wenn es dort zum Ausruhen käme, zum Fallenlassen im Vertrauen auf die daraus neu entstehende Kraft. Vielleicht machst Du die Erfahrung, die ich hundertfach gemacht habe: ich bin oft so erschöpft, daß ich gar nicht weiß, wie ich's durchhalten soll und aufstehen möchte – aber dann lasse ich mich in die Erschöpfung hineinfallen, immer tiefer. Und irgendwie hört das miserable Gefühl auf und irgendwann werde ich aufgefangen wie in Watte, dumpf und stumpf. Aber ich werde doch gehalten ... Ich denke viel an Dich und immer mit Liebe. Deine Hilda."

Am nächsten Tag (31.12.) schrieb sie: „Heute Nachmittag liege ich im Bett und sehe in die treibenden Wolken. Sie segeln alle nach Osten. Alle zu Dir. Und grüßen Dich und vielleicht trösten sie Dich auch ein wenig, denn sie sind ganz vollgesogen von meinen Wünschen für Dich. Du mein einzig Geliebter. Deine Hilda." Am gleichen Tag schrieb ich: „Meine Liebste! Dein letzter Brief liegt mir immer im Kopf: Ich hätte zu optimistisch geschrieben. Ja, daß mag zutreffen, aber nur deshalb, weil ich Selbstvertrauen fassen wollte. Ich habe innerlich gekämpft darum. Aber in den schlaflosen Nächten – auch in der letzten, in der ich mit Schlafmitteln etwas geschlafen habe – wurde dieses Vertrauen zu meiner Heilung immer wieder überschwemmt von Grübelqualen und Ängsten. So geht es mir mehr schlecht als gut. Aber der Arzt gibt nicht auf. Er sagt, es wird sich bessern. Das brauche aber Zeit. So will ich bleiben und aushalten ... Du meine über alles Geliebte."

Bald darauf schrieb Hilda mir: „Ich fühle mich ganz eingeschlossen von Dir und Deiner Liebe. Daß uns das Leben das schenkte, ist wohl das Schönste. Noch schöner als die gemeinsame Arbeit. Aber die gehört ja auch dazu!"

Anfang Januar schrieb ich: „Aus Deinem Brief, der gerade gebracht wird, will ich jetzt nur die Frage nach der Gewichtsabnahme beantworten. Ich nehme an, daß ich noch weiter abgenommen habe. Dr. Bruker glaubt aber bestimmt, daß er das abbremsen kann. Darum die neue Kost ... Heute nur eine besonders erfreuliche Nachricht. In der letzten Nacht habe ich mit homöopathischen Mitteln zum ersten Mal geschlafen, mindestens 6 Stunden, ganz überraschend ... Der Arzt war eben hier und sagte, er sei mit der Entwicklung in dieser Woche mehr als zufrieden. Ich selbst würde das doch auch wohl kaum erwartet haben." Hildas Antwort: „Heute kamen Deine beiden Briefe vom 1. und 2. Januar. Ich habe sie erst beim Mittagsrückzieher geöffnet und vor Freude geweint. Mehr kann ich Dir jetzt nicht schreiben."[33]

Einige Tage später schrieb sie: „Ich bleibe noch 2-3 Wochen hier. Und dann meine ich, sollte ich nach Lemgo kommen. Was meinst Du und was meint Dr. Bruker dazu? Schreib das bitte sehr bald, damit ich keine falschen Pläne mache." In einem der folgenden Briefe teilte sie mir mit: „Jürgen hat einige Male angerufen und sich nach Dir erkundigt. Er ist von Herzen froh, wenn gute Nachricht kommt. Wirklich erleichtert. Das spürt man durch den langen Weg. Er kommt morgen."

Die Ärzte in Wuppertal und Lemgo waren mit dem Besuch meiner Frau bei mir einverstanden. Und so schrieb ich ihr: „Daß wir nun bald wieder zusammen sind, ist unglaublich schön ... Ich warte sehnlichst auf den Tag, an dem Du mir hier unmittelbar neben mir Helferin und Trösterin sein kannst ... Den Termin Deines Kommens nach hier mußt Du bestimmen. Ich darf nicht drängen, damit sich nicht Verpflichtungen für Dich häufen und Dir zu viel werden." Bald darauf schrieb mir Hilda: „Ich hab im Schlafzimmer gelegen, in die Schneebäume geschaut und mich ganz umspülen lassen von dem Guten, was aus Deinem Schreiben quoll, und von Dankbarkeit. Du mein heiß Geliebter."[34]

Im Rückblick auf meine Krankheit antwortete ich: „Von zwei Plagen wurde ich geplagt: Prostata und Magen-Darmkrankheit. Beides ist überwunden. In 4 Monaten. Das ist mehr, als zu erwarten war." Von Hilda kam ein froher Dankbrief: „Du mein Geliebter! 3 Briefe auf einmal. Alle randvoll mit Liebe. Wer außer mir bekommt solch Geschenk?[35] In Dir

---

[33] Die letzten vier Absätze (beginnend mit: „Am nächsten Tag (31.12.)") sind in der von Jürgen Helling überarbeiteten Fassung herausgekürzt.
[34] Die letzten vier Worte des Zitats sind in der von Jürgen Helling überarbeiteten Fassung herausgekürzt.
[35] Der vorangehende Teil des Zitats (beginnend mit: „Du mein Geliebter") ist in der von Jürgen Helling überarbeiteten Fassung herausgekürzt.

sind so viel gute, starke Kräfte. Das weiß ich. Das hab ich immer erfahren im Zusammenleben mit Dir. Liebeskräfte und auch Genesungskräfte, Glaubenskräfte, Vertrauenskräfte. Das erfährst Du nun von Tag zu Tag, wie sie wachsen. Und ich erlebe es mit durch Deine Briefe. Dafür dank ich Dir immer. Die Deine." Zwei Tage später schrieb sie: „Ich legte mich ins Bett, und als ich die Augen aufmachte, sah ich völlig unerwartet 2 leuchtende Sterne, sie schienen grad in mein Zimmer. Da habe ich von der Zeit geträumt, in der ich sehr einsam und den Sternen verschwistert war, die über dem dunklen Schloßhof in Wolfenbüttel standen. Damals tat mein Herz weh, und ich mußte es zudecken mit Härte. Zwischen damals und jetzt liegt mein Leben. Jetzt kann ich eintauchen in die Liebe, die von Dir kommt. Du mein Geliebter. Und auch das Zusammensein mit den Sternen ist geblieben. Gute Nacht. Du." Bald darauf folgte ein guter Rat für mich: „Wir haben in unserem Leben immer zu viel an die Zukunft gedacht und sind undankbar gewesen gegenüber dem, was die Gegenwart gibt. Ist nicht auch in Deinem Leben da mehr zum Freuen, als es Dir scheint? Ist es richtig, diese Tage nur wie eine Plage über sich ergehen zu lassen? Willst Du nicht auch versuchen, das Beste aus ihnen herauszufinden? Aus Deinen Briefen spricht deutlich die Begeisterung fürs Essen. Aber nun such mal, ob Du nicht viel, viel mehr zum Freuen findest."[36]

Ende Januar 1960 kam dann Hilda zu mir nach Lemgo. Etwa 4 Wochen lang lebten wir zusammen in einem Zimmer und freuten uns, wieder beieinander zu sein. Bei gutem Wetter machten wir kleine Spaziergänge in der Nähe des Krankenhauses. Die vorzügliche Ernährung tat jetzt uns beiden gut. In unserem Zimmer nahmen wir ein wenig wieder unsere pädagogische Arbeit auf. Ende Februar kehrten wir nach Hause zurück.

Da in Lemgo mein schlechter Nervenzustand nicht behandelt worden war, suchte ich den Düsseldorfer Nervenarzt Dr. Stummer[37] auf und ent-

---

[36] Die letzten beiden Sätze sind in der von Jürgen Helling überarbeiteten Fassung herausgekürzt.

[37] Dr. Otto Stummer, Facharzt für Nervenkrankheiten und Psychotherapie, geboren 1914 in Wörgl i.Tirol, 1959 eingebürgert in die Bundesrepublik, 1973 nach Kanada abgemeldet (freundliche Auskunft Norbert Perkuhn, StA Düsseldorf, Februar 2006).

schloss mich zu einer stationären Behandlung in seiner kleinen Privatklinik. Die Schlaftherapie, die hier angewandt wurde, bekam mir gut. Jeden Abend rief ich meine Frau telefonisch an und sagte ihr, wie es mir ginge. In einem Brief schrieb sie mir:[38] „In der letzten Nacht hier wolltest Du teilhaben an meinen kosmischen Träumereien. Ich habe Dir von der Sonne erzählt, die unsere Erde und uns trägt durch all die langen Tage und längeren Nächte. Heut habe ich Dir etwas anderes von der Allordnung aufgeschrieben. Aber es handelt vom Sterben. Ich weiß nicht, ob Du es jetzt magst. Sonst tu es weg.

Wenn ein Mensch stirbt

Dann enden das Zerren des Willens,
die Wirrnis der tiefen Gefühle,
und der Körper, das herrlichste Kleinod,
zerfällt in dem Dunkel der Erde.
Er wird wieder Erde,
zur bergenden Allmutter Erde.
Und leuchtende Blumen und Pflanzen,
die hell ihrem Schoße entspringen,
erquicken alles, was lebt
im fröhlichen, himmlischen Licht."

Eines Tages besuchte mich meine Frau in Düsseldorf und sprach lange auch mit Dr. Stummer, der später zu mir sagte: „Sie und Ihre Frau sind eine Person."[39]

In einem weiteren Brief schrieb sie: „Immer denke ich an Deine Worte: ‚Es ist bei uns wie im Paradies'. Ja, Fritz. Manchmal glaube ich, daß noch nie ein Frühling so schön war wie dieser. Ich trinke mich voll von dem

---

[38] Der Beginn dieses Absatzes ist in der von Jürgen Helling überarbeiteten Fassung in folgenderweise abgeändert: „Als ich mich anschließend einer kurzen Nachbehandlung in Düsseldorf unterziehen mußte, schrieb mir meine Frau:"
[39] Dieser Absatz ist in der von Jürgen Helling überarbeiteten Fassung herausgekürzt.

Glück, daß alles hier ohne mein Mitmachenmüssen läuft. Nicht immer ganz so wie ich möchte. Aber was liegt schon daran. Im Grunde läuft es gut. Und wenn es der letzte Frühling sein sollte, was liegt schließlich auch daran? Und alles hängt davon ab, ob man Dir da helfen kann, mit Deinen Quälereien und Bedrängnissen fertig zu werden so weit, daß auch in Dir Raum gewonnen wird für das Schöne hier, für unser Paradies ... Mit meiner ganzen Kraft wünsche ich, daß Du dieses Grübelnmüssen beiseiteschieben kannst, wie ich morgens die Hänge beiseiteschiebe, damit das Licht hereinkommt. Ich weiß nicht, ob ich Dir so schreiben soll, aber mein Herz ist so übervoll davon, von dem Wunsch, daß es unser Paradies und unser Frühling wird."

Auf meinen Wunsch richtete es Dr. Stummer ein, daß Hilda und ich jeden Abend miteinander telefonieren konnten. Dazu kamen noch unsere Briefe. „So, Liebster, nun weiß ich wieder, wie es Dir geht. Das ist gut. Nun wird es ja auch weiter besser werden ... Du mein Geliebter. Wie denk ich an Dich. Deine, immer die Deine." Ich schrieb: „Wenn ich wieder im Bett bin, will ich über einen Aufsatz nachdenken, den ich gerne noch schreiben möchte: ‚Universale Bildung‘[40]. Heute abend rufe ich Dich wieder an. Viele Küsse von Deinem Fritz." Anfang April schrieb ich an Hilda: „Meine Liebste! Seit gestern ist mir das Behandlungssystem Dr. Stummers völlig durchsichtig. Diagnose bei mir: Neurose. Entstanden durch plötzlichen Einbruch der Angst vor dem Tode beim Auftreten Deiner Krankheit. Nochmaliger Einbruch der Angst beim Auftreten meiner eigenen Krankheit, der gegenüber man bis Weihnachten 59 ohnmächtig war. Therapie: Man darf sich nicht von der Angst treiben lassen, sondern muß ihr entgegentreten a) durch die Lebensweisheit: Ich nehme das Schicksal, das mir zuteil wird, hin. Ich bejahe das, was unabwendbar auf mich zukommt; b) das alles bei Dr. Stummer noch gesteigert durch die Überspitzung (den Trick) im Kampf mit der Angst: Ich will ja den Tod; ich will ja die Krankheit. In dieser Haltung kannst du (die Angst) mir schon gar nichts anhaben. Darüber habe ich nun noch viel nachzudenken. Wenn wir es doch zusammen tun könnten. Herzlichst Dein Fritz." Dr. Stummer

---

[40] Der Aufsatz hieß dann letztendlich „Universale Bildung als neue Möglichkeit", veröffentlicht in: Schule und Nation 7 (1960) 1, S. 8-10.

nannte diese Haltung „paradoxe Intention" = auf paradoxe Weise eine Gegenstellung einnehmen, im Kampf mit der Angst versichern, daß ich vor dem, was ich fürchte, keine Angst habe. Ich sagte also: „Mir liegt gar nichts am Schlafen, ich will gar nicht schlafen, ich will auf den Schlaf verzichten." Ich versichere, daß ich den Inhalt der Angst (das Nichtschlafenkönnen) bejahe, haben will. Durch das Nichtschlafenwollen wird die Angst aufgehoben. Denn was ich selbst will, brauche ich nicht zu fürchten. In der Angst vor Krankheiten, die bestehen oder befürchtet werden, verhält man sich so wie in der Angst vor der Schlaflosigkeit. Alle Beschwerden, die auftauchen, haben wollen.[41]

Bald darauf schrieb ich als letzten Brief aus Düsseldorf an Hilda:[42] „Wir sind im Einklang mit dem Gang der Menschheitsgeschichte gewesen. Wir haben dem Notwendigen mit unseren Kräften zu helfen versucht und können nun die Ernte reifen sehen. Im Alter müssen wir uns jetzt darum bemühen, in unserem kleinen Bereich mit etwas Tätigkeit gelassen zu leben und uns auch, so oft es möglich ist, zu freuen." Hilda antwortete: „Heute sind Deine guten Gedanken angekommen. Ja, immer nur ja sage ich dazu. Jedes Wort bejahe ich. Und jedes Wort bindet über die weite Entfernung und die große Trennung hinweg. Nachher schreibe ich mehr. Nun sollst Du erstmal diesen Dank haben. Deine Hilda."[43]

Als ich am 9. April 1960 nach Hause zurück kam, erlebten wir zusammen den herrlichen Frühling in unserem Garten, der uns wirklich wie ein Paradies vorkam. In den nun folgenden Monaten war es uns trotz unserer Krankheit und Schwäche noch möglich, uns wenigstens etwas an der Arbeit des Schwelmer Kreises zu beteiligen. Den Vorsitz hatte ich schon im Januar 1960 niedergelegt. Aber bei der Formulierung des Programms „Unsere Zeit verlangt eine neue Schule"[44] halfen wir beide noch mit.

---

[41] Dieser Absatz ist in der von Jürgen Helling überarbeiteten Fassung herausgekürzt.
[42] Dieser Satz ist in der von Jürgen Helling überarbeiteten Textfassung folgenderweise abgeändert: „Bald darauf schrieb ich meiner Frau:"
[43] Der letzte Teil des Zitats (beginnend mit: „Nachher schreib ich mehr") ist in der von Jürgen Helling überarbeiteten Fassung herausgekürzt.
[44] Vgl. Anm. 26.

220

Im August 1960 aber verschlechterte sich der Zustand meiner Frau. Anfang Oktober 1960 entschlossen wir uns zu einer stationären Behandlung im Barmer Städtischen Krankenhaus, dessen Internist Professor Dr. Sturm[45] war. Wegen meiner eigenen Magen- und Darmbeschwerden konnte ich meine Frau nur an jedem zweiten Tag besuchen, dann aber vom frühen Nachmittag bis zum Abend.[46]

Mitte Dezember 1960 sagte ich ihr abends: „Ich hab Dich ja so schrecklich lieb." Da richtete sie sich im Bett auf und anwortete: „Ach, das ist es ja gerade." Am nächsten Mittag (am 16.12.1960) wurde mir vom Krankenhaus telefonisch mitgeteilt, meine Frau sei um 13.00 Uhr gestorben. Gleich darauf rief ich meinen Sohn in Essen an, teilte ihm den Tod Mutters mit und bat ihn, mich mit seinem Wagen in Schwelm abzuholen.[47] Schon am frühen Nachmittag kamen wir am Barmer Krankenhaus an und gingen in das Zimmer, in dem man die Tote inmitten von Blumen aufgebahrt hatte. Wir waren tief ergriffen von der Verklärung ihres Gesichtes und haben lange, lange geweint. Unsere Todesanzeige lautete: „Nach jahrelanger, bewundernswürdig ertragener schwerer Krankheit ist gestern meine geliebte Frau, meine gute Mutter, unsere liebe Schwester, Schwägerin und Tante Hilda Helling geb. Langhans im Alter von 65 Jah-

---

[45] Dr. Alexander Richard Sturm (1901-1973), renommierter Internist und Neurologe, war seit 1946 (bis 1968) Chefarzt der Medizinischen und der Nervenklinik der Städtischen Krankenanstalten in Wuppertal-Barmen, gleichzeitig ab 1950 a.ord. Professor für Innere Medizin an der Medizinischen Akademie Düsseldorf. Autor mehrerer Standardwerke zur Inneren Medizin (z.B. der bis in die 1980er Jahre mehrfach wiederaufgelegten „Grundbegriffe der Inneren Medizin" [1. Aufl. Jena 1938]), Gründer der Internationalen Gesellschaft für neurovegetative Forschung (1950), Präsident der Deutschen Gesellschaft für Innere Medizin (1963) (vgl. In memoriam Prof. Dr. Alexander Sturm, in: Journal of Neural Transmission 34 [1973] 4, S. 239 f; Internationales Biographisches Archiv 12/1956 vom 12. März 1956, in: Munzinger Online Archiv). – Es ist anzunehmen, daß Helling nichts von Sturms NS-Vergangenheit wusste: 1933 SA, ab August 1933 Teilnehmer der sogenannten Rassenpolitischen Schulungen in der Staatsschule für Führertum und Politik des Thüringischen Landesamtes für Rassewesen in Egendorf, 1934 Richter am sogenannten Erbgesundheitsgericht in Apolda, 1939 a.ord. Professor, Stabsarzt der Wehrmacht (vgl. Ernst Klee, Personenlexikon, a.a.O., S. 613).

[46] Dieser Satz ist in der von Jürgen Helling überarbeiteten Fassung herausgekürzt.

[47] Dieser Satz ist in der von Jürgen Helling überarbeiteten Fassung herausgekürzt.

ren sanft entschlafen. In tiefer Trauer Dr. Fritz Helling, Dipl.-Ing. Jürgen Helling, die Verwandten und Freunde."[48]

Die Trauerfeier fand am 20. Dezember 15.00 Uhr in der Friedhofskapelle in Schwelm statt. Die Beisetzung erfolgte anschließend im Erbbegräbnis unserer Familie.

Von den fast 100 Beileidsbriefen, die ich erhielt, seien hier nur wenige mitgeteilt. Eine Krankenschwester, die meiner Frau nahe stand, schrieb mir: „Ich habe die Verstorbene in dem Jahre, in dem ich ihr ein wenig behilflich sein durfte, als einen tapferen und aufrechten Menschen kennengelernt, wie man ihn selten findet. Jedenfalls habe ich in meiner 25-jährigen Tätigkeit mit Patienten eine derartige Haltung ein zweites Mal nicht erlebt. Ich kann daher ermessen, wie schwer es ist, einen solchen Lebenskameraden verloren zu haben."
Zwei Schulfreundinnen: „Wenn ich ihre Züge vergleiche mit denen von 1916, muß ich sagen: sie ist sich treu geblieben, klar, unbestechlich und voll Güte. Diesen Augen blieb nichts verborgen. Diesem besonders klaren Verstand und dieser besonderen Güte wurde wohl vieles offenbar, an dem andere blind vorüber gehen. Ich will immer dankbar dafür sein, daß ich ihr begegnen, daß ich etwas ahnen durfte von der Größe ihrer Seele, und was eine Frau zu sein vermag in unserem Zeitalter. Immer hat sie uns überragt in jeder Beziehung. Ich bewunderte, verehrte und liebte sie ...
Die Nachricht vom Tode Hildas hat mich sehr erschüttert. Als wir uns vor 4 Jahren wiedersahen, schien sie mir frisch und gesund zu sein. Wir schliefen 2 Nächte in einem Zimmer und haben viel über unsere Anschauungen und unsere Gedankenwelt gesprochen, die sich ja nahe berührten. Hilda erzählte mir auch viel davon, wie absolut Sie beide sich in allen Lebensfragen verstanden, und trotz allem Schweren, was Sie zusammen durchgemacht haben, war sie durch dieses Verständnis, das sie bei ihrem Mann und Sohn fand, eine glückliche Frau."
Eine spätere Freundin: „Ich hatte zuletzt immer das Gefühl, als sähen ihre klaren, blauen Augen durch alle Worte und Menschen hindurch auf das

---

[48] Der letzte Teil des Absatzes (beginnend mit: „und haben lange, lange geweint") ist in der von Jürgen Helling überarbeiteten Fassung herausgekürzt.

Echte. Ich habe der verehrten Freundin eine Totenfeier in mir gehalten, ihr zu danken dafür, daß sie in dieser menschlichen Größe uns den schweren, bewußten Tod vorgelebt hat."

Ein früherer Schüler von mir, der ihr als Jurist in meiner Gefängniszeit mit Rat und Tat beistand[49]: „Ich vergesse nie, wie sehr die Haltung Ihrer Frau in schweren Zeiten mir Vorbild war. Ihre unvergleichliche Seelenstärke, die sich in unseren damaligen Gesprächen zeigte, gehört für mich zu den Erlebnissen, die sich tief eingeprägt haben. Wie wenig Beispiele von solcher Kraft hat es später gegeben!"

Die Freunde des Schwelmer Kreises: „Ihre liebe Frau war einer der seltenen Menschen, die nicht nur strebte nach dem Ideal des Goetheschen, ‚edel, hilfreich und gut' zu sein, sondern es durch ihr Leben in die Tat umsetzte ... Sie haben eine Gefährtin verloren, wie sie nur selten ein Mann gefunden hat ... Ich weiß, was Ihre Gattin nicht nur für Sie, sondern für einen großen Kreis von Menschen bedeutete. Klugheit, Güte und Bescheidenheit zeichneten diese prachtvolle Frau in ungewöhnlichem Maße aus und hoben sie weit über alle mir bekannten Frauen hinaus ... Frau Helling war eine der verehrungswürdigen großen Frauen unserer bewegten Zeit ... Ihre Frau ist mir in vielen Dingen Vorbild gewesen und hat manche Spur in mir zurückgelassen. Sie war in ihrer Stille, in ihrem Insichselbstruhen eine ständig Gebende. Sie wird mir auch weiterhin Vorbild sein und bleiben ... Wir haben Ihre Frau immer bewundert, mit wieviel Mut und Umsicht sie in Ihren schwersten Zeiten vielleicht das Schlimmste verhütet hat und bereit war, ohne Klage jedes Opfer für Sie und ihre Familie zu bringen."

---

[49] Hans Walter Poll (s. Kap. 7, Anm. 20).

Abb. 13: Fritz und Hilda Helling im Garten des Hauses in Schwelm, Anfang der 1950er Jahre

Abb. 14: Das Hellingsche Haus in der Barmer Straße in Schwelm, ca. 1966

Kapitel 14

„Neue Allgemeinbildung"
und 75. Geburtstag

Nach dem Tode Hildas verschlimmerte sich bei mir nicht nur die Magenschwäche, sondern auch die Anfälligkeit zu Depressionen.[1] In dieser Lage fand ich in meinem früheren Schüler Walter Kluthe[2], der in Schwelm wohnte und die Zeitschrift „Schule und Nation" herausgab, einen rettenden Helfer. Er verstand es, meine krankhaft gesteigerten Sorgen durch seine objektiven Urteile zu vermindern und meinen Zustand mehr und mehr zu bessern. Als ich mich im Januar 1961 einer Bruchoperation unterzog, besuchte er mich täglich im Barmer Krankenhaus[3]. Er übernahm für mich alle praktischen Arbeiten, die früher meine Frau auf sich genommen hatte. Später (1963) zog er mit Frau[4] und Tochter[5] als Mieter in mein Haus[6], so daß die freundschaftliche Verbindung noch enger wurde. Dank dieser geradezu einzigartigen Hilfe war es mir nach langsamer Genesung möglich, mich wieder meiner pädagogischen Arbeit zuzuwenden.

Im Mittelpunkt dieser Arbeit stand jetzt das früher von mir versäumte Studium des großen tschechischen Bischofs, Philosophen und Pädagogen

---

[1] Dieser Satz ist in der von Jürgen Helling überarbeiteten Textfassung folgenderweise abgeändert: „Nach dem Tode meiner Frau geriet ich trotz der Hilfe meines Sohnes in eine gesundheitlich schwierige und insgesamt kritische Situation."

[2] S. Kap. 9, Anm. 4.

[3] Vgl. Kap. 13, Anm. 22.

[4] Marta Kluthe, geb. Tigges (1915-2005), war seit 1941 mit Walther Kluthe verheiratet (Auskünfte Brigitte Kluthe, s. Anm. 5).

[5] Brigitte Kluthe (geb. 1943) war zu diesem Zeitpunkt (1963) bereits Studentin der Medizin an der Universität Frankfurt a.M. (seit 1962) und kam daher i.d.R. nur an den Wochenenden nach Schwelm. Die 1970 promovierte, bis 2003 niedergelassene Internistin ist Gründungsmitglied in der Ärztlichen Qualitätsgemeinschaft Ried (ÄQR) und als Konziliar, Dozentin und Moderatorin im Gesundheits- und Beratungswesen tätig, u.a. an der health care akademie in Düsseldorf (wir danken Frau Dr. Brigitte Kluthe, Biebesheim, für ihre Auskünfte vom 21. Februar 2006).

[6] Schwelm, Barmer Straße 76 (vgl. Kap. 1, Anm. 26).

Jan Amos Komensky (Comenius). Dieses Studium führte bei mir trotz meines Alters zu einer Revolution meiner pädagogischen Anschauungen.[7] Bisher durch die Reformpädagogik daran gewöhnt, den Blick auf den einzelnen Menschen mit seinen individuellen Interessen und Begabungen zu richten und eine Antwort auf die Frage zu finden, wie die in diesem Menschen liegenden Kräfte am besten zur vollen Entfaltung gebracht werden können, wurde jetzt der Blick auf das Ganze der Welt gerichtet, in der wir alle zu leben haben. Natürlich blieb ich mir bewußt, daß die Hinführung zu diesem Verstehen des Weltgeschehens nur im Einklang mit den jugendlichen Eigentümlichkeiten gelingen kann. Entscheidend aber war für mich, daß ich von nun an ein inhaltlich bestimmtes, allgemein verbindliches Bildungsziel für alle Schulen vor Augen hatte. Die jahrzehntelange Ungewißheit über das Was der Bildung war nun endlich überwunden.

Mitten in dieser Arbeit erschien bei mir wieder der Kriminalkommissar[8], den ich immer mit den Worten zu begrüßen pflegte: „Sind Sie schon wieder da?"[9] Diesmal wollte er mich wegen der „Trojanischen Herde"[10] vernehmen, eines Buches, in dem ich wegen des Schwelmer Kreises schwer angegriffen wurde. Ich fragte ihn, wie lange das wohl dauern würde. Als er antwortete „etwa 30 Stunden", sagte ich ihm, das dürfe ich mir meiner schlechten Gesundheit wegen nicht zumuten; ich würde ihm ein ärztliches Attest zuschicken. Das geschah auch. In einem Antwortschreiben vom 6. Oktober 1961 erhielt ich vom Oberstaatsanwalt beim Landgericht Dortmund den Bescheid: „In dem Ermittlungsverfahren gegen Sie wegen Staatsgefährdung teile ich Ihnen unter Bezugnahme auf Ihr an die Kriminalpolizei in Hagen gerichtetes Schreiben vom 21. September 1961 mit,

---

[7] Dieser Satz sowie die folgenden beiden Absätze (bis: „nun endlich überwunden.") sind in der von Jürgen Helling überarbeiteten Textfassung herausgekürzt. – Vgl. zum Textinhalt auch Kap. 12, insbesondere den ersten Absatz.

[8] Nicht ermittelt.

[9] Vgl. zu Hellings ‚Kollisionen' mit dem Verfassungsschutz auch Kap. 10, Anm. 12, 13, 14 und Kap. 11, Anm. 40 (vgl. auch Burkhard Dietz, Erneute politische und gesellschaftliche Diskriminierung, in: ders. [Hg.], Fritz Helling, Aufklärer und „politischer Pädagoge" im 20. Jahrhundert, Frankfurt a.M. 2003, S. 459-469).

[10] Karl Richter, Die Trojanische Herde. Ein Dokumentarischer Bericht, Köln 1959.

daß ich das Verfahren mit Rücksicht auf Ihren derzeitigen Gesundheitszustand vorläufig eingestellt habe."[11]

Nach etwa 4 Monaten erhielt ich von dem Oberstaatsanwalt in Dortmund folgenden Brief vom 7. Februar 1962: „Wie ich Ihnen bereits mitgeteilt hatte, ist das gegen Sie eingeleitete Ermittlungsverfahren wegen Verdachts der Staatsgefährdung mit Rücksicht auf Ihren Gesundheitszustand vorläufig eingestellt worden. Da Sie jedoch nach unseren Feststellungen an dem am 17. Dezember 1961 stattgefundenen Bundeskongreß der ‚Deutschen Friedensunion'[12] in Essen teilgenommen haben, muß ich davon ausgehen, daß Ihre Gesundheit inzwischen soweit hergestellt ist, daß Ihre polizeiliche oder richterliche Vernehmung ohne ernsthafte gesundheitliche Schäden durchgeführt werden kann. Sollte ich mich in dieser Annahme getäuscht haben, bitte ich um Übersendung einer amtsärztlichen Bescheinigung, da ich sonst die Ermittlungen wieder aufnehmen müßte."[13]

Ich antwortete am 12. Februar 1962: „Auf Ihr vorgenanntes Schreiben teile ich Ihnen mit, daß Ihre ‚Feststellungen' nicht zutreffen. Ich habe an dem Bundeskongreß der DFU am 17. Dez. 1961 in Essen nicht teilgenommen. Diese Aussage kann ich jederzeit an Eidesstatt bekräftigen und durch Zeugen bestätigen lassen. Die Teilnahme an einer solchen Veranstaltung kann ich mir wegen meines Krankheitszustandes nicht zumu-

---

[11] Absender des Schreibens ist der Leitende Oberstaatsanwalt beim Landgericht Dortmund, gez. Dr. Brey, Oberstaatsanwalt (StA Schwelm, PA Dr. Fritz Helling, Oberstudiendirektor).

[12] Die Deutsche Friedens-Union (DFU) war im Dezember 1960 als Sammlung sehr heterogener oppositioneller Kräfte zur Bundestagswahl 1961 gegründet worden. Das Bündnis sollte die verschiedenen linken Kräfte der Bundesrepublik in der Opposition gegen die Westintegration und im Engagement für Abrüstung und Entspannung in der Ost-West-Konfrontation einigen. Der DFU gelang nie der Einzug in den Bundestag, 1984 gab sie den Parteienstatus auf und bezeichnete sich fortan als „politische Verbindung" (vgl. Rolf Schönfeldt, Die Deutsche Friedens-Union, in: Richard Stöss [Hg.], Parteien-Handbuch. Die Parteien der Bundesrepublik Deutschland, Bd. I, Opladen 1983, S. 848-876).

[13] Absender des Schreibens ist der Leitende Oberstaatsanwalt beim Landgericht Dortmund, gez. Staatsanwalt Jonathan (StA Schwelm, PA Dr. Fritz Helling, Oberstudiendirektor).

ten."[14] Bald darauf erschien wieder der Kriminalkommissar bei mir und teilte mir mit, meine Autonummer sei aber in Essen festgestellt worden. Ja, sagte ich ihm, das könne stimmen. Denn Kluthe[15] sei mit meinem Wagen zu der Essener Tagung gefahren, was ihm von Kluthe bestätigt wurde.

Für die Osterzeit 1962 luden wir die aktiven Freunde des Schwelmer Kreises zur Feier unseres zehnjährigen Bestehens ein. Da meine Post ständig kontrolliert wurde, waren das Verfassungsschutzamt und die Kriminalpolizei darüber unterrichtet. In den Gaststätten, die als Tagungsort in Frage kamen, erschien auch jetzt wieder, wie üblich, ein Kontrolleur, der zu erfahren suchte, wo unsere Tagung stattfände. Er erhielt aber überall eine verneinende Antwort, so daß wir nicht gestört wurden. Bei unserer Zusammenkunft war es eine Freude zu erleben, wie fest wir miteinander verbunden waren. Zur Erinnerung an diesen Tag gaben wir eine kleine Broschüre heraus „10 Jahre Schwelmer Kreis". […][16]

In einem ebenfalls 1962 veröffentlichten Flugblatt „Sorge und Hoffnung" schrieben wir: „Eine Sicherung des Friedens in Deutschland ist nicht möglich ohne eine Ost-West-Verständigung mit dem Ziel, zu einem Friedensvertrag mit all den Staaten zu gelangen, die an dem von Hitlerdeutschland begonnenen Kriege beteiligt waren. Ein Friedensvertrag

---

[14] Die Kopie dieses Entgegnungsschreibens vom 12. Februar 1962 liegt zusammen mit den beiden oben erwähnten Schreiben des Leitenden Oberstaatsanwaltes vom 6. Oktober 1961 und 7. Februar 1962 im StA Schwelm vor. Ebenso ist dort die Kopie eines Schreibens des Leitenden Oberstaatsanwaltes beim Landgericht Dortmund, gez. Dr. Schneider, Oberstaatsanwalt, vom 30. Juni 1965 vorhanden, aus dem hervorgeht, daß das gegen Helling eingeleitete Ermittlungsverfahren wegen Staatsgefährdung, welches gemäß dem Schreiben vom 6. Oktober 1961 aus gesundheitlichen Gründen vorläufig eingestellt worden war, nun endgültig eingestellt worden ist (StA Schwelm, PA Dr. Fritz Helling, Oberstudiendirektor).
[15] Walter Kluthe.
[16] In der „Urfassung" des Textes folgt hier ein Auszug aus der 40seitigen (DIN A5) im Schule und Nation Verlag (Schwelm i.Westf.) vom Arbeitsausschuß des Schwelmer Kreises (Bundesrepublik) herausgegebenen Broschüre, und zwar S. 1 f (Privatarchiv Jost Biermann, Paderborn). Der Textauszug ist allerdings identisch mit den bereits in Kapitel 13 wiedergegebenen „Leitsätzen" des Schwelmer Kreises vom Herbst 1958 (s. Kap. 13, bei Anm. 17).

würde uns von den Milliardenlasten der Rüstung befreien und eine Atmosphäre schaffen, in der die jetzt unlösbar erscheinenden Probleme gelöst
werden können. Die dann frei werdenden demokratischen Kräfte würden
auch der ‚sitzengebliebenen Schule' endlich neue Entwicklungsmöglich-
keiten bieten."

Seit Ende dieses Jahres 1962 begann es mir gesundheitlich langsam besser zu gehen. Die bisher üblichen Magenbeschwerden, Erschöpfungs-
und Depressionszustände wurden seltener. Meine gewohnten Spaziergänge vor- und nachmittags konnte ich länger ausdehnen bis zum Winterberg[17] oberhalb Schwelms oder bis zur Wupper bei Dahlhausen[18] oder
Beyenburg[19]. Nachmittags ging ich jetzt häufig 1½ Stunden in die Berge.

Oktober 1963 war ich sogar in der Lage, in unserem Garten 2½ Zentner
Äpfel zu pflücken. Auch meine Schreibtischarbeit wurde produktiver, so
daß ich 1963 die Broschüre „Neue Allgemeinbildung"[20] mit einer Widmung an meine Frau herausgeben konnte: „Meiner lieben Frau, Hilda
Helling, geb. Langhans, * 16.11.1895, † 16.12.1960, zu Dank und Gedenken".[21]

Eingeleitet wurde sie durch den Aufsatz „Die Wandlungen in meinem
Leben". Hier schrieb ich auf der vorletzten Seite, „daß die Forderung
eines universalen Verständnisses der Weltwirklichkeit in unserem 20.
Jahrhundert dank der außerordentlichen Entdeckungen der Realwissenschaften von der Natur und der menschlichen Gesellschaft nicht mehr wie
zur Zeit des Comenius ein utopisches Verlangen, sondern eine weitge-

---

[17] Höhenrücken im Südosten des Schwelmer Stadtzentrums.
[18] Ortschaft jenseits des Winterbergs im Süden Schwelms.
[19] Idyllische Ortschaft, jenseits des Winterbergs im Süden von Schwelm gelegen, mit
Kloster (gegründet 1298, Kreuzherrenorden), Klosterkirche (14. Jh.) und Wupperstausee
(1900); 1929 vom Landkreis Lennep nach Wuppertal eingemeindet.
[20] Die 84 Seiten umfassende Aufsatzsammlung wurde in der Schriftenreihe „Aktuelle
Fragen der deutschen Schule" im Schule und Nation Verlag veröffentlicht (Fritz Helling,
Neue Allgemeinbildung, Schwelm i.Westf. 1963).
[21] Die zitierte Widmung ist in der von Jürgen Helling überarbeiteten Fassung herausgekürzt.

hend realisierbare Möglichkeit ist. Nur stehen heute unsere Schulen und Universitäten mit ihren Lehrverfahren noch zu sehr im Bann der Bildungstraditionen aus dem 19. Jahrhundert. Sie bleiben zu sehr in den Bahnen einer Spezialisierung des Wissens und verharren in der Resignation, es könne überhaupt keine allgemeine, universale Bildung mehr geben. Aber die Natur- und Gesellschaftswissenschaften sind in unserem Jahrhundert unleugbar zu so revolutionären Erkenntnissen über die Beschaffenheit des Mikro- und Makrokosmos, über die Entwicklung der Erd- und Menschheitsgeschichte gelangt, daß ein universales Begreifen der Welt als neue Allgemeinbildung in den Schulen nicht nur möglich, sondern geradezu ein Gebot unserer Zeit ist. Um es verwirklichen zu können, muß jedes natur- und gesellschaftswissenschaftliche Einzelfach seinen Lehrstoff auf dieses allen gemeinsame Ziel des Weltverständnisses ausrichten. Ein Vorrang gebührt denjenigen Lehrstoffen, die zu dieser Gesamterkenntnis in besonderem Maße hinzuführen vermögen. Damit ist für die Realfächer dank ihres gemeinsamen Zieles ein Auswahlprinzip gefunden, dessen richtige Anwendung die Überfülle der Lehrstoffe ausschließt."

An einer späteren Stelle schrieb ich: „Zu den wesentlichen Inhalten dieser neuen Allgemeinbildung gehört vor allem die Lehre, die wir der modernen Atomphysik verdanken, daß alle Materie aus Atomen besteht, die, aus den gleichen Bestandteilen gebildet, eine einheitliche Struktur haben, und daß diese Einheitlichkeit auch der Mannigfaltigkeit der chemischen Elemente zugrunde liegt. Aus solchen Atomen sind die Millionen und Milliarden Gestirne im Weltall ebenso aufgebaut wie auf unserer Erde die Luft, die uns umgibt, die Wolken am Himmel, die Felsen der Gebirge, die Pflanzen und Tiere und auch wir Menschen. Die ungeheure Fülle und Mannigfaltigkeit der Naturerscheinungen beruht also auf einem universell einheitlichen Grundbestand. Es hat sich bestätigt, daß zwischen Organischem und Anorganischem keine Kluft besteht. Beides baut sich aus den gleichen Grundstoffen auf. Substanzen, die einen lebendigen Organismus, z. B. unseren Körper, bilden, setzen sich aus denselben Bestandteilen zusammen wie die Gebilde der anorganischen Welt, z. B. Steine und

Metalle. Darum erscheint es möglich, daß aus Anorganischem neues Leben entsteht, wie auch dieses unaufhörlich wieder in leblose Materie zerfällt.

Wie einheitlich die Welt des Lebendigen ist, können zwei Beispiele zeigen. Bei Pflanzen, Tieren und Menschen bilden Eiweißsubstanzen in gleicher Weise die Grundlage ihres Lebens. Für die Fortpflanzung alles Lebendigen gelten die gleichen Vererbungsgesetze. So sind wir Menschen mit allem Seienden, besonders mit Pflanzen und Tieren, eng verwandt und verbunden. Noch etwas anderes, sehr Wesentliches, ist allem, was in der Welt existiert, gemeinsam. Alles befindet sich ständig in einem Zustand der Bewegung und Veränderung. In unserem Jahrhundert hat man entdeckt, daß sich sogar in den Atomen, selbst in den Atomkernen, alles in lebhafter Bewegung befindet und daß sich viele Elemente, die man früher für unveränderlich hielt, durch radioaktiven Zerfall in andere verwandeln. Ebenso sind die Zellen der lebendigen Organismen in fortwährender Bewegung und Verwandlung. Und diese chaotisch erscheinenden Bewegungen und Veränderungen sind ihrem Ergebnis nach ‚gerichtet'. Ein eindrucksvolles Beispiel dafür bietet die biologische Entwicklungslehre, die bis heute immer wieder durch neue Funde und Forschungen bestätigt worden ist. Wie das Weltall als Ganzes eine Entwicklung und Geschichte hat, so hat auch das Leben auf der Erde eine Entwicklung und Geschichte. Es ist von sehr niedrigen Formen, die sich wie die Viren kaum gegen das Unbelebte abgrenzen lassen, zu immer höheren Gebilden aufgestiegen; in der Pflanzenwelt von den Moosen und Farnen zu den Samenpflanzen, in der Tierwelt von den Urtierchen, Würmern und Insekten zu den Fischen, Vögeln und Säugetieren bis zu den Menschen, die sich durch ihre Sprache und ihre Arbeit mit selbstgeschaffenen Werkzeugen auszeichnen. Auch in der Geschichte der Menschheit hat sich eine Entwicklung von primitivsten Anfängen zu immer höher organisierten Gesellschaftsformen vollzogen, von den steinzeitlichen zu den antiken und feudalen Lebensformen bis zu den höchst komplizierten Gesellschaftsordnungen der Gegenwart."[22]

---

[22] Vgl. zum Vorangegangenen auch Hellings Ausführungen in Kap. 17, bei Anm. 37.

In einem Rückblick auf Comenius deckte ich die Geschichte dieser „neuen Allgemeinbildung" auf:[23]

Der vergessene Comenius

Comenius stand zu Beginn des bürgerlichen Zeitalters vor dem gleichen Problem einer neuen, zeitgemäßen Allgemeinbildung wie wir heute. Die damals noch mittelalterlich bestimmte Bildung in den Lateinschulen reichte nicht mehr aus. Auf Grund der naturwissenschaftlichen, technischen und industriellen Umwälzungen im 17. Jahrhundert hielt Comenius nicht nur eine pädagogische Reform, sondern eine Änderung aller gesellschaftlichen Verhältnisse für notwendig.

Alles Irdische sollte in Einklang kommen mit der universellen Ordnung und Gesetzmäßigkeit, wie sie für die Bewegungen der Himmelskörper von der damaligen Naturwissenschaft entdeckt worden war. Dieses neue Wissen von der Allordnung in der Welt erhielt für Comenius, der in ihr die Offenbarung göttlichen Wirkens sah, zentrale Bedeutung. An vielen Stellen seiner Schriften bringt er zum Ausdruck, daß alles Geschehen in der Welt „unwandelbar nach seinen notwendigen Gesetzen" in „Panharmonie" miteinander vor sich gehe, besonders deutlich erkennbar in der „einen, unerschütterlichen Ordnung des Himmelsgewölbes".

In seiner „Großen Unterrichtslehre"[24] schreibt er am Anfang des 13. Kapitels: „Wenn wir betrachten, was es denn sei, das die ganze Welt mit all ihren einzelnen Teilen in ihrem Zustand erhält, so entdecken wir, daß es gar nichts anders als die Ordnung ist, die rechte Anordnung des Früheren und Späteren, Oberen und Unteren, Größeren und Kleineren, Ähnlichen und Unähnlichen nach Ort, Zeit, Zahl, Maß und Gewicht, wie es jedem zusteht und angemessen ist."

Deshalb sollte die neue Bildung, die er forderte, eine ebenso planvoll geordnete Bildung sein, die der Jugend „ein lebendiges Bild des Universums" geben solle, eine „universelle Erkenntnis der Dinge, die alles unter sich befaßt und überall mit sich zusammenhängt". Diese neue Allgemeinbildung sollte die „frustillatio eruditionis", die Fetzen- und

---

[23] Zu Hellings Comenius-Rezeption vgl. Klaus Schaller, Comenius im Horizont der Pädagogik Fritz Hellings, in: Burkhard Dietz (Hg.), Fritz Helling, a.a.O., S. 281-301.
[24] Gemeint ist Comenius' „Didactica magna" (1. Aufl. tschechisch 1632, lateinisch 1657).

Brockengelehrsamkeit in ihren beiden Formen, dem bloßen Fachwissen und der bloßen Vielwisserei, ablösen und aus dem zerstückelten Wissen ein Ganzes machen. Der Unterricht sollte, um dieses Ziel zu erreichen, von dem realen Dasein in der Natur und der menschlichen Gesellschaft ausgehen und zu einer universalis sapientia, einer pansophia führen. Deshalb wurden die Realien für Comenius so wichtig wie nie früher in der Pädagogik. Die Worte hatten für ihn nur Bedeutung in Verbindung mit den Dingen. Worte ohne Dinge hielt er für Schalen ohne Kern. In den Dingen, nicht in den Worten lag für ihn die Weisheit. Deshalb stellte er 1650, als ihm das Siebenbürger Fürstenhaus[25] das Angebot machte, in Sarospatak[26] eine pansophische Schule zu gründen, die ungewöhnliche Bedingung, in dieser Schule ein naturwissenschaftliches und ein technisches Kabinett zu errichten. Comenius wußte, daß man nicht bloß durch ein Betrachten der Dinge mit ihnen vertraut wird, sondern daß man tätig mit ihnen umgehen muß, um ihre Eigenart zu erfassen. Deshalb forderte er stets eine Erziehung zur Ausbildung an der Hand, zur praktischen Arbeit als notwendigem Teil der allseitigen Bildung. Diese Unterweisung sollte allen Kindern des Volkes, ja der Jugend aller Völker zuteil werden, damit die Schulen als „Werkstätten der Menschlichkeit" dazu beitragen könnten, die Völker der Erde in Frieden und Eintracht miteinander zu verbinden.

Das waren Ideen, die kühn in die Zukunft wiesen. Zu ihrer Verwirklichung fehlten damals noch die nötigen Voraussetzungen. Die geschichtliche Entwicklung ging andere Wege, als Comenius sie erhoffte. Es kam nicht zu dem ersehnten Friedensbund der Menschheit, sondern zur Herausbildung der Nationalstaaten, die sich meist vom Krieg mehr versprachen als vom Frieden. Wissenschaft und Bildung gingen ebenfalls nicht den Weg zur Universalität, sondern zur fachlichen Spezialisierung, unter

---

[25] Gemeint ist das Fürstenhaus Rákóczi, eine habsburgoppositionelle, aus der Slowakei stammende ungarische Magnatenfamilie; bedeutende Mitglieder der Familie waren unter anderen Georg (György) I. Rákóczi (1593-1648), Georg (György) II. Rákóczi (1621-1660) und Franz (Ferencz) II. Rákóczi (1677-1735) (vgl. József Borus, Kriegsschauplatz Ungarn 1526-1722, in: Jakob Michael Perschy [Red.], Bollwerk Forchtenstein. Burgenländische Landesausstellung 1993, Eisenstadt 1993, S. 52-73).

[26] Die geschichtsträchtige (Klein-)Stadt Sárospatak liegt im Nordosten von Ungarn, unweit der ukrainischen Grenze. – Comenius konnte hier von 1650/51 bis 1654 unterrichten.

deren Herrschaft im 19. Jahrhundert jede aufs Ganze der Welt gerichtete Allgemeinbildung verloren ging.

Heute ist aber eine Entwicklungsstufe erreicht, auf der Comenius zeitgemäßer als irgendein anderer Pädagoge der Vergangenheit ist.

Im Politischen ringen die Vertreter der in der UNO zusammengeschlossenen Staaten aller Kontinente mit dem Problem eines friedlichen Neben- und Miteinanders der Völker. Überall wächst die Einsicht, daß Krieg nicht mehr als Mittel der Politik zu rechtfertigen ist. Die große Mehrheit der Erdbevölkerung verurteilt ihn ebenso leidenschaftlich wie Comenius, der in seiner „Pampaedia"[27] bezeugte: „Sechstausend Jahr lang ... stritt und bekriegte man sich sogar bis zum Untergang so vieler Reiche und fast bis zum Verderben des ganzen Menschengeschlechts: Haben wir durch so gewaltiges Blutvergießen erreicht, was wir suchen?" Eine Welt ohne Krieg war damals noch eine utopische Forderung, heute aber wartet und drängt die Menschheit auf ihre Erfüllung noch in unserem Jahrhundert.

In der Pädagogik sind die Comenius-Ideen ebenfalls reif zur Verwirklichung, weil es heute möglich ist, der Jugend, wie Comenius es wollte, „ein lebendiges Bild des Universums", „eine universelle Erkenntnis der Dinge" zu geben. Denn die Realwissenschaften von der Natur und der menschlichen Gesellschaft haben uns im 20. Jahrhundert einen früher unmöglichen Einblick in die „erhabene Struktur des Seienden" (A. Einstein)[28] geschenkt. Die „universale Bildung des ganzen Menschengeschlechts", die Comenius forderte, „ohne Rücksicht darauf, wer Adliger, Plebejer, Handwerker, Kaufmann, Bauer, Priester oder Laie werden wird", ist heute sogar zu einer dringenden Notwendigkeit geworden, weil unser Zeitalter seine Aufgabe nur auf der Grundlage einer höheren und umfassenderen Volksbildung erfüllen kann. Denn nur mit ihrer Hilfe kann es gelingen, die ungeheure Leistungsfähigkeit der Menschheit in Wissen-

---

[27] Die „Pampaedia" (1656) ist der vierte Teil von Comenius' Hauptwerk „Allgemeine Beratung über die Verbesserung der dem Menschen aufgetragenen Dinge" („De rerum humanorum emendatione consultatio catholica", 1642-70).

[28] Das Zitat ist entnommen aus Albert Einsteins (1879-1955) in Caputh (bei Potsdam) im August 1932 geschriebenem und im Folgemonat zugunsten der Deutschen Liga für Menschenrechte auf Schallplatte gesprochenem „Mein Glaubensbekenntnis" (vgl. Michael Grüning, Ein Haus für Albert Einstein, Berlin 1990, S. 411-413).

schaft, Technik und Industrie für den Sieg über Unwissenheit, Armut und Not in der Welt einzusetzen und allen Völkern die ersehnte Zukunft eines humanen Lebens zu bringen.

Als im Juli 1963 mein 75. Geburtstag herannahte (31.7.), verhandelte Kluthe mit dem Schwelmer Oberstudiendirektor[29] und dem Stadtdirektor[30] über den Vorschlag, die Feier dieses Geburtstages in einem Raum des Schwelmer Gymnasiums[31] stattfinden zu lassen, in dem ich ein Leben lang Schüler, Lehrer und Direktor gewesen war. Beide aber lehnten diesen Vorschlag aus politischen Gründen ab, weil ich im Gegensatz zur offiziellen Politik der Bundesrepublik eine Verständigung mit den DDR-Pädagogen gesucht habe[32]. Kluthe wandte sich dann an die Kirchliche Hochschule in Wuppertal, die sofort bereit war, uns einen Raum für die Geburtstagsfeier zur Verfügung zu stellen[33]. Etwa 60 Freunde und Mitarbeiter aus dem Bund Entschiedener Schulreformer und dem Schwelmer Kreis, frühere Kollegen und Schüler erschienen. In zwei Referaten wurde über „Die Bildungsinhalte der allgemeinbildenden Schulen" gesprochen. Der erste Redner war Professor Dr. Karlheinz Tomaschewsky von der

---

[29] Dr. Wilhelm Lehmgrübner, Oberstudiendirektor von 1955 bis 1970 (Karl-Josef Oberdick, 100 Jahre Märkisches Gymnasium Schwelm [1890-1990], in: Beiträge zur Heimatkunde der Stadt Schwelm und ihrer Umgebung N.F. 40, 1990, S. 196-211).
[30] Paul Schulte, Stadtdirektor von Schwelm seit 1956 (StA Schwelm, Schwelmer Heimatbrief, 28. Folge, Ostern 1963, S. 1).
[31] Märkisches Gymnasium Schwelm, Präsidentenstraße 1 (s. auch Kap. 2, Anm. 38).
[32] Zur Haltung der Lehrerschaft – sie befürchtete „die Gefahr kommunistischer Propaganda" – vgl. Georg Dieker-Brennecke, „Schwelm hat ihn nicht verstanden". Von den Schwierigkeiten eines Reformers und Querdenkers mit seiner Heimatstadt, in: Burkhard Dietz (Hg.), Fritz Helling, a.a.O., S. 429-458, hier S. 456.
[33] Das „Collegium didacticum" anläßlich Hellings 75. Geburtstages fand am 7. und 8. Juni in der Kirchlichen Hochschule, Hörsaal 3, Missionsstraße 9 in Wuppertal-Barmen statt (vgl. Einladung [Privatarchiv Prof. Dr. Wolfgang Keim, Paderborn]). – Die Kirchliche Hochschule Wuppertal, im Jahre 1935 als „Hochschule für reformatorische Theologie" von der Bekennenden Kirche gegründet, wurde noch am Tage ihrer Eröffnung im Wintersemester 1935/36 verboten, konnte aber ihre Tätigkeit bis zum Frühjahr 1941 illegal fortsetzen. Im Wintersemester 1945/1946 nahm die Kirchliche Hochschule ihre Arbeit wieder auf und ist heute eine staatlich anerkannte Hochschule (vgl. Hartmut Aschermann/Wolfgang Schneider, Studium im Auftrag der Kirche. Die Anfänge der Kirchlichen Hochschule Wuppertal 1935 bis 1945, Köln 1985).

Humboldt-Universität in Ostberlin[34], der zweite Oberstudiendirektor Dr. Erich Wietig aus Bremen, ein alter Mitstreiter im Bund Entschiedener Schulreformer und später langjähriger Leiter der Pädagogischen Hauptstelle der GEW,[35] der größten Lehrervereinigung in der Bundesrepublik. Nach den Referaten zeigte auch die lebhafte Aussprache, daß meine pädagogischen Gedanken heute nicht tot, sondern in vielfacher Form lebendig sind[36].

Für die Glückwünsche zu meinem Geburtstag bedankte ich mich bald darauf in folgender Weise:

---

[34] Karlheinz Tomaschewsky (geb. 1925) wurde 1954 von Heinrich Deiters (s. Kap. 11, Anm. 34) promoviert, habilitierte 1961 und war bereits seit den 50er Jahren Dozent, ab 1962 Professor mit Lehrauftrag und ab 1969 ord. Professor an der Humboldt-Universität (Berlin-Ost) in der Sektion Pädagogik, wo er von 1968 bis zu seiner Emeritierung 1990 die Leitung des Wissenschaftsbereiches Erziehungstheorie innehatte (vgl. Klaus-Peter Horn/Heidemarie Kemnitz/Olaf Kos, Die Sektion Pädagogik „F.A.W. Diesterweg" 1968 bis 1991, in: Klaus-Peter Horn/Heidemarie Kemnitz [Hg.], Pädagogik unter den Linden. Von der Gründung der Berliner Universität im Jahre 1810 bis zum Ende des 20. Jahrhunderts, Stuttgart 2002, S. 271-290; Regina Tomaschewsky, Bibliographie der Arbeiten von Karlheinz Tomaschewsky [1953-1989], Berlin 1990).
[35] Erich Wietig (1896-1977) promovierte 1921 an der Universität Göttingen, war Lehrer im bremischen Schuldienst, nebenamtlich mit der Ausbildung der Studienreferendare insbesondere als Fachleiter für den Unterricht in Chemie betraut sowie für die Weiterbildung der bremischen Lehrerschaft tätig. 1948 zum Studienrat, 1949 zum Oberstudienrat ernannt, übernahm er 1949 (bis 1962) die Leitung der Oberschule für Jungen am Barkhof. 1962 eine nebenamtliche Tätigkeit an der PH Bremen (Unterrichtung in Chemie) (freundliche Auskunft von Frau Dr. Brigitta Nimz, STA Bremen, 28. Februar 2006). – S. zu Wietigs Wirken als Schuldirektor des Gymnasiums am Barkhof (1949-1962), wo er u.a. Koedukation und Schülermitgestaltung einführte: Verlust-Anzeige. Berichte und Bilder, Ansichten und Erinnerungen aus Anlaß der Aufhebung eines bremischen Gymnasiums (1905-1989), hg. v. Peter Fuhrmann u. Hartwig Kraft, Bremen 1989, S. 113 ff. – Im „Gemeinsamen Geschäftsbericht 1951/52 der Gewerkschaft Erziehung und Wissenschaft und des Bayerischen Lehrer- und Lehrerinnenvereins e.V." als Mitglied der Pädagogischen Hauptstelle wird angeführt: „Dr. Erich Wietig, Bremen, Adler 6" (Darmstadt 1952, S. 134).
[36] „Zum Problem der Bildungsinhalte der Schule in der Bundesrepublik" lautete auch der Leitartikel der März-Ausgabe von „Schule und Nation", der in der Juni-Ausgabe fortgesetzt wurde (Schule und Nation 9 [1963] 3, S. 1-7; 4, S. 1-7).

An alle, die mir meinen 75. Geburtstag
durch ihre Anteilnahme zu einem Ehren- und Freudentag gemacht haben.

Nach meiner Rückkehr von einem längeren wohltuenden Sanatoriums-aufenthalt komme ich endlich dazu, Ihnen für Ihre Glückwünsche zu meinem 75. Geburtstag herzlich zu danken. Sie werden verstehen, daß nach all den Kämpfen meines Lebens eine so ehrliche Anerkennung im Alter eine große Freude für mich ist. Ich hoffe nun, daß es auch Ihnen Freude macht, durch diesen Dankesbrief zu erfahren, in wie mannigfaltiger Weise die Verbundenheit mir zum Ausdruck gekommen ist.

Da haben zunächst die früheren Schüler ihre Grüße geschickt. Einer von den jetzt fast Sechzigjährigen schreibt mir: „Sie haben eine so große Rolle in meinem Leben gespielt, daß ich Ihnen trotz aller Meinungsver-schiedenheiten gern und aufrichtig zum 75. Geburtstag gratuliere ... Meine frühesten Erinnerungen an Sie reichen in die Zeit vor dem 1. Welt-krieg zurück. Sie waren damals ein Lehrer alter Schule, der mit uns Ge-schichtszahlen paukte, von denen nur wenige in meinem Gedächtnis haf-ten geblieben sind. Bei Kriegsausbruch meldeten Sie sich freiwillig, aber Ihre Begeisterung wurde bereits auf dem Kasernenhof gedämpft. Ich erinnere mich noch sehr gut an Ihre Schilderung dieses für Sie so ent-scheidenden Erlebnisses. Sie waren uns nach Ihrer Rückkehr ein hervor-ragender Geschichtslehrer, der es verstand, die großen Zusammenhänge aufzuzeigen und objektiv die verschiedenen Auffassungen über unsere Vergangenheit – etwa den Streit zwischen den großdeutschen und klein-deutschen Historikern – darzustellen. Unvergeßlich sind mir unsere Zu-sammenkünfte im Wandervogel, vor allem jene Fahrt durch das Sudeten-land nach dem Görlitzer Bundestag,[37] der wohl das Ende der alten Ju-gendbewegung besiegelte. So könnte ich noch eine Fülle von Erinnerun-gen wachrufen, die unser gemeinsamer Besitz sind. Besonders ragen noch unsere Kämpfe um eine Reform der Schule hervor, die zur Grün-dung einer Ortsgruppe des Bundes Entschiedener Schulreformer führ-ten."

---

[37] Die hier angesprochene Fahrt und der Bundestag des „Wandervogels" fanden 1922 statt (s. Kap. 4, bei Anm. 7 – s. zum „Wandervogel" auch Kap. 2).

Aus dem 4 Jahre jüngeren Jahrgang heißt es in einem langen Brief: „Wir schätzten Sie als unseren Lehrer nicht nur deshalb so sehr, weil Sie entgegen allgemeiner Tendenz und durchaus im Sinne Ihrer Schüler auf die Einpaukung einer unübersehbaren Fülle von Einzelwissen verzichteten, auch nicht nur deshalb, weil Ihnen an der Vermittlung einer grundlegenden Allgemeinbildung mehr gelegen war als an den von Ihnen vertretenen Fachgebieten, sondern vor allem doch deswegen, weil Sie uns nicht in antiken oder antiquierten Schönheitsschwärmereien dahindämmern ließen, sondern uns die Augen für die Welt, für unsere Welt und unsere Gegenwart, öffneten, uns zu Unvoreingenommenheit, kritischer Betrachtung und – wo es angebracht war – zu den nötigen Zweifeln an überkommenen Ordnungen und Institutionen erzogen. So war Ihr Unterricht weit mehr als eine Wissensvermittlung; er war eine Formung zu ganzen Menschen. Das alles haben die meisten von uns aber erst später, als wir die Schule längst hinter uns hatten, richtig erfaßt. Während der Schulzeit war das ausschlaggebende Moment für Ihre Beliebtheit Ihre Gabe, sich mehr als jeder andere in die Psyche kleiner und größerer Pennäler einzufühlen und sie entsprechend zu behandeln." Aus derselben Klasse kommt noch folgender Brief: „Sechsunddreißig Jahre ist es her, daß die Abiturientia 1927 ihr Abitur machte. Mir wird heute eigentlich erst recht bewußt, wie jung Sie damals waren, als Sie in der Mittelstufe als unser Klassenlehrer mit uns in die Roten Berge[38] zogen, um als Schiedsrichter unsere kämpfenden Parteien in dem Gehügel der Roten Berge atemlos zu verfolgen. Sie waren uns im Wandervogel und in der Schule immer der beste Kamerad ... – Erinnern Sie sich an die Arbeitsgemeinschaft für Geschichte (damals noch einmalig), die reihum in den Wohnungen unserer Eltern tagte und uns mit der Geschichte der letzten Jahrzehnte bekannt machte, die das Geschichtsbuch verschwieg?"

Ein heute fast Fünzigjähriger, dessen Klassenlehrer ich 1931-33 in der Oberstufe war, erinnert daran, „daß wir nicht vor Ihnen auf der Schulbank saßen, sondern in freier Diskussion lernten, andere Ansichten und

---

[38] „Rote Berge" wurden die alten Abraumhalden rings um das ehemalige Schwelmer Erzbergwerk Rodenfeld bei Martfeld genannt (vgl. Gerd Helbeck, Museum Haus Martfeld. Katalog, Schwelm 1985, S. 64 f).

Auffassungen zu verstehen, auch dann, wenn wir diese nicht teilten, – daß wir mit unseren unfertigen Ansichten von Ihnen nicht als ‚kleine Jungens' behandelt wurden, sondern Sie unsere Meinungen verständnisvoll entgegennahmen, sie grundsätzlich gelten ließen und uns behutsam andere Aspekte und Auffassungen vor Augen führten. "

Aus der Schülerschaft, die ich nach 1945 als Direktor betreute, schreibt ein damaliger Primaner: „Zweierlei scheint mir das Wesentliche zu sein, das Sie uns seinerzeit vermittelt haben: einmal die Erkenntnis der jedem auferlegten Verantwortung und der Notwendigkeit, diese Verantwortung bewußt zu übernehmen und auszuüben, zum anderen die Bedeutung einer sachlichen Kritik, die Person und Sache zu trennen versteht, die – ohne es an der jeweils erforderlichen Achtung oder dem angebrachten Respekt vor der Person und der Stellung des Gesprächspartners fehlen zu lassen – sich nicht einfach einer wie auch immer gearteten ‚Autorität' unterwirft ... Ich versichere Ihnen, daß ich diese Maximen, so wie ich sie verstanden habe, stets zu praktizieren mich bemühen werde, wann und wo sich immer Gelegenheit und Notwendigkeit im beruflichen und außerberuflichen Leben bietet. "

Und nun die Kollegen, die sich in der Weimarer Zeit für entschiedene Schulreform einsetzten. Für sie gilt, was ein Bundesgenosse von damals in seinem Brief hervorhebt: „ Unser Gemeinsames ist, daß wir uns nicht umbiegen ließen. Wir mußten dafür manches Ungute in Kauf nehmen. Aber wir haben es mit der Genugtuung durchgestanden, die eine feste Überzeugung und ein auf Gerechtigkeit hinzielendes Wollen verleiht. " Ein damaliger Junglehrer, den Paul Oestreich[39] und ich vor 1933 für unsere Ideen gewannen, schreibt mir: „Ich sage nicht zu viel, wenn ich eingestehe, daß Sie mein Leben ein Stück mitgeformt haben. " Alle diese Kollegen wünschen mir die Kraft zur Weiterarbeit, die Erhaltung des „Bewußtseins hoher Verantwortlichkeit" und „den Segen eines Lebens voller Mühen und erfolgreichen Schaffens". „Bewahren Sie sich etwas

---

[39] S. Kap. 5, Anm. 1. – Zum Bund Entschiedener Schulreformer (BESch) siehe auch Kap. 5, Anm. 2.

von dem Feuereifer, von dem Sie schon vor fast 40 Jahren erfüllt waren, als ich Sie kennenlernte."

Auf die spätere Zeit nach 1945, als ich einige meiner Reformideen in Schwelm als Direktor verwirklichen konnte, bezieht sich der Brief eines Kollegen, der sich an dieser Arbeit eifrig beteiligte: „Ich bin besonders dankbar für die Zeit, wo Sie die Schule als Direktor leiteten. Mit jeder Faser meines Wesens setzte auch ich mich für die Verwirklichung der Ziele der Reform des Unterrichts ein, die Sie in Schwelm zu verwirklichen begonnen hatten." Ein mir besonders nahe stehender Freund, ein hoher Ministerialbeamter,[40] erinnert in seinem Brief an mein Referat[41] auf der ersten westfälischen Direktorenkonferenz im Herbst 1949: „Für mich war es ein Höhepunkt Ihres Wirkens, als die ablehnende, skeptische und mißtrauische Direktorenschaft Ihrem Vortrag stürmisch applaudierte, weil sie für den Augenblick von Ihrer Persönlichkeit und Ihren Erfahrungsberichten einfach besiegt war."

Nach meiner Pensionierung schien meine öffentliche Tätigkeit zu Ende zu sein. Aber es begann für mich doch noch eine neue Art pädagogisch-politischen Wirkens. Durch die Verschärfung des Kalten Krieges beunruhigt, fühlte ich mich verpflichtet, für Entspannung, Ost-West-Verständigung und Frieden öffentlich einzutreten.[42] So kam es zur Gründung und Ausbreitung des Schwelmer Kreises. Ein unserem Kreis nicht zugehöriger, aber doch nahe stehender Hochschulprofessor äußert in seinem Geburtstagsbrief an mich die Ansicht, die uns Deutschen aufgegebene Verständigung werde zukünftig vielleicht in anderen Bahnen verwirklicht werden: „Aber eins möchte ich Ihnen heute, zu Ihrem Tag, doch sagen dürfen: daß ich die Gewissenhaftigkeit, aus der Sie urteilten, die

---

[40] Otto Koch (s. Kap. 11, Anm. 24).
[41] Das Referat, dessen Text als unveröffentlichtes Manuskript erhalten ist, trug den Titel „Die stärkere Berücksichtigung der Erziehungsaufgaben der höheren Schule unter Wahrung ihrer Leistungshöhe" (Nachlaß Fritz Helling). Vgl. hierzu auch Jürgen Sprave, Fritz Helling und der Aufbau des höheren Schulwesens in Schwelm und Nordrhein-Westfalen, in: Burkhard Dietz (Hg.), Fritz Helling, a.a.O., S. 319-401, insbesondere S. 350.
[42] Diese drei Sätze zu Beginn des Absatzes sind in der von Jürgen Helling überarbeiteten Fassung herausgekürzt.

Lauterkeit, in der Sie Vorschläge machten, unbezweifelbar fand ... und daß wir, die wir mit Ihnen Berührung fanden und zusammenarbeiteten, Ihnen eben für diese nicht gewöhnliche Gewissenhaftigkeit und Lauterkeit Dank, auch den Dank der Beherzigung schuldig sind."

Über die Arbeit des Schwelmer Kreises schreibt ein Studienrat[43] aus eigener Erfahrung: „Ihr Werk konnte in dem Klima der Bundesrepublik nicht jene Anerkennung finden und jene Entwicklung haben, die ihm seiner Bedeutung nach zugekommen wäre. Da sich so viele Menschen um es bemühten, zu denen ich selbst auch gehöre, weiß ich, welche Enttäuschungen mit unserer Arbeit verbunden waren. Wenn ich aber zurückschaue und in die Zukunft blicke, so bin ich voller Hoffnungen. Ja, ich bin optimistisch. Und ich meine auch, es ist nicht umsonst gewesen. Die Entwicklung beweist es. Wie schrecklich wäre es gewesen, wenn die Veröffentlichungen, die Veranstaltungen, die Aufrufe, die Zusammenkünfte, besonders die Ostertagungen und die Fachgespräche nicht gewesen wären. Die Entwicklung der Menschheit nimmt einen Verlauf, der die Unvermeidlichkeit des Schwelmer Kreises voll bestätigt. Unter all den Gedanken, die ich mir gemacht habe, beherrschte mich der eine immer wieder, der nämlich, daß Sie zu beneiden seien, wegen Ihres erfüllten Lebens. Sie haben einen Baum gepflanzt, der wachsen wird. Sie mögen um ihn bangen, doch er wird wachsen, trotz Dürre und trotz mancher Stürme ... Die Zukunft wird Ihr Werk als notwendig, richtig und großartig bestätigen."

Ähnlich äußern sich auch die anderen Freunde des Schwelmer Kreises aus der Bundesrepublik. „Trotz mancher Enttäuschungen", heißt es in einem Brief, „haben die vergangenen Jahre uns in unserer Arbeit bestätigt. Ihre pädagogischen und schulpolitischen Perspektiven hatten nie Beziehungen zu irgendeiner Kirchturmspolitik. Darum waren die neuen Moskauer Beschlüsse für Sie und Ihre Freunde so wesentlich als Sieg des

---

[43] Es handelt sich hierbei um Rudolf Haun (1906-1992), Berufsschullehrer aus Norderstedt bei Hamburg, Ehrenmitglied der GEW. Im Schwelmer Kreis war Haun Mitglied des Arbeitsausschusses (vgl. Hartwig Baumbach/John Hopp, Rudolf Haun. Nachruf, in: Hamburger Lehrerzeitung 12 [1992], S. 54; s. auch Kap. 16, bei Anm. 2).

Friedenswillens und der Vernunft. Natürlich bleibt noch viel zu tun. Aber wir hoffen ja, daß es nun allmählich etwas leichter sein wird, die Schlafenden und Wachträumer aufzurütteln." Ähnlich in einem anderen Schreiben: „Nach meiner Ansicht stehen Sie in einer weltweiten Bewegung für den Schulfortschritt. Wenn ich einen Wunsch zu Ihrem Geburtstag habe, dann den, daß Sie diese Tatsachen recht bald noch deutlicher erleben werden. Der erfolgreiche Abschluß der Moskauer Verhandlungen ist ja ein verheißungsvoller Anfang für eine Wende ... Ist aber erst eine Wende im Kalten Krieg herbeigeführt, dann sind die Voraussetzungen für unser Wirken sehr viel günstiger."[44] Mit dem Sachlichen wird das Persönliche verbunden: „Wir können Sie mit Ihrem klaren Zukunftsbild und Ihrer lebendigen Darstellung noch lange nicht entbehren." – „Wir gedenken an diesem Tage auch besonders Ihrer lieben Frau, Ihrer tapferen Gefährtin."[45]

Ebenso herzlich sind die Briefe aus der DDR. So schreibt ein Freund, der als Universitätsprofessor im Ruhestand lebt: „Möge Ihnen dieser Tag erneut die Gewißheit geben, daß Ihre Freunde Ihnen für Ihre Lebensleistung zum Besten unserer deutschen Schule danken und gewillt sind, Ihr Werk fortzuführen, noch lange mit Ihnen gemeinsam, wie wir alle hoffen! Das Vertrauen, daß etwas von unserer Arbeit unser persönliches Leben überdauern wird, ist ja ein Trost, dessen das Alter auch des Menschen, der nur ein allgemeines Menschenlos zu tragen hat, bedarf. Von Herzen wünsche ich, daß die kommenden Lebensjahre Ihnen noch manches Freundliche bringen mögen. Das Beste wäre, wenn wir es noch erlebten, daß sich endlich der Himmel über Deutschland aufhellt." – „Mögen Sie noch lange teilhaben an unseren gemeinsamen Verständigungsbemühungen und an den sichtbarer werdenden Erfolgen. Wir übersenden Ihnen die besten Wünsche für Ihre Gesundheit und den Erfolg Ihrer weiteren Arbeit im Dienste einer humanistischen Pädagogik und der Verständigung zwischen den Lehrern und Erziehern beider deutscher Staaten.[46] "

---

[44] Der bis hier wiedergegebene Beginn dieses Absatzes ist in der von Jürgen Helling überarbeiteten Fassung herausgekürzt.

[45] Der letzte Satz des Absatzes ist in der von Jürgen Helling überarbeiteten Fassung herausgekürzt.

[46] Dieser Satz ist in der von Jürgen Helling überarbeiteten Fassung herausgekürzt.

Die Gedanken gehen auch zu meiner Frau. „Ich kann das alles nicht sagen", schreibt eine ihrer besten Freundinnen, „ohne Ihrer verehrten und geliebten Frau zu gedenken, die auch bei diesem wichtigen Geburtstag mit dabei ist". – „... von der wir wissen, daß sie so großen Anteil an all unseren Kämpfen genommen hat und in all den schweren Aufgaben, die es zu lösen galt, Ihnen stets eine zuverlässige Stütze war!"

Allen, die mir so menschlich geschrieben haben, danke ich von Herzen. Auch allen, die meine Lebensarbeit in der Presse würdigten, auch den beiden früheren Schülern, die mir jetzt als Bürgermeister[47] und als Stadtdirektor[48] meiner Heimatstadt Schwelm Glückwünsche überbrachten, auch den ausländischen Freunden in West und Ost, die meiner gedacht haben.

Diese vielfältige Anteilnahme hat mich dazu ermutigt, meine Arbeit, soweit es meine verminderten Kräfte zulassen, mithelfend fortzusetzen.

Mit den herzlichsten Grüßen

Ihr

(gez. Fritz Helling)

---

[47] Heinrich Homberg (StA Schwelm, Schwelmer Heimatbrief, 28. Folge, Ostern 1963, S. 1).
[48] Paul Schulte (s. Anm. 30).

245

Kapitel 15

Würdigungen Georg Pichts
und Friedrich Wilhelm Foersters

Im folgenden Jahr veröffentlichte ich in der „Deutschen Volkszeitung"[1] einen Bericht über die Gegenwartslage der Pädagogik in der Bundesrepublik. Unter der Überschrift „Der Alarmruf eines Pädagogen"[2] machte ich die Leser mit einer hochaktuellen Neuerscheinung bekannt: Im Februar 1964 veröffentlichte die Wochenzeitung „Christ und Welt"[3] eine inzwischen auch als Buch erschienene Artikelserie über „Die deutsche Bildungskatastrophe"[4] von Dr. Georg Picht[5]. Es war der Alarmruf eines

---

[1] Die u.a. vom Reichskanzler a.D. Dr. Joseph Wirth (1879-1956) im Mai 1953 als Tageszeitung gegründete, ab Januar 1954 wöchentlich herausgegebene „Deutsche Volkszeitung" (DVZ) erschien von 1953 bis 1983 (zunächst Fuldaer Verlagsanstalt, Fulda; ab 1954 Monitor-Verlag, Düsseldorf); nachdem 1983 „Die Tat" (Frankfurt a.m.) in ihr aufgegangen war, fortgesetzt als „Deutsche Volkszeitung, die Tat" (anfangs Röderberg-Verlag, Frankfurt a.M., dann Pahl-Rugenstein-Verlag, Köln), ab 1987 „Volkszeitung" (Volkszeitungs-Verlag, Berlin); 1990 Fusion mit dem „Sonntag" (Berlin [Ost]) zum heute noch wöchentlich erscheinenden „Freitag. Die Ost-West-Zeitung" (Zeitungsverlag Freitag, Berlin). Prominente Autoren der DVZ waren neben Herausgeber Joseph Wirth, Wilhelm Elfes, Martin Niemöller, Wolfgang Abendroth, Lorenz Knorr, Uta Ranke-Heinemann und Beate Klarsfeld. Inhaltlich plädierte das linke Publikationsorgan für die Wiedervereinigung eines neutralen Deutschlands und gegen die Einbindung in den West- bzw. Ost-Block, gegen Remilitarisierung bzw. Atombewaffnung, für Ostermarsch- (1960 ff) und Studentenbewegung, gegen die Notstandsgesetze in der Bundesrepublik (1968); gelangte in der außerparlamentarischen Protestbewegung der Bundesrepublik zu größerem Einfluß (vgl. Dieter Lattmann, Eine Stimme wird gebraucht. Vor zehn Jahren, in: Freitag Nr. 51 v. 17. Dezember 1999; Dirk Mellies, Trojanische Pferde der DDR? Das neutralistisch-pazifistische Netzwerk der frühen Bundesrepublik und die Deutsche Volkszeitung. 1953-1973, Frankfurt a.M. 2007).
[2] Dieser Artikel konnte trotz intensiver Recherche nicht identifiziert werden.
[3] Die Wochenzeitung „Christ und Welt" (CW) wurde 1948 in Stuttgart gegründet (Verlag Christ und Welt). 1971 Titeländerung in „Deutsche Zeitung, Christ und Welt" (seitdem Verlagsort Düsseldorf), 1980 Fusion mit der Wochenzeitung „Rheinischer Merkur" (Bonn).
[4] Pichts Artikelserie umfaßte vier Beiträge: Zwei Millionen Schüler mehr – woher sollen die Lehrer kommen? (Die deutsche Bildungskatastrophe I), in: CW, Nr. 5 v. 31. Januar 1964, S. 3-6; Ohne Planung geht es nicht – Das Versagen der Länder (Die deutsche Bil-

Mannes, der sich nach bitteren Erfahrungen zur Flucht in die Öffentlichkeit entschloß.

Als Mitglied des Deutschen Ausschusses für das Erziehungs- und Bildungswesen[6] hatte er jahrelang die schändliche Mißachtung erleben müssen, die man in politisch verantwortlichen Kreisen der Reformarbeit des

---

dungskatastrophe II), in: CW, Nr. 6 v. 7. Februar 1964, S. 8 f; Bonn weiß von nichts – Das Versagen des Bundes (Die deutsche Bildungskatastrophe III), in: CW, Nr. 7 v. 14. Februar 1964, S. 4 f; Was sofort getan werden muß (Die deutsche Bildungskatastrophe IV), in: CW, Nr. 8 v. 21. Februar 1964, S. 3-5. – Für die Buchpublikation „Die deutsche Bildungskatastrophe. Analyse und Dokumentation" (Freiburg i.Br. 1964, 2. Aufl. München 1965) erhielt Picht 1965 den Theodor-Heuss-Preis und wurde in den PEN-Club gewählt.
[5] Georg Picht (1913-1982), Philosoph, Theologe und Pädagoge; seit 1940 Mitarbeiter bei der Kirchenväterkommission der Berliner Akademie der Wissenschaften sowie Lehrer für Griechisch und Latein am Landerziehungsheim „Birklehof", wo er jedoch aufgrund politischer Differenzen mit dem nationalsozialistisch orientierten Schulleiter 1942 ausschied. 1942 Assistent und Lehrbeauftragter des altertumswissenschaftlichen Instituts der Universität Freiburg i.Br., im selben Jahr bei Martin Heidegger Promotion zum Dr. phil. über die „Ethik des Panaitios". 1946-1956 entwickelte Picht sein pädagogisches Konzept als Schulleiter des von ihm neueröffneten „Birklehofs", Kernpunkte waren die Gemeinschaftserziehung und Mitverantwortung der Schüler sowie der Grundsatz der Ehrlichkeit. 1951 maßgeblich an der Erarbeitung der „Tübinger Beschlüsse" beteiligt, die eine engere Zusammenarbeit von Universität und Schule zum Thema hatten; 1953-1963 Gutachter im Deutschen Ausschuß für das Erziehungs- und Bildungswesen (s. Kap. 11, Anm. 68) und im württembergischen Beirat für Bildungsplanung. In zahlreichen Vorträgen und Artikeln kritisierte er massiv die konzeptionsarme Bildungsarbeit von Bund und Ländern und war einer der Initiatoren der Bildungsreformdebatte der 1950er und 1960er Jahre. Ab 1958 Ausbau der kurz nach 1945 begründeten, interdisziplinär arbeitenden „Forschungsstätte der Evangelischen Studiengemeinschaft" (FEST) in Heidelberg, deren Leiter er über 24 Jahre blieb. 1965 Lehrstuhl für Religionsphilosophie der Evangelisch-theologischen Fakultät der Universität Heidelberg (bis 1978). Während der Studentenproteste 1968 wurde Picht zu einem der wichtigsten Diskussionspartner der Student(inn)en. Schwerpunkte seiner philosophischen Arbeiten bildeten die systematischen Vorlesungen und Kollegs zwischen 1965 und 1981, die er an der theologischen Fakultät in Heidelberg und an der FEST hielt. 1971 von Bundespräsident Gustav Heinemann in das Kuratorium der Deutschen Gesellschaft für Friedens- und Konfliktforschung berufen (vgl. Peter Noss, Art. Georg Picht, in: Biographisch-bibliographisches Kirchenlexikon, Bd. VII, Herzberg 1994, Sp. 565-578).
[6] S. Kap. 11, Anm. 68.

Ausschusses entgegenbrachte. Als Christ, der sich seiner lutherischen Kirche verbunden und verpflichtet fühlte, hatte er im Frühjahr 1962 mit Gleichgesinnten das Tübinger „Memorandum der Acht" unterzeichnet, das zu einer wirklichkeitsgerechten Politik der Wahrheit und des Friedens unter Anerkennung der Oder-Neiße-Grenze aufrief[7].

Mit dem gleichen Mut nahm er jetzt den Kampf gegen den immer gefähr-licher werdenden Bildungsnotstand in der Bundesrepublik auf. Wie Keu-lenschläge wirken die Sätze, in denen er die Lage schildert: „Die Bundes-republik steht in der vergleichenden Schulstatistik am untersten Ende der europäischen Länder neben Jugoslawien, Irland und Portugal ... In weni-gen Jahren wird man, wenn nichts geschieht, die schulpflichtigen Kinder wieder nach Hause schicken müssen, weil es für sie weder Lehrer noch Klassenräume gibt ... Im Jahre 1961 fehlten ... 27 190 Klassenräume, 44 081 Sonderräume für den Fachunterricht und 17 229 Turnhallen und Gemeinschaftsräume. Um diesen Fehlbedarf zu decken, wäre nach den Berechnungssätzen der Kultusminister eine Bausumme von 15,6 Milliar-den Mark nötig ... Welche Zustände werden aber erst herrschen, wenn sich die Zahl der Schüler (bis 1970) noch um rund zwei Millionen, also um mehr als 20 Prozent erhöht? Die Kultusminister errechnen bis 1970 einen Bedarf an einmaligen Investitionen (zusätzlich zu den laufenden Ausgaben) von 40,4 Milliarden Mark nach den Mittelwerten und 48 Mil-liarden Mark nach den Zielwerten. Dazu kommen rund 9,5 Milliarden für den Ausbau der wissenschaftlichen Hochschulen ... Wie sollen diese Summen aufgebracht werden?" Und wie soll der Bedarf an Lehrern ge-deckt werden? Bis 1970 müssen wir rund 300 000 neue Lehrer aller Schularten gewinnen. Bis dahin sind rund 300 000 Hochschulabsolventen

---

[7] Am 24. Februar 1962 hatten acht führende protestantische Laien – unter ihnen außer Picht auch der Nobelpreisträger Werner Heisenberg, der Naturwissenschaftler Carl Fried-rich von Weizsäcker und der Jurist Ludwig Raiser – das sogenannte Tübinger Memoran-dum mit dem Motto „Mehr Wahrheit in der Politik!" veröffentlicht und darin neben Re-formen in der Sozial- und Bildungspolitik eine „aktive Außenpolitik", d.h. die Anerken-nung der Oder-Neiße-Linie als Voraussetzung einer Normalisierung der Beziehungen mit Polen und den übrigen osteuropäischen Staaten gefordert (vgl. Dieter Bingen, Die deutsch-polnischen Beziehungen nach 1945, in: Aus Politik und Zeitgeschichte 5-6 [2005], S. 9-17).

zu erwarten. „Demnach müßten sämtliche Hochschulabsolventen Lehrer werden, wenn unsere Schulen ausreichend mit Lehrern versorgt sein sollen ... Es läßt sich aus den von den Kultusministern vorgelegten Zahlen bereits heute mit Sicherheit ablesen, daß der von ihnen errechnete Lehrerbedarf nicht einmal zur Hälfte wird gedeckt werden können." „Der Gesamtbedarf an Abiturienten kann selbst dann nicht gedeckt werden, wenn es gelingen sollte, die Zahl der Abiturienten zu verdoppeln. Das ist eine Feststellung von ungeheuerlicher Tragweite. Sie bedeutet, daß das gesamte System unserer Bildungseinrichtungen aus den Fugen gehen wird. ... Die Zahl der Abiturienten bezeichnet das geistige Potential eines Volkes, und von dem geistigen Potential sind in der modernen Welt die Konkurrenzfähigkeit der Wirtschaft, die Höhe des Sozialproduktes und die politische Stellung abhängig."[8]

Die Enthüllungen Pichts hatten eine alarmierende Wirkung. Ein einzelner brachte es fertig, die Front des Schweigens zu durchbrechen und alles in Bewegung zu bringen. Schon im März 1964 nahmen der Bundestag und der baden-württembergische Landtag, die Kultusministerkonferenz, der Bundesparteitag der CDU, die Arbeitsgemeinschaft Deutscher Lehrerverbände (AGDL) und der Verband Deutscher Studentenschaften ausführlich Stellung. Seitdem ist in zunehmendem Maße „die öffentliche Diskussion über eine der Grundfragen unserer politischen und wirtschaftlichen Existenz in Gang gekommen", wie Picht selbst im Vorwort seines Buches[9] feststellt. Mehr und mehr konzentriert sich diese Diskussion auf das Aktionsprogramm, das Picht zur Überwindung des Bildungsnotstandes vorlegt. Da er das Kardinalproblem in der Vermehrung der Abiturientenzahl sieht, schlägt er zuerst eine Modernisierung des ländlichen Schulwesens vor. „Hier ist in weiten Landstrichen die Bevölkerung sozial deklassiert, weil der Jugend die Schulen fehlen, die sie braucht. Hier gibt es deshalb auch die meisten Begabungsreserven, die wir erschließen müssen, wenn es gelingen soll, die Zahl der Abiturienten zu verdoppeln. ... Es müssen in weitem Umfang überall Mittelpunktschulen eingerichtet

---

[8] Den ersten Satz ausgenommen, ist dieser gesamte Absatz in der von Jürgen Helling überarbeiteten Textfassung herausgekürzt.
[9] „Die deutsche Bildungskatastrophe. Analyse und Dokumentation" (s. Anm. 4).

werden", wie es in Niedersachsen, Hessen und Schleswig-Holstein bereits geschieht und wie es die AGDL schon seit vielen Jahren für alle Bundesländer gefordert hat.[10]
Ein zweiter Vorschlag dient dem gleichen Ziel. Neben dem Normalweg über die höheren Schulen soll ein zweiter Bildungsweg über Aufbauzüge in Volks- und Mittelschulen zur vollen Hochschulreife führen und ebenso viele Schüler zum Abitur bringen wie die Gymnasien. Ansätze zu solch einem Ausbau des zweiten Bildungsweges, für den sich seit langem schon die AGDL einsetzt, finden sich schon allenthalben im Bundesgebiet.
Umstritten ist der dritte Vorschlag, die Lehrerbildung so zu ändern, daß trotz der unzureichenden Kapazität der Hochschulen und Universitäten eine beträchtliche Vermehrung der Lehrerschaft möglich wird. Picht ist der Ansicht, daß erst die „Quantität der Lehrer" gesteigert werden muß, bevor die unbefriedigende „Qualität" der Schülerleistungen erhöht werden kann. Die Zahl der Gymnasiallehrer will er dadurch vermehren, daß er für einen Teil von ihnen die Ausbildungszeit verkürzt. In der Unter- und Mittelstufe der Gymnasien sollen Lehrer unterrichten, die „nur halb so lange studiert" und „schon nach dem sechsten Semester" ihre Abschlußprüfung gemacht haben. Für die Unterstufe der Volksschulen soll eine Lehrerausbildung von vier Semestern genügen. „Hier kann auch auf das Abitur verzichtet werden. ... Wenn man an Stelle des Abiturs die Mittlere Reife und eine dreijährige Berufsbewährung zuläßt, so erschließt man für den Nachwuchs an Lehrern ein breites zusätzliches Reservoir." Diese Unter- und Mittelstufenlehrer sollen die Aufstiegsmöglichkeit erhalten, „sich später durch ein zusätzliches Studium für den Unterricht auf der Oberstufe zu qualifizieren". Als Einspruch gegen diese Pläne erklärte der Hauptausschuß der AGDL, es sei „im höchsten Maße gefährlich, den quantitativen Schwierigkeiten durch Minderung der qualitativen Ansprüche begegnen zu wollen".
Schließlich fordert Picht eine „Notordnung des gesamten Kulturverwaltungssystems", einen „Planungsapparat, ohne den die Aufgaben der Kul-

---

[10] Die zweite Hälfte dieses Absatzes (beginnend mit: „Mehr und mehr konzentriert sich diese Diskussion") sowie die folgenden vier Absätze (bis: „als ‚Konsumverzicht' zugemutet werden müssten.") sind in der von Jürgen Helling überarbeiteten Fassung herausgekürzt.

turpolitik nicht zu lösen sind". Im Rahmen eines Verwaltungsabkommens zwischen Bund und Ländern soll unter dem Vorsitz des Bundeskanzlers „ein Regierungsausschuß für internationale Erziehungsfragen" eingesetzt werden, dessen Arbeit sich auf eine Sachverständigen-Abteilung für Bildungsplanung im Bundesministerium für wissenschaftliche Forschung und auf das zu erweiternde Sekretariat der Ständigen Konferenz der Kultusminister stützen soll. Im Sinne dieser Vorschläge haben inzwischen die Ministerpräsidenten der Länder auf Empfehlung der Kultusminister die Gründung eines „Deutschen Bildungsrates"[11] beschlossen.

Wie man sieht, beschränkt sich Picht bewußt auf den Entwurf eines „Notstandsprogramms". Er bietet Notlösungen an, um den Ruin der Schulen zu verhindern. Er sucht dabei, so weit wie möglich, die überlieferten Eigentümlichkeiten unseres Bildungswesens zu bewahren. Er ist ein konservativer Kulturpolitiker, der ebenso wie der Deutsche Ausschuß in seinem „Rahmenplan"[12] an der traditionellen Dreigliedrigkeit unseres Schulwesens festhält, obwohl dieses getrennte Nebeneinander von Volks-

---

[11] Der Deutsche Bildungsrat wurde 1965 als bundesweite Kommission gemäß eines Verwaltungsabkommens zwischen Bund und Ländern als Nachfolger des Deutschen Ausschusses für das Erziehungs- und Bildungswesen (s. Kap. 11, Anm. 68) gegründet und bestand bis zu seiner Auflösung 1975. Seine Aufgabe war es, Bedarfs- und Entwicklungspläne sowie Struktur- und Finanzierungsvorschläge für das deutsche Bildungswesen zu entwerfen (vgl. Deutscher Bildungsrat, Gutachten und Studien der Bildungskommission, Bde. 1-61, Stuttgart 1967 ff; ders., Empfehlungen der Bildungskommission, Stuttgart 1967 ff).

[12] Der „Rahmenplan zur Umgestaltung und Vereinheitlichung auf dem Gebiete des allgemeinbildenden öffentlichen Schulwesens" wurde im Februar 1959 vom Deutschen Ausschuß für das Erziehungs- und Bildungswesen (s. Kap. 11, Anm. 68) vorgelegt. Der Reformplan forderte mehr Durchlässigkeit und individuell angepaßte Bildungsgänge, hielt aber an der Dreigliedrigkeit des Schulaufbaus fest. Vielmehr war geplant, an die vierjährige Grundschule eine Förderstufe (5.-6. Schuljahr) mit gemeinsamem Unterricht für alle und Sonderkursen anzuschließen, wo dann die Entscheidung über die weitere Schullaufbahn, d.h. zu besuchende Schulform, gefällt werden sollte (s. Empfehlungen und Gutachten des Deutschen Ausschusses für das Erziehungs- und Bildungswesen 1953-1965. Gesamtausgabe, im Auftrag des Ausschusses besorgt v. Hans Bohnenkamp, Walter Dirks u. Doris Knab, Stuttgart 1966, S. 59 ff. – Vgl. zur Kritik am Rahmenplan: Für und Wider den Rahmenplan. Eine Dokumentation, hg. v. Alfons Otto Schorb, Stuttgart 1960;

schulen, Realschulen und Gymnasien noch aus dem Klassenstaat des 19. Jahrhunderts stammt[13]. Gerade deshalb, weil er sich nicht zu einer gemeinsamen, demokratischen Schule für alle Kinder des Volkes entschließen kann, vermag er die erstrebte Förderung aller Bildungsreserven nicht zu erreichen. Auch bei der Frage der Finanzierung seines Aktionsprogramms weicht er der Notwendigkeit aus, die überhöhten Rüstungsausgaben für die Rettung des Schulwesens zu verwenden. Er denkt nur wie Franz Josef Strauß[14], auf den er sich beruft, an neue Steuern, die dem Volk als „Konsumverzicht" zugemutet werden müßten.

Aber trotzdem hat Picht das einzigartige Verdienst,[15] den Bann des Schweigens und der Ratlosigkeit durchbrochen zu haben. Alle reformbereiten Kräfte sind jetzt zur Mitarbeit an der Lösung der strittigen Fragen aufgerufen, vor allem die Lehrerschaft und ihr größter Verband, die Arbeitsgemeinschaft Deutscher Lehrerverbände, deren vieljährige Erfahrungen jetzt von besonderem Wert sein können.

Ein herausragendes Ereignis war für mich im Sommer 1964 am 2. Juni der 95. Geburtstag Friedrich Wilhelm Foersters[16], der damals in der Schweiz lebte. Das Politische in seiner „Erlebten Weltgeschichte"[17] hatte ich früher mit leidenschaftlichem Interesse gelesen. Es bestimmte mich

---

Helmut Schelsky, Anpassung oder Widerstand? Soziologische Bedenken zur Schulreform, Heidelberg 1961; s. auch Kap. 17, bei Anm. 27).

[13] Vgl. zur Kritik an mangelhafter Chancengleichheitspolitik in der Bildungsreformphase auch Wolfgang Keim, Die uneingelöste Gleichheit – Rückblick auf 50 Jahre bundesdeutscher Bildungspolitik, in: Jahrbuch für Pädagogik 2000. Gleichheit und Ungleichheit in der Pädagogik, Frankfurt a.M. 2001, S. 125-147, insbesondere S. 132-137.

[14] Franz Josef Strauß (1915-1988), CSU-Politiker, von 1953 bis 1955 Bundesminister für besondere Aufgaben, von 1955 bis 1956 Bundesminister für Atomfragen, von 1956 bis 1962 Bundesverteidigungsminister, von 1966 bis 1969 Bundesfinanzminister sowie von 1978 bis zu seinem Tode Ministerpräsident des Freistaates Bayern (vgl. Peter Siebenmorgen, Franz Josef Strauß. Ein Leben im Übermaß, München 2002).

[15] In der von Jürgen Helling überarbeiteten Fassung beginnt der Satz mit: „Picht hat das einzigartige Verdienst".

[16] S. Kap. 4, Anm. 16.

[17] Friedrich Wilhelm Foerster, Erlebte Weltgeschichte 1869-1953. Memoiren, Nürnberg 1953.

jetzt dazu, es in den Mittelpunkt einer Würdigung dieses seltenen Mannes zu stellen. Die Arbeit, die im Juniheft (1964) von „Schule und Nation" erschien[18], schickte ich an Foerster mit folgendem Begleitbrief:

Nehmen Sie meine Glückwünsche bitte als Zeichen des Dankes entgegen, den ich Ihnen seit Jahrzehnten, seit etwa 1920, schulde. Damals haben Ihre Bücher und Aufsätze mir in starkem Maße dazu verholfen, die imperialistischen Ideen, die während des ersten Weltkrieges bei uns Akademikern vorherrschend waren, für immer zu überwinden. Nach dieser Wandlung habe ich später mit ganzer Kraft die unheilvoll anwachsende Hugenberg- und Hitler-Bewegung[19] bekämpft, so daß ich 1933 aus dem öffentlichen Schuldienst entlassen wurde, später auch in die Hände der Gestapo fiel und nur wie durch ein Wunder gerettet wurde.
Nach 1945 konnte ich dann bis zu meiner Pensionierung wieder im öffentlichen Schuldienst tätig werden als Oberstudiendirektor in meiner Heimatstadt Schwelm.

Als Antwort erhielt ich ein gedrucktes Dankschreiben[20], auf dem Foerster mit eigener, kritzeliger Schrift hinzugefügt hatte: „Dank – aus tiefstem Herzen." Diese Worte empfand ich als die höchste Anerkennung, die ich bis dahin in meinem Leben erhalten hatte.

Foersters Kampf gegen das Preußentum ist für uns Deutsche so wesentlich, daß er unbedingt durch einige Beispiele verdeutlicht werden muß. Friedrich der Große unternahm bekanntlich gleich zu Beginn seiner Regierungszeit einen Raubüberfall auf das österreichische Schlesien[21].

---

[18] Fritz Helling, Erlebte Weltgeschichte. Ein Dank an Friedrich Wilhelm Foerster zu seinem 95. Geburtstag, in: Schule und Nation 10 (1964) 4, S. 3-9.

[19] S. Kap. 6, Anm. 24.

[20] Nach Foersters 95. Geburtstag.

[21] 1740, in seinem ersten Regentschaftsjahr, fiel Friedrich II. von Preußen (1712-1786) militärisch in Schlesien ein und löste den Ersten Schlesischen Krieg, 1740 bis 1742, bzw. Österreichischen Erbfolgekrieg gegen Maria Theresia (1717-1780), die junge habsburger Erzherzogin von Österreich und Königin von Ungarn und Böhmen, aus, was der Auftakt zu weiteren Kriegen zwischen Preußen und Österreich werden sollte: 1744/45 der Zweite Schlesische Krieg; 1756 der Dritte Schlesische Krieg, der Siebenjährige Krieg (vgl. Christopher Duffy, Friedrich der Große, Augsburg 1994).

Foerster zitierte aus den Briefen Maria Theresias an ihre Tochter Marie Antoinette[22]: „Wir alle werden durch dieses furchtbare System niedergeworfen werden, einer nach dem anderen, wenn wir nicht mit Festigkeit widerstehen."
In einem späteren Brief aus dem Jahre 1777 schreibt sie: „Seit 37 Jahren ist dieser Mann durch seine despotische Militär-Monarchie, durch seine Gewalttätigkeiten das Unglück Europas. Er hat sich losgesagt von allen anerkannten Prinzipien des Rechtes und der Wahrheit: er spottet jeglichen Vertrages und jeglicher Allianz."

Genau so Bismarck, der in drei Kriegen die Herrschaft Preußens über Deutschland erreichte[23]. Foerster war davon überzeugt, „daß das deutsche Volk sich seit 1866 vom Geiste seiner tausendjährigen Geschichte abgekehrt hat, wie es seinem wahren Charakter untreu geworden ist und seinen wahren Weltberuf verleugnet hat".
Im Krieg 1870/71 wurde im Schloß von Versailles der preußische König zum deutschen Kaiser gekrönt. Dieses „national-verengte Kleindeutschland" mit seiner „grundsätzlichen und technisch unerreichten Kanonenpolitik" stand nach Foersters Ansicht im äußersten Gegensatz zu dem „humanen Vermächtnis der vorangehenden deutschen Generation". „Es war die Entdeutschung Deutschlands, es war die Verneinung der unwiderleg-

---

[22] Marie Antoinette (1755-1793), letzte Tochter und fünfzehntes Kind von Maria Theresia (s. Anm. 21) und Kaiser Franz I. Stephan (1708-1765) von Habsburg-Lothringen, wurde später Königin von Frankreich und Navarra. Auf dem Höhepunkt der Französischen Revolution wurde sie wie ihr Ehemann Ludwig XVI. (1754-1793) guillotiniert (vgl. Joan Haslip, Marie Antoinette. Ein tragisches Leben in stürmischer Zeit, München 1988).
[23] Gemeint sind hier der Deutsch-Dänische Krieg 1864, der Deutsche Krieg (Preußisch-Österreichischer Krieg) 1866, in dessen Folge 1867 unter immensen Gebietsgewinnen Preußens der Norddeutsche Bund gegründet wurde, und schließlich der Deutsch-Französische Krieg 1870/71, der in der Kaiserproklamation des preußischen Königs Wilhelms I. am 18. Januar 1871 in Versailles und der Gründung des ‚Zweiten Deutschen Reiches' mündete. – Otto von Bismarck (1815-1898), seit 1862 preußischer Ministerpräsident und Außenminister, wurde 1867 Bundeskanzler des Norddeutschen Bundes und 1871 Gründer und erster (Reichs-)Kanzler des ‚Neuen' bzw. ‚Zweiten Deutschen Reiches' (Kaiserreich, 1871-1918) (vgl. Jost Dülffer/Hans Hübner [Hg.], Otto von Bismarck. Person, Politik, Mythos, Berlin 1992; Volker Ullrich, Otto von Bismarck, 3. Aufl. Reinbek 1998).

lichen Mission des europäischen Zentralvolkes, die doch darin bestand, Mittelpunkt der europäischen Föderation zu sein." „Unter Preußens Führung aber hat Deutschland versucht, sich zu einem Zentrum der Kriegswut und der Welteroberung zu machen, statt der Entspannung der Gegensätze dienstbar zu sein." Durch seine Kanonenpolitik trieb das Bismarck-Reich alle seine Nachbarn zur Erhöhung ihrer Rüstungen, verwandelte „ganz Europa in einen Exerzierplatz" und bahnte so „die moralische Auflösung Europas" an. „Der Weltkrieg lag wie ein schwer eingebettetes Unheil in den Tiefen des Bismarckismus, in den unheilbaren Folgen seiner Verhöhnung der Rechtsidee im Völkerleben, ja im Leben der deutschen Wirklichkeit selber." Der Kriegsgeist herrschte am hemmungslosesten in der Generalität. Einer Friedensdelegation entgegnete der Generalstabschef von Moltke (der ältere)[24]: „Der Krieg ist heilig, ist eine göttliche Einrichtung, ist eines der geheiligten Gesetze der Welt." In einer Manöveransprache, die Foerster als besonders bezeichnend erwähnt, sagte der General von Haeseler[25] seinen Soldaten: „Es ist notwendig, daß unsere Zivilisation ihren Tempel auf Bergen von Leichen, auf einem Ozean von Tränen und auf dem Röcheln von unzähligen Sterbenden errichtet." Die verhängnisvolle Wirkung dieser „Kanonenphilosophie" sieht Foerster darin, daß unter dem Eindruck ihrer politischen Erfolge ein immer größerer Teil des deutschen Volkes, auch die Majorität der deutschen Intellektuellen, in geradezu erstaunlicher Weise der neudeutschen Leidenschaft zum Opfer fiel.

Unter Wilhelm II.[26] nahm der nationalistische Größenwahn immer mehr zu. Man glaubte an die „unvergleichliche Überlegenheit deutscher Ener-

---

[24] Helmuth Karl Bernhard Graf von Moltke (1800-1891), gen. Moltke der Ältere, war als Generalstabschef der preußischen Armee maßgeblich beteiligt an der Ausarbeitung der militärischen Pläne für den Deutsch-Dänischen Krieg, den Preußisch-Österreichischen und den Deutsch-Französischen Krieg (s. Anm. 23; vgl. Arden Bucholz, Moltke and the German wars, 1864-1871, Basingstoke 2001; Roland G. Foerster [Hg.], Generalfeldmarschall von Moltke. Bedeutung und Wirkung, München 1991).

[25] Gottlieb Ferdinand Albert Alexis Graf von Haeseler (1836-1919), preußischer Generalfeldmarschall, Kriegsteilnahme 1864, 1866 und 1870/71 (s. Anm. 23).

[26] Wilhelm II. (1859-1941), aus der Dynastie der Hohenzollern, war von 1888 bis 1918 der letzte Deutsche Kaiser und König von Preußen (vgl. Christopher M. Clark, Kaiser Wilhelm II., London 2000; John C. G. Röhl, Wilhelm II., Cambridge 2004).

gie und Intelligenz", an das Recht Deutschlands auf die Führung in Europa und der Welt. Kein Wunder, daß sich die Nachbarvölker noch mehr als in der Bismarckzeit bedroht fühlten und sich in Bündnissen zusammenzuschließen begannen. Foerster sagt zu dieser gefährlichen Entwicklung: „Es war der tödliche Irrtum zu glauben, daß der, der in der Mitte sitzt, nach Macht schreien müsse, während er in Wirklichkeit nach Recht rufen und selber das Beispiel des Rechtssinnes geben muß, wenn er nicht will, daß er eines Tages von allen Himmelsrichtungen her eingekreist werde und das gleiche Schicksal der Entrechtung und Entmachtung erfahre, das er anderen zugedacht hatte."

Um die Jahrhundertwende hatte sich schließlich der nationale Hochmut bis zur offenen Kriegspropaganda gesteigert, von der Foerster einige Proben abdruckt, zum Beispiel aus den „Grenzboten"[27] 1896, Nr. 48: „Wir lehren, daß, wenn das Wohl unseres Vaterlandes eine Eroberung, Unterjochung, Verdrängung, Vertilgung fremder Völker fordern sollte, wir uns davon durch christliche oder Humanitätsbedenken nicht dürfen zurückschrecken lassen; wir haben deshalb auch gegen die äußerste Anspannung der Wehrkraft nichts einzuwenden, vorausgesetzt, daß sie in absehbarer Zeit einmal zu dem Zwecke angewandt wird, zu dem sie bestimmt ist." Aus der Berliner „Post"[28], 28. Januar 1912: „Welche Männer ragen denn am höchsten in der Geschichte der Nation – wen umfängt der Herzschlag der Deutschen mit heißester Liebe? Etwa Goethe, Schiller, Wagner, Marx? Oh nein, sondern Barbarossa[29], den großen Friedrich[30],

---

[27] „Die Grenzboten. Zeitschrift für Politik, Literatur und Kunst" erschien von 1841 bis 1922, anfänglich im Deutschen Verlags-Comptoir (Brüssel), dann im Deutschen Verlag (Berlin).

[28] Die Zeitschrift „Die Post" (nachdem im Juli 1919 „Berliner neueste Nachrichten" in ihr aufgegangen war: „Die Post. Berliner neueste Nachrichten") erschien erstmalig am 1. August 1866 und letztmalig am 30. Juni 1921, zweimal täglich, im Verlag Die Post (Berlin).

[29] Friedrich I. (1122-1190), gen. Barbarossa, aus dem Haus der Staufer, war seit 1147 unter dem Namen Friedrich III. Herzog von Schwaben bekannt, seit 1152 Römisch-Deutscher König und seit 1155 Kaiser des Heiligen Römischen Reiches Deutscher Nation (vgl. Odilo Engels, Die Staufer, 7. Aufl. Stuttgart 1998).

[30] Vgl. Anm. 21.

Blücher[31], Moltke[32], Bismarck[33] – die harten Blutmenschen! Sie, die tausende von Leben hinopferten, sie sind es, denen aus der Seele des Volkes das weichste Gefühl, eine wahrhaft anbetende Dankbarkeit entgegenströmt. Weil sie getan haben, was wir jetzt tun sollten." Aus „Jungdeutschland-Post"[34], 25. Januar 1913: „Der Krieg ist die hehrste und heiligste Äußerung menschlichen Handelns. Auch uns wird einmal die frohe große Stunde eines Kampfes schlagen ... Tief im deutschen Herzen muß die Freude am Krieg und ein Sehnen nach ihm leben."

Solche Äußerungen waren damals, wie Foerster immer wieder betont, keineswegs Ausnahmen, sondern „vielmehr bezeichnend für die Stimmung derjenigen deutschen Kreise, die das Schicksal des deutschen Volkes seit den großen Erfolgen tatsächlich bestimmt haben. Wir anders Gesinnten waren gegenüber dem überwältigenden Lärm dieser Propaganda wie Heimchen, die im Grase zirpen."

Erschütternd sind in dem Foersterschen Buch die Zeugnisse dafür, daß die politische Zusammenballung zum 1. Weltkrieg und die Entscheidungen im Juli 1914 „die Alleinschuld der deutschen Diplomatie, der deutschen Militärpartei und des deutschen Nationalismus" waren. Foerster erklärt mit allem Nachdruck: „Wer, ernstlich nach Wahrheit strebend, die Zeugnisse auf sich wirken läßt, wird sich dem nicht entziehen können, daß Europa im Sommer 1914 unbedingt keinen Krieg wollte, ja, daß die von dem Berlin-Wiener Draufgängertum zunächst Betroffenen sogar unter das herabgingen, was sie ihrer Würde und ihren greifbaren Interessen schuldig waren – nur um den Weltbrand zu verhüten." Was taten

---

[31] Gebhard Leberecht von Blücher (1742-1819), Fürst von Wahlstatt (seit 1814), preußischer Generalfeldmarschall, führender Militärstratege Preußens in den antinapoleonischen Kriegen, u.a. in der Völkerschlacht bei Leipzig (1813) und in der Schlacht bei Belle-Alliance (Waterloo, 1815); politischer Anhänger der preußischen Reformer Stein und Hardenberg (vgl. Tom Crepon, Gebhard Leberecht von Blücher. Sein Leben, seine Kämpfe, Rostock 1999).

[32] Graf von Moltke, der Ältere (s. Anm. 24).

[33] Otto von Bismarck (s. Anm. 23).

[34] Die „Jungdeutschland-Post. Wochenschrift für Deutschlands Jugend" (Berlin, Körperschaft: Jungdeutschland-Bund) erschien von 1913 bis 1924, wurde dann fortgesetzt als „Jungdeutschland. Jahrbuch der deutschen Jugend" (bis 1943).

England, Frankreich und Rußland? Sie machten einen Vermittlungsvorschlag nach dem anderen. Grey[35] machte in den Tagen vom 24. bis 31. Juli nicht weniger als acht Vermittlungsversuche, Cambon[36] drei und Sasonow[37] ebenfalls drei. Alles vergebens. Da fingen sie an, geradezu um den Frieden zu betteln. Der Zar[38] telegraphierte an Wilhelm[39]: „In diesem so ernsten Augenblick bitte ich Dich inständig, mir zu helfen ... Um einem Unglück, wie es ein europäischer Krieg sein würde, vorzubeugen, bitte ich Dich im Namen unserer alten Freundschaft, alles Dir mögliche zu tun, um Deinen Bundesgenossen davon abzuhalten, zu weit zu gehen." Alles vergebens. „Man wollte in Berlin die europäische Auseinandersetzung als Präventivkrieg ... Der dämonische Wille zum Krieg, verkörpert in einer großen Reihe militärischer Persönlichkeiten, hoher Beamter, Industriellen, Politikern, Bankdirektoren, voll von preußisch-neudeutscher Logik des Wunsches nach Machtkontrolle über Europa, kannte das Gesetz seiner Erfüllung und ließ diesmal nicht nach, bis die Lawine rollte."

Im Herbst 1918 brachen die militärischen Fronten der Deutschen zusammen. In der Novemberrevolution wurde die deutsche Republik ausgerufen. Der Kaiser flüchtete nach Holland. Am 28. Juni 1919 wurde im Friedensvertrag von Versailles die totale Niederlage an derselben Stelle[40] besiegelt, an der 1871 das Kaiserreich der Hohenzollern gegründet worden war. Einige Wochen nach der Revolution lud Foerster die gesamte

---

[35] Sir Edward Grey (1862-1933), britischer Außenminister von 1892 bis 1895 und von 1905 bis 1916, Hauptarchitekt der britischen Außenpolitik vor dem Weltkrieg (Jay Winter, Art. Sir Edward Grey, in: Enzyklopädie Erster Weltkrieg, hg. v. Gerhard Hirschfeld u.a., Paderborn 2003, S. 534).
[36] Jules Cambon (1845-1935), von 1907 bis zum Kriegsbeginn August 1914 französischer Botschafter in Berlin (vgl. Laurent Villate, Paul et Jules Cambon, deux acteurs de la diplomatie française [1843-1935], Paris 1999).
[37] Sergej Dimitrijewitsch Sasonow (1860-1927), von 1910 bis 1916 russischer Außenminister (vgl. Mechthild Lindemann, Art. Sergej Dimitrijewitsch Sasonow, in: Enzyklopädie Erster Weltkrieg, a.a.O., S. 814).
[38] Nikolaus II. (gebürtig Nikolaj Alexandrowitsch Romanow, 1868-1918) von 1894 bis 1917 der letzte Zar Rußlands.
[39] Wilhelm II. (s. Anm. 26).
[40] Im Spiegelsaal des Schloßes von Versailles.

Studentenschaft in München zu einem Vortrag über die Mitschuld der deutschen Intellektuellen am Weltkrieg ein. Er erlebte eine schwere Enttäuschung: er wurde niedergeschrieen. Denn „leider gab es", wie Foerster schreibt, „nach dem verlorenen ersten Weltkrieg eine nationale Einheitsfront gegen alle diejenigen, die es wagten, eine deutsche Verantwortlichkeit für die Katastrophe beim Namen zu nennen und eine weitgehende Reparation des Schadens, insbesondere für die außerhalb der Kriegshandlungen verursachten Zerstörungen, als deutsche Ehrenpflicht zu erklären". Alle Versuche, das deutsche Volk von der Wahrheit über die Frage der Kriegsschuld und der Wiedergutmachung zu überzeugen, blieben vergeblich. Als 1921 Erzberger[41] und 1922 Rathenau[42] ermordet wurden, war auch Foerster so bedroht, daß ihm sein Freund, der Oberst von Sonnenburg[43], einen Eilbrief nach Berlin mit folgendem Inhalt sandte: „Lieber Foerster, nehmen Sie den ersten Zug nach Basel, man ist auf Ihrer Spur, und Sie wissen, was das bedeutet. Werfen Sie sich nicht vor den deutschen Autobus, der dem Abgrund zurollt. Gehen Sie ins Ausland, klären Sie das Ausland auf und von dort her wenn möglich unser unglückliches Volk." Foerster folgte diesem Rat, nahm den ersten Zug nach Basel und atmete auf, als ihn an der deutschen Grenzstation der Reichswehrsoldat ohne die gefürchtete Order, ihn festzuhalten, passieren ließ. „Seitdem", fügt er bedeutungsschwer hinzu, „bin ich nie mehr nach Deutschland zurückgekehrt."

Im Ausland – zuerst in der Schweiz, seit 1926 in Frankreich, seit 1940 in den USA – setzte er seine Aufklärungsarbeit fort. „Ich fühlte mich unbedingt verpflichtet, gewisse deutsche Entwicklungen und Wiederherstellungen sowohl dem bedrohten Ausland wie dem nicht minder bedrohten deutschen Volk, das von neuem sinnlos auf die Schlachtbank gezerrt werden sollte, rechtzeitig bekanntzugeben." Aber welche Schwierigkeiten türmten sich vor ihm auf! „Ich gab mir die größte Mühe, die maßgeben-

---

[41] Matthias Erzberger (s. Kap. 4, Anm. 4).

[42] Walther Rathenau (s. Kap. 4, Anm. 5).

[43] Alfons Falkner von Sonnenburg (1851-1929) (vgl. Detlef Bald, Auf dem Weg zu den Pazifisten. Der bayerische Oberst Alfons Falkner von Sonnenburg [1851-1929], in: Wolfram Wette [Hg.], Pazifistische Offiziere in Deutschland 1871-1933, Bremen 1999, S. 110-129).

den Kreise in Frankreich und England rechtzeitig zu warnen; alles war vergeblich. Man predigte vor tauben Ohren und geschlossenen Augen ... Etwa von 1927 an war ich unbedingt sicher, daß die machthabenden Kreise in Deutschland den zweiten Weltkrieg nicht nur vorbereiteten, sondern auch die Gewißheit zu haben glaubten, daß sie ihn gewinnen und einen groß angelegten Versuch wagen könnten, die Welt zu erobern. Am 8. Juni 1927 schrieb ich in diesem Sinne in der ‚Menschheit'[44]: ‚Die Herren Deutschlands wollen zweifellos den Frieden, aber nur um ungestört den Krieg vorbereiten zu können und für den Tag gerüstet zu sein, der durch die Schwäche der Gegner entschieden werden wird. Das wird etwa zwischen 1933 und 1938 sein.'"

Die kommenden Ereignisse entsprachen diesen Voraussagen. Im Oktober 1931 schlossen sich in Harzburg die Deutschnationalen und der „Stahlhelm" mit den Nationalsozialisten zur „nationalen Opposition" zusammen, die den Sturz der Weimarer Demokratie zum Ziele hatte[45]. Am 30. Januar 1933 wurde Adolf Hitler, der Führer der Nationalsozialisten, Reichskanzler.

Für Foerster war der Nationalsozialismus „die vollendete Einigung des alldeutschen Machtwahns mit dem preußischen System. Hitler war der vollendete Sieg des Preußentums über die deutsche Seele, ... die absolut logische Konsequenz der neuen deutschen Geschichte". Auch die Entfesselung des 2. Weltkrieges sah Foerster als „die unabwendbare Konsequenz" der preußisch-neudeutschen Macht- und Gewaltpolitik an. Während dieses Krieges gelang es Foerster, mit seiner Familie nach New York zu entkommen (1940). Er setzte hier seine Aufklärungsarbeit fort in der Gewißheit, daß Hitler nicht als Sieger aus seinem Welteroberungskrieg hervorgehen würde.

Am 8. Mai 1945 wurde endlich die bedingungslose Kapitulation der Hitlerarmeen erzwungen. Im Potsdamer Abkommen vom 2. August 1945 er-

---

[44] Die von Fritz Röttcher herausgegebene, pazifistische Zeitschrift „Die Menschheit" erschien von 1914 bis 1930 im Verlag Friede durch Recht (Wiesbaden u.a., anfangs Bern).

[45] S. zur „Harzburger Front" auch Kap. 6, Anm. 24.

klärten die Siegermächte ihren Willen, den deutschen Militarismus und Nationalsozialismus auszurotten. Da aber das Bündnis der Sieger infolge der neuen antisowjetischen USA-Politik auseinanderbrach, kam es bei uns trotz aller feierlichen Verpflichtungen noch einmal zur Wiederherstellung des Vergangenen. „Die Teilnehmer jenes Unternehmens", schreibt Foerster, „dürfen so tun, als sei überhaupt nichts geschehen. Das hat wohl niemand vorausgesehen und es zeigt höchst alarmierend, daß eine wirkliche Katharsis (Reinigung) nicht stattgefunden hat." Für das Gefährlichste hält Foerster das Weiterwirken der Haushoferschule[46], die noch immer „das geistige Zentrum für den ganzen deutschen Nationalismus" sei. „Ohne daß es die Welt weiß, sitzen die Angehörigen und Schüler dieser Geopolitik überall in der Welt und in Deutschland verstreut, arbeiten Tag und Nacht für die Wiederaufnahme und Weiterentwicklung der alten Pläne und stehen hinter der ganzen neuen nationalistischen Propaganda, die heute am Werk ist, um das deutsche Volk von neuem auf den tödlichen Irrweg zurückzuführen, in dem es schon zwei Katastrophen erlebt hat."

Aus einem Memorandum, das von dem deutschen geopolitischen Zentrum in Madrid 1951 herausgegeben und in großem Umfang an leitende und einflußreiche Kreise in Deutschland und anderswo verschickt wurde, druckt Foerster einige Auszüge ab, zu denen folgende Sätze gehören: „Was Deutschland für die Zukunft nötig hat, ist nicht Demokratie, sondern ganz im Gegenteil der Ausbau einer autoritativen Staatsmacht, ähnlich wie es diejenige der Sowjets ist, wodurch es den militärischen und politischen Eliten in Deutschland ermöglicht würde, das industrielle Potential von ganz Europa zusammenzufassen und die militärischen Kräfte des deutschen Volkes im Interesse der Wiedergeburt der Nation und der Wiederherstellung Europas als des Machtzentrums der ganzen Welt in

---

[46] Karl Ernst Haushofer (1869-1946), deutscher Geograph und Geopolitiker, war nach einer militärischen Karriere im Ersten Weltkrieg Professor für Geopolitik an der Universität München und mit seinen Theorien, die kleinen Völkern das Lebensrecht absprachen, Stichwortgeber der nazistischen Ideologie von „Lebensraum" bzw. vom „Deutschen Volk ohne Raum" (vgl. Hans-Adolf Jacobsen, Karl Haushofer. Leben und Werk, Boppard a.Rh. 1979).

Kraft zu setzen." Aber so deutlich Foerster die Gefahr dieses „neuen geopolitischen Nationalismus" vor Augen hat, so sagt ihm doch sein Wissen um die realen Machtverhältnisse in der heutigen Welt, daß Deutschland „den militärischen Vorsprung, der ihm alle seine großen Erfolge seit 1866 verschaffte, nun definitiv verloren" hat. Die noch wichtigere und eigentlich entscheidende Veränderung der Lage sieht Foerster in einer anderen Tatsache: In der Umwälzung der militärischen Rüstung, der Revolutionierung alles militärischen Denkens und Planens durch die Erfindung der atomaren Waffen. „Es ist die Wasserstoff-Bombe, die grundsätzlich dem scheinbar unüberwindlichen Kriegsgeist unerwartet ein Ende gesetzt hat – einfach, weil sie den Krieg selber ad absurdum führt."[47] Für die Zukunft sieht Foerster eine „Befriedung der Welt" voraus. Sie müsse „mit einem interkontinentalen west-östlichen Ausgleich beginnen", der „dem deutschen Nationalismus den Weg zu neuen Abenteuern versperrt" und das deutsche Volk „gegen eine neue nationalistische Vergiftung" schützen würde.

So ist Foerster am Abend seines Lebens nach all den Kämpfen, die hinter ihm liegen, von der Hoffnung und Erwartung erfüllt, daß es zu einer „wahrhaft universalen und wirklich kooperativen Lösung des Weltproblems" kommt, zu einer „west-östlichen Verständigung", einer „Zusammenarbeit der Völker", einer „großen Friedensordnung", in der Gegensätze durch Verhandlungen ihren Ausgleich finden können. Vor allem ist es für ihn „eine große und tröstende Erwartung", daß sich Deutschland unter dem Einfluß dieser Weltentwicklung endlich und endgültig von der „alldeutsch orientierten Geopolitik" abwenden werde, daß es „zu seinem besten Selbst und Wesen", zu seinen „übernationalen Kulturtraditionen" zurückkehrt und seine Aufgabe „in der Unterordnung des Nationalbewußtseins unter den kategorischen Imperativ des übernationalen Rechtssinns" und in der Mitarbeit „für das Ganze der Menschheit" zu erfüllen sucht. Da er für diese „Befreiung des deutschen Volkes von dem Fluch des Geschehenen", für die „wahre deutsche Wiederherstellung" vor allem auf die Jugend hofft, erscheint ihm die politische Erziehung der jungen

---

[47] Die vorausgehenden Sätze, mit denen dieser Absatz beginnt, sind in der von Jürgen Helling überarbeiteten Fassung herausgekürzt.

Generation von entscheidender Wichtigkeit. Die Jugend soll für eine „gänzlich neue weltpolitische Orientierung" gewonnen werden, eine Aufgabe, die allen denen zugewiesen wird, „die heute eine erzieherische Verantwortlichkeit auszuüben haben".

Dies alles wurde von mir in mehrfachen Veröffentlichungen zum 95. Geburtstag Foersters als Dank an ihn zum Ausdruck gebracht.

Kapitel 16

Comenius-Ehrung in Prag

Noch im gleichen Jahr 1964 wurde ein Ereignis vorbereitet, das mir unvergeßlich ist. Dr. J. Brambora (Prag)[1] litt damals sehr unter einem politischen Prozeß gegen den nationalsozialistischen Mörder eines Freundes von ihm. Würde sich so etwas von Deutschland aus wiederholen können? In dieser bedrückten Stimmung las er meinen Dankbrief nach meinem 75. Geburtstag. Darin fand er folgende Sätze meines Hamburger Freundes Haun an mich[2]: „Sie haben einen Baum gepflanzt, der wachsen wird. Sie mögen um ihn bangen, doch er wird wachsen, trotz Dürre und trotz mancher Stürme. ... Die Zukunft wird Ihr Werk als notwendig, richtig und großartig bestätigen". Das verwandelte die Depression Dr. Bramboras in Zuversicht und bestärkte ihn in dem Gedanken, für mich die Komensky-Medaille zu beantragen wegen meiner „eifrigen Bemühungen um Verständigung und Zusammenarbeit im geteilten Deutschland und geteilten Europa".

Aufgrund dieses Antrags bekam ich vom Prager Schulministerium die Aufforderung, alle meine Veröffentlichungen einzuschicken und die mir verliehenen Auszeichnungen anzugeben. Anfang März 1965 erhielt ich dann vom Schulministerium in Prag folgenden Brief:

Geehrter Herr Oberstudiendirektor,
ich habe die Ehre, im Namen unseres Ministeriums Ihnen mitzuteilen,
daß unser Minister, Herr Dr. Cestmir Cisar[3], Ihnen die höchste pädago-
gische Auszeichnung, die Komensky-Medaille verleihen möchte.

---

[1] Dr. Josef Brambora, führendes Mitglied des Kabinetts für Pädagogische Wissenschaften an der Tschechoslowakischen Akademie der Wissenschaften in Prag (gegründet 1952, aufgelöst 1992), bedeutender tschechoslowakischer Comenius-Forscher (s. auch Kap. 12, Anm. 1).
[2] Zu der von Helling zitierten Passage sowie zu Rudolf Haun s. Kap. 14, bei Anm. 43.
[3] Dr. Cestmir Cisar (geb. 1920) war von 1963 bis 1965 tschechoslowakischer Kultur- und Erziehungsminister (vgl. Internationales Biographisches Archiv 32/1970 vom 27. Juli 1970, in: Munzinger Online Archiv).

Diese Auszeichnung ist unsere Anerkennung alles dessen, was Sie als hervorragendes Mitglied des Schwelmer Kreises für die Verbesserung der Schulen, der Erziehung und der Völkerverständigung im Geiste der Humanität, des Fortschritts, kurz im Geiste Komenskys[4] geleistet haben. Die Verleihung der Komensky-Medaille findet am ‚Tage der Lehrer‘[5], d. h. am 28. März oder am Tage vorher, statt. Das Ministerium erlaubt sich, Sie zu einem Aufenthalt von einer Woche, vom 25. bis zum 31. März, einzuladen.

Wir haben die Erteilung des tschechoslowakischen Visums an Sie bei unserer Militärmission in Berlin West befürwortet, daher senden Sie, bitte, Ihren Reisepass dort hin. Das Durchreisevisum durch die DDR müssen Sie sich persönlich besorgen.

Ich hoffe, Sie bald in Prag begrüßen zu können und verbleibe mit herzlichen Grüßen

gez. M. Hudecek[6], Leiter der Auslandsabteilung.

Im Wartemonat Februar 1965 schrieb ich im Einvernehmen mit dem Arbeitsausschuß des Schwelmer Kreises ein Flugblatt „Unsere Aufgabe 1965". Auf der ersten Seite berief ich mich auf unseren Aufruf an die Lehrer aus dem Jahr 1953. Wir hatten damals geschrieben: *Die Politik des Kalten Krieges liegt seit Jahren wie ein Alpdruck auf den Völkern. Die Rettung der geängsteten Menschheit ist nur durch die Abkehr vom Ungeist der Verfeindung, durch Entschlossenheit zu gegenseitiger Verständigung möglich. Die Politik des Nicht-Verhandeln-Wollens, des Hassens und Verleumdens führt nur zur Verschärfung der Gegensätze. Wir Pädagogen bekennen, daß wir in der drohenden Forderung an die deutsche Jugend, gegeneinander in Waffen zu stehen, eine Tragik sehen, die*

---

[4] Vgl. zu Hellings Komensky-Rezeption auch Klaus Schaller, Comenius im Horizont der Pädagogik Fritz Hellings, in: Burkhard Dietz (Hg.), Fritz Helling, Aufklärer und „politischer Pädagoge" im 20. Jahrhundert, Frankfurt a.M. 2003, S. 281-301.

[5] Der ‚Tag der Lehrer‘ wurde in der Tschechoslowakischen Republik zum ersten Mal 1955 gefeiert. Mit diesem Tag sollte an die „verantwortungsvolle Aufgabe der Lehrer bei der Erziehung der ‚nächsten Generationen der Erbauer des Sozialismus im Land'" erinnert werden. Zu Ehren von Comenius wurde der Feiertag auf den 28. März festgelegt, seinen Geburtstag (vgl. Ludmila Clauss, Tag der Lehrer, in: Czech Radio 7. Radio Prague, Tagesecho v. 29. März 2002).

[6] Nicht ermittelt.

uns das Herz bluten läßt. Wir wollen auch nicht verschweigen, daß infolge dieser Aufrüstungspolitik ein neu entstehender Militarismus den Geist einer demokratischen Schulreform an jeder Entfaltung zu hindern droht. Wir weisen warnend darauf hin, daß die hohen Rüstungskosten einen unvermeidbaren Niedergang des Schulwesens zur Folge haben. Bei einer Fortsetzung der Versuche, die Wiedervereinigung Deutschlands mit den Mitteln des Kalten Krieges zu erzwingen, bleibt als letzte Möglichkeit nur der ultimative Einsatz der militärischen Stärke. Mit Sicherheit läßt sich aber voraussagen, daß weder der Ostblock noch der Westblock vor einem Ultimatum kapitulieren werden. In diesem Augenblick werden wir unmittelbar vor der Katastrophe eines neuen Krieges stehen. Angesichts dieser Gefahr sind wir der Überzeugung, daß eine Politik der Entspannung unbedingt nötig ist.[7]

Auf derselben Seite fuhr ich dann fort: *Überall nehmen deshalb die Kräfte zu, die sich für eine Entspannung der Gegensätze, für Abrüstung und friedliche Koexistenz der Völker einsetzen, eine Bewegung, die allerdings in der Bundesrepublik bisher noch auf heftigen Widerstand stößt. Hier treten nach wie vor einflußreiche Kreise für die Fortsetzung jener militärischen Expansionspolitik ein, die uns im 20. Jahrhundert schon zweimal in furchtbare Katastrophen gestürzt hat. Gerade jetzt verlangt man nach Mitbestimmung über den Einsatz atomarer Waffen und nach Notstandsgesetzen mit Kriegsrecht schon in Friedenszeiten. Der Freiherr zu Guttenberg*[8] *gibt in einem 1964 erschienenen Buch „Wenn der Westen will. Plädoyer für eine mutige Politik"*[9] *ohne Scheu die Ziele an, für die er die Macht der Bundesrepublik und des ganzen Westens einsetzen will.*

---

[7] Dieser sowie die folgenden vier Absätze (bis: „als selbstverständlich anzusehen.") sind in der von Jürgen Helling überarbeiteten Textfassung herausgekürzt.

[8] Karl Theodor Reichsfreihr. v.u.z. Guttenberg (1921-1972), Land- und Forstwirt, Gutsbesitzer, war Mitbegründer der CSU im Landkreis Stadtsteinach 1946 und Mitglied des Bundestages 1957-1972, Außenpolitischer Sprecher der CDU/CSU-Fraktion und 1967-1969 Parlamentarischer Staatssekretär im Bundeskanzleramt; trat besonders als vehementer Kritiker der Brandtschen Ostpolitik hervor. Ehrenvorsitzender der CSU; Träger des „Preußenschildes", der höchsten vom Vertriebenenverband „Landsmannschaft Ostpreußen" verliehenen Auszeichnung (vgl. Manfred Berger, Art. Karl Guttenberg, in: Biographisch-bibliographisches Kirchenlexikon, Bd. XXI, Nordhausen 2003, Sp. 599-608).

[9] Erschienen 1964 im Seewald Verlag (Stuttgart-Degerloch, 2. Aufl. ebd. 1965).

Deutschland trägt, wie er sagt, „Verantwortung in und für Europa",
„auch für Osteuropa", und zwar Verantwortung für die „Freiheit". Da
nach seiner Behauptung die Ungarn, Polen, Tschechen und Rumänen
fremdem Willen unterworfen sind, muß „die Wiedergewinnung ihrer
Freiheit ... ein konkretes Ziel des freien Deutschlands sein". Die Aussich-
ten für die Befreiung des Ostens erscheinen ihm günstig. „Der Westen
hat alle Trümpfe in seiner Hand, seine Wirtschaftskraft ist jener der an-
deren Seite unendlich überlegen; seine militärische Potenz übertrifft die
des Gegners um ein Vielfaches; seine Idee ist die Quelle stürmischen
Fortschritts. Vor allem aber: auch jenseits des Eisernen Vorhangs stehen
die Völker auf der Seite des Westens".

Dieses „Befreiungsprogramm", das an Hitler erinnert, ist so phanta-
stisch, daß weder die Völker noch die Regierungen des Westens bereit
sind, es als reale Möglichkeit ernst zu nehmen. Sie wollen sich nicht in
einen 3. Weltkrieg hineindrängen lassen. Sie wollen vielmehr die tiefe
Kluft, die in den Jahren des Kalten Krieges zwischen Ost und West ent-
standen ist, durch eine neue Politik der Annäherung und Verständigung
so weit wie möglich verringern. Und da die Regierungen und Völker des
Ostblocks das Gleiche wollen, haben wir heute das Recht zu der Hoff-
nung, daß der Frieden in der Welt durch die gemeinsamen Anstrengun-
gen der Völker und ihrer Regierungen erhalten und gestärkt werden
kann.

Ein Abbau der Rüstung würde uns in der Bundesrepublik von Milliarden-
lasten befreien und die Voraussetzung dafür schaffen, die bisher unlösbar
erscheinenden Probleme des Bildungswesens zu lösen: Durch Einführung
des 9. und 10. Schuljahres die Volksbildung zu erhöhen, durch Land-
schulreform (Mittelpunktschulen) und Ausbau des 2. Bildungsweges die
Abiturientenzahl nach Möglichkeit zu verdoppeln und durch Verbesse-
rung der Lehrerbildung und Lehrerbesoldung den notwendigen Nach-
wuchs für den Lehrerberuf zu gewinnen. Auch die Erziehung der Jugend
für den Frieden, für eine Welt ohne Krieg und für die Anwendung der
Wissenschaft und Technik zum Wohle der Menschheit könnte dann in
unseren Schulen zur ihrer notwendigen Entfaltung kommen.

Die weltpolitische Entwicklung zu friedlicher Koexistenz ist eine Be-
stätigung der Auffassungen, die wir im Schwelmer Kreis auch in den

schlimmsten Jahren des Kalten Krieges vertreten haben. 1965 ist von der UNO zum Jahr für internationale Zusammenarbeit erklärt worden. Als besonderen Beitrag dazu rufen wir jetzt alle Lehrer und Erzieher in der Bundesrepublik auf, sich auch an der innerdeutschen Verständigung ernsthaft zu beteiligen und dafür zu sorgen, daß dem entgegenstehende Beschlüsse und Erlasse aufgehoben werden. Gerade wir Deutschen müssen uns endlich entschließen, die Schützengräben des Kalten Krieges zu verlassen und den Meinungs- und Erfahrungsaustausch zwischen den Lehrern und Erziehern beider deutscher Staaten als selbstverständlich anzusehen.

Ende März 1965 flog ich dann nach Prag, um dort die Comenius-Medaille entgegenzunehmen. Im Schulministerium hatte sich am 27. März, am Tage vor der großen Ordensverleihung, ein kleiner Kreis von Pädagogen zusammengefunden, der an meiner Ehrung teilnahm. Der stellvertretende Schulminister[10] hielt eine Ansprache an mich, die folgenden Wortlaut hatte:

Hochverehrter Herr Doktor,
wir begrüßen Sie in unserem Lande als Darsteller der fortschrittlichen pädagogischen Kräfte in der Bundesrepublik, als konsequenten Anhänger des Friedens und der friedlichen Koexistenz, als entschiedenen Gegner des Militarismus und Faschismus.
Ihr großes Bemühen, das Sie als Pädagoge, der sich an die berühmte Tradition von Pestalozzi und Jan Amos Komensky bei der Realisation der Prinzipien der Jugend- und Erwachsenenerziehung lehnt, ist uns sehr gut bekannt. Sie blieben dem Geiste und dem Streben dieser großen Lehrer, die sowohl dem deutschen wie tschechischen und slowakischen Volk teuer sind, immer treu.
Wir sind uns der Bedeutung bewußt, daß Sie schon im Jahre 1931 imstande waren, zu verlautbaren, daß „in der gegenwärtigen Gesellschaftskrise der Faschismus die ökonomische Herrschaft des agrarischen, industriellen und finanziellen Kapitals in der Form der politischen Diktatur

---

[10] Ing. B. Kvasil (s. Glückwunschadresse von Dr. Josef Brambora anläßlich Hellings 80. Geburtstages, in: Schule und Nation 14 [1968] 4, S. 2).

bedeutet". Und wir wissen auch, daß Sie wegen Ihrer demokratischen Überzeugung oft von den reaktionären Kräften in Ihrem Land verfolgt wurden. Wir schätzen Ihre Werke, unter anderem „Der Katastrophenweg der deutschen Geschichte"[11], die „Frühgeschichte des jüdischen Volkes"[12], „Schulreform in der Zeitwende"[13] und hauptsächlich „Neue Allgemeinbildung"[14], in der Sie alle Formen des deutschen Imperialismus und Militarismus scharf verurteilen.

Für einen bedeutenden Erfolg Ihres kulturpolitischen und organisatorischen Strebens betrachten wir den durch Sie gebildeten Verband pädagogischer Experten, den Schwelmer Kreis, der sich um die Schulreform im Geiste der Kulturideale der Vergangenheit bemüht. Zugleich kämpft er gegen die wiederholte Militarisation der deutschen Schule wie auch gegen die Herrschaft der Monopole.

Wir schätzen hoch, daß sich in Ihrer Person das Friedensstreben mit dem Bestreben um eine gesunde, mit fortschrittlichen Idealen erfüllte Erziehung des Menschen vereint, und haben das Gefühl, daß Sie gerade damit uns so nahestehen. Es wurden Ihnen schon einige Auszeichnungen erteilt, durch die Ihr eigenes Volk Ihre Arbeit und Ihre Verdienste bewertet hat.

Heutigen Tages schließe ich in Vertretung unseres Ministers zu diesen Auszeichnungen als weitere hohe Auszeichnung die Medaille Jan Amos Komenskys an[15]. Die Regierung unserer Republik erteilt Ihnen, Herr Doktor, diese Auszeichnung „für Ihre hervorragenden Verdienste um die Entwicklung der fortschrittlichen Pädagogik und um die friedliche Zusammenarbeit".

Erlauben Sie, daß ich Ihnen im Namen des Ministers und in meinem eigenen Namen bei dieser Gelegenheit herzlichst gratuliere und Ihnen gute Gesundheit in den weiteren Jahren Ihrer Tätigkeit wünsche.[16]

---

[11] S. Kap. 8, Anm. 12.

[12] S. Kap. 8, Anm. 11.

[13] S. Kap. 13, Anm. 14.

[14] S. Kap. 14, Anm. 20.

[15] In der „Urfassung" des autobiographischen Textes heißt es „bei" anstatt „an".

[16] Vgl. auch den 1965 unter der Rubrik „Umschau und Rückschau" im Juniheft von „Schule und Nation" veröffentlichten Kurzbericht (Hohe Ehrung für Dr. Fritz Helling, in: Schule und Nation 11 [1965] 4, S. 17).

Ich antwortete in freier Rede und hielt am folgenden Tag im Komensky-Institut einen Vortrag über „Die pädagogische Aktualität Komenskys". Ich bekannte hier, daß ich erst sehr spät zum Comenius-Studium gekommen sei, erst als ich für den Herbst 1956 eine Einladung zur internationalen Komensky-Konferenz in Prag[17] erhielt, und nun erst anfing, Comenius näher kennenzulernen[18]. Die entscheidende Erkenntnis wurde mir zuteil, als ich nach der Lektüre der „Großen Didaktik" im Nachwort des Übersetzers (Andreas Flitner) las, Comenius habe in seinem enzyklopädischen Werk „die kosmische Ordnung" nachbilden wollen. Diese Erkenntnis war für mich eine plötzliche Erleuchtung, eine blitzartige Klarheit über das Ziel aller Bildung. Bisher durch die Reformpädagogik daran gewöhnt, den Blick auf den einzelnen Menschen mit seinen individuellen Interessen und Begabungen zu richten und eine Antwort auf die Frage zu finden, wie die in diesem Menschen liegenden Kräfte am besten zur vollen Entfaltung gebracht werden können, wurde jetzt der Blick auf das Ganze der Welt gerichtet, in der wir alle zu leben haben.[19]

Natürlich blieb ich mir bewußt, daß die Hinführung zu diesem Verstehen des Weltgeschehens nur im Einklang mit den jugendlichen Eigentümlichkeiten gelingen kann. Entscheidend aber war für mich, daß ich von nun an ein inhaltlich bestimmtes, allgemein verbindliches Bildungsziel für alle Schulen vor Augen hatte. Die jahrzehntelange Ungewißheit über das Was der Bildung war nun endlich überwunden.

Ich lernte die Weltanschauung Komenskys kennen. Mich ergriff seine chiliastische Zukunftsvision[20], die ihm im Elend der damals endlosen

---

[17] S. Kap. 11, Anm. 73.
[18] S. auch Anm. 4.
[19] Dieser letzte Satz sowie die folgenden drei Absätze (bis: „der individualistischen Reformpädagogik ergeben hatte.") sind in der von Jürgen Helling überarbeiteten Fassung herausgekürzt.
[20] Chiliasmus, von griechisch chilioi = tausend, bezeichnet im ursprünglichen Sinn den Glauben an die Wiederkunft Jesu Christi und das Aufrichten seines Tausendjährigen Reichs, allgemeiner den Glauben an das nahe Ende der gegenwärtigen Welt (vgl. Art. Chiliasmus, in: Wörterbuch der philosophischen Begriffe, vollst. neu hg. v. Arnim Regenbogen u. Uwe Meyer, Hamburg 1998, S. 126).

Kriege und Verfolgungen sein Leben lang vor Augen stand. Die Welt sei, wie er verkündete, zu einem unheilvollen „Labyrinth" geworden. Überall herrschte „Verwirrung und Zerrüttung, Marter und Plage, Falschheit und Betrug, Angst und Elend und zuletzt Überdruß an allem und Verzweiflung". Aber diese entartete Welt gehe bald, so war sein Glaube, ihrem Ende entgegen. „Die Nacht ist vorgerückt, der Tag aber nahe herbeigekommen", war ein Satz im Römerbrief (13, 12), auf den sich Komensky berief. Schon jetzt, forderte er, müßten sich deshalb die Menschen zur Mithilfe an diesem kommenden Erneuerungswerk entscheiden und alles daransetzen, das Leben auf Erden in den von Gott gewollten Stand zu bringen. In der Panorthosia entwarf er ein Bild von der Universalreform der Wissenschaft und Bildung, der Philosophie und Religion und auch der gesellschaftlich-politischen Verhältnisse. Die Menschheit solle eine große Familie friedliebender Völker werden, aus der der Krieg für ewig verbannt sei. Von einer solchen emendatio rerum humanarum bezeugte er dann: „Hier ist das Königreich Gottes auf Erden, ein Kleinod der Gerechtigkeit und des Friedens." Die Bildung und Erziehung, die Comenius für diese neue Zukunft vor Augen hatte, sollte eine universalis eruditio sein, auf das Ganze der Welt, auf den harmonisch geordneten Kosmos des Seienden, auf die Schöpfung Gottes ausgerichtet werden, eine pansophia, die zu sapientia, virtus und pietas führen solle.

Diese Vision einer universalen Bildung bedeutete für mich, wie schon gesagt, eine radikale Umkehr meiner pädagogischen Anschauungen. Von nun an war für mich nicht mehr die Subjektivität des jugendlichen Einzelmenschen der Mittelpunkt meiner Pädagogik, obwohl auch bei Komensky die Erziehung dem natürlichen Wachstum des Kindes folgen soll. Das Entscheidende sah ich von jetzt an in der Hinführung der Jugend zu einem Gesamtverständnis der Welt und ihrer Aufgaben, die heute von uns zu lösen sind. Das war die Befreiung aus der jahrzehntelangen Ungewißheit über das objektive Bildungsziel, einer Ungewißheit, die sich aus der Einseitigkeit, der individualistischen Reformpädagogik ergeben hatte.[21]

---

[21] Vgl. auch Hellings Ausführungen im ersten Teil des Kapitels 12 „Ganzheitliches Bildungsideal".

Jetzt stand mit einem Mal die neue Frage vor mir: Wie kann denn heute die komenianische Idee der universalis eruditio in den Schulen verwirklicht werden? In den Jahrhunderten der bürgerlichen Epoche war das nicht geschehen. In dieser Zeit gingen Wissenschaft und Bildung nicht den Weg zur Universalität, sondern umgekehrt den Weg zur einseitig-fachlichen Spezialisierung, so daß schließlich eine aufs Ganze der Welt gerichtete Unterweisung geradezu verloren ging. Und nicht nur in Wissenschaft und Schule, sondern auch in Wirtschaft und Politik war die Vision Komenskys nicht in Erfüllung gegangen. Die kapitalistische Wesensart der bürgerlichen Epoche mit ihrem Mammonismus und ihren fürchterlichen Kriegen stand geradezu im Gegensatz zur pansophia Komenskys.

Aber − so fragte ich mich − ist heute nicht eine Verwirklichung in unseren Schulen möglich? Im 20. Jahrhundert sind doch vor allem die Natur- und Gesellschaftswissenschaften durch die Vertiefung ihrer Spezialforschungen zu früher unbekannten Erkenntnissen über das Ganze der Wirklichkeit gekommen. Man könnte also heute dazu übergehen, die Jugend in den Schulen mit diesem neugewonnenen wissenschaftlichen Weltbild vertraut zu machen. Aber man merkt bisher in den westlichen Ländern, vor allem in der Bundesrepublik Deutschland, sehr wenig von der Bereitschaft zu solchen Reformen. Die einseitige Spezialisierung ist als Tradition der bürgerlichen Epoche noch immer so stark und bestimmend, daß sich die neuen Möglichkeiten eines studium generale weder an den Universitäten noch an den Schulen durchsetzen können. Die pädagogische Forschung hat sich allerdings seit 1945 stärker als früher Comenius zugewandt, auch bei uns in der Bundesrepublik. Es sei nur an die wertvollen Untersuchungen von Professor Klaus Schaller[22] erinnert. Aber ein Anstoß zur Veränderung unserer Schulen im Sinne des komenianischen Universalismus ist von dieser Forschung leider nicht ausgegangen. Meine

---

[22] Klaus Schaller (geb. 1925), Dr. phil., Dr. h.c. der Karls-Universität zu Prag, war 1959 bis 1964 Professor für Pädagogik und zwei Jahre Rektor der PH Bonn, wurde 1965 an die neugegründete Ruhr-Universität Bochum berufen (emeritiert seit 1990), wo er u.a. die international renommierte Comenius-Forschungsstelle gründete und leitete. 1997 erhielt er von der Tschechischen Republik die Staatliche Verdienst-Medaille I. Klasse (vgl. Josef König, Václav Havel würdigt Prof. Schaller, in: Pressemitteilung der Universität Bochum, Nr. 199 v. 22.10.1997).

eigenen Gedanken über eine neue, aufs Universale gerichtete Allgemeinbildung, die ich in der Broschüre „Neue Allgemeinbildung"[23] veröffentlichte, haben nur wenig Widerhall gefunden.

Ich fragte nun weiter: Wie steht es denn mit der von Comenius geforder-
ten universalen Bildung im sozialistischen Osten? Natürlich besteht zwischen dem urchristlichen Glauben Komenskys an die Wiederkehr Christi
und die dann zu erwartende Verwandlung der entarteten Welt einerseits
und der Lehre des Marxismus-Leninismus andererseits, die von der revolutionären Eigenkraft der Menschen die Überwindung unmenschlicher
Verhältnisse erwartet, ein tiefer weltanschaulicher Gegensatz. Aber trotz
dieses Gegensatzes sind doch beide Weltanschauungen in ihrem Ursprung durch die geheime Verwandtschaft ihrer Zukunftsvisionen miteinander verbunden. Denn so wie Comenius für die erwartete Endzeit der
Gerechtigkeit, des Friedens und des Völkerglücks in Wort und Tat sein
Leben einsetzte, so suchen die Marxisten mit allen ihren Kräften eine
klassenlose Gesellschaft heraufzuführen, in der nach den Worten von
Marx „die Brüderlichkeit der Menschen keine Phrase, sondern Wahrheit"
ist.

Für beide geht es um eine universale Welterneuerung, für beide auch um
eine universale Philosophie und Bildung. Comenius sah, wie er in seiner
„Panorthosia" betont, „die Grundlage des erleuchteten Zeitalters" in eben
dieser „neuen universalen Philosophie, die dem Menschengeist alles voll-
kommen, geordnet und wahrhaftig vor Augen stellt, was irgendwo besteht" und „eine vollendete Kenntnis alles dessen" bietet, „was der
Mensch in diesem Leben erkennen, aussprechen und vollbringen muß".
Ebenso universal ist die Philosophie und Bildung, die für die Schulen des
sozialistischen Ostens Geltung haben. Hier besteht das höchste Bildungs-
und Erziehungsziel darin, in der Jugend die marxistisch-leninistische
Weltanschauung und Moral zur festen Grundlage ihres Denken, Fühlens
und Verhaltens zu machen, in der heranwachsenden Generation das sozialistische Bewußtsein zu entwickeln, daß die Jugend sich aus selbstge-

---

[23] S. Kap. 14, Anm. 20.

wonnener Überzeugung für den Aufbau der sozialistischen und kommunistischen Gesellschaft einsetzt. Professor Chlup (Prag)[24], der verehrte Altmeister der pädagogischen Wissenschaft, bezeugt das in einem Aufsatz mit folgenden Worten: „Die große Entwicklung unseres sozialistischen Schulwesens, seiner Organisation, die auf der Weltanschauung des Marxismus-Leninismus beruht, hat der allgemeinbildenden Schule, der Schule, die das ganze Volk durchmacht, noch nicht dagewesene Perspektiven eröffnet."[25]

Bei einer näheren Untersuchung darüber, wie man im Osten die universalistische Bildungsidee zu verwirklichen sucht, fand ich heraus, daß man auf zwei verschiedenen Wegen die Jugend mit der universalen sozialistischen Weltanschauung vertraut zu machen sucht. Man stellt sich erstens die Aufgabe – z. B. in der Sowjetunion und in der DDR –, in jedem Einzelfach die Ansatzpunkte zur Vermittlung weltanschaulicher Erkenntnisse herauszufinden. Man fordert, wie es in der DDR-Zeitschrift „Pädagogik"[26] heißt (5/1964, S. 412): „Die weltanschauliche Erziehung als Teil der geistigen Bildung und Erziehung muß Prinzip aller Unterrichtsfächer ... sein." Bei den Versuchen, die fachlichen Tatsachen der Einzelwissenschaften mit der marxistischen Weltanschauung zu verbinden, machte man die wichtige Erfahrung, daß ein hohes fachliches Niveau die weltanschauliche Bildung und Erziehung erleichtert und daß sich umgekehrt bei der Erarbeitung weltanschaulicher Erkenntnisse auch die fachlichen Leistungen verbessern. Zur Zeit wird im Ostberliner Pädagogischen Zentralinstitut ein System der weltanschaulichen Erziehung in allen Unterrichtsfächern erarbeitet. Dabei geht es um eine sich gegenseitig fördernde Wechselwirkung zwischen Einzelwissenschaft und weltanschaulich-universaler Bildung. Ganz im Sinne Komenskys, der die Einzelfächer ebenfalls in den Dienst der universalen Bildung stellte, wird auf diese Weise im Osten die einseitige oder gar ausschließliche Spezialisierung, die im Westen noch vorherrscht, überwunden. Dazu kommt noch, wie ich

---

[24] Otokar Chlup (s. Kap. 11, Anm. 76).
[25] Die letzten drei Sätze dieses Absatzes (beginnend mit: „Ebenso universal ist") sind in der von Jürgen Helling überarbeiteten Fassung herausgekürzt.
[26] Die „Pädagogik" erschien im Verlag Volk und Wissen (Berlin-Ost) von 1946 bis 1990.

feststellen konnte, ein zweiter Weg. In der Sowjetunion hat man schon vor Jahren in den Abschlußklassen der Oberschulen und für die ältesten Jahrgänge der mittleren Fachschulen ein neues Fach – „Grundlagen der politischen Kenntnisse" – eingeführt, um die ideologisch-politische Bildung der Schüler zu einem zusammenfassenden Abschluß zu bringen. In diesem Fach, so heißt es in einem 1961 gehaltenen Referat von Professor Menoszon[27], „müssen die Ideen des Kommunismus so propagiert werden, daß sie für jeden Schüler verständlich sind. Sie müssen Geist und Herz eines jeden erfassen, die lichtesten und edelsten Gedanken und Gefühle wecken." In der DDR haben 1963 die Oberschulklassen für das Fach „Staatsbürgerkunde" einen neuen Lehrplan erhalten, in dem ein geschlossener Lehrgang über „Sozialistische Weltanschauung und Moral" von besonderer Wichtigkeit ist.[28]

Zusammenfassend sei gesagt: Vor 300 Jahren entwarf Comenius für die Zukunft eine universale Bildung, die auf ein Gesamtverständnis der Welt gerichtet war und allen Kindern zuteil werden sollte. Nach seinem Tode feierte Leibniz ihn mit den prophetischen Worten: „Kommen wird sicher die Zeit, da Dich, Comenius, jeder Gute auf Erden verehrt, preisend Dein Werk und Dein Ziel."

Heute erfüllt sich diese Vision in den neu errichteten Staaten des Ostens. Hier geht es für heute und die Zukunft ebenfalls um eine höchstmögliche Bildung für alle Kinder, um eine Bildung zu vollem Lebens- und Weltverständnis.[29]

Diesem Vortrag von mir folgte eine sehr lange und lebhafte Aussprache, an der sich besonders Professor Dr. Pech (Prag)[30] beteiligte. Wir verstan-

---

[27] Nicht ermittelt.

[28] Die zweite Hälfte dieses Absatzes (beginnend mit: „Zur Zeit wird im Ostberliner Pädagogischen Zentralinstitut") ist in der von Jürgen Helling überarbeiteten Fassung herausgekürzt.

[29] Dieser Absatz ist in der von Jürgen Helling überarbeiteten Fassung herausgekürzt.

[30] Dr. Vilém Pech, Professor am Pädagogischen Institut der Tschechoslowakischen Akademie der Wissenschaften, war u.a. Mitglied des Internationalen Seminars für Fortschritt in Wissenschaft, Technologie und Erwachsenenbildung (Prag), 1962 Teilnehmer der Internationalen Konferenz zur Schulbuchverbesserung (vgl. Glückwunschadresse anläß-

den uns so gut, daß ich ihn ebenso wie meinen Freund Dr. Brambora[31] nach Schwelm einlud.

Auf meiner Rückfahrt fuhr ich von Prag zuerst nach Berlin, um in Kleinmachnow bei der Juristenfamilie Dr. Gentz[32] meinen alten Freund Richard Meschkat[33] zu besuchen, der wie ich ein Freund Paul Oestreichs und ein sehr aktiver Mitkämpfer im Bund Entschiedener Schulreformer gewesen war.

Sobald ich dann wieder zu Hause war, schrieb ich zur Erinnerung an den 8. Mai 1945, den Tag des Kriegsendes, einen Aufsatz, der die Überschrift hatte: „Die politische Tragödie nach 1945 und der Wille zum Frieden"[34].

Ich wies anfangs darauf hin, daß die drei Siegermächte in den Potsdamer Erklärungen vom 2. August 1945 noch einmal ihre Entschlossenheit zu weiterer Zusammenarbeit bekundet hatten. Aber nach dem Tode des amerikanischen Präsidenten Roosevelt[35] (15. April 1945) entschieden sich die einflußreichsten Vertreter der politischen Opposition für die Abkehr von der Politik Roosevelts. Sie traten dafür ein, die Sowjetunion als Feind zu behandeln. Im Vertrauen auf den Alleinbesitz der Atombombe glaubte man, durch eine „Politik der Stärke" die Führung in der Welt erreichen zu können. Zielbewußt wurde von nun an die amerikanische Politik auf diesen neuen Kurs gebracht, der auch im englischen Foreign Office unter Churchill[36] und im französischen Außenministerium unterstützt wurde. Im Dezember 1946 erklärte der amerikanische Präsident Truman[37] in

---

lich Hellings 80. Geburtstages, in: Schule und Nation 14 [1968] 4, S. 3; International Review of Education 8 [1963] 3/4, S. 465 f; Vilém Pech, Die literarische Erziehung in Westdeutschland, München 1963).

[31] Josef Brambora (s. Anm. 1).

[32] Inge und Werner Gentz (s. Kap. 13, Anm. 3).

[33] S. Kap. 6, Anm. 23.

[34] Der Aufsatz wurde abgedruckt in Fritz Hellings Aufsatzsammlung „Neue Politik – Neue Pädagogik. Lehren für uns Deutsche" (Schwelm 1968, S. 46-54). – Vgl. hierzu und insbesondere zu den folgenden zwei Absätzen auch Kap. 10, bei Anm. 2 ff.

[35] Franklin Delano Roosevelt (s. Kap. 10, Anm. 2).

[36] Winston Churchill (s. Kap. 10, Anm. 3).

[37] Harry S. Truman (s. Kap. 10, Anm. 4).

seiner Botschaft an den Kongreß: „Wir alle müssen verstehen, daß der Sieg, den wir errungen haben, dem amerikanischen Volk die Bürde der dauernden Verantwortung für die Führung der Welt auferlegt hat." Diese Politik bedeutete den Bruch aller feierlichen Versprechen, durch die man sich zu einer Zusammenarbeit mit der Sowjetunion verpflichtet hatte. Es war die Politik des „Kalten Krieges", der, wenn es nötig erschien, zum Atomkrieg gesteigert werden sollte. Die westeuropäischen Staaten einschließlich der Bundesrepublik Deutschland wurden zum NATO-Militärbündnis zusammengeschlossen. In Ostasien wurde Japan zum Bollwerk gegen die Sowjetunion ausgebaut.

Von jetzt an wurde in der Bundesrepublik eine unerhörte Hetze gegen die Sowjetunion betrieben. Im Vertrauen auf die gewaltige Militär- und Atommacht der USA hoffte man, die unter Hitler erlittene Niederlage doch noch in einen Sieg über den Osten verwandeln zu können. So erklärte Bundeskanzler Adenauer[38] im Juni 1951: „Wer die Neutralisierung oder die Demilitarisierung Deutschlands wünscht, ist ein Dummkopf ersten Ranges oder ein Verräter." Staatssekretär Hallstein[39] nannte im März 1952 die Etappen des einzuschlagenden Weges: die Eingliederung der Bundesrepublik in den Westen, das Ende der deutschen Spaltung, der Zusammenschluß des freien westlichen mit dem vom Bolschewismus befreiten östlichen Europa – bis zum Ural. Zur selben Zeit, am 16. März 1952, bezeichnete Adenauer als wichtigstes Ziel seiner Politik, „daß die Wiederaufrüstung Westdeutschlands die Vorbereitung einer Neuordnung in Osteuropa sein solle". 1964 schrieb der Freiherr zu Guttenberg in seinem Buch „Wenn der Westen will. Plädoyer für eine mutige Politik"[40]: Deutschland trage „Verantwortung in und für Europa", „auch für Osteuropa", und zwar Verantwortung für die „Freiheit". Da die Ungarn, Polen, Tschechen und Rumänen fremdem Willen unterworfen seien, müsse „die Wiedergewinnung ihrer Freiheit ... ein konkretes Ziel des freien Deutschlands sein".

---

[38] Konrad Adenauer (s. Kap. 10, Anm. 10).
[39] Walter Hallstein (s. Kap. 10, Anm. 9).
[40] S. bei Anm. 8 und 9.

Dieser Eroberungsplan bis zum Ural scheiterte aber in dem Augenblick, als die Sowjetunion bekannt gab, auch sie sei im Besitz der Atombombe. Von jetzt an konnte man im Westen höchstens noch die Hoffnung haben, die kommunistische Herrschaft in den Oststaaten durch innere Zersetzung beseitigen zu können. Aber auch diese Hoffnung erwies sich mehr und mehr als trügerisch.[41]

Trotzdem wurde die militärische Aufrüstung weitergetrieben. Während Hitler 1939 bekannte, er habe seit Beginn seiner Regierungszeit 90 Milliarden für die Rüstung ausgegeben, gestand die Bundesregierung 1965, es seien seit dem Beitritt Westdeutschlands zur NATO (1954) bis Ende 1964 insgesamt rund 133 Milliarden für die Rüstung ausgegeben worden. Die Folge war wiederum wie in der Hitlerzeit ein Bildungsnotstand, unter dem das gesamte Bildungswesen von den Volksschulen bis zu den Universitäten auch heute noch schwer zu leiden hat. In einem Aufsatz „Bildungsnotstand und Aufrüstung" (März 1965)[42] deckte ich diese Zusammenhänge auf und schrieb zum Schluß: „Wer diesen Notstand ernsthaft bekämpfen will, muß sich darüber klar sein, daß ein wesentlicher Erfolg nur durch einen Abbau der Rüstungen möglich ist. Wir müssen uns in der Bundesrepublik endlich von der verhängnisvollen Tradition einer militaristischen Großmachtpolitik trennen, einer Tradition, zu der heute auch die Pläne einer diktatorischen Notstandsgesetzgebung gehören. Erst wenn wir uns in Wort und Tat zu der jetzt international werdenden Politik der Entspannung und Abrüstung bekennen, ist die Gewähr für die Überwindung unserer Bildungskatastrophe gegeben."

---

[41] Dieser Satz ist in der von Jürgen Helling überarbeiteten Fassung herausgekürzt.

[42] Dieser Aufsatz konnte nicht ermittelt werden; die Veröffentlichung eines Aufsatzes ganz ähnlichen Themas und zu derselben angegebenen Zeit (März 1965) legt indes nahe, daß das Manuskript in diesen Beitrag miteingeflossen ist bzw. sich eine Titeländerung ergeben hat (vgl. Fritz Helling, Die Volksbildung im preußisch-deutschen Militärstaat, in: Schule und Nation 11 [1965] 3, S. 14-17; Fortsetzung unter dem Titel: Volksbildung und Aufrüstung in Deutschland seit 1870, in: 11 [1965] 4, S. 3-7; wiederabgedruckt in: Fritz Helling, Neue Politik – Neue Pädagogik, a.a.O., S. 24-36).

Abb. 15: Eröffnung des Plenums durch Fritz Helling
auf der Ostertagung 1957 in Leipzig

281

Abb. 16:   Comenius-Medaille und -Urkunde, an Fritz
Helling verliehen 1965 in Prag

282

Kapitel 17

Auf dem Weg zur demokratischen Einheitsschule?

Vom 8. bis 10. Juni des Jahres 1965 fand nach längerer Pause wieder eine Tagung des Schwelmer Kreises in Eisenach statt. In der Zeitschrift „Bildung und Erziehung" schrieb ich über diese „Pädagogische Ost-West-Begegnung" folgenden Bericht[1]:

Nach der Begrüßung durch Frau Prof. Dr. Rosenow (Berlin)[2] sprach Richard Meschkat (Kleinmachnow)[3], ein Freund des verstorbenen Professors Paul Oestreich[4], über die staats- und kulturpolitische Entwicklung in Deutschland seit 1945. In der DDR, sagte er, haben wir die Lehren aus der Vergangenheit gezogen und eine neue, sozialistische Ordnung für eine neue Zukunft geschaffen. Sie bedeutet eine Umkehr, die an ein Wort Friedrich Hebbels[5] erinnere: „Es kommt zuweilen für den einzelnen Menschen, so für ein ganzes Volk der Moment, wo es über sich selbst Gericht hält. Es wird ihm nämlich Gelegenheit gegeben, die Vergangenheit zu reparieren." In der Bundesrepublik habe man dagegen an all dem festgehalten, was nach dem Potsdamer Abkommen[6] hätte beseitigt werden sollen. Die Pädagogen hätten aber in beiden deutschen Staaten die Aufgabe, zur Entspannung der Gegensätze beizutragen und die Jugend im Geiste der Humanität, des Friedens und der Völkerverständigung zu erziehen.

Am folgenden Tag sprach Oberstudienrat Stöhr vom Ministerium für Volksbildung (Berlin)[7] über „20 Jahre danach – eine Bilanz der Entwick-

---

[1] Fritz Helling, Pädagogische Ost-West-Begegnung, in: Bildung und Erziehung 18 (1965) 5, S. 396 f.; ebenso in: Schule und Nation 12 (1965) 1, S. 24.

[2] Gertrud Rosenow (s. Kap. 11, Anm. 8).

[3] S. Kap. 6, Anm. 23 sowie Kap. 13, Anm. 5.

[4] S. Kap. 5, Anm. 1.

[5] (Christian) Friedrich Hebbel (1813-1863), dänischer Dramatiker.

[6] S. Kap. 10, Anm. 8.

[7] Gerd Stöhr (geb. 1929), absolvierte nach 1945 eine Ausbildung als Neulehrer, war später Sektoren- und Abteilungsleiter im Ministerium für Volksbildung (MfV) der DDR; Mitglied des Präsidiums der Akademie der Pädagogischen Wissenschaften (APW) der

*lung des Bildungssystems in der Deutschen Demokratischen Republik".
Er erläuterte die drei Etappen dieser Entwicklung: 1946 die antifaschi-
stisch-demokratische Schulreform mit einer achtjährigen Grundschule,
1959 der Übergang zur zehnklassigen allgemeinbildenden polytechnischen Oberschule und jetzt im Februar 1965 das neue Gesetz über das
einheitliche sozialistische Bildungswesen unter den Bedingungen des
sozialistischen Aufbaus. Zur Meisterung der wissenschaftlich-technischen
Revolution sei eine hohe Fachbildung notwendig, man messe aber der
sozialistischen Allgemeinbildung eine grundlegende und entscheidende
Bedeutung zu. Nur durch sie könne man die Jugend fähig und bereit machen, sich aus persönlicher Überzeugung für die Verwirklichung der
sozialistischen Gesellschaft einzusetzen. Die in Angriff genommene Reform der Schullehrpläne gehe darauf aus, veraltete oder unwichtig ge-
wordene Lehrstoffe auszuscheiden. Durch eine Neugestaltung der Methodik hoffe man die Leistungen zu erhöhen und die Unterrichtsziele,
z. B. in den ersten vier Schuljahren, vor allem im Rechnen, schon in drei
Jahren zu erreichen.*

*In der Aussprache, die sich an die beiden Referate anschloß, kamen die
westdeutschen Gäste ausgiebig zu Wort. Sie hatten viele Fragen zu stellen. Es blieb aber auch nicht aus, daß sie Vergleiche mit der Bildungs-
situation in der Bundesrepublik anstellten. Berufsschuldirektor Lambracht (Detmold)[8] fragte, ob die geplante Konzentrierung des Unterrichts
auf eine Verkürzung der Schulzeit hinziele, was verneint wurde. Dr. J.
Müller (Retzbach)[9] wies als Landlehrer auf eine günstige Entwicklung in
der Bundesrepublik hin. Das „sterbende Dorf", sagte er, ist ein wach-
sendes geworden. Auf 1000 Einwohner kommt auf dem Lande jährlich
ein Geburtenüberschuß von 9, in der Stadt von 3. Aber wer geht in die
höhere Schule? In den Städten 17% der einzelnen Jahrgänge, in den
Landkreisen 3-6%. Das Land ist bisher Brachland der Begabungen gewesen. 6% der Arbeiterkinder kommen zum Abitur, nur 3% der Kinder*

DDR, 1975 bis 1980 Generalsekretär und ab Oktober 1980 Vizepräsident der APW (Si-
grid Fritzlar, Art. Gerd Stöhr, in: Biographisches Handbuch der SBZ/DDR. 1945-1990,
hg. v. Gabriele Baumgartner u. Dieter Hebig, Bd. 2, München 1997, S. 902).
[8] Hermann Lambracht (s. Kap. 6, Anm. 15).
[9] Josef Müller (s. Kap. 11, Anm. 18).

vom Lande. Lehrer Petras (Moringen)[10] berichtete aus Niedersachsen von der Bewährung der neuen Mittelschulen, durch die das pädagogische Leben in der ländlichen Lehrerschaft und das Interesse der Elternschaft einen starken Auftrieb erhalten habe. Oberstudiendirektorin Dr. Niederhommert (Leverkusen)[11] kennzeichnete die Schulreform in der Bundesrepublik als langen, anstrengenden Weg, auf dem man nur über Kompromisse, nur mit kleinen Schritten vorwärts komme. Die vertikale Dreigliedrigkeit des Schulwesens hielt sie für überlebt. Dr. Helling (Schwelm) meinte, man müsse schon jetzt für eine demokratische Gesamtschule mit ausreichender Differenzierung eintreten und forderte, als Bildungsinhalt in allen Fächern dieser Gesamtschule die Hinführung zu einem wissenschaftlich begründetem Weltverständnis und zur Offenheit für die Aufgabe, die wir heutigen Menschen unter der Bejahung der friedlichen Koexistenz der Völker zu erfüllen haben. Dr. Otto (Kassel)[12] trat ebenfalls für eine Neubestimmung der notwendigen Allgemeinbildung ein und betonte, daß auch die musische Erziehung zu ihrem vollen Recht kommen müsse. Oberlehrer de Pellegrini (Weil)[13] bedauerte, daß sich die Bemühungen der Schulreformer in der Bundesrepublik zu stark verzettelten. Schulrat Lange (Leipzig)[14] wies als Mitglied der CDU (DDR) auf die

---

[10] Hansotto Petras (geb. 1917), Sonderschullehrer (vgl. Brief von Petras an Walter Kluthe vom 21. Januar 1965 [Privatarchiv Prof. Dr. Wolfgang Keim, Paderborn]).

[11] Dr. Charlotte Niederhommert, Direktorin einer Mädchenoberschule (vgl. Aufruf zur Unterstützung der Pfingsttagung Deutscher Pädagogen in Eisenach vom 8.-10. Juni 1965 [Privatarchiv Prof. Dr. Wolfgang Keim, Paderborn]; Th. Dunckel, Ruf aus Eisenach, in: Deutsche Lehrerzeitung 28 [1965], S. 6).

[12] Realschulrektor i.R. Dr. Heinrich Otto (geb. 1890), steuerte zahlreiche Beiträge zur Zeitschrift „Schule und Nation" bei (vgl. Aufruf zur Unterstützung der Pfingsttagung Deutscher Pädagogen, a.a.O.; Peter Dudek, Gesamtdeutsche Pädagogik im Schwelmer Kreis. Geschichte und politisch-pädagogische Programmatik 1952-1974, Weinheim 1993, S. 167).

[13] Ludwig de Pellegrini (1908-1986), Lehrer und Schriftsteller, erlitt als Volksschullehrer während der Nazi-Diktatur mehrere Strafversetzungen, 1948 bis 1968 war er dann (Oberschul-)Lehrer in Weil a.Rh. De Pellegrini war Mitglied des DKBD, der DFU und der GEW. Im Schwelmer Kreis war er seit 1960 führend engagiert (vgl. Peter Dudek, Gesamtdeutsche Pädagogik, a.a.O., S. 216).

[14] Nicht ermittelt (Rechercheanfragen bei dem Regionalschulamt Leipzig, dem StA Leipzig, dem HSTA Dresden sowie dem Sächsischen Staatsministerium für Kultus ergaben keine weiteren Informationen zur Person).

politischen Voraussetzungen der Schulreform in der DDR hin. Sie sei nur möglich geworden durch Zusammenarbeit der Christen und Liberalen mit den Marxisten. Für die Bundesrepublik stellte Studienrat Haun (Hamburg)[15] in einer gesellschaftskritischen Analyse ein gefährliches Mißverhältnis zwischen der Höhe der Kapital- und Rüstungsinvestitionen und der Niedrigkeit der Bildungsausgaben fest.

Das Schlußwort erhielten die beiden Referenten. Unter dem Eindruck der erlebten Tagung waren alle Teilnehmer von dem hohen Wert solcher Ost-West-Begegnung überzeugt. Abends gab der Eisenacher Kulturbund einen Empfang. Am letzten Tag (10. Juni) unternahm man eine Fahrt nach Weimar und der Gedenkstätte Buchenwald, wo ein Kranz niedergelegt wurde[16].

Nach den Sommerferien, die ich von Mitte Juni bis Mitte August 1965 in Bad Neuenahr[17] verbrachte, flog ich für die 2. Augusthälfte nach Prag, wo ich wieder von Dr. Brambora[18] und meiner Dolmetscherin Frau Lorándová[19] betreut wurde. Im September war mein Freund Meschkat für eine Woche mein Gast in Schwelm.[20]

---

[15] Rudolf Haun (s. Kap. 14, bei Anm. 43).

[16] Im NS-Konzentrationslager Buchenwald (auf dem Ettersberg bei Weimar gelegen), einem der größten KZs auf deutschem Boden, waren von Juli 1937 bis April 1945 insgesamt 250.000 Menschen aus verschiedenen europäischen Ländern inhaftiert, die Zahl der hier Ermordeten wird auf 56.000 geschätzt. Ab August 1945 wurde das ehemalige KZ bis Februar 1950 von der sowjetischen Militäradministration (SMAD) als sogenanntes Speziallager Nr. 2 für die Inhaftierung von NS-Funktionsträgern, aber auch von politisch Mißliebigen genutzt; von den insgesamt ca. 28.000 Gefangenen, kamen rd. 7.000 ums Leben. An diesen letztgenannten Teil der Geschichte des Lagers wird jedoch erst seit 1999 in einer Dauerausstellung erinnert. Als Fritz Helling Buchenwald besuchte, war das Profil der in den 1950er Jahren entstandenen Gedenkstätte dominiert von der Hervorhebung des erfolgreichen Widerstands kommunistischer Häftlinge und des Internationalen Lagerkomitees (vgl. Bundeszentrale für politische Bildung [Hg.], Gedenkstätten für die Opfer des Nationalsozialismus. Eine Dokumentation, Bd. II, Bonn 1999, S. 892-903; Hasko Zimmer, Der Buchenwald-Konflikt. Zum Streit um Geschichte und Erinnerung im Kontext der deutschen Vereinigung, Münster 1999).

[17] Stadt im nördlichen Rheinland-Pfalz, nahe der Grenze zu Nordrhein-Westfalen.

[18] Josef Brambora (s. Kap. 16, Anm. 1).

[19] Nicht ermittelt.

[20] Der gesamte Absatz ist in der von Jürgen Helling überarbeiteten Textfassung herausgekürzt.

Der Oktober 1965 war ausgefüllt mit der Arbeit an einem Vortrag, den ich Ende dieses Monats auf dem „Pädagogischen Forum" in Gießen zu halten hatte[21]. Zu dem Thema: „Die einheitliche Schule der Zukunft" sagte ich: „Es gibt für die Zukunft nur eine vernünftige und erfolgversprechende Konsequenz: Man muß alle Kinder, auch die Kinder der Arbeiter und Bauern,[22] bis zum Ende der Pubertätszeit, also bis zum Ende des 16. Lebensjahres, gemeinsam in ein und derselben Schule, die in sich differenzierende Wahlmöglichkeiten enthält, unterrichten, nicht nur theoretisch, sondern auch in praktischer Arbeit." Ich hob dann hervor, daß diese Forderung schon auf der Reichsschulkonferenz von 1920 vom Bund Entschiedener Schulreformer gestellt worden war[23]. Sein Leiter, Professor Paul Oestreich, sagte damals: „Das Ideal ist die zehnjährige Grundschule, die alle ‚Differenzierung' enthält. ... Etwa im 16. Lebensjahr wird sich zeigen, wohin die Veranlagung strebt ... Für uns ist nur die eine einzige Schule mit Innendifferenzierung vorhanden, in die man diejenigen Leute, die dafür geeignet sind ..., in die wissenschaftliche Laufbahn einfügt, während andere nach anderer Richtung gehen. Es wird und es muß einmal aufhören, daß der Mensch nach seinem Einkommen beurteilt wird, daß der Wert der ‚Bildung' danach beurteilt wird, wieviel Gehalt man später einmal bekommt.[24]
Wir werden dann dahin kommen, die ‚Bildung' viel tiefer zu fassen, die Veranlagung, ob technisch oder wissenschaftlich oder wie sie sonst sein mag, richtig einzurangieren. Dann werden wir auch ganz sicherlich zu

---

[21] Dieses Pädagogische Forum fand am 30. und 31. Oktober statt, in seinem Zentrum standen „Kernfragen neuzeitlicher Bildungspolitik" (Schule und Nation 12 [1965] 2, S. 2). Die zwei einleitenden Diskussionsbeiträge von Fritz Helling und Dr. Gernot Koneffke (geb. 1927, heute Prof. em. des Instituts für Pädagogik an der TU Darmstadt) wurden in „Schule und Nation" abgedruckt: Fritz Helling, Der heute notwendige Aufbau einer demokratischen Schule in der Bundesrepublik, in: Schule und Nation 12 (1965) 2, S. 2-6; Gernot Koneffke, Schulreform und schulpolitische Tendenzen in der Bundesrepublik, in: ebd., S. 6-11.
[22] Diese (durch Kommata abgetrennte) Einfügung ist in der von Jürgen Helling überarbeiteten Fassung herausgekürzt.
[23] Vgl. hierzu Detlef Oppermann, Gesellschaftsreform und Einheitsschulgedanke, Frankfurt a.M. 1982, insb. S. 314-338; s. auch Kap. 5, Anm. 1 und 2.
[24] Der letzte Teil dieses Absatzes (beginnend mit: „Etwa im 16. Lebensjahr") sowie der folgende Absatz sind in der von Jürgen Helling überarbeiteten Fassung herausgekürzt.

einem ganz anderen Volksgefühl und zu einem anderen Menschheitsgefühl gelangen als bisher in unserem fraglos auch durch die sogenannten Bildungsinstitute zerklüfteten Volkswesen."
Zum Schluß wies ich dann auf zwei vorbildliche Beispiele hin. „Nach der Katastrophe des zweiten Weltkrieges wurde diese demokratische Einheitsschule im Groß-Berliner Schulgesetz von 1947/48 verwirklicht[25], das aber bald darauf der politischen Teilung Berlins zum Opfer fiel[26]. Um dieselbe Zeit wurde in Schweden ein Ausschuß für die Erneuerung des schwedischen Schulwesens eingesetzt mit der Begründung: ‚Die Schule allein kann nicht unverändert bleiben in einer sich ständig ändernden Welt'. Nach mehr als zehnjähriger Versuchstätigkeit beschloß der schwedische Reichstag 1962, schrittweise in allen Gemeinden die von dem Ausschuß empfohlene neunjährige Grundschule einzuführen. Neunjährig ist die neue Einheitsschule deshalb, weil die Schulpflicht mit dem Herbstsemester des Jahres beginnt, in dem der Schüler 7 Jahre alt wird. In den beiden ersten der je dreijährigen Stufen dieser Grundschule nehmen alle Kinder in allen Fächern teil. Zu diesen Fächern gehört auch das Werken mit Textilien, Holz und Metall. In der 4.-7. Klasse ist Englisch als erste Fremdsprache Pflichtfach für alle Schüler. In der Oberstufe nimmt der Pflichtunterricht in zunehmendem Maße zugunsten freigewählter Kurse ab. Während des 8. Schuljahres findet auch ein drei Wochen dauerndes Berufspraktikum statt als Gelegenheit, verschiedenartige Betriebe kennenzulernen. In Schweden werden also gerade in der 2. Hälfte der Pubertätszeit in zunehmendem Maße Wahlmöglichkeiten angeboten, während die ‚Förderstufe' des deutschen Rahmenplanes[27] schon nach den ersten

---

[25] Das „Schulgesetz für Groß-Berlin" wurde im November 1947 durch die Stadtverordnetenversammlung verabschiedet und im Juni 1948 durch die Alliierte Kommandatura bestätigt. Ihm gemäß war für alle Kinder der Besuch einer gemeinsamen Grundschule bis zur achten Klasse vorgesehen (allerdings wurden „Kinder mit geistigen, körperlichen und sittlichen Ausfallerscheinungen und Schwächen" ausgenommen und „besonderen Schulen und Heimen zugewiesen" [§ 6]) (vgl. Schulgesetz für Groß-Berlin, hg. v. Hauptschulamt Groß-Berlin, o. O. u. J. [1948]).
[26] S. dazu Gerd Radde, Kontinuität und Abbruch demokratischer Schulreform. Das Beispiel der Einheitsschule in Groß-Berlin, in: Jahrbuch für Pädagogik 1993, Frankfurt a.M. 1993, S. 29-51, insbesondere 37-47.
[27] S. Kap. 15, Anm. 12.

sechs Schuljahren, bevor die eigentliche Reifezeit beginnt, Entscheidungen für die Zukunft zu treffen wagt. Der radikale Unterschied zu dem westdeutschen Plan tritt deshalb auch darin zu Tage, daß sich in Schweden an die 9jährige Grundschule, mit deren Besuch die Schulpflicht endet, ein nur dreijähriges Gymnasium oder eine zweijährige Berufsfachschule anschließt. Wenn wir in der Bundesrepublik uns entschließen könnten, einen ähnlichen Plan zu verwirklichen, dann könnten wir die Hoffnung haben, daß unsere heutige Bildungskatastrophe ein Ende fände."

Fast den ganzen November 1965 brauchte ich dazu, dieses Referat druckfertig zu machen. Es wurde dann im Dezember-Heft von „Schule und Nation" veröffentlicht[28].

Im gleichen Jahr 1965 veröffentlichte ich in der „Deutschen Volkszeitung"[29] vom 11. Juni einen Aufsatz über „Das neue Bildungsgesetz der DDR"[30]. Als besonders wichtig hob ich in diesem Gesetz hervor, daß die Bedeutung einer modernen Allgemeinbildung mit Nachdruck betont wird. „Ebenso wesentlich ist der Grundsatz der Verbindung von Theorie und Praxis, von Lernen und produktiver Tätigkeit." Mehr als früher wird auch das individuelle Recht auf Bildung anerkannt. So heißt es in dem Gesetz: „Die Einheitlichkeit in der Zielsetzung und im Aufbau des sozialistischen Bildungssystems schließt, entsprechend den gesellschaftlichen Erfordernissen und den individuellen Begabungen, Differenzierungen in den Bildungswegen auf den oberen Stufen ein ... Mit der Erhöhung des Bildungsniveaus aller Lernenden sind Maßnahmen zur Förderung besonderer Begabungen und Talente zu treffen. Durch das bessere Eingehen auf das individuelle Leistungsvermögen der Lernenden im Unterricht und der Fach- und Hochschulausbildung, durch die Einrichtung von Spezialschulen und -klassen, durch spezielle Bildungsveranstaltungen an Fach-

---

[28] S. Anm. 21.
[29] S. Kap. 15, Anm. 1.
[30] Fritz Helling, Das neue Bildungsgesetz der DDR, in: Deutsche Volkszeitung 13 (1965) 24, S. 11. – Helling bezog sich hier auf das 1965 in der DDR verabschiedete „Gesetz über das einheitliche sozialistische Bildungswesen", auch „Bildungsgesetz" genannt (s. Gesetzblatt der DDR. Teil I, Berlin-Ost 1965, S. 83 ff).

und Hochschulen, durch außerunterrichtliche Bildungsveranstaltungen und andere Maßnahmen sind die Begabungen zu fördern." Man arbeitet auch an modernen Unterrichtsmethoden, nach denen die Schüler aktiver und intensiver lernen können.[31]

„Es gibt aber", schrieb ich weiter, „ein oberstes Ziel der Bildung und Erziehung, das für die gesamte Jugend gilt: die Bejahung des Sozialismus. In wachsendem Maße soll die innere Bereitschaft der Jugend zum Aufbau der sozialistischen Gesellschaft die Grundlage ihrer schöpferischen Aktivität werden. Deshalb heißt es in dem Gesetz: „Den Schülern, Lehrlingen und Studenten sind gründliche Kenntnisse des Marxismus-Leninismus zu vermitteln. Sie sollen Entwicklungsgesetze der Natur, der Gesellschaft und des menschlichen Denkens erkennen und anzuwenden verstehen und feste soziaiistische Überzeugungen gewinnen. Sie werden befähigt, den Sinn des Lebens in unserer Zeit zu begreifen, sozialistisch zu denken, zu fühlen und zu handeln."

Mit Stolz wird in der Präambel des Gesetzes hervorgehoben: „Errungenschaften der Deutschen Demokratischen Republik auf dem Gebiet des Bildungswesens und ihr weiterer systematischer Ausbau sind eine nationale Leistung, die für ganz Deutschland beispielhaft ist. Das sozialistische Bildungswesen der Deutschen Demokratischen Republik ist dem Bildungswesen in Westdeutschland um eine ganze historische Epoche voraus."

Daß diese Behauptung keine Übertreibung ist, wird für jeden deutlich, der die zwei ersten Abschnitte meines Aufsatzes über den „Bildungsnotstand in der Bundesrepublik" liest (veröffentlicht im Juliheft 1965 der Zeitschrift „Frau und Frieden")[32]: *Wenn man die Bedarfsfeststellung der Kultusminister für die Jahre 1961 bis 1970, „Die deutsche Bildungskatastrophe" von Dr. Georg Picht[33] und die Tatsachenberichte von Frau*

---

[31] Dieser Absatz sowie der folgende Text bis einschließlich des von Kluthe vorgelegten Programmentwurfs (s. bei Anm. 39; bis: „als letztes Ziel jeglicher Politik zu entscheiden.") sind in der von Jürgen Helling überarbeiteten Fassung herausgekürzt.

[32] S. Fritz Helling, Der Bildungsnotstand in der Bundesrepublik, in: Frau und Frieden 7 (1965), S. 8. – Das pazifistische Monatsblatt „Frau und Frieden. Westdeutsche Frauenfriedensbewegung" erschien im Küster Verlag (Essen) von 1952 bis 1974.

[33] S. Kap. 15.

Dr. Hildegard Hamm-Brücher[34] gelesen hat, weiß man, wie schlimm der Bildungsnotstand bei uns ist. Es genügt hier, aus der Fülle der Belege einige wichtige auszuwählen. Zum Bau der bis 1970 notwendigen Unterrichtsräume sind einmalige Investitionen in Höhe von 50 Milliarden DM erforderlich. Für 1965 bestehen aber für Schülerneubauten nur 2,5 Milliarden DM zur Verfügung. Sollte es bei dieser Jahressumme bleiben, dann würde es rund 20 Jahre dauern (bis 1985), bis wir die Schulräume hätten, die wir für 1970 dringend nötig haben. Ebenso katastrophal ist der Lehrermangel. 1970 werden insgesamt 270 000 bis 300 000 Lehrer fehlen. Die Zahl der Abiturienten ist und bleibt erschreckend niedrig. Sie wird sich in der Bundesrepublik bis 1970 nur um 19 Prozent erhöhen, während sie in Frankreich bis dahin um 154 Prozent, in Jugoslawien um 148 Prozent, in Schweden um 138 Prozent, in Belgien und den Niederlanden um je 100 Prozent ansteigt. Die Arbeiter und Bauern, die bei uns 64 Prozent der Gesamtbevölkerung ausmachen, stellen nur 7 Prozent der Studierenden. Ungewöhnlich hoch ist bei uns die Zahl der Zwergschulen. In Nordrhein-Westfalen gibt es 787 einklassige und 1 031 zweiklassige Volksschulen, in Bayern 1 853 einklassige Schulen. Für Lehrmittel erhielt eine bayerische Hilfsschule mit ca. 150 Schülern im Schuljahr 1964/65 nur 800 DM, pro Schüler ca. 5,30 DM, für Werkmaterial 120 DM, pro Schüler ganze 80 Pfennige, die für das Schuljahr 1965/66 auf 1,20 DM erhöht wurden. Schon in diesen Zahlen tritt das ganze Elend unseres Bildungswesens zutage.

Weihnachten feierte ich wieder mit meinem Sohn[35] zusammen. In der ersten Januarhälfte 1966 machte ich eine weite Reise, die mich zuerst nach Berlin, dann eine Woche lang nach Prag und von da zurück nach Kleinmachnow bei Berlin führte. In Prag, wo ich eine ganze Woche lang blieb und auch diesmal wieder im Hotel Flora[36] übernachtete, stand ich wie immer unter der Obhut meiner Dolmetscherin Frau Lorándová.

---

[34] S. u.a. Hildegard Hamm-Brücher, Liberale Bildungspolitik heute, in: Schule und Nation 11 (1965) 3, S. 9-14.

[35] Jürgen Helling (s. Kap. 5, Anm. 22).

[36] Nicht ermittelt.

Ich kam überanstrengt nach Hause zurück, erholte mich aber nach kurzer Zeit, so daß ich schon Ende Januar 1966 mit der Niederschrift eines Aufsatzes begann, dem ich die Überschrift „Weltverständnis als Bildungsziel"[37] gab. Hier stellte ich am Schluß zusammenfassend fest: *Überwindung der rein fachlichen Enge, universales Begreifen der Welt ist mit Hilfe der heutigen Wissenschaft in den Schulen als neue Allgemeinbildung nicht nur möglich, sondern geradezu ein Gebot unserer Zeit. Um dieses Gebot verwirklichen zu können, muß jedes natur- und gesellschaftswissenschaftliche Einzelfach seinen Lehrstoff auf das allen gemeinsame Ziel des Weltverständnisses ausrichten. Alle Fächer haben sich in den Dienst dieses wissenschaftlichen Weltverständnisses zu stellen. Vorrang haben dabei diejenigen Lehrstoffe, die zu einer Gesamterkenntnis in besonderem Maße hinzuführen vermögen. Damit ist für die Realfächer dank des gemeinsamen Zieles ein Auswahlprinzip gefunden, dessen richtige Anwendung jede Überfülle der Lehrstoffe ausschließt.*

Zum Schluß hob ich „die wesentlichen Inhalte dieser neuen Weltkunde" hervor: *Zu den wesentlichen Inhalten dieser neuen Weltkunde gehört vor allem die Lehre, die wir der modernen Atomphysik verdanken, daß alle Materie aus Atomen besteht, die, aus den gleichen Bestandteilen gebildet einen ähnlichen Aufbau haben. Aus solchen Atomen sind die Millionen und Milliarden Gestirne im Weltall ebenso aufgebaut wie auf unserer Erde die Luft, die uns umgibt, die Wolken am Himmel, die Felsen der Gebirge, die Pflanzen und Tiere und auch wir Menschen. Die ungeheure Fülle und Mannigfaltigkeit der Naturerscheinungen beruht also auf einem universell einheitlichen Grundbestand. Es hat sich bestätigt, daß zwischen Organischem und Anorganischem keine Kluft besteht. Beides baut sich aus den gleichen Grundstoffen auf. Substanzen, die einen lebenden Organismus, zum Beispiel unseren Körper, bilden, setzen sich aus den gleichen Bestandteilen zusammen wie die Gebilde der anorganischen Welt, wie etwa Steine und Metalle. Darum erscheint es möglich, daß aus Anorganischem neues Leben entsteht, wie auch dieses unaufhörlich wieder in „leblose" Materie zerfällt. Wie einheitlich die Welt des Lebendigen ist, können zwei Beispiele zeigen. Bei Pflanzen, Tieren und Menschen*

---

[37] S. Fritz Helling, Weltverständnis als Bildungsziel, in: ders., Neue Politik – Neue Pädagogik, Schwelm 1968, S. 71-77. – S. auch Anm 57.

bilden Eiweißsubstanzen in jeglicher Weise die Grundlage ihres Lebens. Für die Fortpflanzung alles Lebendigen gelten dieselben Vererbungsgesetze. So sind wir Menschen mit allem Seienden, besonders mit Pflanzen und Tieren, eng verwandt und auch verbunden.

Noch etwas anderes, sehr Wesentliches, ist allem, was in der Welt existiert, gemeinsam. Alles befindet sich ständig im Zustand der Bewegung und Veränderung. In unserem Jahrhundert hat man entdeckt, daß sich sogar in den Atomen, selbst in den Atomkernen, alles in Bewegung befindet, und daß sich viele Elemente, die man früher für unveränderlich hielt, durch radioaktiven Zerfall in andere verwandeln. Ebenso sind die Zellen der lebendigen Organismen in fortwährender Bewegung und Verwandlung. Diese chaotisch erscheinenden Bewegungen und Veränderungen sind ihrem Ergebnis nach „gerichtet". Ein eindrucksvolles Beispiel dafür bietet die biologische Entwicklungslehre, die immer wieder durch neue Funde und Forschungen bestätigt wird. Wie das Weltall als Ganzes eine Entwicklung und eine Geschichte hat, so hat auch das Leben auf der Erde eine Entwicklung und eine Geschichte. Es ist von sehr niedrigen Formen, die sich, wie die Viren, kaum gegen das Unbelebte abgrenzen lassen, zu immer höheren Gebilden aufgestiegen: in der Pflanzenwelt von den Moosen und Farnen zu den Samenpflanzen, in der Tierwelt von den Urtierchen, Würmern und Insekten zu den Fischen, Vögeln und Säugetieren bis zu den Menschen, die sich durch die Sprache und die Arbeit in ihrer besonderen Weise entwickeln. Auch in der Geschichte der Menschheit hat sich eine Entwicklung von primitiven Anfängen vollzogen, von den ur- und steinzeitlichen zu den antiken und feudalen Lebensformen bis zu den höchst komplizierten Gesellschaftsordnungen der Gegenwart. Diese Aufeinanderfolge der geschichtlichen Epochen muß an Beispielen aus allen Erdteilen klargemacht werden. Nähert sich dann dieser Gang durch die Menschheitsgeschichte unserer Gegenwart, so wird es notwendig, das heutige Nebeneinander der kapitalistischen und sozialistischen Gesellschaftsordnungen objektiv zu behandeln und die Pflicht der Menschheit zur friedlichen Koexistenz dieser Ordnungen zu betonen. Eine solche Weltkunde, die wir der Wissenschaft verdanken, bedeutet für die Schule die endliche Überwindung der alten Gewohnheit, im Fachspezialistentum mit seiner Überfülle an Lehrstoff steckenzubleiben. Sie bedeutet die Befreiung von dem zusammenhanglosen Vielerlei und der Aus-

richtung auf ein universales Weltverständnis als zeitnotwendiges Bildungsziel.[38]

Die Arbeit an diesem wichtigen Aufsatz wurde Anfang Februar 1966 durch die Teilnahme an einem „Pädagogischen Forum" in Gießen unterbrochen. Im Mittelpunkt unserer Diskussion stand ein von Walter Kluthe[39] vorgelegter Programmentwurf, der in folgender Fassung angenommen wurde:

In allen modernen Industriestaaten bekennt man sich heute zu folgenden Grundsätzen:

Statt der Trennung des Bildungswesens nach Volksschule, Mittelschule und Höherer Schule eine einheitliche demokratische Schule.

* *Die einheitliche demokratische Schule hat zwölf Pflichtjahre und fördert in einem differenzierten System alle Begabungen und Interessen der Schüler, so daß die soziale Chancengleichheit für alle hergestellt wird und die überlebten Bildungsprivilegien und Sackgassen endlich beseitigt werden.*

* *In dieser einheitlichen Schule soll der theoretische Unterricht in allen Klassen mit praktischer Arbeit verbunden werden vom Werken bis zur beruflichen Arbeit.*

* *Die Allgemeinbildung ist zu erhöhen. Alle Fächer haben sich in den Dienst des heutigen wissenschaftlichen Weltverständnisses zu stellen.*

* *Drei große Bereiche der Lebensvorbereitung fordern mehr als bisher Berücksichtigung in den Bildungsplänen der einheitlichen Schule in allen Klassen:*

  1. Die Jugend muß besser mit den Erkenntnissen der Naturwissenschaften und Technik vertraut gemacht werden.

  2. Die Jugend muß besser auf das Leben in der politsch-gesellschaftlichen Wirklichkeit vorbereitet werden.

  3. Die Jugend von heute muß zu einem persönlichkeitsbereichernden Freizeitverhalten befähigt werden.

* *Über die Schulzeit hinaus sind ausreichende Vorkehrungen zur ständigen allgemeinen und beruflichen Weiterbildung der Jugendlichen und*

---

[38] Vgl. zum Vorangegangenen auch Hellings Ausführungen in Kap. 14, bei Anm. 22.
[39] S. Kap. 9, Anm. 4.

Erwachsenen zu treffen. Hierzu ist u.a. erforderlich:
1. Die Berufsbildung der Gegenwart ist vollintegrierter Bestandteil der demokratischen Schule.
2. Die Institutionen der Erwachsenenbildung müssen auf neuen Wegen in fruchtbare und anerkannte Beziehungen zu den Hochschulen treten. Sie müssen befähigt werden, gesellschaftliche Bildungsaufträge zu verwirklichen.

Die Erziehungsaufgabe der Schule besteht darin, die heutige und zukünftige Jugend und die Verwirklichung einer politischen und sozialen Demokratie zu gewinnen.

Für die Weite des internationalen Geschehens soll unsere Jugend zu einem urteilsfähigen, verantwortungsbewußten Verhalten erzogen werden, das es ihr zur Pflicht macht, sich für den Frieden in der Welt um die Humanisierung des menschlichen Daseins als letztes Ziel jeglicher Politik zu entscheiden.

Im gleichen Sinne schrieb ich kurz darauf einen Aufsatz für die Zeitschrift „Frau und Frieden" und im März 1966 auf Wunsch von Paul Delanoue[40] für eine japanische Lehrerzeitung[41] eine ausführliche Darstellung der „Bildungskatastrophe in der Bundesrepublik Deutschland". Die Schlußseite hatte folgenden Wortlaut:

Bei den schulpolitischen Forderungen der demokratischen Organisationen und Persönlichkeiten geht es im Kern um: Gleiche Bildungschancen für alle Kinder. Vollausgebaute Schulen mit pädagogisch erforderlichen kleineren Klassen in Stadt und Land. Vermehrung der Abiturientenquote. Erhöhung der Lehrerzahl und der Lehrerbildung. Bereitstellung der notwendigen Mittel für das Bildungswesen. Ein solches Schulprogramm steht im Einklang mit der allgemeinen Entwicklung in modernen Industriestaaten. Professor Lauwerys von der Londoner Universität, Präsident der Europäischen Gesellschaft für Vergleichende Pädagogik, sagt

---

[40] Paul Delanoue war Generalsekretär und später Präsident der 1946 aus einem Zusammenschluß mehrerer nationaler Lehrerorganisationen hervorgegangenen Fédération Internationale Syndicale de l'Enseignement (FISE), des Internationalen Verbandes der Lehrergewerkschaften (zur FISE s. Paul Delanoue, FISE – Bilanz und Perspektiven, in: Schule und Nation 27 [1971] 4, S. 14-16).
[41] Nicht ermittelt.

als Ergebnis seiner umfassenden Studien folgende Struktur für die zukünftige Schule voraus[42]: In seiner Rede vor der Royal Society of Arts heißt es: „Es ist wahrscheinlich, daß der häufigste Typ in der Schulstruktur, wie er 1975 in den Ländern mit hohem Einkommen eingerichtet wird, wie folgt aussieht: 1. Eine fünfjährige gemeinsame Grundschule, der 2. eine gemeinsame vierjährige Mittelschule folgt, die einen allgemeinen Lehrplan mit einem Minimum an Differenzierung anbietet; darauf 3. eine drei- oder vierjährige Oberschule oder ein Junior College, die einen akademischen Zweig (auf die Universität orientiert) aufweisen und mehr praktische Zweige und einen weiterführenden Teilzeitunterricht mit überwiegendem Berufszweig."

Für noch wichtiger als die organisatorische Veränderung unseres Schulwesens halte ich eine grundlegende Änderung des Bildungsinhaltes. Hierfür fehlte es den demokratischen Organisationen in der Bundesrepublik noch an einem Programm, wenn man auch die soeben mitgeteilten Leitgedanken als Ausdruck weitverbreiteten Denkens in Kreisen demokratischer Lehrer und Schulpolitiker ansehen kann.

Bisher sind aber alle Pläne der Pädagogen, alle Mahnungen und Warnrufe entweder diffamiert oder von den zuständigen Stellen unbeachtet geblieben. Es ist immer offensichtlicher, daß die Regierungen und Parlamente nur durch das geeinte Vorhaben aller Kräfte, die an einer Neufassung des Bildungswesens interessiert sind, endlich zum Handeln gebracht werden können. Die vornehmste Aufgabe wird darin bestehen, in den Schulen die Voraussetzungen dafür zu schaffen, unsere Jugend für die Weite des internationalen Geschehens zu einem urteilsfähigen, verantwortungsbewußten Verhalten zu erziehen, das es ihr zur Pflicht macht, sich für den Frieden in der Welt und die Humanisierung des menschlichen Daseins als letztes Ziel jeglicher Politik zu entscheiden.[43]

---

[42] Joseph A. Lauwerys, Professor am Institut für Erziehung an der Universität London, war 1961 Gründungspräsident (bis 1967) der „Comparative Education Society in Europe" (CESE), der Gesellschaft für Vergleichende Erziehungswissenschaft in Europa. Der Text des Vortrages, aus dem Helling nachfolgend zitiert, wurde komplett abgedruckt in „Schule und Nation": J. A. Lauwerys, Vergleichende Studie über Welttendenzen im Bildungswesen, in: Schule und Nation 12 (1966) 3, S. 3-9.

[43] Dieser Absatz ist in der von Jürgen Helling überarbeiteten Fassung komplett herausgekürzt. – Der letzte Teil des Absatzes (beginnend mit: „unsere Jugend für die Weite des

Von Mitte Mai bis Mitte Juni 1966 schrieb ich einen Aufsatz über „Das Vermächtnis Paul Oestreichs"[44]. Mit keinem anderen Menschen – von meiner Frau und Walter Kluthe abgesehen – bin ich so eng verbunden gewesen wie mit Paul Oestreich. Keinem anderen verdanke ich so viel wie ihm.

In den nun folgenden Sommermonaten (1966) gab es für mich ungewöhnlich viel Abwechslung. Im Juni war nicht nur Prof. Dr. Pech (Prag)[45], sondern auch Dr. Brambora (Prag) mein Gast in Schwelm. Meine Bibliothek interessierte ihn sehr, vor allem das Buch von Karl Richter „Die trojanische Herde"[46], aus der er viele Stellen für sich abschrieb.

Am Tage nach Bramboras Rückfahrt kam für 2 Wochen Frau Horová[47], die Schwester von Frau Lorándová, mit ihrer Tochter Dana[48] zu Besuch. 1½ Wochen später unternahm ich meine erste Flugreise nach Prag, wo ich wieder unter der Obhut von Frau Lorándová stand. Anschließend verbrachte ich während der Ferienzeit meiner Haushälterin 3 Wochen in Bad Neuenahr. Die Konzerte im Kurpark sind mir in unvergeßlicher Erinnerung geblieben.[49]

In jedem Vierteljahr besuchte mich Jürgen, der damals Dipl.-Ing. bei Krupp in Essen war. Im Oktober war ich kräftig genug, um die Äpfel und die Fliederbeeren zu ernten. Im November war Richard Meschkat[50] für einige Tage mein Gast. Sehr regelmäßig war immer der Briefwechsel mit

---

internationalen Geschehens") nimmt den letzten Satz des Programmentwurfs von Kluthe (s. bei Anm. 39) auf.

[44] S. Fritz Helling, Das Vermächtnis Paul Oestreichs, in: ders., Neue Politik – Neue Pädagogik, a.a.O., S. 55-62.

[45] Vilém Pech (s. Kap. 16, Anm. 30).

[46] Köln 1959 (vgl. dazu auch Kap. 14, bei Anm. 10).

[47] Nicht ermittelt.

[48] Nicht ermittelt.

[49] Dieser Absatz sowie der folgende sind in der von Jürgen Helling überarbeiteten Fassung herausgekürzt.

[50] S. Kap. 6, Anm. 23.

Frau Lorándová (Prag).[51] An den Weihnachtstagen war wieder Jürgen bei mir.

Mehrfach besuchten Walter Kluthe und ich, wie seit langem üblich, meinen Freund Dr. Otto Koch[52], der früher Staatssekretär im Kultusministerium von Nordrhein-Westfalen in Düsseldorf gewesen war und nach seiner Pensionierung auf seinem Hof Singerbrink bei Meinerzhagen im Sauerland lebte. Er war ein religiöser Sozialist und seit 1918 Mitglied der SPD. In der Weimarer Zeit hatte er als Gymnasialdirektor bezeichnender Weise schwere Kämpfe mit dem Besitz- und Bildungsbürgertum zu bestehen. In seinen Lebenserinnerungen[53] schreibt er darüber: *Meine Ernennung zum Direktor des Staatlichen Gymnasiums Andreanum in Hildesheim löste, noch bevor ich mein neues Amt antrat, in der bürgerlichen Presse einen Sturm der Entrüstung aus. Daß ein Sozialdemokrat Leiter des aus der Reformationszeit stammenden, erwürdigen Gymnasiums Andreanum werden sollte, schien unerhört. Dagegen war es völlig gleichgültig, daß dieser „rote Direktor" die Religionsfakultas für die Oberstufe besaß und Gewicht darauf legte, auch Religionsunterricht zu erteilen. Ja, die Hildesheimer Geistlichkeit der lutherschen hannoverschen Kirche hielt es für richtig, an den preußischen Kultusminister den Antrag zu stellen, mir die Religionsfakultas zu entziehen, da ich Sozialdemokrat sei. Ich erfuhr diese Tatsache von dem Pfarrer der reformierten Gemeinde, dem ich auf seine Bitte die Aula des Gymnasiums für seine Gottesdienste zur Verfügung stellte. Mein Amtsvorgänger, der wegen der Erreichung der Altergrenze aus dem Schuldienst scheiden mußte, benutzte die letzten Wochen dazu, kräftig in das gegen mich angezündete politische Feuer zu blasen. In einer der letzten von ihm geleiteten Lehrerkonferenzen bewog er das Kollegium zu einem Protestschreiben gegen meine Ernennung. Diesem unerhörten Schritt hatten sich auch die acht Studienassessoren angeschlossen, welche dem Gymnasium zugeteilt waren, vorsichtshalber unter der im Konferenzprotokoll festgelegten Bedingung,*

---

[51] Dieser Satz ist in der von Jürgen Helling überarbeiteten Fassung herausgekürzt.

[52] S. Kap. 11, Anm. 24.

[53] Die „Lebenserinnerungen" Otto Kochs hat Helling in der zusammen mit Kluthe herausgegeben Schriftenreihe „Aktuelle Fragen der deutschen Schule" veröffentlicht: Wege des Schulreformers Otto Koch. 1912-1952, Schwelm 1962.

daß das Lehrerkollegium sie schützen werde, falls ihnen aus ihrer Stellungnahme Schwierigkeiten erwachsen sollten. Als ich kurz nach meinem Amtsantritt das Konferenzprotokoll las, habe ich dafür gesorgt, daß sie alle telegrafisch an andere Schulen außerhalb Hildesheims versetzt wurden. Das Tollste leistete sich aber doch der Club, dem vor allem Akademiker angehörten. Seinen Namen habe ich vergessen, es gibt diese Vereinigungen, denen die sogenannte gute Gesellschaft angehört, wohl in allen größeren Provinzstädten. Dieser Hildesheimer Club schickte an das PSK[54] Hannover ein Schreiben, in dem er mitteilte, der Vorstand habe beschlossen, mich nicht in den Club aufzunehmen. Daß ich diesen Wunsch hätte, schien ihm selbstverständlich. Der Vorsitzende des PSK hielt es für angebracht, dieses lächerliche Schreiben in der Sitzung vorzulesen, worauf ich mich zu Wort meldete und radikal, wie Jugend nun einmal ist, erklärte: „Wenn diese sogenannte gute Gesellschaft mir nicht völlig gleichgültig wäre, wäre ich nicht Sozialist".[55]

Weihnachten 1966 feierte ich wieder mit Jürgen zusammen. Am Jahresende schrieb ich damals in meinen Kalender: „Alle Arbeiten fertig".

Das neue Jahr 1967 begann wieder mit einem Flug nach Prag. Ich wohnte dort wie immer im Hotel Flora. Diesmal und im Juni des gleichen Jahres zeigte mir Dr. Brambora die von mir noch nicht gesehenen Teile der Stadt, so daß ich keine europäische Großstadt so gut kennengelernt habe wie Prag. Auch mit Prof. Dr. Pech kam ich mehrfach zusammen. Die Verabredungen wurden stets von Frau Lorándová vereinbart. Nach meinem Rückflug schickte ich Professor Pech auf seinen Wunsch meinen Aufsatz „Weltverständnis als Bildungsziel". Er übersetzte und veröffentlichte ihn in der Prager Zeitschrift „Pedagogika". Derselbe Aufsatz war schon vorher in der DDR-Zeitschrift „Vergleichende Pädagogik"[56] abge-

---

[54] Provinzialschulkollegium.

[55] Die ersten drei Sätze ausgenommen (bis: „schwere Kämpfe mit dem Besitz- und Bildungsbürgertum zu bestehen."), ist dieser Absatz in der von Jürgen Helling überarbeiteten Fassung herausgekürzt.

[56] Die „Vergleichende Pädagogik. Deutsche Zeitschrift für internationale Bildungspolitik und Pädagogik" erschien erstmals 1962, 1990 wurde ihr Erscheinen eingestellt; herausgebende Körperschaft war bis N.F. 6 (1970) das Deutsche Pädagogische Zentralinstitut

druckt worden (2. Jahrgang 1966, Heft 3)[57]. Ich konnte also, wie man sieht, meine Arbeiten in West und Ost veröffentlichen, was eine seltene Ausnahme war.

Ende Januar 1967 besuchte mich Jürgen in Schwelm. Wir berieten die Übertragung meines Hausbesitzes auf ihn, weil er dann die Gelder seines Bausparvertrages für sein eigenes Haus verwenden konnte. Ich war damit einverstanden. Den neuen Vertrag unterschrieben wir beim Notar. Bald darauf beunruhigten mich die Ereignisse, die Jürgen in seinem Beruf erleben mußte. Das große Krupp-Unternehmen[58] geriet gegen meine Erwartung in eine schwere Krise, die zu einer Einstellung der Lastwagen-Produktion führte. Das bedeutete für Jürgen die Entlassung. Da er durch seine Veröffentlichungen weit bekannt war, erhielt er schon bald ab 1. Juni 1967 eine noch besser bezahlte Stellung bei Hanomag in Hannover.[59]

Vom 1. März bis 1. Mai 1967 war Jürgen bei mir zu Hause in Schwelm, um die Renovierungsarbeiten an seinem Haus selbst zu leiten. Mitten in dieser Arbeit mußte er plötzlich wegen einer Blinddarmreizung ins Schwelmer Krankenhaus, wo er noch am gleichen Tage operiert wurde. Ich erfuhr das erst am Abend, als ich von einer Einweihungsfeier in der neuen Turnhalle des Gymnasiums[60] nach Hause kam. Diese Feier erhielt für mich eine ganz unerwartete Bedeutung. Als Vertreter des erkrankten

---

(DPZI), von N.F. 7 (1971) bis N.F. 26 (1990) die Akademie der Pädagogischen Wissenschaften (APW).

[57] S. Fritz Helling, Weltverständnis als Bildungsziel, in: Vergleichende Pädagogik 2 (1966) 3, S. 275-281. – S. auch Anm. 37.

[58] In Essen.

[59] Den ersten Satz ausgenommen, ist dieser Absatz in der von Jürgen Helling überarbeiteten Fassung zur Kürzung vorgesehen.

[60] Im Zusammenhang mit größeren baulichen Erweiterungen des Märkischen Gymnasiums Schwelm Mitte der 1960er Jahre, die angesichts räumlicher Engpässe aufgrund immens gestiegener Schülerzahlen notwendig geworden waren, wurde u.a. eine neue Großsporthalle gebaut (vgl. Michael Scholz, Geschichte des Märkischen Gymnasiums, in: Festschrift. 400 Jahre Märkisches Gymnasium Schwelm. 1597-1997, hg. v. Jürgen Sprave, Schwelm 1997, S. 10-15). Die Einweihungsfeier fand am 14. April 1967 statt (freundliche Auskunft von Herrn Dr. Jens Heckl, STA Münster).

Oberstudiendirektors hielt Studiendirektor Naumann[61] die Begrüßungsansprache, in der er mir unter lebhaftem Beifall der Anwesenden für meine Teilnahme dankte. Ebenso herzlich war die persönliche Begrüßung durch den für Schwelm zuständigen Oberschulrat aus Münster und den anwesenden Vertreter der Stadt Schwelm[62]. Es war mir, als wenn mit einem Mal ein über mich verhängter Bann gebrochen worden wäre.

Im Mai 1967 verbrachte Jürgen seine Ferien in Kärnten.[63]

---

[61] Werner Naumann (1907-1985), Naturwissenschaftler (freundliche Auskunft des StA Schwelm vom 10. März 2006).

[62] Bei dem erwähnten für Schwelm zuständigen Oberschulrat handelt es sich vermutlich um Dr. Rochus Junker, der bis Oktober 1967 (nachweislich) mit dem Märkischen Gymnasium in Schwelm von Münster aus korrespondierte. Ob Junker tatsächlich bei der Einweihung der Turnhalle anwesend war, läßt sich aus den überlieferten Schulberichten jedoch nicht eindeutig ersehen (Auskunft Jens Heckl, s.o.; eine Rechercheanfrage beim StA Schwelm den Oberschulrat sowie die Vertreter der Stadt betreffend ergab keine weiteren Informationen).

[63] Dieser Satz ist in der von Jürgen Helling überarbeiteten Fassung herausgekürzt.

Kapitel 18

15 Jahre Schwelmer Kreis

Im Februar des gleichen Jahres waren die Mitglieder unseres Arbeitsausschusses in Schwelm zusammengekommen, um einen Text zu beraten, der über die fünfzehnjährige Tätigkeit unseres Schwelmer Kreises[1] berichten sollte. Unter der Überschrift „15 Jahre Schwelmer Kreis" hatte er folgenden Wortlaut:[2]

Im April 1952 kamen in Schwelm in Westfalen etwa 70 Pädagogen aus allen Teilen der Bundesrepublik zusammen, die über die politische Entwicklung in unserem Vaterlande sehr besorgt waren und nicht zulassen wollten, daß die Schule in den mit aller Schärfe nach dem Koreakrieg entbrannten Kalten Krieg in Deutschland einbezogen würde. Die Verantwortung der Pädagogen in der Ost-West-Spannung, die Erziehung der Jugend zu Frieden und Demokratie und die Möglichkeiten zu einer Zusammenarbeit der Pädagogen in beiden Teilen Deutschlands waren die Hauptthemen, die behandelt wurden. Einige Gäste aus der DDR, zu denen westdeutsche Teilnehmer schon vor 1933 berufliche und persönliche Beziehungen hatten, brachten ihre Zustimmung und Verbundenheit mit den Bestrebungen des Schwelmer Kreises zum Ausdruck.
Als noch reale Chancen bestanden, war man einig in dem Streben nach Wiedervereinigung. Man setzte sich für eine Politik der Entspannung ein.
In diesem Geiste wurden vom Schwelmer Kreis zahlreiche Ost-Westbegegnungen, Fachgespräche und Tagungen von Lehrern und Erziehern veranstaltet, die ihren Höhepunkt in den großen Ostertagungen in Eisenach fanden, auf denen sich bis zu 700 Teilnehmer vereinigten, mehr als die Hälfte davon aus Westdeutschland. Auf diesen Tagungen wurden Themen behandelt, die die Pädagogen aus beiden Teilen Deutschlands

---

[1] S. hierzu vor allem auch Kapitel 11, 13, 14 und 17 vorliegender Autobiographie.
[2] Der Text wurde als eigenständiger Sonderdruck (vierseitiger DIN A5 Blaudruck) veröffentlicht (15 Jahre Schwelmer Kreis, o.O. 1967 [Privatarchiv Jost Biermann, Paderborn]); außerdem druckte ihn die Zeitschrift „Das andere Deutschland" (s. Kap. 19, Anm. 16) komplett ab: 15 Jahre Schwelmer Kreis, in: Das andere Deutschland N.F. 10 (1967), S. 6.

interessierten: u. a. „Vom humanistischen Auftrag der deutschen Päd-agogen", „Unsere Verantwortung für die deutsche Jugend", „Die moderne industrielle Entwicklung und der humanistische Bildungsauftrag der deutschen Pädagogen", „Gegenwartsprobleme und Perspektiven der deutschen Schule in Ost und West". Diese Bemühungen wurden von der Bundesregierung nicht nur nicht unterstützt, sondern diffamiert, verleumdet und mit Verbot bedroht, vor allem vom „Gesamtdeutschen Ministerium" in Bonn, aber auch von anderen Behörden.

Die Bundesregierung lehnte alle Verständigungsangebote aus dem sozialistischen Lager als nicht glaubhaft ab, ohne die Probe auf diese Angebote zu machen. Durch die verhängnisvolle Aufrüstungspolitik gewannen in der Bundesrepublik wieder die Kreise bestimmenden Einfluß, die uns durch ihr wirtschaftliches, politisches und militärisches Expansionsstreben schon zweimal im 20. Jahrhundert in furchtbare Katastrophen gestürzt hatten. Die Chancen, 1945 durch das Potsdamer Abkommen zu einem einheitlichen demokratischen Deutschland zu kommen, wurden nicht genutzt. So entwickelten sich in der Folgezeit zwei deutsche Staaten mit sehr unterschiedlichen Strukturen. Wir müssen uns heute darauf einstellen, daß für eine lange Zeit diese zwei deutschen Staaten nebeneinander bestehen werden. Die Vereinigung ist ein Fernziel geworden. Ein Gebot der Stunde ist es, ein mögliches Maß an Verständigung für ein friedliches Nebeneinander herbeizuführen. Dem wird die These vom „Alleinvertretungsanspruch" der jetzigen Bundesregierung ebensowenig gerecht, wie das von Adenauer propagierte „Befreiungsprogramm" oder die Tätigkeit des „Forschungsbeirates" mit dem Ziel, die gesellschaftspolitische Angleichung der DDR an die Bundesrepublik vorzubereiten.

Zu der Diskriminierung der DDR trägt wesentlich auch die bei uns von den Behörden geförderte „Ostkunde" und die „Ostpädagogik" der sog. „Ostexperten" bei. Wir haben feststellen können, daß die Pädagogik in der DDR auf den besten Traditionen der deutschen Schulreform- und Lehrerbewegung beruht. Bei allen Kritiken im einzelnen, die bei unseren Begegnungen zu Wort kamen, fühlen wir uns verpflichtet, dies auszusprechen. Wir sind sogar überzeugt, daß uns die Kollegen aus der DDR Anregungen geben können, wenn auch bei uns die Ansätze der Reformen zur Demokratisierung des Schulwesens fortgeführt werden. Zu den dringenden Notwendigkeiten zählen heute u. a. die von den Gewerkschaften ge-

forderte Einführung einer differenzierten Gesamtschule, die Anhebung des gesamten Bildungsniveaus, die Beseitigung der wirtschaftlichen und gesellschaftlichen Hemmungen, die die Kinder vom Lande und die Arbeiterkinder immer noch benachteiligen, gründliche Revision der Schulbücher und Lehrpläne (Befreiung von überholtem Stoffballast und stärkere Berücksichtigung der Natur- und Sozialwissenschaften), um die Kinder auf die Berufs- und Arbeitswelt besser vorzubereiten und zu aktiven Mitgestaltern einer Welt ohne Krieg heranzubilden.

15jährige Erfahrungen des Schwelmer Kreises haben uns im übrigen erkennen lassen, daß es nicht möglich ist, durch „menschliche und berufliche Kontakte" allein die deutsche Frage zu lösen. Das doch zu glauben, ist unter den gegebenen Verhältnissen eine gefährliche Illusion. Auf der Basis von Verträgen gilt es in Deutschland und Europa, ja in der ganzen Welt zielbewußt zu einer Friedensordnung zu kommen, die allen Völkern gerecht wird. Es ist an der Zeit, daß auch in der Bundesrepublik eine Politik verfolgt wird, die den Entspannungstendenzen in der Welt und der Friedenssehnsucht der Menschheit Rechnung trägt. Das bedeutet in erster Linie:

Anerkennung der gegenwärtigen Grenzen in Europa,
Normalisierung des Verhältnisses zur DDR,
Teilnahme an Lösungen für die europäische Sicherheit.

Das sind drei Voraussetzungen für eine glaubhafte Friedenspolitik der Bundesrepublik, die außerdem mit allen Friedenskräften der Welt ihren Einfluß aufbieten müßte, den Krieg in Vietnam zu beenden. Diese Voraussetzungen sind auch im Unterricht zum Gegenstand staatsbürgerlicher Erziehung zu machen, denn „Die Schüler von heute sind die Erzieher von morgen, sei es nun in der natürlichen Gegebenheit als Eltern oder staatlich geprüft als Lehrer" (Leonore Schertel in „Die sitzengebliebene Schule"[3]).

Nur durch eine solche Politik werden wir zu gut nachbarschaftlichen Verhältnissen in Europa kommen, nur so werden die Voraussetzungen zur friedlichen Lösung der deutschen Frage geschaffen und die deutschen Begegnungen und Gespräche aus dem Zwielicht der Illegalität befreit, in das sie merkwürdigerweise gerade von denen gebracht wurden, die heute

---

[3] Leonore Schertel, Die sitzengebliebene Schule, Hamburg 1964.

am lautesten von „Kontakten" reden. Nur so werden auch hier durch Minderung der Rüstungslasten sowie durch Abbau des Freund-Feind-Denkens und der gesamten „psychologischen Kriegsführung" die Voraussetzungen geschaffen, die Schule in der Bundesrepublik auf die wirtschaftlich-technischen und gesellschaftlichen Wandlungen und Anforderungen unserer Zeit einzustellen, die Schule aus ihrer Rückständigkeit zu befreien.

Aus unseren Erfahrungen heraus begrüßen wir in den Parteien, den Gewerkschaften, den Kirchen und Religionsgemeinschaften sowie in anderen Kreisen außerparlamentarischer Kräfte alle Bestrebungen zur Überwindung der überholten Politik. Im Geiste des Friedens und der Freundschaft unter den Völkern, im Verantwortungsbewußtsein für die Zukunft der uns anvertrauten Jugend wenden wir uns auch an unsere Parlamente und Regierungen, von einer Politik abzulassen, die mit dem Anwachsen des alten Nationalismus wieder schlimmste Befürchtungen bei uns und bei allen europäischen Völkern aufkommen läßt. Noch haben wir die Kraft, durch vereinte Bemühungen einer verhängnisvollen Entwicklung Einhalt zu gebieten.

Der Arbeitsausschuß des Schwelmer Kreises
Bundesrepublik Deutschland[4]

Vom 30. April bis zum 6. Mai 1967 hatte ich Besuch von meinem Freund Richard Meschkat aus Kleinmachnow (im Landkreis Potsdam)[5]. Wir besprachen vor allem Reise- und Tagungspläne für die zweite Junihälfte. Als erste Unternehmung trafen wir uns als ost- und westdeutsche Pädagogen am 17. und 18. Juni in Magdeburg. Hier hielt ich zunächst ein Referat über „Die Geschichte des Schwelmer Kreises innerhalb der politi-

---

[4] Zeichnende waren: Eduard Adelmann, Theodor Asholt, Hartwig Baumbach, Gertrud Bienko, Walter Bökenheide, Klara Marie Faßbinder, Hans Frank, Rudolf Haun, Fritz Helling, Leo Herwig, Hanns Jacobs, Walter Kluthe, Maria Krüger, Hermann Lambracht, Herbert Langner, Helmut Müller, Josef Müller, Charlotte Niederhommert, Karl Nowacki, Heinrich Otto, Ludwig de Pellegrini, Hansotto Petras, Wilhelm Pille, Hans Reichwage, Jakob Renneisen, Anna Rieper, Karl Runki, Hans Schlesinger, Walter Uhle, Richard Vaßen; auf dem originalen Blaudruck steht zudem darunter: „April 1967" (15 Jahre Schwelmer Kreis, o.O. 1967 [Privatarchiv Jost Biermann, Paderborn]).
[5] S. Kap. 6, Anm. 23 sowie Kap. 13, Anm. 5.

schen West-Ost-Entwicklung seit 1945". Dann sprach Prof. Dr. Hans Georg Hofmann[6], stellvertretender Direktor beim DPZI in Ost-Berlin.

Anschließend fuhr ich mit Meschkat nach Kleinmachnow, wo ich mich in der Familie Gentz[7]-Meschkat immer wie zu Hause fühlte. Dann machte ich mich auf die Bahnreise nach Prag. Da war ich wieder in der Obhut von Frau Lorándová[8], Dr. Brambora[9] und Professor Dr. Pech[10]. Im Hotel Flora war ich auch jetzt wieder ein gern gesehener Gast. Man freute sich immer, wenn ich kam. Auf der Rückfahrt mit dem Zug hatte ich in Schönefeld[11] Schwierigkeiten mit den DDR-Kontrollbeamten. Meine Aufenthaltsgenehmigung sei abgelaufen. Ich müsse jetzt nach Westberlin fahren. Zum Glück war Meschkat auf dem Bahnsteig. Es genügten ein paar Sätze von ihm. Dann konnte ich mit ihm nach Kleinmachnow fahren, wo ich noch vier Tage lang bis zu meiner Rückreise blieb.

Mitte Juli erhielt ich eine Einladung von meiner letzten Abiturientenklasse, die 1950 ihr Abschlußexamen gemacht hatte. Während des Abends kam es zu lebhaften Diskussionen mit mir, „ganz wie früher im Geschichtsunterricht". Dabei stellte ich mit einer gewissen Enttäuschung fest, daß alle bis auf einen bei ihren bürgerlichen Anschauungen geblieben waren. Die 4 Wochen Ferien, auf die meine Haushälterin Anspruch

---

[6] Prof. Dr. Hans Georg Hofmann (geb. 1929), Erziehungswissenschaftler, Spezialgebiet Vergleichende Pädagogik, war von 1955 bis 1990 am Deutschen Pädagogischen Zentralinstitut (DPZI) in Ost-Berlin, der späteren (ab 1970) Akademie der Pädagogischen Wissenschaften (APW), tätig, und zwar zunächst als Wissenschaftlicher Sekretär, als Arbeitsstellenleiter der Sektion „Auslandspädagogik und Westdeutschland", ab 1961 als Erster Stellvertretender Direktor (vgl. Peter Dudek, Gesamtdeutsche Pädagogik im Schwelmer Kreis. Geschichte und politisch-pädagogische Programmatik 1952-1974, Weinheim 1993, S. 107; Gerhart Neuner, Zwischen Wissenschaft und Politik. Ein Rückblick aus lebensgeschichtlicher Perspektive, Köln 1996, S. 103 ff).

[7] Inge und Werner Gentz (s. Kap. 13, Anm. 3).

[8] Nicht ermittelt.

[9] Josef Brambora (s. Kap. 16, Anm. 1).

[10] Vilém Pech (s. Kap. 16, Anm. 30).

[11] Schönefeld ist eine Gemeinde im heutigen Landkreis Dahme-Spreewald, Brandenburg, und liegt an der südwestlichen Stadtgrenze zu Berlin.

hatte, verlebte ich in Münstereifel[12]. Im nächsten Monat besuchte mich Jürgen wieder in Schwelm.

Gelegentlich litt ich immer noch unter Depressionen. Anfang Oktober 1967 konnte ich aber an dem „Pädagogischen Forum" in Gießen teilnehmen. Hier wurde ein von Kluthe[13] verfaßtes „Manifest" angenommen, das folgenden Wortlaut hatte:[14]

Der „Deutsche Ausschuß für das Erziehungs- und Bildungswesen"[15] hat in den Jahren seiner Tätigkeit wiederholt darauf hingewiesen, daß das Bildungswesen in der Bundesrepublik „den Umwälzungen nicht nachgekommen ist, die in den letzten 50 Jahren Gesellschaft und Staat verändert haben". Aber alle Pläne der Pädagogen – wie der „Bremer Plan"[16] und der „Rahmenplan"[17] –, alle Mahnungen und Warnrufe wurden entweder diffamiert oder blieben von den zuständigen Stellen unbeachtet.

Regierungen und Parlamente müssen endlich zum Handeln gebracht werden. Dazu können sie nur gezwungen werden, wenn alle Kräfte, die an einer Neufassung unseres Bildungswesens interessiert sind, sich überall zu einer gemeinsamen bildungspolitischen Initiative zusammenfinden. Dazu gehören nicht nur die Lehrer- und Elternvereinigungen, sondern auch Kräfte in den Parteien, den Gewerkschaften und Arbeitgeberver-

---

[12] Münstereifel (seit 1967 Bad) ist eine Stadt im Kreis Euskirchen, im äußersten Südwesten Nordrhein-Westfalens.

[13] Walter Kluthe (s. Kap. 9, Anm. 4).

[14] Der voranstehende Relativsatz sowie die folgenden zwei Absätze sind in der von Jürgen Helling überarbeiteten Textfassung herausgekürzt.

[15] S. Kap. 11, Anm. 68.

[16] Der 1960 von der Arbeitsgemeinschaft Deutscher Lehrerverbände (AGDL) in Bremen vorgelegte, 1962 in Wiesbaden neu gefaßte „Plan zur Neugestaltung des deutschen Schulwesens" formulierte als Ziel eine „Schule der sozialen Gerechtigkeit" und stellte vor allem folgende Forderungen: staatliche Kindergärten für alle Kinder ab vier Jahren; sechs gemeinsame Schuljahre für alle Schüler; drei gleichwertige Oberschulformen (7.-10. Schuljahr: Werk-, Real- und Gymnasial-Oberstufe) sowie erleichterte Übergänge; Verlängerung der Vollzeitschulpflicht auf zehn Jahre; Verdoppelung der Schulausgaben; Einbeziehung von beruflicher und Erwachsenenbildung sowie Modernisierung der Lehrerbildung. Der sogenannte Bremer Plan war von Beginn an sehr umstritten (vgl. Der „Bremer Plan" im Streit der Meinungen. Eine Dokumentation, zusammengestellt v. Karl Bungardt, Frankfurt a.M. 1962).

[17] S. Kap. 15, Anm. 12.

bänden, den Kirchen und Religionsgemeinschaften, den Studentenschaf-
ten und anderen Kultur- und Berufsorganisationen. Sie müssen gemein-
sam auf die Durchführung der notwendigen Reformen drängen und bei
den kommenden Etatberatungen die Vorrangigkeit der Bildung durchset-
zen. Regierungen und Parlamente müssen die notwendigen Mittel für die
Erziehungs- und Bildungsreform bereitstellen, die die Konferenz der Kul-
tusminister der Länder, der Wissenschaftsrat und der Städtetagung vor-
ausgeplant haben.

[...][18]

Auch Dr. J. Müller[19], der Vorsitzende des Schwelmer Kreises, war in
Gießen anwesend. Unsere Zimmer im Hotel lagen auf derselben Etage.
Als ich feststellte, daß mein Zimmer an der sehr belebten Hauptstraße
lag, bot er mir sein ruhiges Zimmer an.[20] Er klagte über ein Druckgefühl
in der Brust und glaubte, daß er sich erkältet habe.

Bald nach diesem Pädagogischen Forum besuchte mich Meschkat für
einige Tage in Schwelm. Er brachte die traurige Nachricht mit, daß unser
gemeinsamer Freund, Dr. J. Müller, einen Herzinfarkt erlitten habe und
daß sein Zustand die größten Befürchtungen zulasse. Er hatte am Sonntag, dem 8. Oktober, die abschließende Beratung des Arbeitsausschusses
des Schwelmer Kreises geleitet, und keiner von uns hatte es ihm ange-
merkt, daß ihm das nur noch unter Aufbietung seiner ganzen Energie
möglich gewesen war. Auf der Heimfahrt nach Retzbach[21] brach er zusammen. Nach einer kurzen, scheinbaren Besserung schied er am 26.
Oktober aus dem Leben. Am 29. Oktober standen seine Freunde und

---

[18] An dieser Stelle folgt in der „Urfassung" des Autobiographietextes der von Walter
Kluthe auf dem „Pädagogischen Forum" im Februar 1966 in Gießen vorgelegte Programmentwurf, der jedoch bereits zuvor wiedergegeben worden ist, und zwar in Kap. 17
(s. dort bei Anm. 39).
[19] Josef Müller (s. Kap. 11, Anm. 18).
[20] Die beiden vorangehenden Sätze sind in der von Jürgen Helling überarbeiteten Fassung
herausgekürzt.
[21] Retzbach a.M. (seit 1975 eingemeindet in die Marktgemeinde Zellingen) liegt ca. 20 km
nördlich von Würzburg im Bezirk Unterfranken, Bayern.

Kampfgefährten aus dem Schwelmer Kreis auf dem Friedhof des Maindorfes Retzbach an seinem Grabe. Der Friedhof konnte die Menschen nicht fassen, die aus Retzbach und den benachbarten Orten, aus Würzburg und weither aus der ganzen Bundesrepublik gekommen waren, um ihn zu ehren. In strömendem Regen verharrten über 4000 Menschen enggedrängt zwischen den Grabreihen. Es sprachen Vertreter der Bayerischen Regierung, des DGB und für den Schwelmer Kreis und die Freunde Müllers aus der DDR unser Freund Meschkat. Am Grabe gab es eine Kontroverse in den Ansprachen der Vertreter von Regierung und Gewerkschaften. Der Regierungsvertreter sprach über unseren Freund als einen bedeutenden Pädagogen, dessen Wirken für die bayerische Landschule einen großen Wert besitze. Er bedauerte sein frühes Hinscheiden. Der Sekretär des DGB Mainfranken, namens Albert, der Mitglied der CDU ist, sprach nach einem vorbereiten Konzept[22]. Er beschuldigte die Regierung, daß sie diesen Mann, den sie jetzt hier lobe, jahrzehntelang zurückgesetzt und sein Streben nach Schulerneuerung im Interesse des Landkindes mißdeutet und diffamiert habe.[23]

Als dritter Redner sprach unser Freund Meschkat. Er berichtete über seine 35 Jahre währende Freundschaft mit dem Verstorbenen. Das Leben des Pädagogen Josef Müller zeige, wie notwendig es für den Lehrer sei, daß er sich auf die Seite des einfachen Volkes stelle. Heute bekennen sich deshalb auch an seinem Grabe zu diesem Freund des Volkes Arbeiter und Bauern, Lehrer und Wissenschaftler und nicht zuletzt auch die jungen Menschen, die er als Erzieher ins Leben geführt hat. Müller hat seine nationale Verantwortung im Geiste Pestalozzis wahrgenommen und dessen Mahnung beherzigt: „Völker und Staaten haben im allgemeinen kein anderes Schicksal, als sie es verdienen." Er wollte dazu helfen, daß unser Volk endlich lerne, sein Geschick in die eigene Hand zu nehmen, seine Rolle als Störenfried in Europa aufzugeben und zu einem Hort friedlicher Gesinnung und Friedenskraft zu werden. Er wußte genau, daß sich dazu

---

[22] Die Grabrede von Oskar Albert, Kreisvorsitzender des DGB Würzburg, wurde – wie auch die einiger anderer – in „Schule und Nation" wiedergegeben (14 [1967] 2, S. 4; s. auch Anm. 24)

[23] Der letzte Teil dieses Absatzes (beginnend mit: „Am Grabe gab es eine Kontroverse") sowie die folgenden zwei Absätze sind in der von Jürgen Helling überarbeiteten Fassung herausgekürzt.

unser Volk von schlechten Einflüssen befreien müsse, und er bezeichnete auch diejenigen, deren Einflußnahme einzudämmen sei. Das hat ihm Feindschaft und Haß eingetragen. Damit fand er sich ab. Dafür gewann er die Achtung seiner Kollegen und die Liebe der arbeitenden Menschen und vor allem der Kinder.

Die Zeitungen berichteten ausführlich über diese Feier[24]. „Am Grabe Müllers: über 4000 Menschen aus der näheren und weiteren Umgebung, aus der ganzen Bundesrepublik."

Ich war mit J. Müller seit Jahrzehnten befreundet. In der Weimarer Zeit gehörte er zu einer Gruppe bayerischer Junglehrer, denen die Auffassung des Lehrervereins nicht genügte. J. Müller nahm deshalb Verbindung mit Paul Oestreich[25] in Berlin auf, der nun mehrmals zu einem Vortrag nach Bayern fuhr. Oestreich schlug dann später mich als Redner vor. So bin ich mehrfach zu Vorträgen nach Bayern gefahren. Josef Müller und Ludwig Caps[26] traten dann bald dem Bund Entschiedener Schulreformer bei. Später gehörte Dr. Müller von Anfang an auch dem Schwelmer Kreis an. Oberschulrat Ludwig Caps, der im April 1969 einem Verkehrsunfall zum Opfer fiel, schrieb in „Schule und Nation" nach dem Tode des Freundes: „Ich konnte am Grabe die Genugtuung aussprechen, daß es wohl in Bayern keinen Pädagogen gibt, an dessen Grab sich in gleicher Verehrung Kinder und Dorfbewohner, Berufskollegen und Wissenschaftler aus West und Ost zusammenfinden und ihm in einer fast nicht überschaubaren Zahl die letzte Ehre erweisen. Das mag auch den tieftrauernden Angehörigen ein Trost sein. Wir werden Dr. Josef Müller – Retzbach nicht vergessen."[27]

---

[24] Auch die Zeitschrift „Schule und Nation" berichtete und druckte einige der Traueransprachen ab (s. In memoriam Dr. Josef Müller, in: Schule und Nation 14 [1967] 2, S. 1-4).
[25] S. Kap. 5, Anm. 1.
[26] Ludwig Caps (1904-1969), Volksschullehrer in Eschau i.Unterfr. und zuletzt tätig als Oberschulrat, war in den 1920er Jahren Mitglied der Arbeitsgemeinschaft Bayerischer Junglehrer und Leiter des 1932 gegründeten Landesverbandes des BESch sowie Akteur im Schwelmer Kreis (vgl. Peter, Dudek, Gesamtdeutsche Pädagogik, a.a.O., S. 213).
[27] Diese Ausführungen wie die folgenden Zitate auch in: In memoriam Dr. Josef Müller, a.a.O., S. 1 ff (vgl. Anm. 24).

Professor Dr. Groß, Direktor des Seminars für Soziologie der Erziehung der Justus-Liebig-Universität Gießen,[28] sagte in seinem Nachruf: „Wenn Dr. Josef Müller in den letzten Jahren seines Lebens noch einen Lehrauftrag für ländliche Soziologie am Seminar für Soziologie der Erziehung der Universität Gießen wahrnehmen konnte, so bedeutete diese Arbeit mit den jungen Studenten der Erziehungswissenschaften für ihn wohl die späte Erfüllung eines lang gehegten Wunsches – nicht aus irgendwelchen akademischen Ambitionen heraus, sondern weil er hier Gelegenheit hatte, die Probleme, die ihn sein Leben lang bewegten, mit der kommenden Generation von Lehrern und Erziehern zu diskutieren und ihr seine Sorgen weiterzugeben, Sorgen um den Menschen auf dem Lande, dessen Existenz er im Zeichen des gesellschaftlichen Strukturwandels radikal in Frage gestellt sah. Selbst bäuerlicher Abstammung hat er als Pädagoge und Soziologe schon frühzeitig mit einem beachtlichen intellektuellen Mut unromantisch und realistisch scharfe Kritik an den restaurativen Kräften im ländlichen Lebensraum und insbesondere im Bildungswesen geübt und die unter dem Druck der technischen und wissenschaftlichen Strukturveränderungen immer drängender werdenden Reformen ohne Rücksicht auf sein persönliches Schicksal leidenschaftlich gefordert und vertreten."

Zum Nachfolger Dr. Müllers in der Leitung des Schwelmer Kreises wählte der Arbeitsausschuß den Lehrer und Schriftsteller Ludwig de Pellegrini[29], der seinen Wohnsitz in München hat.

---

[28] Eberhard Groß (1912-2004), Soziologieprofessor, promovierte 1957 an der Universität in Göttingen, zunächst im Schuldienst, dann 1959-1960 wiss. Mitarbeiter am Deutschen Institut für Internationale Pädagogische Forschung in Frankfurt a.M., 1962 Dozent, 1963 Direktor des Seminars für Soziologie der Erziehung, 1966 a.ord. und 1969 ord. Professor an der Justus-Liebig-Universität in Gießen. 1968 ff war Groß zudem Stadtrat und Dezernent für Jugend- und Bildungsfragen der Stadt Gießen (vgl. Kürschners Deutscher Gelehrten-Kalender 2003 u. 2005, 19. u. 20. Ausg., Bd. I, München 2003, S. 1041 u. Bd. III, ebd. 2005, S. 4026; Wer ist wer? Das deutsche Who's Who, Ausg. XXXIX – 2000/01, Lübeck 2000, S. 466 f).
[29] S. Kap. 17, Anm. 13.

Gegen Ende des Jahres 1967 verschlechterte sich vorübergehend mein Gesundheitszustand. Ich bekam hartnäckige Schmerzen an einem Zahn, die einen ganzen Monat lang dauerten, bis mein Zahnarzt, ein Nachbar und früherer Schüler von mir,[30] mit ihnen fertig wurde. Da ich in diesem Monat meine übliche Vorkost mittags nicht essen konnte, bekam ich wegen Vitaminmangels ein unangenehmes Brennen an der Zunge, von dem mich der Professor der Elberfelder Hautklinik[31] befreite. In dieser Zeit überfielen mich gelegentlich auch wieder die Depressionen, unter denen ich früher so viel zu leiden hatte.[32]

Im Dezember 1967 hatte ich endlich diese Beschwerden überwunden und konnte meine „Neue Politik – Neue Pädagogik"[33] fertigstellen und drukken lassen.[34] Keine Veröffentlichung von mir erregte so viel Aufsehen wie diese Schrift, und zwar wegen meines Aufsatzes über „Eduard

---

[30] Dr. med. dent. Herbert Coenen, Barmer Straße 78, Schwelm (StA Schwelm, Heimat-Adreßbuch Ennepe-Ruhr-Kreis 1968/69 nach amtlichen Unterlagen, Köln 1968, S. V/7, XVI/16).

[31] Gemeint ist die Hautklinik des Ferdinand-Sauerbruch-Klinikums, Arrenberger Straße, Wuppertal-Elberfeld; ein Hinweis auf den behandelnden Arzt befindet sich in der Personalakte Fritz Hellings, wo im „Mai 1968" eine Behandlung Hellings durch den Dermatologen „Prof. Dr. H. Oberste-Lehn, Wuppertal-Elberfeld" vermerkt ist (StA Schwelm, PA Dr. Fritz Helling, Oberstudiendirektor). – Harald Oberste-Lehn (1921-2005) promovierte 1944 an der Hautklinik der medizinischen Akademie in Düsseldorf, habilitierte 1953 an der Medizinischen Fakultät der Christian-Albrechts-Universität in Kiel, wo er lehrte und 1959 zum a.ord. Professor für Dermatologie berufen wurde. Chefarzt der Elberfelder Hautklinik wurde Oberste-Lehn 1963, 1986 ging er in den Ruhestand (vgl. 125 Jahre Ferdinand-Sauerbruch-Klinikum Wuppertal-Elberfeld, hg. v. Verein der Freunde und Förderer des Ferdinand-Sauerbruch-Klinikums in Verbindung mit dem Presse- und Informationsamt der Stadt, Wuppertal 1988, insb. S. 81-85; Rheinisches Ärzteblatt 5 [2005], S. 56; Wer ist wer? Das deutsche Who's Who, Ausg. XXXIX – 2000/01, a.a.O., S. 1025).

[32] Dieser Absatz ist in der von Jürgen Helling überarbeiteten Fassung herausgekürzt.

[33] Die 79 Seiten (DIN A5) umfassende Aufsatzsammlung erschien 1968 in der Schriftenreihe „Aktuelle Fragen der deutschen Schule" der Schule und Nation Verlags-GmbH (Fritz Helling, Neue Politik – Neue Pädagogik. Lehren für uns Deutsche, Schwelm 1968).

[34] Dieser Satz ist in der von Jürgen Helling überarbeiteten Fassung in folgenderweise abgeändert: „Im Dezember 1967 konnte ich meine Broschüre ‚Neue Politik – Neue Pädagogik' fertigstellen und drucken lassen."

Sprangers Weg zu Hitler"[35]. Ich hatte schon vor 1933 die Entwicklung Sprangers[36] bis in die Nähe zum Nationalsozialismus hin untersucht und in Mainz darüber einen Vortrag gehalten[37]. Er stieß aber auf starke Ablehnung. Spranger gehörte damals wie Kerschensteiner[38] zu den pädagogischen Heiligen. Dabei trat seine zunehmende Bejahung der Hitler-Bewegung schon in seinem 1932 erschienenen Buch „Volk. Staat. Erzie-

---

[35] Fritz Helling, Eduard Sprangers Weg zu Hitler, in: Schule und Nation 13 (1966) 2, S. 1-4; wiederabgedruckt in: Fritz Helling, Neue Politik – Neue Pädagogik, a.a.O., S. 37-45; wiederum in: Fritz Helling, Pädagogen in gesellschaftlicher Verantwortung. Ausgewählte Schriften eines entschiedenen Schulreformers, hg. u. eingel. v. Jürgen Eierdanz u. Karl-Heinz Heinemann, Frankfurt a.M. 1988, S. 139-149.

[36] Eduard Spranger (1882-1963), Professor für Philosophie und Pädagogik an den Universitäten Leipzig (1911-1920), Berlin (1920-1946) und Tübingen (1946-1952), führte als Schüler Wilhelm Diltheys dessen Anregungen weiter zu einer „Geisteswissenschaftlichen Psychologie" und „Kulturpädagogik" (vgl. Art. Eduard Spranger, in: Wilfried Böhm, Wörterbuch der Pädagogik, 15. Aufl. Stuttgart 2000, S. 513). Zu Schnittmengen und Affinitäten des Sprangerschen Gedankenguts und der NS-Ideologie sowie zu Sprangers aktiver Mitarbeit in der Nazi-Diktatur s. Klaus Himmelstein, Eduard Spranger im Nationalsozialismus, in: Werner Sacher/Alban Schraut (Hg.), Volkserzieher in dürftiger Zeit. Studien über Leben und Wirken Eduard Sprangers, Frankfurt a.M. 2004, S. 105-120.

[37] Auf von der Ortsgruppe Mainz des BESch veranstalteten Vortragsveranstaltungen hatte Helling am 15. September 1930 (vor 91 Teilnehmenden) über „Der Einbruch des Faschismus in die Pädagogik" und am 4. Dezember 1932 (vor 56 Teilnehmenden) über „Faschistische oder solidarische Pädagogik – mit Oestreich gegen Spranger" gesprochen (vgl. Hedwig Brüchert-Schunk, „Die Lebens- und Produktionsschule" als Weg zur ganzheitlichen Erziehung. Entschiedene Schulreformer in Mainz 1920-1933, in: dies./Wolfgang Wiedenroth [Hg.], Josef Rudolf 1892-1977, hg. anläßlich seines 100. Geburtstages am 17. März 1992 im Auftrag der Volkshochschule Mainz, Mainz 1992, S. 9-38, hier S. 24 f. – S. auch: Fritz Helling, Spranger als politischer Pädagoge, in: Die Neue Erziehung 15 (1933) 2, S. 80-88; Klaus Himmelstein, „Eduard Spranger und der Nationalsozialismus" – Zur Auseinandersetzung Fritz Hellings mit Eduard Spranger, in: Burkhard Dietz (Hg.), Fritz Helling, Aufklärer und „politischer Pädagoge" im 20. Jahrhundert, Frankfurt a.M. 2003, S. 303-315. Vgl. außerdem Kap. 6 vorliegender Autobiographie.

[38] Georg Kerschensteiner (1854-1932), erst Volksschullehrer, dann Handelsschul- und Gymnasiallehrer, 1895 Stadtschulrat in München, ab 1918 ebd. Honorarprofessor für Pädagogik an der Ludwig-Maximilians-Universität. Kerschensteiner gilt als einer der bedeutendsten Vertreter der Arbeitsschulbewegung (vgl. Art. Georg Kerschensteiner, in: Wilfried Böhm, Wörterbuch, a.a.O., S. 286 f).

hung"[39] klar zu Tage. Als später im März 1938 Österreich annektiert und im März 1939 die Tschechoslowakei dem Deutschen Reich eingegliedert wurde, feierten Spranger als Herausgeber der „Erziehung"[40] und Wenke[41] als Schriftleiter diese Taten in einem ganzseitigen Gruß an Hitler zu seinem Geburtstag am 20. April 1939 mit folgenden Sätzen: „Adolf Hitler, dem Oberhaupt des Großdeutschen Reiches, dem Führer und Beschützer des deutschen Volkes, dem Verkünder nationalsozialistischer Ideale zum fünfzigsten Geburtstag Glück und Segen."

Auf der folgenden Seite erklärte Wenke in einem Aufsatz „Zur Rückkehr Böhmens und Mährens in das Reich": „Die Eingliederung Böhmens und Mährens in das Großdeutsche Reich ist die Wiederherstellung einer politischen Ordnung, die eine tausendjährige Geschichte hat." Der Tschechoslowakei mit ihrem „unnatürlichen und ungeschichtlichen Charakter" sei die politische Mission zugefallen, „das europäische Mächtesystem, das durch die Pariser Verträge von 1919 aufgerichtet war, gegen ein Wiedererstarken der deutschen Nation zu sichern".

---

[39] Eduard Spranger, Volk – Staat – Erziehung. Gesammelte Reden und Aufsätze, Leipzig 1932.

[40] Die Zeitschrift „Die Erziehung. Monatsschrift für den Zusammenhang von Kultur und Erziehung in Wissenschaft und Leben" erschien im Quelle & Meyer Verlag (Leipzig) von 1926 bis 1942. Sie wurde von Spranger, Herman Nohl, Theodor Litt, Wilhelm Flitner und Alois Fischer herausgegeben und gilt als das in dieser Zeit richtungsweisende theoretische Organ der deutschen Pädagogik.

[41] Hans Wenke (1903-1971), Promotion 1926, danach Assistent an dem von Eduard Spranger geleiteten Pädagogischen Seminar der Berliner Universität und zugleich Dozent am dortigen Institut für Ausländer, 1939 Lehrtätigkeit als Dozent für Pädagogik und Philosophie an der Universität Erlangen, wo er 1941 a.ord. und 1943 ord. Professor wurde. 1947 Ruf an die Universität Hamburg, 1949 Ordinarius für Pädagogik und Philosophie und Direktor des Pädagogischen Seminars der Universität Tübingen, zu deren Rektor er für das im Sommer 1953 begonnene Universitätsjahr gewählt wurde. 1954-1957 Hamburger Schul- und Kultursenator (Kultusminister), dann Professor für Erziehungswissenschaft an der Universität Hamburg. 1963 wurde Wenke Gründungsrektor der Bochumer Ruhr-Universität. Seit Mitte der 1960er Jahre verstärkter Protest gegen seine Dozententätigkeit während der Nazi-Diktatur vor allem von Seiten der aufkommenden Studentenbewegung (vgl. Internationales Biographisches Archiv 25/1971 vom 14. Juni 1971, in: Munzinger Online Archiv).

Spranger selbst brachte im Band 1940 der „Erziehung" zum Ausdruck, daß Deutschland beanspruche, wieder in die Reihe der großen Kolonialmächte einzutreten: „Dazu zwingt uns die weltpolitische Lage, die die größte Auseinandersetzung zwischen Kulturen und Rassen bedeutet. Dazu zwingt uns aber auch unsere ethische Verpflichtung gegenüber Kultur und Kulturen. Der deutsche Blick darf nicht binnenländisch eingeengt bleiben, wenn wir die Verantwortung unserer gegenwärtigen Entscheidungen und Ziele verstehen wollen."

Im nächsten Jahr 1941 der „Erziehung" beschränkte sich Spranger auf den Abdruck einer Rede, die er im Oktober 1937 in Tokio über „Kulturprobleme im gegenwärtigen Japan und Deutschland" gehalten hatte. Hier bekannte Spranger: „Der Erdball beginnt eng zu werden. Es fragt sich, ob die Nationen, die zum Kulturaufbau und zur wertvollen Ausnutzung von Bodenschätzen fähig sind, solchen, die dazu nicht fähig sind, das unbedingte Verfügungsrecht über ihr Siedlungsgebiet lassen müssen. In der Stellungnahme zu dieser Frage liegt eine große Kulturverantwortung. Es ist das brennendste, sittliche Problem, dem gegenüber sich die Völker in der neuen Weltepoche entscheiden müssen." Auf der nächsten Seite fügt er hinzu: „Wenn solche Ideen durchdringen, dann bleibt es nicht bei bloßer Ideologie. Dann werden auch Handlungen folgen. In ihnen liegt die Gefahr kriegerischer Verwicklungen. Wer kann es leugnen, daß wir – schon seit 1914 – in eine Epoche großer Kriege eingetreten sind. Die Weisheit der Staatsmänner der Welt wird schwerlich ausreichen, die große Neuverteilung der Erde, die notwendig kommt, in bloßen Weltkonferenzen fertigzubringen."

Aber mitten in diesem von Spranger erwarteten und von Hitler entfesselten Weltkrieg um die Neuverteilung der Erde erschien „Die Erziehung" im Jahre 1942 zum letzten Mal. Sie erlebte nicht die Katastrophe.

Ende Dezember 1967 erschien meine Broschüre „Neue Politik – Neue Pädagogik. Lehren für uns Deutsche". Zur politischen Lage und Aufgabe schrieb ich:[42]

---

[42] Dieser Satz sowie der gesamte folgende Text des Kapitels 18 sind in der von Jürgen Helling überarbeiteten Fassung herausgekürzt.

316

In wachsendem Gegensatz zu der imperialistischen Tradition der deutschen Politik erstarkten von neuem die Friedenskräfte in Europa und der ganzen Welt und übten durch ihre Forderungen nach friedlichen Lösungen für die europäische Sicherheit auch auf die neue Regierung der Bundesrepublik ihren Einfluß aus. Den sozialistischen Staaten des Ostens war es unter Führung der Sowjetunion von jeher selbstverständlich, daß die Bundesrepublik den seit dem Kriege bestehenden status quo anzuerkennen habe. Die Warschauer Paktstaaten[43] forderten eine Konferenz zur Schaffung eines Systems der kollektiven Sicherheit in Europa. Die Sowjetunion drängte auf einen Atomsperrvertrag. Im Westen forderte General de Gaulle[44] von der Bundesrepublik die Anerkennung, „daß jede Regelung der Deutschlandfrage notwendigerweise auch die Regelung seiner Grenzen und seiner Bewaffnung durch eine Einigung mit allen seinen Nachbarn im Osten wie im Westen einschließen muß". Ebenso zeigte sich bei einer Aussprache der Außenminister von neun europäischen Ländern (Belgien, Dänemark, Schweden, Finnland, Östereich, Jugoslawien, Bulgarien, Rumänien, Ungarn) eine weitgehende Übereinstimmung mit de Gaulles Anschauungen über ein europäisches Sicherheitssystem unter Anerkennung der bestehenden Grenzen und unter Verzicht der Bundesrepublik auf ein atomares Mitverfügungsrecht. Noch bedeutungsvoller war die überraschende Tatsache, daß sich auch die USA-Führung unter dem

---

[43] Vor dem Hintergrund der Integrierung der Bundesrepublik in das westliche Militärbündnis der NATO wurde der sogenannte Warschauer Vertrag, der „Vertrag über Freundschaft, Zusammenarbeit und gegenseitigen Beistand", am 14. Mai 1955 (in Warschau) zwischen der Volksrepublik Albanien (Austritt 1968), der Volksrepublik Bulgarien, der Ungarischen Volksrepublik, der Deutschen Demokratischen Republik (Austritt mit der deutschen Wiedervereinigung 1990), der Volksrepublik Polen, der Rumänischen Volksrepublik, der UdSSR und der Tschechoslowakischen Republik geschlossen (vgl. Dokumente zur Außenpolitik der DDR, Bd. II, Berlin [Ost] 1955, S. 231; s. auch Kap. 11). Nach dem Ende des sogenannten Kalten Krieges wurde der Vertrag von den verbliebenen sechs Mitgliedsstaaten am 1. Juli 1991 aufgelöst.

[44] Charles (André Joseph Marie) de Gaulle (1890-1970), französischer General und Politiker, führte im Zweiten Weltkrieg den Widerstand des „Freien Frankreichs" gegen die deutsche Besatzung an, war von 1944 bis 1946 Chef der Übergangsregierung und 1959 bis zu seinem Rücktritt 1969 Präsident der (Fünften) Französischen Republik; Begründer und Namensgeber des Gaullismus (vgl. Knut Linsel, Charles de Gaulle und Deutschland 1914-1969, Stuttgart 1998; Thomas Nicklas, Charles de Gaulle. Held im demokratischen Zeitalter, Göttingen 2000).

Druck des Vietnam-Krieges[45] dazu entschloß, für die Befriedung Europas einzutreten. Anfang Oktober 1966 betonte Präsident Johnson[46] in einer Rede, die Wiedervereinigung Deutschlands könne nur durch eine Aussöhnung zwischen den beiden Blöcken in Europa erreicht werden. Die Wunde in Europa, die noch den Osten vom Westen trenne, müsse sich schließen und könne nur mit Zustimmung der osteuropäischen Länder

---

[45] „Vietnamkrieg" bezeichnet den 30jährigen bewaffneten Konflikt, der mit dem Widerstand der kommunistischen, von Ho Chi Minh geführten Viet Minh (vietnamesische Kurzform für „Liga für die Unabhängigkeit Vietnams") gegen den Verbleib bzw. die Wiederkehr der französischen Kolonialherrschaft in Indochina 1945/46 begann. Auf der Genfer Indochinakonferenz am 21. Juli 1954 schlossen die französische Regierung und die Demokratische Republik Vietnam (DRV) ein Waffenstillstandsabkommen; Vietnam war fortan in zwei Zonen geteilt, an deren Grenze sich der kommunistische Norden und der vor allem von den USA unterstützte, westlich orientierte Süden gegenüberstanden. Der südvietnamesische Diktator Ngo Dinh Diem führte ein zunehmend repressives Regime, gegen das sich verschiedene paramilitärische Oppositionsbewegungen zu formieren begannen, die sich 1960 unter kommunistischer Führung in der FNL (Front National de Libération) zusammenschlossen und für ein einheitliches Vietnam kämpften. Die USA, die eine ‚Expansion des Kommunismus' verhindern wollten, stockten ihre Mittel für die südvietnamesische Regierungsarmee auf und intervenierten zudem mit eigenen Streitkräften. Im Februar 1965 brach der Krieg zwischen Nord- und Südvietnam aus; der Norden und somit auch die FNL erhielten materielle Hilfe vor allem von der UdSSR und China, die USA unterstützten den Süden mit Material sowie eigenen Truppen. Ab 1970 weiteten die USA ihre militärischen Aktionen, insbesondere die verheerenden Bombardierungen, auf die Nachbarstaaten Kambodscha und Laos aus, zu einer Zeit als der US-Einsatz bereits heftig im eigenen Land umstritten war. Am 27. Januar 1973 wurde ein Waffenstillstandsabkommen zwischen den USA und der DRV unterzeichnet, die letzten US-Kräfte verließen im April/Mai 1975 die Hauptstadt Saigon. Am 1. Mai 1975 ging der Vietnamkonflikt, dem mehrere Millionen Vietnamnesen und ca. 60.000 US-Soldaten zum Opfer fielen, mit dem Einmarsch der Kommunisten in Saigon zu Ende, am 2. Juli 1976 wurde die wiedervereinigte Sozialistische Republik Vietnam gegründet (vgl. David L. Anderson, The Vietnam War, Basingstoke 2005; Stanley Karnow, Vietnam. A History, 2. überarb. u. aktual. Aufl. New York 1997; Rolf Steininger, Der Vietnamkrieg, 2. Aufl. Frankfurt a.M. 2004).

[46] Lyndon B(aines) Johnson (1908-1973) war der 36. Präsident der Vereinigten Staaten von Amerika. Seine Amtszeit (1963-1968) war geprägt von der US-Intervention im Vietnamkrieg (s. Anm. 45), von der er trotz des erwartungswidrigen Verlaufs – und trotz der hier von Helling angesprochenen Rhetorik bezüglich des (europäischen) Ost-West-Konflikts – letztlich nicht abrückte (vgl. Jeffrey W. Helsing, Johnson's war/Johnson's great society. The guns and butter trap, Westport 2000; Thomas Alan Schwartz, Lyndon Johnson and Europe. In the shadow of Vietnam, Cambridge 2003).

und der Sowjetunion ausgeheilt werden. Dem Osten und dem Westen müsse es gelingen, eine feste Grundlage gegenseitigen Vertrauens zu finden.

In dieser Situation der von Ost und West für Europa angestrebten Friedensordnung bietet sich allen in Deutschland um Frieden und Demokratie ringenden Menschen heute noch einmal wie 1945 die Möglichkeit, ihr Ziel zu erreichen. Bei Zusammenfassung aller Kräfte muß und kann es ihnen gelingen, die Bundesregierung zu veranlassen, von ihrem jetzigen Kurs abzulassen und eine Politik der friedlichen Koexistenz zu verfolgen.

Zur Pädagogik in der Bundesrepublik sagte ich:
Mit dem Festhalten an den alten Traditionen lösen wir nicht die Bildungsprobleme, die in den kommenden Jahrzehnten immer bedrängender werden. Will man im Konkurrenzkampf der Völker alle Bildungsreserven nutzbar machen, vor allem die immer mißachteten Reserven in den Bevölkerungsmassen der Arbeiter und Bauern, dann kann man nicht im Bann der alten Traditionen schon nach dem 10. oder 12. Lebensjahr den größten Teil der Jugend den normal weiterführenden Bildungsweg nach oben versperren. Es gibt für die Zukunft nur eine vernünftige und erfolgversprechende Konsequenz: Man muß alle Kinder, auch die Kinder der Arbeiter und Bauern, bis zum Ende der Pubertätszeit, also bis zum Ende des 16. Lebensjahres, gemeinsam in ein und derselben Schule, die in sich differenzierende Wahlmöglichkeiten enthält, unterrichten, nicht nur theoretisch, sondern auch in praktischer Arbeit.[47]
Diese Forderung war schon auf der Reichsschulkonferenz von 1920 vom Bund Entschiedener Schulreformer gestellt worden. Sein Leiter, Professor Paul Oestreich, sagte damals: „Das Ideal ist die zehnjährige Grundschule, die alle ‚Differenzierung' enthält ... Etwa im 16. Lebensjahr wird sich zeigen, wohin die Veranlagung strebt ... Für uns ist nur die eine einzige Schule mit innerer Differenzierung vorhanden, in der man diejenigen Leute, die dafür geeignet sind ..., in die wissenschaftliche Laufbahn einführt, während andere nach anderer Richtung gehen. Es wird und es muß einmal aufhören, daß der Mensch nach seinem Einkommen beurteilt wird, daß der Wert der ‚Bildung' danach beurteilt wird, wieviel Gehalt

---

[47] Vgl. zu diesem sowie zum folgenden Absatz Kap. 17, bei Anm. 22 ff.

man später einmal bekommt. Wir werden dann dahin kommen, die ‚Bildung' viel tiefer zu fassen, die Veranlagung, ob technisch oder ob wissenschaftlich oder wie sie sonst sein mag, richtig einzurangieren. Dann werden wir auch ganz sicherlich zu einem ganz anderen Volksgefühl und zu einem anderen Menschheitsgefühl gelangen als bisher in unserem fraglos auch durch die sogenannten Bildungsinstitute zerklüfteten Volkswesen."

Nach der Katastrophe des zweiten Weltkrieges wurde diese demokratische Einheitsschule im Groß-Berliner Schulgesetz von 1947/48 verwirklicht, das aber bald darauf der politischen Teilung Berlins zum Opfer fiel. Um dieselbe Zeit wurde in Schweden ein Ausschuß für die Erneuerung des schwedischen Schulwesens eingesetzt mit der Begründung: „Die Schule allein kann nicht unverändert bleiben in einer sich ständig ändernden Welt." Nach mehr als zehnjähriger Versuchstätigkeit beschloß der schwedische Reichstag 1962, schrittweise in allen Gemeinden die von dem Ausschuß empfohlene neunjährige Grundschule einzuführen. Neunjährig ist die neue Einheitsschule deshalb, weil die Schulpflicht mit dem Herbstsemester des Jahres beginnt, in dem der Schüler 7 Jahre alt wird. In den beiden ersten der je dreijährigen Stufen dieser Grundschule nehmen alle Kinder in allen Fächern teil. Zu diesen Fächern gehört auch das Werken mit Textilien, Holz und Metall. In der 4.-7. Klasse ist Englisch als erste Fremdsprache Pflichtfach für alle Schüler. In der Oberstufe nimmt der Pflichtunterricht in zunehmendem Maße zugunsten freigewählter Kurse ab. Während des 8. Schuljahres findet auch ein drei Wochen dauerndes Berufspraktikum statt als Gelegenheit, verschiedenartige Betriebe kennenzulernen. In Schweden werden also gerade in der 2. Hälfte der Pubertätszeit in zunehmendem Maße Wahlmöglichkeiten angeboten, während die ‚Förderstufe' des deutschen Rahmenplanes schon nach den ersten sechs Schuljahren, bevor die eigentliche Reifezeit beginnt, Entscheidungen für die Zukunft zu treffen wagt. Der radikale Unterschied zu dem westdeutschen Plan tritt deshalb auch darin zu Tage, daß sich in Schweden an die 9jährige Grundschule, mit deren Besuch die Schulpflicht endet, ein nur dreijähriges Gymnasium oder eine zweijährige Berufsfachschule anschließt. Wenn wir in der Bundesrepublik uns entschließen könnten, einen ähnlichen Plan zu verwirklichen, dann könnten wir die

Hoffnung haben, daß unsere heutige Bildungskatastrophe ein Ende fände.[48]

Im neuen Jahr 1968 flog ich Anfang Januar wieder nach Prag. Hier geriet ich von neuem in Sorge wegen meiner brennenden Zunge. Als mich eines Morgens Prof. Pech im Hotel zum Spaziergang abholte und mich fragte: wie geht's?, antwortete ich ihm: schlecht. Ich erzählte ihm warum. Da erbot er sich, mit mir zu einer mit ihm verwandten Ärztin zu gehen. Wir fuhren zu ihr und bekamen den guten Bescheid, daß nichts Ernsthaftes vorliege. Von da an hat mir die Zunge keine Sorge mehr gemacht.

Mitte Februar erhielt ich eines Abends einen Anruf von Jürgen aus einem Krankenhaus in Hannover, er sei auf der Autobahn nach Hamburg in eine Windböe geraten und an der rechten Schulter schwer verletzt. Er mußte operiert werden, konnte mich aber im April zu Ostern wieder in Schwelm besuchen.

Im gleichen Monat schickte ich Hildas Erzählung, die sie mir zu Weihnachten 1957 geschenkt hatte[49], als Zeichen unserer Freundschaft und Verbundenheit an Frau Lorándová (Prag).

Im Mai besuchte mich Jürgen wieder. Es ging mir damals gesundheitlich so gut, daß ich es wagen konnte, unseren Rasen mit der Maschine zu mähen.

---

[48] Vgl. zu diesem Absatz Kap. 17, bei Anm. 25 ff.
[49] S. Kap. 12, bei Anm. 6.

Abb. 17: Jürgen und Fritz Helling in Schwelm, ca. 1963

Abb. 18:   *Fritz Helling, Schnappschuß im Garten in*
               Schwelm, Mitte der 1960er Jahre

Kapitel 19

80. Geburtstag

Dann kam am 31. Juli 1968 als Höhepunkt des Jahres die Feier meines 80. Geburtstages. Die Stadt Schwelm und der Ennepe-Ruhr-Kreis gaben mir zu Ehren am Vormittag einen Empfang im Schloß Martfeld[1].

Außer den Rednern, die in der Einladung genannt waren, sprach auch Generaldirektor Dr. Vits (Elberfeld)[2] und erinnerte an die schönen Feste, die wir früher gemeinsam im Hause Albano-Müllers[3] erlebt hatten. Ich antwortete in freier Rede.

Am Nachmittag meines 80. Geburtstages fand im Schwelmer Hotel „Prinz von Preußen"[4] eine zweite Ehrung durch die Pädagogen des Schwelmer Kreises und durch frühere Schüler statt. Auch hier antwortete ich jedem Redner aus dem Stegreif. Den Höhepunkt der Ehrung bildete die Verleihung der Ehrendoktorwürde durch die Humboldt-Universität zu

---

[1] Das in Schwelm an der Hagener Straße gelegene „Haus Martfeld" bzw. „Schloß Martfeld" ist in seinem Ursprung eine mittelalterliche Wasserburg, die im 15. Jahrhundert zur westlichen Herrschaftssicherung der Grafschaft Mark errichtet und seitdem bis in die Neuzeit von verschiedenen adligen Ministerialfamilien und deren Nachfahren als Dienst- und Wohnsitz genutzt wurde. Seit 1954 in städtischem Besitz wurde in der Burg 1962 aus älteren Sammlungsbeständen ein städtisches und regionales Museum eröffnet, das auch über Räumlichkeiten für Konzerte, Wechselausstellungen und Versammlungen verfügte und das – nach einer grundlegenden Sanierung und Neugestaltung seit den späten 1970er Jahren – 1985 mit Stadtarchiv neu eröffnet wurde (vgl. Gerd Helbeck, Museum Haus Martfeld. Katalog, Schwelm 1985, S. 7, 22 f, 54). – Einen Bericht über Hellings Ehrung druckte die Lokalzeitung „Schwelmer Zeitung" in der Ausgabe vom 1. August 1968 (StA Schwelm; im Manuskript der „Urfassung" ist eine Kopie der Zeitungsseite eingeschoben).
[2] Dr. Ernst Hellmut Vits (1903-1970), Vorstands- und Aufsichtsratsvorsitzender der Glanzstoff AG in Wuppertal sowie Mitbegründer und Vorsitzender des Stifterverbandes für die deutsche Wissenschaft in Essen (vgl. Wolfgang E. Wicht, Glanzstoff. Zur Geschichte der Chemiefaser, eines Unternehmens und seiner Arbeiterschaft, Neustadt a.d.Aisch 1992, S. 70).
[3] Haus der Schwelmer Industriellenfamilie (Schwelmer Eisenwerk), Hauptstraße.
[4] Traditionsreiches Hotel in der Altstadt von Schwelm, Altmarkt 8.

Berlin. Die Urkunde, die mir von Prof. Dr. Karlheinz Tomaschewsky[5] und Frau Prof. Dr. Gertrud Rosenow[6] überreicht wurde, hatte folgenden Wortlaut[7]:

Die Pädagogische Fakultät der Humboldt-Universität zu Berlin verleiht unter dem Rektorat des Professors mit Lehrstuhl für Amerikanistik Dr. phil. habil. Karl-Heinz Wirzberger[8] und unter dem Dekanat des Professors mit Lehrstuhl für Geschichte der Erziehung Dr. paed. habil. Helmut König[9] Herrn Dr. Fritz Helling, Schwelm, in Würdigung seines jahrzehn-

---

[5] S. Kap. 14, Anm. 34.

[6] S. Kap. 11, Anm. 8.

[7] Die vollständigen Unterlagen zur Ehrenpromotion Fritz Hellings befinden sich im Universitätsarchiv der Humboldt-Universität Berlin. Beantragt wurde Hellings Ehrenpromotion am 29. Mai 1968 durch Fritz Heidenreich (s. Kap. 11, Anm. 26), Abteilungsleiter im Bundessekretariat des Deutschen Kulturbundes, Berlin, beim Rat der Pädagogischen Fakultät der Humboldt-Universität. Nach einer „eingehenden Aussprache" über diesen Antrag faßte der Rat der Pädagogischen Fakultät daraufhin schon am 30. Mai 1968, also nur einen Tag nach der Beantragung, den Beschluß, Helling die Ehrendoktorwürde anläßlich seines 80. Geburtstages am 31. Juli 1968 zu verleihen. Mit Schreiben vom 19. Juni 1968 teilte dies der Prodekan der Pädagogischen Fakultät, Prof. Dr. Werner Busch, dem amtierenden Rektor der Humboldt-Universität, Prof. Dr. Karl-Heinz Wirzberger (s. Anm. 8), mit. Zugleich bat er um die offizielle Genehmigung der Ehrenpromotion und übermittelte dem Rektor eine anderthalbseitige Laudatio auf Fritz Helling. Der nachfolgend von Helling zitierte Text ist der Wortlaut der Ehrenpromotionsurkunde (UA Humboldt-Universität, Berlin; wir danken Herrn Dr. W. Schultze für seine Auskünfte vom Dezember 1998).

[8] Karl-Heinz Wirzberger (1925-1976), 1951 promoviert und 1954 habilitiert, war ab 1954 Dozent, ab 1958 Professor und ab 1963 ord. Professor für Amerikanistik am Englisch-Amerikanischen Institut sowie 1965 Dekan der Philosophischen Fakultät der Humboldt-Universität in Ost-Berlin und 1967 bis 1976 Rektor ebd. 1971 trat er der SED bei und war von 1971 bis 1976 Abgeordneter der Volkskammer. Wirzberger war Vizepräsident der Weltförderation der Wissenschaften und Mitglied des Exekutivrates der Internationalen Vereinigung der Universitäten (vgl. Gabriele Baumgartner, Art. Karl-Heinz Wirzberger, in: Biographisches Handbuch der SBZ/DDR. 1945-1990, hg. v. Gabriele Baumgartner u. Dieter Hebig, Bd. 2, München 1997, S. 1017).

[9] Helmut König (geb. 1920), Professor für Geschichte der Erziehung an der Pädagogischen Fakultät der Humboldt-Universität seit 1956, war von 1965 bis 1968 Dekan der Pädagogischen Fakultät und nach deren Umwandlung in eine Sektion 1968 Direktor ebendieser Sektion Pädagogik bis 1969 (vgl. Klaus-Peter Horn/Heidemarie Kemnitz/Olaf Kos, Die Sektion Pädagogik „F.A.W. Diesterweg". 1968 bis 1991, in: Klaus-Peter Horn/

telangen Kampfes für ein demokratisches, vom Geiste des Humanismus geprägtes und dem Frieden dienendes Schul- und Bildungswesen und der dabei vollbrachten wissenschaftlichen Leistungen auf dem Gebiet der Pädagogik den Grad eines Doktors der Pädagogik ehrenhalber.

Berlin, den 31. Juli 1968

Der amtierende Rektor   *Der Dekan*
Prof. Dr. Kolditz[10]   *Dr. König*

[11] Dr. Dr. h. c. Fritz Helling   *583 Schwelm, im September 1968*
Oberstudiendirektor i. R.   *Barmer Straße 76*

An alle, die mir meinen 80. Geburtstag durch ihre Anteilnahme zu einem Ehren- und Freudentag gemacht haben.

Heidemarie Kemnitz [Hg.], Pädagogik unter den Linden. Von der Gründung der Berliner Universität im Jahre 1810 bis zum Ende des 20. Jahrhunderts, Stuttgart 2002, S. 271-290, hier S. 273).

[10] Lothar Kolditz, geboren 1929 in Albernau i.Sachs., promovierte 1954 zum Dr. rer. nat., lehrte von 1957 bis 1962 an der Technischen Hochschule für Chemie Leuna-Merseburg und an der Friedrich-Schiller-Universität Jena. 1962 bis 1979 ord. Professur für Anorganische Chemie an der Humboldt-Universität, wo Kolditz von 1962 bis 1968 Direktor des I. Chemischen Instituts und von 1971 bis 1979 Direktor der Sektion Chemie sowie von 1965 bis 1968 zudem Prorektor für Naturwissenschaften der Universität war. 1980 bis 1989 Direktor des Zentralinstituts für Anorganische Chemie der Akademie der Wissenschaften der DDR, ab 1981 auch Präsident des Nationalrates der Nationalen Front der DDR und seit 1982 Mitglied des Staatsrates der DDR. Außerdem war er von 1986 bis 1990 Mitglied des Präsidialrates des Kulturbundes der DDR sowie Mitglied der Volkskammer. Heute ist Kolditz noch wissenschaftlich tätig, u.a. als Vizepräsident der Leibniz-Sozietät, Berlin (vgl. Internationales Biographisches Archiv 19/1983 vom 2. Mai 1983, in: Munzinger Online Archiv; Ursula Schoop, Art. Lothar Kolditz, in: Biographisches Handbuch der SBZ/DDR, Bd. 1, München 1996, S. 418).

[11] Dankesbrief Fritz Hellings an die Gratulanten zum 80. Geburtstag (der Brief befindet sich auch in: StA Schwelm, PA Dr. Fritz Helling, Oberstudiendirektor; ebd., Sammlung Fritz Helling).

Die zahlreichen Glückwünsche, Anerkennungs- und Freundschaftsbewei-
se zu meinem 80. Geburtstag am 31. Juli dieses Jahres haben mich so
überwältigt, daß ich nach längerem Zustand der Erschöpfung erst jetzt
dazu komme, Ihnen allen herzlich zu danken. Bitte, haben Sie Verständnis
dafür, daß ich angesichts der Fülle an Briefen, Telegrammen und Ge-
schenken (Blumen, Weine, wertvolle Gemälde, Vasen aus Meißener Por-
zellan, vielbändige Werke und kostbare einzelne Bücher, beträchtliche
Geldspenden für unsere Arbeit und vieles mehr – mein Arbeitszimmer
konnte alles kaum fassen) nicht jedem persönlich schreiben kann.

Schon vor dem Geburtstag hatte der Verlag „Schule und Nation" mir mit
der Herausgabe meiner letzten Aufsätze (Neue Politik – Neue Pädago-
gik)[12] eine große Freude bereitet. Das Juniheft der Zeitschrift „Schule
und Nation" war mir gewidmet mit Beiträgen von Persönlichkeiten aus
verschiedenen Ländern, denen ich mich seit vielen Jahren durch gemein-
same Arbeit verbunden fühle[13]. Auch in der „Schwelmer Zeitung"[14], der
„Deutschen Volkszeitung"[15], dem „Anderen Deutschland"[16], „Kultur und

---

[12] S. Kap. 18, Anm. 33.

[13] „Schule und Nation" titelte mit einem Photo Fritz Hellings, zeichnete auf den ersten Seiten der Ausgabe seinen Lebensweg nach und würdigte ihn als einen „echte[n] Jünger Pestalozzis, Fichtes und Diesterwegs" (Fritz Helling 80 Jahre alt, in: Schule und Nation 24 [1968] 4, S. 1 f). Ferner wurde eine Zusammenstellung individueller Glückwunsch-adressen abgedruckt, und zwar von Dr. Josef Brambora (Prag), von Dorothy Diamond (London), von Prof. Dr. Klara Marie Faßbinder (Bonn), von Dr. Csc. Vilém Pech (Prag), von Prof. Dr. Gertrud Rosenow (Ost-Berlin), von Prof. Dr. med. Dr. phil. (rer. nat.) Dr. phil. h.c. Karl Saller (München) und von Dr. Carl Taube (Leverkusen) (s. ebd., S. 2-4).

[14] S. Anm. 1.

[15] Zur „Deutschen Volkszeitung" s. Kap. 15, Anm. 1.

[16] „Das andere Deutschland. Unabhängige Zeitung für entschiedene demokratische Poli-tik" erschien erstmals 1925, wurde vom deutschen Pazifisten und Publizisten Fritz Küster (s. Kap. 7, Anm. 7) herausgegeben und war Publikationsorgan des Westdeutschen Lan-desverbandes der Deutschen Friedensgesellschaft (gegründet 1892 von Bertha von Sutt-ner und Alfred Hermann Fried). Bekannte Autoren der Zeitung waren u.a. Friedrich Wilhelm Foerster, Berthold Jacob, Erich Kästner, Carl Mertens, Heinrich Ströbel und Kurt Tucholsky. Während der Nazi-Diktatur war „Das andere Deutschland" verboten, sein Herausgeber in verschiedenen KZs inhaftiert. Nach dem Ende des Zweiten Weltkrie-ges gründete Küster die Zeitung 1947 neu und sie erschien bis 1969 (wieder) im Zei-tungs- und Buchverlag Das Andere Deutschland (Hannover) (vgl. Stefan Appelius, Pazi-fismus in Westdeutschland. Die Deutsche Friedensgesellschaft 1945-1968, 2 Bde., Aa-

Gesellschaft"[17], dem „Bulletin des Fränkischen Kreises"[18], der „Deutschen Lehrerzeitung" (DDR)[19] und anderen Publikationen standen Artikel ehrenden Gedenkens.

Von der frühen Jugend wurden in den Briefen Erinnerungen wach: „Ich schreibe, weil Sie für mich ein Stück Jugend gewesen sind, an die ich gern zurückdenke. Ich weiß nicht, ob Sie sich noch an das 6 Jahre jüngere kleine Mädchen erinnern, das Ihnen reparierte Schuhe bringen mußte. Sie waren damals schon in der ‚Bürgerschule‘, als Ihr Herr Vater mich in seine Schule holte." In einem anderen Brief wird die Verbundenheit von einer Bekannten zum Ausdruck gebracht, in deren Haus ich als junger Lehrer verkehrte. Auch meine Freundin aus der Wandervogelzeit schrieb mir „in alter Freundschaft und herzlicher Verbundenheit".

Besonders groß ist die Schar der früheren Schüler, die ihre Grüße übermittelten. Zum Teil sind sie heute führend in Wissenschaft und Gesellschaft tätig: als Stadtdirektoren und Bürgermeister, Ärzte, Ingenieure, Rechtsanwälte und Landgerichtsdirektoren, Lehrer, Oberstudiendirektoren und Universitätsprofessoren, Pfarrer und Wirtschaftsfachleute oder auch, wie Franz Josef Degenhardt[20], nebenberuflich als erfolgreiche Protestsänger oder Publizisten.

---

chen 1991; Guido Grünewald [Hg.], Nieder die Waffen! Hundert Jahre deutsche Friedensgesellschaft 1892-1992, Bremen 1992; Dieter Riesenberger, Geschichte der Friedensbewegung in Deutschland. Von den Anfängen bis 1933, Göttingen 1985).

[17] S. Kultur und Gesellschaft 7/8 (1968), S. 22. – Die Zeitschrift „Kultur und Gesellschaft. Zweimonatsschrift für demokratische Kultur", Körperschaft: Demokratischer Kulturbund Deutschlands, erschien von 1959 bis 1964 im Verlag Weisenseel (Frankfurt a.M.) und dann wieder von 1968 bis 1989 in der VVG Verlags- und Vertriebsgesellschaft (Neuss).

[18] S. Bulletin des Fränkischen Kreises 111 (1968), S. 32. – Das „Bulletin des Fränkischen Kreises" erschien von 1957 bis 1974 in der Fuldaer-Verlagsanstalt (Fulda), anfangs im Kreis Verlag (Würzburg).

[19] S. Deutsche Lehrerzeitung 15 (1968) 30, S. 2. – Die „Deutsche Lehrerzeitung" (bis 1997 mit Nebentitel „DLZ") ging 1954 aus „Die Neue Schule. Blätter für demokratische Erneuerung in Unterricht und Erziehung" (1946-1954) hervor und erschien anfangs zweimal (1954), dann einmal wöchentlich bis 1989 im Volk und Wissen Verlag (Ost-Berlin), von 1990 bis 1997 im Verlag Deutsche Lehrerzeitung (Berlin) und von 1997 bis 1999 monatlich im Becker Verlag (Velten i.Brandenb.).

[20] S. Kap. 10, Anm. 21.

Sie werden verstehen, daß ich mich in meinem Alter über die „dankbare Erinnerung" der vielen Schüler besonders gefreut habe. Da ist zunächst die ältere Schülergeneration, die „in tiefer Verehrung, in treuer Anhänglichkeit, in aufrichtiger Freundschaft" meiner gedenkt, wie der Leiter eines großen Ausländerbetreuungswerkes schreibt. „Ich gedenke zugleich des Weges, den Sie zurückgelegt haben, auf dem Sie sich über ermutigende Erfolge freuen konnten, auf dem Ihnen aber auch bittere Enttäuschungen nicht erspart blieben, Enttäuschungen, die jeden von anderer geistiger und charakterlicher Struktur hätten resignieren lassen", fügt ein heutiger Oberstudienrat hinzu. Ein anderer Schüler des Abiturientenjahrganges 1917 schreibt: „Von einer großen Zahl nun erwachsener Menschen dürfen Sie sich sagen, daß sie die Lehrjahre unter Ihrer Leitung zu den positiven Seiten ihres Lebens zählen. Als Kaufmann meine ich, auf diese ‚Bilanz' dürften Sie zufrieden und stolz zurückblicken!" Viele ehemalige Schüler zeigen in ihren Briefen auch, daß sie erkannt haben, worauf es mir ankam: „Zurückschauend ist mir besonders eindrücklich geblieben, daß und wie Sie uns zum kritischen Denken erzogen haben und wie Sie selbst im Wandel der Zeiten Ihren Weg unbeirrbar gegangen sind", meint ein Pfarrer aus dem Ruhrgebiet. Ein ehemaliger Schüler schreibt aus München: „Wenn wie in Ihrem Fall der Streiter ein Beispiel für viele Menschen war und noch ist, so ist das der Lohn für die Gefahr und Verfemung, die Sie jahrzehntelang auf sich genommen haben." Auch Elternvertreter meinen: „Rückblickend dürfen Sie die Genugtuung haben, daß Sie, dank Ihres großen humanen Verständnisses, manchem Unentschlossenen und Zweifelnden zurechtgeholfen und für den Kampf des Lebens vorbereitet haben." Daß dies nicht als selbstverständlich gilt, geht aus einem anderen Glückwunschschreiben hervor: „Ich kann Ihnen heute gestehen, daß ich unter der Behandlung einzelner Lehrer doch sehr gelitten habe, daß ich dagegen besonders gern Ihrem Unterricht sowie den vielen, fruchtbaren Diskussionen in der Fastenbecke[21] beigewohnt und Ihre gerechte, menschliche Art immer dankbar empfunden habe. – Es wird Sie, so hoffe ich, freuen, nach so langen Jahren an

---

[21] Bach auf dem Höhenrücken südlich von Schwelm; hier unterhielt das Schwelmer Gymnasium und der „Verein Landheim" seit den späten 1920er Jahren ein Versammlungs- und Freizeitheim für die Schüler der Schule (vgl. Kap. 5, Anm. 10).

diesem Tage einmal das aufrichtige Bekenntnis eines einst bedrängten Schülers zu hören.[22] *" Ein anderer Schüler von früher, jetzt Professor an der Technischen Hochschule in Dresden,*[23] *hat sicher recht, wenn er meint: "Die menschliche Gesellschaft wird nur dann im Geistigen fort- schreiten, wenn hervorragende Lehrer der Jugend Vorbild sind." Darum habe ich mich immer bemüht.*

Tief bewegt haben mich die anerkennenden Worte für die von mir in Schwelm geleistete Arbeit aus dem Munde von Bürgermeister Homberg[24], *Landrat Meyer*[25] *und Oberstudiendirektor Dr. Lehmgrübner, der im Na- men der ehemaligen Kollegen sprach*[26]. *Ihnen möchte ich daher auch an dieser Stelle noch einmal meinen herzlichen Dank bezeugen, wie auch all den anderen Teilnehmern an dem Empfang der Stadt zu meinen Ehren im Schloß Martfeld, dem Herrn Oberkreisdirektor, den Vertretern der Par- teien, der Gewerkschaften, des Schulausschusses, Schulrat a. D. Bur- kert*[27], *dem Vorsitzenden der Lehrergewerkschaft, den früheren Kollegen*

---

[22] Dieser Satz ist in der von Jürgen Helling überarbeiteten Textfassung herausgekürzt.

[23] Werner Albring, geboren 1914 in Schwelm, 1933 Abitur am Schwelmer Gymnasium, 1952 bis 1979 ord. Professor für Strömungsmechanik und Direktor des Instituts für An- gewandte Strömungslehre an der Technischen Universität Dresden (Lebenslauf von und Korrespondenzen mit Prof. Dr. Werner Albring [Privatarchiv Dr. Burkhard Dietz, Schwelm]).

[24] Heinrich Homberg (vgl. Kap. 14, Anm. 47).

[25] Rolf Meyer (geb. 1924), SPD-Mitglied seit 1946, war Landrat im Ennepe-Ruhr-Kreis seit 1968 sowie Mitglied des Landtags NRW von 1968 bis 1975 (vgl. Wer ist wer? Das deutsche Who's Who, XXIII. Ausg. von Degeners Wer ist's?, hg. v. Walter Habel, Lü- beck 1984, S. 849).

[26] Oberstudiendirektor Dr. Wilhelm Lehmgrübner war ein Nachfolger Hellings im Schul- leiteramt des Märkischen Gymnasiums von 1955 bis 1970. – Vgl. aber auch Kap. 14, bei Anm. 29; zu Hellings Wirken am Märkischen Gymnasium und den Reaktionen auf sein re- formerisches Engagement siehe zudem: Georg Dieker-Brennecke, "Schwelm hat ihn nicht verstanden". Von den Schwierigkeiten eines Reformers und Querdenkers mit seiner Hei- matstadt. Zeitzeugen erinnern sich an Fritz Helling, in: Burkhard Dietz (Hg.), Fritz Helling, Aufklärer und "politischer Pädagoge" im 20. Jahrhundert, Frankfurt a.M. 2003, S. 429-458; Jürgen Sprave, Fritz Helling und der Aufbau des höheren Schulwesens in Schwelm und Nordrhein-Westfalen, in: Burkhard Dietz (Hg.), Fritz Helling, a.a.O., S. 319-401.

[27] Nicht ermittelt (auch Rechercheanfragen beim StA Schwelm sowie beim Märkischen Gymnasium Schwelm ergaben keine weiteren Informationen zur Person).

des Gymnasiums und auch der anderen Schulen, ja allen Teilnehmern an dieser Veranstaltung, die mir unvergessen bleiben wird.

Mein Wirken beschränkte sich bekanntlich nicht auf die Schule, da ich ja sehr früh erkannte, daß die Schule sich nur fortschrittlich verändern konnte, wenn alle progressiven Kräfte gemeinsam an der Demokratisierung und Humanisierung der gesamten gesellschaftlichen Verhältnisse mitwirkten. So hatte ich zu den Arbeitern in der Stadt Verbindung gesucht und freue mich, daß aus diesen Kreisen die Verbundenheit noch heute zum Ausdruck gebracht wird. So schreibt der Vorstand der Arbeiterwohlfahrt z. B.: „Wir denken gerne zurück an die Zeit vor 1933, wo man mit Spannung die Vorträge vor dem ADGB (Allg. Deutschen Gewerkschaftsbund) im Märkischen Hof[28] anhören konnte, die Sie uns in den Jahren geboten haben. Es war ein Suchen nach der Wahrheit." Es ist schon so, wie es ein alter Mitstreiter im Bund Entschiedener Schulreformer, Richard Meschkat aus der DDR,[29] in seinem Geburtstagsbrief schreibt: „Wir sind bis auf den heutigen Tag Pädagogen geblieben, die auf der Seite des einfachen Volkes stehen. Wenn überhaupt pädagogische Programme diskussionswürdig sind, dann nur solche, die das Ziel verfolgen, die einfachen Menschen zu befähigen, die öffentlichen Dinge in die Hand zu nehmen und sie zu lenken, wie es ihren Interessen entspricht; denn ihre Interessen sind identisch mit denen der übergroßen Mehrheit des Volkes."

Erinnerungen an die bewegten Zeiten der Weimarer Republik, als der Bund Entschiedener Schulreformer meine geistige Heimat war, wurden in vielen Schreiben der ehemaligen Bundesgenossen wach, vor allem bei Hans Sprenger[30], Josef Rudolf[31], Ludwig Caps[32] und Hermann

---

[28] Der „Märkische Hof" ist eine Gaststätte in Wetter a.d.Ruhr (ca. 20 km nordöstlich von Schwelm), Theodor-Heuss-Straße.

[29] S. Kap. 6, Anm. 23.

[30] Hans Sprenger (1899-1973), Volksschullehrer, wurde wegen seiner Zugehörigkeit zum Bund der religiösen Sozialisten sowie seiner antinazistischen Gesinnung zum 1. April 1933 zunächst vom Amt suspendiert, konnte dann aber wieder in den Beruf zurück und wurde 1935 als Leiter einer Volksschule in das Dorf Haustenbeck in Lippe versetzt. Nach 1945 war Sprenger als Schulrat an der Neuordnung des lippischen Schulwesens und der

Lambracht[33], die sich in der Schulverwaltung und der Lehrerbewegung große Verdienste erworben haben.

Prof. Limper[34] erinnert an „unsere häufigen Zusammenkünfte in Dortmund und Schwelm nach 1933, als wir uns gegen den Hitlerfaschismus wehrten". Manche entschiedenen Schulreformer waren auch bei der Gründung und Ausbreitung des Schwelmer Kreises nach 1945 dabei, als der Schwerpunkt des pädagogisch-politischen Wirkens dem Frieden, der Entspannung und Abrüstung, der Verteidigung demokratischer Freiheiten galt. Heinrich Otto[35] zieht die Bilanz: „Es mußten Kampfjahre bleiben, nachdem so viele Hoffnungen, die wir an das Ende der Hitler-Zeit geknüpft hatten, bitter enttäuscht wurden." Daß sowohl zwei Kultusminister wie auch der Sekretär des ZK der KPD Glückwünsche sandten, halte ich für ein besonders erfreuliches Zeichen. Bei Prof. Dr. Ernst

---

Lehrerbildung führend beteiligt. 1953 wurde er in eine Professur an der Pädagogischen Hochschule nach Oldenburg berufen und 1959 als Regierungsdirektor mit der Leitung der Schul- und Kreisbehörde in der Bezirksregierung Oldenburg beauftragt (vgl. Volker Wehrmann, Geleitwort zur zweiten Auflage, in: Hans Sprenger, Haustenbeck. Ein Buch der Erinnerung, hg. v. Heimat- und Verkehrsverein Oesterholz-Haustenbeck e.V. sowie Naturwissenschaftlicher und Historischer Verein für das Land Lippe e.V., Horn-Bad Meinberg 1977, S. 2-4).

[31] Josef Rudolf (1892-1977), Volksschullehrer und Erwachsenenbildner, war zwischen 1923 und 1933 Orts- (Mainz) und Landesvorsitzender des Bundes Entschiedener Schulreformer, nach dem Zweiten Weltkrieg Ministerialbeamter und nebenberuflicher Leiter der Volkshochschule in Mainz-Bretzenheim (1946-1967), 1949 Mitbegründer der Arbeitsgemeinschaft der Landesverbände deutscher Volkshochschulen, ab 1953 Vorsitzender des Deutschen Volkshochschul-Verbandes, dessen Ehrenvorsitzender er nach seinem Ausscheiden 1963 blieb (vgl. Wolfgang Wiedenroth/Hedwig Brüchert-Schunk [Hg.], Josef Rudolf 1892-1977, hg. anläßlich seines 100. Geburtstages am 17. März 1992 im Auftrag der Volkshochschule Mainz, Mainz 1992).

[32] S. Kap. 18, Anm. 26.

[33] S. Kap. 6, Anm. 15.

[34] Karl Limper (geb. 1895), Dr. phil., wurde 1947 Dozent, 1948 Professor an der Pädagogischen Akademie in Lüdenscheid und war von 1953 bis 1960 Professor für Psychologie an der Pädagogischen Hochschule Dortmund; sein Fachgebiet war die Vergleichende Pädagogik (vgl. Kürschners Deutscher Gelehrten-Kalender 1970, 11. Ausg., hg. v. Werner Schuder, Berlin 1970, S. 1762; Wer ist wer? Das deutsche Who's Who, XVII. Ausg., Frankfurt a.M. 1973, S. 647).

[35] S. Kap. 17, Anm. 12.

Schütte (Wiesbaden)[36] heißt es: „Sie können auf ein arbeitsreiches und kämpferisches Leben zurückblicken, und mein Wunsch ist es, daß Ihnen dieser Rückblick und der Blick in die gegenwärtige Situation trotz allem doch die Bestätigung dafür erbringt, daß Ihr Kampf um eine bessere Ordnung unseres Schulwesens nicht vergeblich war"; Fritz Holthoff, Kultusminister des Landes NRW[37]: „Mit Dankbarkeit gedenke ich der aufopferungsvollen Arbeit, die Sie auf pädagogischem Gebiet zum Wohle unserer Jugend geleistet haben" und bei Max Reimann[38]: „Nehmen Sie

---

[36] Ernst Schütte (1904-1972), Kulturpolitiker, promovierte 1936 zum Dr. phil. und war sodann im höheren Schuldienst tätig als Studienrat, Studiendirektor und schließlich von 1946 bis 1956 als Professor an der Pädagogischen Akademie Kettwig, die er ab 1956 leitete. Außerdem war Schütte, Mitglied der SPD, bis zum Januar 1959 Ministerialdirigent im Kultusministerium von Nordrhein-Westfalen in Düsseldorf, dann übernahm er das Amt des Hessischen Ministers für Erziehung und Volksbildung und setzte sich in dieser Funktion vor allem für die Reformierung des Land- und Volksschulwesens sowie der Hochschule und Universität ein. Mit Ablauf der Legislaturperiode 1970 schied Schütte altershalber aus dem hessischen Kabinett und auch aus dem Landtag aus (vgl. Internationales Biographisches Archiv 50/1972 vom 4. Dezember 1972, in: Munzinger Online Archiv).

[37] Fritz Holthoff (1915-2006), Bildungs- und Kulturpolitiker, unterrichtete zunächst als Volksschullehrer an landwirtschaftlichen und gewerblichen Berufsschulen, wurde Rektor und Volkshochschulleiter im Kreise Unna. Holthoff, Mitglied der SPD und der GEW, wurde 1954 zum Oberschulrat, 1957 zum Beigeordneten und Schul- und Sportdezernenten der Stadt Duisburg ernannt; unter seiner Leitung kommt es zu zahlreichen Innovationen, so z.B. zu Gründungen verschiedener Schulen (darunter Schulen für behinderte Kinder, eine Abendrealschule, ein Sozialwissenschaftliches Aufbaugymnasium, ein Musikinstitut für Lehrerfortbildung) sowie der Einführung des neunten Schuljahres und pädagogischer Wochen. 1960/61 wurde Holthoff Honorarprofessor für Schulrecht und Schulkunde an der Pädagogischen Hochschule Ruhr, Abt. Kettwig. Von 1950 bis 1966 sowie von 1967 bis 1975 war Holthoff Mitglied des Landtags NRW. Als NRW-Kultusminister ab Dezember 1966 (bis zu seinem Ausscheiden 1970) war er vor allem mit der Reform des Volksschul- und später des Hochschulwesens befasst. 1982 würdigte die Universität Duisburg-Essen sein Engagement mit der Ehrendoktorwürde (vgl. Informationen des Landschaftsverbandes Rheinland 25 [2004] 264, S. 1; Internationales Biographisches Archiv 25/1971 vom 14. Juni 1971, in: Munzinger Online Archiv).

[38] Max Reimann (1898-1977), deutscher KPD-Politiker (seit 1919), während der Nazi-Diktatur illegal (oppositionell) politisch tätig, war er von 1939 bis 1945 zunächst im Zuchthaus Dortmund, ab 1942 im KZ Sachsenhausen inhaftiert und konnte sich erst nach Kriegsende wieder legal am Aufbau der KPD beteiligen; 1946 wurde er Mitglied des Landtags NRW, 1948 Erster Vorsitzender der KPD für alle drei westlichen Besatzungs-

meine Wertschätzung für Ihre schon über 50 Jahre währenden Bemühungen um ein fortschrittliches Bildungswesen entgegen, dessen Verwirklichung Sie nur in enger Verbindung zur modernen Arbeiterbewegung und ihren sozialistischen Ideen sehen. "

Der Kreis der Gratulanten, denen ich hiermit Dank und herzliche Verbundenheit zum Ausdruck bringen möchte, hat internationale Weite. Er reicht von Professor Grappin, dem Dekan der Philosophischen Fakultät der Universität Paris-Nanterre,[39] der gerne persönlich gekommen wäre, bis zu Prof. Okon, Direktor des Instituts für Pädagogik der Universität Warschau,[40] und all den vielen anderen Freunden und Kollegen im Aus-

---

zonen und Mitglied des bizonalen Wirtschaftsrates sowie des Parlamentarischen Rates, außerdem war er Abgeordneter der KPD im ersten Bundestag der Bundesrepublik (1949-1953). Einem Haftbefehl entzog sich Reimann 1954 durch Übersiedlung in die DDR; er leitete von dort aber weiter die Partei – auch nach dem KPD-Verbot im August 1956; ab 1954 Erster Sekretär des Parteivorstandes der KPD und im Oktober 1956 Wahl Reimanns zum Ersten Sekretär des ZK der KPD (Wiederwahlen 1957 und 1963). Nach Aufhebung des Haftbefehls 1968 kehrte Reimann in die BRD zurück und wurde 1971 Mitglied der DKP, zu deren Ehrenvorsitzenden er ernannt wurde (vgl. Franz Ahrens, Streiflichter aus dem Leben eines Kommunisten. Über Max Reimann, Hamburg 1968; Gabriele Baumgartner, Art. Max Reimann, in: Biographisches Handbuch der SBZ/DDR, Bd. 2, a.a.O., S. 696; Max Reimann, Aus Reden und Aufsätzen 1946-1963, Berlin [Ost] 1963).
[39] S. Kap. 11, Anm. 35.
[40] Wincenty Okoń (geb. 1914), polnischer Erziehungswissenschaftler, international renommierter Autor verschiedener Standardwerke der Unterrichtsdidaktik und der pädagogischen Psychologie wie auch der Historischen Pädagogik. Okoń promovierte 1948 an der Universität Łódź, wurde 1946 wissenschaftlicher Assistent, 1949 Adjunkt, 1953 Assistenzprofessor und 1955 ord. Professor für Pädagogik und Lernpsychologie an der Pädagogischen Fakultät der Universität Warschau (dort 1984 emeritiert). Er war Begründer der Polnischen Pädagogischen Gesellschaft 1981, Redakteur der führenden pädagogischen Fachzeitschrift „Kwartalnik Pedagogiczny" 1973-1984, erhielt 1980 die Ehrendoktorwürde von der Pädagogischen Hochschule Krakau, wurde 1973 korrespondierendes und 1983 ord. Mitglied der Polnischen Akademie der Wissenschaften. Engagiert in der deutsch-polnischen pädagogischen Verständigung hatte er 1981 eine Gastprofessur an der Pädagogischen Hochschule in Heidelberg inne, wo er zuvor gemeinsam mit Prof. Dr. Ernst Meyer die „International Society for Group Activity in Education" gründete, zu deren Ehrenpräsident Okoń 1985 ernannt wurde. 1996 wurde ihm die Ehrendoktorwürde der Technischen Universität Braunschweig verliehen, ein weiterer Ehrendoktortitel folgte 2006 von der Schlesischen Universität (Uniwersytet Śląski) (vgl. Nowe w szkole N.F. 2, Dezember 2004; Hein Retter, Würdigung der Leistungen und des wissenschaftlichen Werkes von Prof. Dr. Wincenty

land, in Paris, Lyon, London, in Holland, Polen und der CSSR, die ich im einzelnen gar nicht aufführen kann. Hein Herbers[41], der mir kurz vor seinem Tode aus dem Krankenhaus noch Glückwünsche in „kameradschaftlicher Verbundenheit" sandte, muß ich hier allerdings noch erwähnen. Sein Tod ist auch für uns, für die ganze demokratisch-humanistische Bewegung, ein unersetzlicher Verlust.

Auch aus den Reihen der pädagogischen Wissenschaft gingen mir zahlreiche Glückwünsche zu, über die ich mich sehr gefreut habe. Stellvertretend will ich hier Prof. Dr. Klaus Schaller[42] nennen, der mir das Kompliment macht: „Ihre Sorgen in Wort und Tat um die Weiterentwicklung des Bildungswesens haben Sie jung erhalten." Prof. Dr. Heinz-Joachim Heydorn[43], Direktor des Erziehungswissenschaftlichen Instituts an der

---

Okon, in: Wolfgang Pöhlmann [Hg.], Braunschweiger Pädagogik. Vom Neubeginn 1945 bis zu den europäischen Beziehungen der Gegenwart, Braunschweig 1997, S. 39-43).

[41] Hein (eigentl. Heinrich) Herbers (1895-1968), Oberschullehrer und Journalist, war ein sozialdemokratischer Pazifist, engagierte sich in der Deutschen Friedensgesellschaft und in der Redaktion des Wochenblattes „Das andere Deutschland" (s. Anm. 16). 1931 wechselte er wegen der Tolerierungs- und Militätpolitik der SPD zur neugebildeten Sozialistischen Arbeiterpartei Deutschlands (SAPD). Wegen einer vermeintlichen Schmähung Hindenburgs (s. Kap. 4, Anm. 2) war Herbers vehementen Anfeindungen der reaktionären Presse und von Rechtsparteien ausgesetzt, so daß er noch vor der Machtübernahme der NSDAP seine Stelle als Studienassessor (in Kassel) verlor. Er emigrierte 1934 in die Niederlande, wo er an einer von reformpädagogischen Ideen Maria Montessoris (1870-1952) beeinflußten Versuchsschule tätig war und sich zudem am pazifistischen Widerstand beteiligte und niederländischen Juden half. Nach 1945 verblieb Herbers in den Niederlanden, hielt aber Kontakt zu Friedensbewegungen und -initiativen in Deutschland (vgl. Reinhold Lütgemeier-Davin, Hakenkreuz und Friedenstaube. „Der Fall Hein Herbers" [1895-1968], Frankfurt a.M. 1988; ders., Hein Herbers. Lebensweg im aufrechten Gang, in: Laurentianer-Blätter 77 [1995], S. 102-104).

[42] S. Kap. 16, Anm. 22.

[43] Heinz-Joachim Heydorn (1916-1974), deutscher Erziehungswissenschaftler und Friedensaktivist, war als Mitglied der Bekennenden Kirche während der Nazi-Diktatur illegal politisch tätig, hatte u.a. Kontakte mit dem Exilvorstand der SPD in Paris. Bei Kriegsbeginn 1939 Einziehung zum Militär, 1944 Desertion von der Westfront und englische Kriegsgefangenschaft. 1945 kehrte Heydorn nach Hamburg zurück, wurde Mitglied der SPD und 1946 Mitbegründer und erster Bundesvorsitzender des Sozialistischen Deutschen Studentenbundes (SDS); 1961 erfolgte der Parteiausschluß aufgrund des Unvereinbarkeitsbeschlusses bezüglich der Mitgliedschaft in SPD und SDS. Promotion 1950 in

Universität Frankfurt, hat mir die Einleitung zur Neuausgabe von Jachmanns „Deutschem Nationalarchiv" zum 80. Geburtstag gewidmet[44].

Neben einzelnen Personen aus der Bundesrepublik, wie Prof. Dr. Eduard Brenner, dem Vorsitzenden des Oberaudorfer Kreises für Hochschulreform,[45] der mir als „dem vorbildlichen Reformer und mutigen Kämpfer für Geistesreform die herzlichsten Glückwünsche" sandte, Prof. Kathari-

---

Hamburg, dann Dozent an der Pädagogischen Hochschule in Kiel, 1959 a.ord. Professor am Pädagogischen Institut in Jugenheim, 1961 Professor an der Hochschule für Erziehung der Goethe-Universität in Frankfurt a.M. Von 1960 bis 1962 im Vorstand des Hessischen Landesverbandes für Erwachsenenbildung und Vorsitzender des Pädagogischen Ausschusses. Heydorn war Mitglied der Deutschen Friedensgesellschaft (s. Anm. 16), setzte sich in den 1950er Jahren gegen die Remilitarisierung der Bundesrepublik ein, war in den 1960er Jahren regelmäßig Redner bei den Ostermärschen sowie später aktiv gegen die Notstandsgesetze, den Vietnamkrieg und gegen Amnestie für NS-Verbrechen (vgl. Ursula Pfeiffer, Bildung als Widerstand. Pädagogik und Politik bei Heinz-Joachim Heydorn, Hamburg 1999).

[44] S. Archiv Deutscher Nationalbildung, hg. v. Reinhold Bernhard Jachmann, eingel. v. Heinz-Joachim Heydorn, Nachdruck der Ausgabe Berlin 1812, Frankfurt a.M. 1969.

[45] (Johann Wilhelm) Eduard Brenner (1888-1970), Anglist und Amerikanist, 1912 zum Dr. phil. promoviert, wurde 1919 Lektor für englische Philosophie an der Friedrich-Alexander-Universität Erlangen und wirkte in den 1920er Jahren führend beim Aufbau einer modernen Sprachenabteilung an der Handelshochschule in Nürnberg mit, wo er 1925 a.ord. Professor und Leiter der Gesamteinrichtung wurde. Direktor der Volkshochschule Nürnberg seit 1925/26 bat Brenner angesichts der Machtübergabe an die NSDAP den Nürnberger Stadtrat im März 1933, ihn von seiner Direktorenfunktion zu entbinden. Zwischen 1939 und 1945 Lehrstuhlvertretung an der Universität Erlangen. Nach Kriegsende war Brenner bis 1948 Rektor der Nürnberger Hochschule für Wirtschafts- und Sozialwissenschaften und leitete zeitgleich zunächst kommissarisch den Lehrstuhl für Anglistik an der Universität Erlangen, bevor er dort 1946 zum ord. Professor für amerikanische Kulturgeschichte und zum Rektor der Universität (bis 1948) ernannt wurde. Als Vertreter der SPD 1946 in den Nürnberger Stadtrat, 1951 zum Staatssekretär im Bayerischen Kultusministerium (bis 1954) berufen. Brenner engagierte sich in Fragen der Hochschulreform, setzte sich für die Ostermarschbewegung und gegen die Notstandsgesetze ein (vgl. Aktion 7, Dezember 1965, S. 3; Georg Bergler, Geschichte der Hochschule für Wirtschafts- und Sozialwissenschaften Nürnberg. 1919-1961, 2 Bde., Nürnberg 1963/1969; Eduard Brenner, Hochschulkonferenz in Oberaudorf, in: Gewerkschaftliche Monatshefte, 12 [1950], S. 605 f; Alfred Wendehorst, Geschichte der Friedrich-Alexander-Universität Erlangen-Nürnberg. 1743-1993, München 1993; Jörg Wollenberg, „Die Demokratie geistig unterbauen". Die Nürnberger Volkshochschule in Geschichte und Gegenwart, in: Detlef Oppermann/Paul Röhrig [Hg.], 75 Jahre Volkshochschule, Bad Heilbrunn 1995, S. 158-175).

na Petersen[46]*, die schreibt: „Sie haben, der Politik vorausgreifend, soviel für menschliche Beziehungen zum ‚anderen Deutschland' getan, daß allein schon deswegen viele herzliche Wünsche zu Ihnen kommen müßten",* *Prof. Dr. Willers*[47]*, der „seinem jugendlichen Mitkämpfer für Humanität und Schulfortschritt 10 weitere erfolgreiche Jahre" wünscht, neben Prof. Dr. Walter Fabian, Chefredakteur der „Gewerksch. Monatshefte",*[48]

---

[46] Katharina Petersen (1889-1970), Schulreformerin, war Volksschullehrerin, ab 1922 Volksschulleiterin (und damit eine der ersten Frauen in diesem Amt), dann Schulrätin, seit 1931 Professorin für Praktische Pädagogik an der Pädagogischen Akademie Kiel und nach deren Schließung 1932 Oberschulrätin in Frankfurt. 1933 lehnte Petersen die Erneuerung ihres Amtseides ab, ging „beurlaubt" für fünf Jahre in die Niederlande, wo sie Schulleiterin der reformpädagogischen Quäker-Schule auf Schloß Eerde bei Ommen war. Während des Krieges arbeitete sie in einem Hamburger Internat und als Privaterzieherin in Schlesien, nach dem Krieg berief sie Adolf Grimme (s. Kap. 11, Anm. 37) in das von ihm geleitete Niedersächsische Kultusministerium in Hannover, wo sie im Mai 1946 zum „Oberregierungs- und Schulrat" mit Aufgabenbereich der Neustrukturierung des Volks- und Mittelschulwesens, Ende 1947 zum „Regierungsdirektor" und im Dezember 1952 zum „Ministerialrat" ernannt wurde und schulreformerische Projekte wie das der „Gesamt-Einheits-Schule" von Hans Alfken (1899-1994) mitverfolgte. International trieb Petersen die Gründung der „Hannover-Bristol-Gesellschaft" im Jahre 1947 voran, begleitete prägend den „Internationalen Arbeitskreis Sonnenberg" und arbeitete ferner in der deutschen UNESCO-Kommission sowie bei UNICEF mit und engagierte sich in verschiedenen, auch international kooperierenden Frauenverbänden. 1958 mit der „Honorary Officer of the Civil Division of Our said Most Excellent Order of the British Empire", 1963 mit dem Großen Bundesverdienstkreuz ausgezeichnet (vgl. Peter Budde, Katharina Petersen und die Quäkerschule Eerde. Eine Dokumentationscollage, in: Monika Lehmann/Hermann Schnorbach [Hg.], Aufklärung als Lernprozeß. Festschrift für Hildegard Feidel-Mertz, Frankfurt a.M. 1992, S. 86-101; Inge Hansen-Schaberg, Rückkehr und Neuanfang. Die Wirkungsmöglichkeiten der Pädagoginnen Olga Essig, Katharina Petersen, Anna Siemsen und Minna Specht im westlichen Deutschland der Nachkriegszeit, in: Jahrbuch für Historische Bildungsforschung, hg. v. Historische Kommission der DGfE, Bd. 1, Weinheim 1993, S. 319-338).

[47] Georg Willers (1884-1977), Dr. phil., SPD-Mitglied seit 1926, war in Kiel als Dolmetscher, als Marinelehrer der Ingenieurs- und Deckoffiziersschule sowie ab 1940 als Professor an der Pädagogischen Akademie (ab 1946 Pädagogische Hochschule) tätig; sein Fachgebiet war das Unterrichts- und Bildungswesen (vgl. Kürschners Deutscher Gelehrten-Kalender 1976 u. 1980, 12. u. 13. Ausg., a.a.O. 1976, S. 3518 u. ebd. 1980, S. 4484; Wer ist wer? Das deutsche Who's Who, XVII. Ausg., Frankfurt a.M. 1973, S. 1209).

[48] Walter (Max) Fabian (1902-1992), deutscher Publizist, Erwachsenenbildner und Gewerkschafter, promovierte 1924 an der Universität in Gießen. Er war seit 1924 Mitglied in der sächsischen SPD, wurde aber als entschiedener Kriegsgegner und Kritiker der

Prof. Dr. Georg Eckert vom Internationalen Schulbuchinstitut[49], Prof. Dr. Fritz Hahn von der Universität Gießen[50], und den vielen Glückwün-

---

Koalitionspolitik seiner Partei erst mit Redeverbot und 1931 mit Zwangsausschluß belegt, woraufhin er sich der SAPD anschloß. In der SAPD wurde Fabian in den Vorstand und zu ihrem Reichsleiter gewählt und beteiligte sich nach der Machtübertragung an die NSDAP führend am illegalen Widerstand. 1935 Flucht aus Deutschland, im Schweizer Exil Tätigkeit als Erwachsenenbildner und Übersetzer. Ein Großteil seiner (jüdischen) Familie wurde in den deutschen KZs ermordet. Erst Ende der 1950er Jahre kehrte Fabian in die BRD zurück, wurde 1958 Chefredakteur der „Gewerkschaftlichen Monatshefte" (bis 1970), engagierte sich als Gründer und 1958 bis 1963 amtierender Vorsitzender der Deutschen Journalisten-Union, wirkte ab 1960 im Deutschen Presserat (bis 1976), war Vorsitzender der Humanistischen Union (1969-1973), Vorsitzender (seit 1971) bzw. Ehrenpräsident (seit 1977) der Deutsch-Polnischen Gesellschaft sowie Präsidiumsmitglied (seit 1972) und Ehrenpräsident (seit 1985) des PEN-Zentrums. 1965/66 wurde Fabian zum Honorarprofessor für Didaktik der Erwachsenenbildung an der Universität Frankfurt a.M. berufen (vgl. Anne-Marie Fabian [Hg.], Arbeiterbewegung, Erwachsenenbildung, Presse. Festschrift für Walter Fabian zum 75. Geburtstag, Köln 1977; Hans O. Hemmer, Das Prinzip ist wichtiger als die Taktik. Zur Erinnerung an Walter Fabian [1902-1992], in: Gewerkschaftliche Monatshefte 3 [1992], S. 145-149; Detlef Oppermann, Walter Fabian [1902-1992]. Journalist – Pädagoge – Gewerkschafter, in: Gewerkschaftliche Monatshefte 7 [2003], S. 409-420).

[49] Georg Eckert (1912-1974), deutscher Historiker, in den 1930er Jahren politisch aktiv in der sozialistischen Arbeiterbewegung, Promotion 1935, seit 1936 Lehrer im höheren Schuldienst, während des Zweiten Weltkriegs Kriegsdienst in Saloniki, gründete nach Kriegsende die GEW mit und trat für eine internationale Verständigung durch Schulbucharbeit und Geschichtsunterricht ein, so organisierte er als Direktor des 1951 gegründeten Internationalen Schulbuchinstituts bi- und multinationale Schulbuchgespräche vor allem mit Deutschlands Nachbarn und früheren Kriegsgegnern. Das Schulbuchinstitut wurde 1975 in Referenz an Eckerts Verdienste nach ihm benannt (Georg-Eckert-Institut für internationale Schulbuchforschung) und per Landesgesetz zu einer rechtsfähigen Anstalt öffentlichen Rechts. Eckert war von 1946 an zunächst Dozent, ab 1949 bis zu seinem Tode Professor für Geschichtsdidaktik an der Pädagogischen Hochschule und an der Technischen Universität in Braunschweig. Von 1964 bis 1974 war er zudem Vorsitzender der Deutschen UNESCO-Kommission (vgl. In Memoriam Georg Eckert [1912-1974], hg. v. d. Pädagogischen Hochschule Niedersachsen, Abt. Braunschweig, Braunschweig 1974; Internationale Verständigung. 25 Jahre Georg-Eckert-Institut für internationale Schulbuchforschung in Braunschweig, hg. v. Ursula A. J. Becher u. Rainer Riemenschneider, Hannover 2000; Internationales Jahrbuch für Geschichts- und Geographie-Unterricht, hg. v. Internationalen Schulbuchinstitut, Bd. 15, Braunschweig 1974, S. 3-8).

[50] Fritz (eigentl. Friedrich) Hahn (1910-1982), Religionswissenschaftler, promovierte 1933 zum Dr. theol., wurde 1934 wegen Zugehörigkeit zur Bekennenden Kirche aus dem

*schen von Nachbarn und Freunden, von denen ich zumindest Leo Her-
wig[51], Dietrich Rothenberg[52] und Walther Uhle[53] erwähnen möchte, gingen auch zahlreiche Glückwünsche von Organisationen und Gruppen
ein, wovon ich hier die Hamburger Gruppe des Schwelmer Kreises, den*

Vikariatsdienst der damaligen Evangelischen Landeskirche Nassau-Hessen entlassen.
1939 bis 1945 Teilnahme am Zweiten Weltkrieg. 1948 wurde Hahn Dozent für Evan-
gelische Theologie am Pädagogischen Institut Darmstadt in Jugenheim und dort 1957
zum a.ord., 1959 zum ord. Professor ernannt. 1961 Berufung nach Gießen an die Hochschule für Erziehung, wo er das Studium der Religionspädagogik aufbaute und anschließend an der Etablierung des Fachbereichs Religionswissenschaften der Justus-Liebig-
Universität in Gießen maßgeblich beteiligt war (vgl. Anwalt des Menschen. Beiträge aus
Theologie und Religionspädagogik. Zum Gedenken an Prof. Dr. Friedrich Hahn, hg. v.
Bernhard Jendorff u. Gerhard Schmalenberg, Gießen 1983, insb. S. 9-24).
[51] Leo Herwig (geb. 1890), seit 1920 KPD-Mitglied, war Lehrer zunächst in Dittelstedt
(einem heutigen Ortsteil von Erfurt), wurde 1923 inhaftiert und wechselte nach Gelsen-
kirchen, wo er 1928 wiederum dienstentlassen wurde wegen einer Demonstration seiner
Schule gegen das Deutschlandlied; erst 1946 konnte er in den Schuldienst zurückkehren
(vgl. Peter Dudek, Gesamtdeutsche Pädagogik im Schwelmer Kreis. Geschichte und
politisch-pädagogische Programmatik 1952-1974, Weinheim 1993, S. 215; Neue Chronik
des ehemaligen „Küchendorfes" Dittelstedt. 1100 Jahre Dittelstedt, hg. v. Frank Seyfarth,
Erfurt-Dittelstedt 1999).
[52] Dietrich Rothenberg (1904-1991), Volksschullehrer, vor dem Zweiten Weltkrieg Mitglied der gewerkschaftlichen Organisation der damaligen Gesellschaft der Freunde in
Hamburg, wo er im pädagogischen Ausschuß und im Ausschuß für Völkerversöhnung
mitarbeitete. 1931 trat er in die KPD ein, im selben Jahr wurde als Reaktion gegen die
Brüningschen Notverordnungen (speziell gegen Sparverordnungen, Gehaltsabbau, Leh-
rerarbeitslosigkeit) die Interessengemeinschaft oppositioneller Lehrer (IOL) gegründet,
die mit der Machtübertragung an die NSDAP in die illegale Untergrundarbeit gehen
mußte; Rothenbergs Mitarbeit in der IOL endete mit seiner Einberufung zum Kriegsdienst
1940. 1944 lief Rothenberg zur Roten Armee über, 1948 kehrte er aus der Kriegsgefangenschaft zurück und fand erneut Anstellung als Lehrer an einer Hamburger Reformschule. Politisch engagierte sich Rothenberg nach 1952 für die KPD in der Schuldeputation,
wurde nach dem KPD-Verbot 1956 für kurze Zeit verhaftet, konnte aber wieder in den
Schuldienst zurückkehren (vgl. Hans-Peter de Lorent, Der Lehrer Dietrich Rothenberg:
„Politisch sozialisiert an der Versuchsschule Telemannstraße", in: Weimarer Versuchs-
und Reformschulen am Übergang zur NS-Zeit. Beiträge zur schulgeschichtlichen Tagung
vom 16.-17. November 1993 im Hamburger Schulmuseum, hg. v. Reiner Lehberger,
Hamburg 1994, S. 48-56).
[53] Walter Uhle (geb. 1902) war von 1922 bis 1941 als Lehrer tätig, von 1945 bis zur
Pensionierung 1964 als Volksschullehrer in Hannover. Uhle war Mitglied der KPD (vgl.
Peter Dudek, Gesamtdeutsche Pädagogik, a.a.O., S. 218).

Präsidenten und Bundesvorstand der Deutschen Friedensgesellschaft in der Bundesrepublik, den Landesverband Wasserkante im Demokratischen Kulturbund Deutschlands, Dr. h. c. Johann Fladung[54] und das Präsidium des Demokratischen Kulturbundes in der Bundesrepublik, Prof. Dr. Dr. Karl Saller, den Präsidenten des Deutschen Kulturtages,[55] besonders erwähnen möchte.

Nach dem Empfang der Stadt Schwelm schuf der Arbeitsausschuß des Schwelmer Kreises am Nachmittag einen weiteren Höhepunkt an meinem Geburtstag. Die Räume des Hotels „Prinz von Preußen"[56] vermochten die vielen Gäste kaum zu fassen. Da waren neben den Mitgliedern des Arbeitsausschusses frühere Kollegen und Schüler (lange Fahrten nicht scheuend, wie Dipl.-Ing. Sporkert aus Heidenheim[57]) und Vertreter der erwähnten Gruppen und Organisationen, da waren Freunde aus dem Ausland von weit her angereist, da waren vor allem auch Freunde aus der DDR, Vertreter des Präsidenten des Deutschen Kulturbundes der DDR, Prof. Max Burghardt[58], der mir eine Glückwunschadresse über-bringen ließ, Vertreter des DPZI und der Gewerkschaft Unterricht und Erziehung und Professor Dr. Gertrud Rosenow und Prof. Dr. Karlheinz

---

[54] S. Kap. 6, Anm. 18.

[55] S. Kap. 11, Anm. 61; vgl. auch oben, Anm. 13.

[56] S. Anm. 4.

[57] Karl Sporkert, Carl-Zeiss-Straße 15, Heidenheim (vgl. Schreiben von Walter Kluthe an Sporkert vom 18. März 1973 [Privatarchiv Prof. Dr. Wolfgang Keim, Paderborn]).

[58] Max (Georg Emanuel) Burghardt (1893-1977), Schauspieler und Intendant, war Teil-nehmer am Matrosenaufstand nach dem Ersten Weltkrieg in Bremen (November 1918), trat 1930 der KPD bei, wurde 1935 wegen illegaler, oppositioneller Tätigkeit verhaftet und war bis 1941 u.a. im KZ Welzheim inhaftiert, wurde danach an die Bremer Atlas-werft dienstverpflichtet. 1945 gründete Burghardt den Kulturbund in den Westzonen mit, war Intendant des Norddeutschen Rundfunks Köln (1946-1947), dann Referatsleiter für Musik und Theater bei der Deutschen Zentralverwaltung bzw. dem Ministerium für Volksbildung (1947-1950) und anschließend Generalintendant der Städtischen Bühnen Leipzig (1950-1954) und Intendant der Deutschen Staatsoper Berlin (1954-1963). Seit 1951 war Burghardt Mitglied der Deutschen Akademie der Künste (DAK), von 1954 bis 1959 Kandidat und anschließend bis 1977 Mitglied des ZK der SED. Berufung zum Professor 1958. 1958 bis 1977 Präsident des Kulturbundes und Mitglied des Nationalrates der Nationalen Front (vgl. Ursula Schoop, Art. Max Burghardt, in: Biographisches Hand-buch der SBZ/DDR, Bd. 1, a.a.O., S. 96).

Tomaschewsky, die mir nach einstimmigem Beschluß der Päd. Fakultät der ehrwürdigen Humboldt-Universität den Grad eines Doktors der Pädagogik ehrenhalber verliehen in Würdigung des „jahrzehntelangen Kampfes für ein demokratisches, vom Geiste des Humanismus geprägtes und dem Frieden dienendes Schul- und Bildungswesen und der dabei vollbrachten wissenschaftlichen Leistungen auf dem Gebiet der Pädagogik".

Ein besonders ermutigendes Zeichen war die Anwesenheit auch junger Pädagogen, denen ich bei Ihrer Forschungsarbeit über die Weimarer Reformpädagogik helfen durfte oder die neu zum Schwelmer Kreis gestoßen waren.

Was soll ich zu all der ermutigenden Bejahung meiner Arbeit sagen? Vielleicht hat Hans Kalt[59] es richtig ausgedrückt, wenn er sagt: „Sie, mein lieber Herr Dr. Helling, haben gewissermaßen den hippokratischen Eid der Pädagogen geleistet, für sich und immer wieder in der Öffentlichkeit alles zum Wohle der Jugend zu tun, daß sie gedeihe und sich zum Wohle der Gesamtheit entwickele. Diesen Eid haben Sie immer gehalten, trotz Verfolgung, trotz Gefängnis, trotz Verbannung aus Ihrer Heimat, trotz Gefahr an Leib und Leben." So erklärt sich vielleicht dann auch,

---

[59] Hans Kalt (1895-1969) wollte ursprünglich Lehrer werden, konnte jedoch nach dem Ersten Weltkrieg aus finanziellen Gründen sein Studium nicht fortsetzen und nahm Arbeit auf einer Zeche in Dortmund an. Seit 1929 Mitglied der KPD, gehörte er auch dem Bund der Sowjetfreunde, der Roten Hilfe und dem Proletarischen Freidenkerverband an, dessen Dortmunder Unterbezirk er leitete. Antinazistisches Engagement; erste Inhaftierung Mai (bis Dezember) 1933, zweite März 1936 und Verurteilung zu vier Jahren Zuchthaus. Nach dem Zweiten Weltkrieg gründete er den Demokratischen Kulturbund Deutschlands mit und war dessen stellvertretender Bundessekretär, nach Johann Fladungs Rücktritt von dessen Posten als Bundessekretär Ende 1957 dann Erster Bundessekretär. Kalt war von Februar bis Oktober 1946 stellvertretender Oberbürgermeister von Dortmund, bis 1950 Mitglied des Stadtrates (freundliche Auskunft von Herrn Dirk Buchholz, StA Dortmund; Kultur und Gesellschaft 9 [1968], S. 8; Karl Richter, Die trojanische Herde. Ein dokumentarischer Bericht, Köln 1959). 1967 bis 1969 trat Kalt auch in der von Helling mitherausgegebenen Zeitschrift „Schule und Nation" als Rezensent sowie als Autor einer sechsteiligen Artikelserie über „das Bild des Lehrers in der deutschen Literatur" in Erscheinung.

was Prof. Dr. Franz Paul Schneider[60] *im Bulletin des Fränkischen Kreises schreibt: „Alle, die wir mit Dr. Helling zusammenkamen, wurden berührt von dem inneren Feuer, das in diesem Manne brennt. Es wurde uns klar, daß nur Menschen mit soviel innerer Gewißheit die Welt verändern werden."*

Nun, es ist natürlich sehr schwer, sich selbst einzuschätzen. Sicher ist, daß ich mich ohne Vorurteile stets bemüht habe, die Zeit und die in ihr wirkenden gesellschaftlichen Kräfte und ihre Entwicklungstendenzen zu erkennen. Bei aller Offenheit in der Diskussion habe ich mich nie gescheut, gewonnene Erkenntnisse beharrlich zu vertreten. Das hat mir sicher Feinde eingebracht, aber noch mehr Freunde. Daß sie so zahlreich waren und manche über so lange Zeit hinweg an mich gedacht haben und daß mir all diese Ehrungen zuteil wurden, bleibt für mich ein unvergeßliches Erlebnis und ist mir ein Ansporn, mich mit den verbliebe-

---

[60] Franz Paul Schneider (1902-1970), Staatswissenschaftler, war von 1926 bis 1929 Handelsredakteur am Zentralarchiv für Wirtschaft in München und von 1932 bis 1937 Assistent am Seminar für Statistik und Versicherungswissenschaft an der Münchner Universität. 1937 promovierte er zum Dr. oec. publ., zwei Jahre später folgte die Habilitation. Im ‚Dritten Reich' als „für die Jugend untragbar" beurteilt, wurde ihm die Lehrtätigkeit untersagt und eine Hochschulkarriere verwehrt. Zunächst arbeitete Schneider bei der Industrie- und Handelskammer Augsburg, dann holte ihn Geheimrat Dr. Max Sering nach Berlin, wo er als Mitarbeiter bei der Internationalen Landwirtschaftskonferenz und später bei der Reichsverkehrsgruppe Binnenschiffahrt tätig war. Nach Rückkehr aus sowjetischer Kriegsgefangenschaft erhielt Schneider 1946 einen Lehrauftrag für Volkswirtschaftslehre, Finanzwissenschaften und Statistik an der Universität München, 1947 einen Ruf als a.ord. Professor nach Würzburg, wo ihm 1948 der Lehrstuhl für Staatswissenschaften übertragen wurde, den er bis zu seinem Tode innehatte. In den 1950er Jahren trat Schneider als Gegner der Remilitarisierung und atomaren Aufrüstung der BRD in Erscheinung, in der Wiedervereinigungsfrage vertrat er ein Eingehen auf den Konföderationsplan Ulbrichts. Dezember 1959 Dienststrafverfahren durch das Bayerische Kultusministerium, gegen dessen Vorwurf, er betreibe Propaganda im kommunistischen Auftrag, Schneider sich zeitlebens vehement verwahrte. 1960 schloß er sich der DFU (s. Kap. 14, Anm. 12) an, gehörte ihrem Bundesvorstand an und wurde 1965 als ihr Landesvorsitzender wiedergewählt. Außerdem war Schneider Initiator des „Fränkischen Kreises" und dessen langjähriger Sekretär (vgl. Martin Finkenberger, Dozenten im Abseits. Zum 25. Todestag von Franz Paul Schneider, in: Uni-Schmidt, SoSe 95, Würzburg 1995, S. 32 f; Internationales Biographisches Archiv 41/1970 vom 28. September 1970, in: Munzinger Online Archiv).

nen Kräften weiter für den Frieden, für die Demokratisierung und Huma-nisierung unserer Gesellschaft einzusetzen.

So grüße ich Sie alle in herzlicher Verbundenheit und großer Dankbar-keit

Ihr

Fritz   Helling

Schriftenverzeichnis Fritz Hellings

Monographien

Quaestiones Livianae, Schwelm 1921 (Diss.)
Einführung in die deutsche Literaturgeschichte, Breslau 1928
Die Frühgeschichte des jüdischen Volkes, Frankfurt a.m. 1947
Der Katastrophenweg der deutschen Geschichte, Frankfurt a.m. 1947
Mein Leben als politischer Pädagoge, hg., eingel. u. kommentiert v.
Burkhard Dietz u. Jost Biermann, Frankfurt a.m. 2007

Aufsatzsammlungen

Schulreform in der Zeitenwende. Eine Auswahl aus Reden und Aufsätzen
aus der Zeit von 1926 bis 1958 (Schriftenreihe „Aktuelle Fragen der
deutschen Schule"), Schwelm 1958
Neue Allgemeinbildung (Schriftenreihe „Aktuelle Fragen der deutschen
Schule"), Schwelm 1963
Neue Politik – Neue Pädagogik. Lehren für uns Deutsche (Schriftenreihe
„Aktuelle Fragen der deutschen Schule"), Schwelm 1968
Pädagogen in gesellschaftlicher Verantwortung. Ausgewählte Schriften
eines entschiedenen Schulreformers, hg. u. eingel. v. Jürgen Eier-
danz u. Karl-Heinz Heinemann, Frankfurt a.M. 1988

Herausgeberschaften (zusammen mit Walter Kluthe)

Dokumente zur demokratischen Schulreform in Deutschland 1945-1948
(Schriftenreihe „Aktuelle Fragen der deutschen Schule"), Schwelm
1960
Wege des Schulreformers Otto Koch. 1912-1952 (Schriftenreihe „Aktuel-
le Fragen der deutschen Schule"), Schwelm 1962
Bildungspläne in der Bundesrepublik Deutschland und in der Deutschen
Demokratischen Republik (Schriftenreihe „Aktuelle Fragen der deut-
schen Schule"), Schwelm 1965

Aufsätze

Unwichtiges und Wichtiges aus der Sprachlehre, in: Sammlung pädagogischer Vorträge, hg. v. Wilhelm Meyer-Markau, Bd. 18, H. 4/5, Minden i.Westf. 1908, S. 89-105

Die Freideutsche Jugendbewegung, in: Blätter aus dem Schwarzburgbund. Akademische Vierteljahresschrift 5 (1914) 3/4, S. 73-86

Marsch in Flandern, in: Wandervogel Schwelm, Sonderheft, 1915 (verschollen)

Granatfeuer, in: Wandervogel Schwelm, Sonderheft, 1915 (verschollen)

Sturmangriff, in: Wandervogel Schwelm, Sonderheft, 1915 (verschollen)

Schulkrisis, in: Das neue Werden, Beilage aus der Jugendbewegung zum Schwelmer Tageblatt, Nr. 88 v. 12.04.1924

Menschenbildung (1926), in: Fritz Helling, Schulreform in der Zeitenwende, a.a.O., S. 16-19

Volksbildung, in: Wandervogel (1926) 5/6, S. 80-82

Pestalozzi (1927), in: Fritz Helling, Schulreform in der Zeitenwende, a.a.O., S. 11-16

Der Leidensweg der Arbeitsschule, in: Die Neue Erziehung 9 (1927) 8, S. 652-660

Tylman, Harßvelth von Breckerfeld (Hansefahrer). Gestorben am 14. September 1497, in: „Use laiwe Häime". Heimatblätter für die ehemalige Herrschaft Volmarstein 4 (1927) 9/10

Kulturpolitischer Zeitspiegel, in: Die Neue Erziehung 10 (1928) - 15 (1933)

La réforme de l'enseignement (ins Französische übersetzt v. J. Peyraube), in: Revue d'Allemagne et des pays de langue allemande (1928), S. 237-255

Die Tragödie der höheren Schule, in: Die Neue Erziehung 11 (1929) 1, S. 3-9

Georg Kerschensteiner, in: Die Neue Erziehung 11 (1929) 7, S. 501-508

Entschiedene Schulreform. Leitsätze zu einer pädagogischen Freizeit, in: Die Neue Erziehung 12 (1930) 2, S. 121

(mit Paul Oestreich u.a.) Politische Erziehung der Jugend, in: Die Neue Erziehung 12 (1930) 9, S. 648-650

Radikale Jugend und Republik, in: Die Neue Erziehung 12 (1930) 10, S. 746-752

Kulturinhalte und Kulturformen im Spannungsfelde der politischen Parteien, in: Wilhelm Hoepner/Paul Oestreich (Hg.), Jugend, Erziehung und Politik. Die Problematik und das Gebot. Kongreß 1931 des Bundes Entschiedener Schulreformer, Jena 1931, S. 34-43

Gesellschaftskrise und Faschismus, in: Die Neue Erziehung 13 (1931) 6, S. 401-406; wiederabgedruckt in: Fritz Helling, Schulreform in der Zeitenwende, a.a.O., S. 26-30; wiederum in: Fritz Helling, Pädagogen in gesellschaftlicher Verantwortung, a.a.O., S. 74-79

Zwischen den Zeiten, in: Die Neue Erziehung 14 (1932) 3, S. 164-168

Der Bankrott der offiziellen Schulreform (1932), in: Fritz Helling, Schulreform in der Zeitenwende, a.a.O., S. 19-25

Erziehung als Kulturpolitik (1932), in: Fritz Helling, Schulreform in der Zeitenwende, a.a.O., S. 30-37

Religiöser Sozialismus in der Erziehung, in: Die Neue Erziehung 15 (1933) 2, S. 70-73

Spranger als politischer Pädagoge, in: Die Neue Erziehung 15 (1933) 2, S. 80-88

Die geistige Not unserer Zeit und ihre Überwindung, in: Ja zu Deutschland. Die geistige Not unserer Zeit und ihre Überwindung (Vorträge gehalten von Fritz Helling u.a.), hg. v. Kulturbund zur demokratischen Erneuerung Deutschlands, Landesverband Nordrhein-Westfalen e.V., Düsseldorf 1948, S. 7-16

Die Botschaft Paul Oestreichs (1948), in: Fritz Helling, Schulreform in der Zeitenwende, a.a.O., S. 37-39

Volksbewegungen für die Einheit Deutschlands (1948), in: Fritz Helling, Schulreform in der Zeitenwende, a.a.O., S. 46-50

Ja zu Deutschland (1948), in: Fritz Helling, Schulreform in der Zeitenwende, a.a.O., S. 50-52

Unser klassisches Erbe (1953), in: Fritz Helling, Schulreform in der Zeitenwende, a.a.O., S. 40-46; wiederabgedruckt in: Fritz Helling, Pädagogen in gesellschaftlicher Verantwortung, a.a.O., S. 97-104

Über den humanistischen Auftrag der deutschen Pädagogen, in: Der Pflüger. Blätter für pädagogische Begegnung, Sonderheft (Juli 1954), S. 35-45; ebenso abgedruckt unter dem Titel: Der humanistische Auftrag der deutschen Pädagogen, in: Schule und Nation 1 (1954) 1, S. 9-15; wiederabgedruckt in: Fritz Helling, Schulreform in der Zeitenwende, a.a.O., S. 55-69; wiederum in: Fritz Helling, Pädagogen in gesellschaftlicher Verantwortung, a.a.O., S. 105-121

Die Wiedervereinigung Deutschlands als Bedingung des Friedens in Europa, in: Pädagogik 10 (1955) 7, S. 497-502; ebenso abgedruckt in: Schule und Nation 2 (1955) 1, S. 5-8

Aus der Geschichte des Schwelmer Kreises, in: Der Pflüger 4 (1955) 4, S. 66-68

Eine notwendige Besinnung (1955), in: Schule und Nation 2 (1956) 3, S. 22-24; wiederabgedruckt in: Fritz Helling, Schulreform in der Zeitenwende, a.a.O., S. 69-75; wiederum in: Fritz Helling, Pädagogen in gesellschaftlicher Verantwortung, a.a.O., S. 89-96

Der Schwelmer Kreis, in: Deutsche Lehrerzeitung 4 (1957) 11, S. 2; wiederabgedruckt in: Fritz Helling, Schulreform in der Zeitenwende, a.a.O., S. 52-55

Die moderne industrielle Entwicklung und der humanistische Bildungsauftrag der deutschen Pädagogen (Diskussionsbeitrag Fritz Hellings auf der Ostertagung deutscher Pädagogen), in: Schule und Nation 4 (1957) 1, S. 20 f

Sozialstruktur und Menschenbildung, in: Deutscher Kulturtag (Hg.), Jahrestagung Hamburg 1957, München 1957, S. 27-33

Der Weg zu einer neuen Allgemeinbildung, in: Schule und Nation 4 (1958) 3, S. 23-26; wiederabgedruckt in: Fritz Helling, Schulreform in der Zeitenwende, a.a.O., S. 75-82; wiederum in: Fritz Helling, Pädagogen in gesellschaftlicher Verantwortung, a.a.O., S. 153-161

Aus meinem Leben, in: Schule und Nation 5 (1958) 1, S. 17-20; ebenso abgedruckt in: Fritz Helling, Schulreform in der Zeitenwende, a.a.O., S. 83-90

Der falsche Mut zur Lücke (1961), in: Schule und Nation 7 (1961) 3, S. 7-9; wiederabgedruckt in: Fritz Helling, Neue Allgemeinbildung, a.a.O., S. 73-78

Die Notwendigkeit neuer Bildungsinhalte für die Schulen (1961), in: Schule und Nation 7 (1961) 4, S. 8-11; wiederabgedruckt in: Fritz Helling, Neue Allgemeinbildung, a.a.O., S. 61-66; wiederum in: Fritz Helling, Pädagogen in gesellschaftlicher Verantwortung, a.a.O., S. 166-171

Überlebte Pädagogik und die Gegenwart, in: Schule und Nation 8 (1961) 2, S. 13-17; Fortsetzungen in: 8 (1962) 3, S. 8-12; 4, S. 7-13

Schule und Gesellschaft in Deutschland seit 1900, in: Fritz Helling, Neue Allgemeinbildung, a.a.O., S. 29-60

Der vergessene Comenius, in: Fritz Helling, Neue Allgemeinbildung, a.a.O., S. 66-68; wiederabgedruckt in: Fritz Helling, Pädagogen in gesellschaftlicher Verantwortung, a.a.O., S. 150-152

Universale Bildung als neue Möglichkeit, in: Fritz Helling, Neue Allgemeinbildung, a.a.O., S. 69-72; wiederabgedruckt in: Fritz Helling, Pädagogen in gesellschaftlicher Verantwortung, a.a.O., S. 162-165

Weltverständnis statt Brockenwissen, in: Geist und Zeit. Eine Zweimonatsschrift für Kunst, Literatur und Wissenschaft 1 (1961), S. 46-50; wiederabgedruckt in: Fritz Helling, Neue Allgemeinbildung, a.a.O., S. 78-83

Thesen für ein didaktisches Gespräch, in: Fritz Helling, Neue Allgemeinbildung, a.a.O., S. 83 f; wiederabgedruckt in: Fritz Helling, Pädagogen in gesellschaftlicher Verantwortung, a.a.O., S. 172 f

Erlebte Weltgeschichte. Ein Dank an Friedrich Wilhelm Foerster zu seinem 95. Geburtstag, in: Schule und Nation 10 (1964) 4, S. 3-9

Pädagogische Ost-West-Begegnung, in: Bildung und Erziehung 18 (1965) 5, S. 396 f; ebenso abgedruckt in: Schule und Nation 12 (1965) 1, S. 24

Die Volksbildung im preußisch-deutschen Militärstaat, in: Schule und Nation 11 (1965) 3, S. 14-17; Fortsetzung unter dem Titel: Volksbildung und Aufrüstung in Deutschland seit 1870, in: 4, S. 3-7; wiederabgedruckt in: Fritz Helling, Neue Politik – Neue Pädagogik, a.a.O., S. 24-36

Der heute notwendige Aufbau einer demokratischen Schule in der Bundesrepublik, in: Schule und Nation 12 (1965) 2, S. 2-6

Eduard Sprangers Weg zu Hitler, in: Schule und Nation 13 (1966) 2, S. 1-4; wiederabgedruckt in: Fritz Helling, Neue Politik – Neue Pädagogik, a.a.O., S. 37-45; wiederum in: Fritz Helling, Pädagogen in gesellschaftlicher Verantwortung, a.a.O., S. 139-149

Friedrich Wilhelm Foersters Kampf gegen das Preußentum, in: Fritz Helling, Neue Politik – Neue Pädagogik, a.a.O., S. 9-23; wiederabgedruckt in: Fritz Helling, Pädagogen in gesellschaftlicher Verantwortung, a.a.O., S. 122-138

Die politische Tragödie nach 1945 und der Wille zum Frieden, in: Fritz Helling, Neue Politik – Neue Pädagogik, a.a.O., S. 46-54

Das Vermächtnis Paul Oestreichs, in: Fritz Helling, Neue Politik – Neue Pädagogik, a.a.O., S. 55-62

Die einheitliche Schule der Zukunft, in: Fritz Helling, Neue Politik – Neue Pädagogik, a.a.O., S. 62-70; wiederabgedruckt in: Fritz Helling, Pädagogen in gesellschaftlicher Verantwortung, a.a.O., S. 174-183

Weltverständnis als Bildungsziel, in: Vergleichende Pädagogik 2 (1966) 3, S. 275-281; wiederabgedruckt in: Fritz Helling, Neue Politik – Neue Pädagogik, a.a.O., S. 71-77; ebenso in: Kultur und Gesellschaft 7/8 (1968), S. 1-3

Die Wandlungen in meinem Leben, in: Schule und Nation 9 (1963) 3, S. 22-27; Fortsetzung in: 4, S. 14-18; ebenso abgedruckt in: Fritz Helling, Neue Allgemeinbildung, a.a.O., S. 7-29; wiederabgedruckt in: Fritz Helling, Pädagogen in gesellschaftlicher Verantwortung, a.a.O., S. 51-73

Unveröffentlichte Schriften

Die spätjüdischen Klassenkämpfe und das Evangelium Christi, Sonderdruck, o.J. (Nachlaß Fritz Helling)

Die urchristliche Botschaft in der spätantiken Klassengesellschaft, Mskr., o.J. (Nachlaß Fritz Helling)

Die stärkere Berücksichtigung der Erziehungsaufgaben der höheren Schule unter Wahrung ihrer Leistungshöhe, Mskr. eines Vortrags auf der Westfälischen Direktorenkonferenz in Hamm im September 1949 (Nachlaß Fritz Helling)

Der Sinn des wahlfreien Unterrichts, Mskr. eines Vortrags auf der Tagung „Stoffauswahl und Arbeitsgemeinschaften" in Fredenburg am 29. August 1950 (StA Schwelm, Archiv des Märkischen Gymnasiums, Akte A 14)

Abbildungsverzeichnis[*]

---

[*] Alle Abbildungen, inklusive Frontispiz, aus Privatbesitz; abgedruckt mit freundlicher Genehmigung von Brigitte Helling, Aachen (Abb. 1-10, 13, 14, 16-18 sowie Frontispiz), bzw. Prof. Dr. Wolfgang Keim, Paderborn (Abb. 11, 12, 15).

351

Verzeichnis der Abkürzungen

a.a.O.	am angegebenen Ort
a.ord.	außerordentliche/r
Abt.	Abteilung
ADGB	Allgemeiner Deutscher Gewerkschaftsbund
AG	Aktiengesellschaft
AGDL	Arbeitsgemeinschaft Deutscher Lehrerverbände
Anm.	Anmerkung, Fußnote
APW	Akademie der Pädagogischen Wissenschaften
ÄQR	Ärztliche Qualitätsgemeinschaft Ried
Art.	Artikel
Aufl.	Auflage
Ausg.	Ausgabe
BBF/DIPF	Bibliothek für Bildungsgeschichtliche Forschung des Deutschen Instituts für Internationale Pädagogische Forschung
Bd., Bde.	Band, Bände
bearb. v.	bearbeitet von
begr.	begründet
BESch	Bund Entschiedener Schulreformer
BRD	Bundesrepublik Deutschland
CDU	Christlich-Demokratische Union
CESE	Comparative Education Society in Europe
CW	Christ und Welt
DAK	Deutsche Akademie der Künste
DDP	Deutsche Demokratische Partei
DDR	Deutsche Demokratische Republik
ders., dies.	derselbe, dieselbe
DFG	Deutsche Forschungsgemeinschaft
DFP	Deutsche Freiheitspartei
DFU	Deutsche Friedens-Union
DGB	Deutscher Gewerkschaftsbund
Diss.	Dissertation
DKBD	Demokratischer Kulturbund Deutschlands
DLZ	Deutsche Lehrerzeitung

DPZI	Deutsches Pädagogisches Zentralinstitut
DRV	Demokratische Republik Vietnam
DVZ	Deutsche Volkszeitung
DZfV	Deutsche Zentrale für Volksbildung
EASD	European Association for the Study of Diabetes
ebd.	ebenda
EDV	Elektronische Datenverarbeitung
eingel. v.	eingeleitet von
EWG	Europäische Wirtschaftsgemeinschaft
f, ff	folgende Seite, folgende Seiten
FDP	Freie Demokratische Partei
FEST	Forschungsstätte der Evangelischen Studien-gemeinschaft
FISE	Fédération Internationale Syndicale de l'Enseignement
FNL	Front National de Libération
GDNÄ	Gesellschaft Deutscher Naturforscher und Ärzte e.V.
Gestapo	Geheime Staatspolizei
GEW	Gewerkschaft Erziehung und Wissenschaft
GVP	Gesamtdeutsche Volkspartei
H.	Heft
Hg., hg. v.	Herausgeber, herausgegeben von
HSTA	Hauptstaatsarchiv
IOL	Interessengemeinschaft Oppositioneller Lehrer
Jg.	Jahrgang
Kap.	Kapitel
KP, KPD	Kommunistische Partei, Kommunistische Partei Deutschlands
KPDO, KPO	Kommunistische Partei Deutschlands-Opposition, Kommunistische Partei-Opposition
KZ	Konzentrationslager
MdL	Mitglied des Landtags
MdR	Mitglied des Reichstags
MfV	Ministerium für Volksbildung
Mskr.	Manuskript

N.F.	neue Folge
NATO	North Atlantic Treaty Organisation
NL	Nachlaß
NRW	Nordrhein-Westfalen
NS	Nationalsozialismus, nationalsozialistisch
NSDAP	Nationalsozialistische Deutsche Arbeiterpartei
NWDR	Nordwestdeutscher Rundfunk
o.D.	ohne Datum
o.J.	ohne Jahr
o.O.	ohne Ort
OI, OII	Oberprima, Obersekunda
ord.	ordentliche/r
PA	Personalakte/n
PH	Pädagogische Hochschule
PSK	Provinzialschulkollegium
RDS	Ring Deutscher Siedler
RWTH	Rheinisch-Westfälische Technische Hochschule (Aachen)
s.	siehe
S.	Seite, Seiten
SA	Sturmabteilung der NSDAP
SAP(D)	Sozialistische Arbeiterpartei (Deutschlands)
SBZ	Sowjetische Besatzungszone
SDS	Sozialistischer Deutscher Studentenbund
SED	Sozialistische Einheitspartei Deutschlands
SMAD	Sowjetische Militäradministration
Sp.	Spalte
SPD	Sozialdemokratische Partei Deutschlands
SS	Schutzstaffel der NSDAP (Waffen-SS)
StA	Stadtarchiv
STA	Staatsarchiv
TU	Technische Universität
UA	Universitätsarchiv
UdSSR	Union der Sozialistischen Sowjetrepubliken
UII, UIII	Untersekunda, Untertertia
UIP	Unesco-Institut für Pädagogik

UN, UNO	United Nations, United Nations Organization
UNESCO, Unesco	United Nations Educational, Scientific and Cultural Organization
UNICEF	United Nations International Children's Emergency Fund
USA	United States of America
USPD	Unabhängige Sozialdemokratische Partei Deutschlands
vgl.	vergleiche
Vol.	Volume
VVN	Vereinigung der Verfolgten des Nazi-Regimes
zit., Zit.	zitiert (nach), Zitat
ZK	Zentralkomitee

Personenregister

U
Uhle, Walter 306, 340
Ulbricht, Walter 343

V
Vahle, Wilhelm 119 f
Vaßen, Richard 174, 178
Vergil 17
Veronese, Paolo 23
Verrocchio, Andrea del 23
Vieregge, Heinz (Heinrich) 166
Vits, Ernst Hellmut 325
Vontin, Walter 146 f

W
Wagner, Josef 100
Wagner, Richard 49, 257
Waldersee, Elsa Gräfin v. 47
Weber, Max 22, 72, 123
Weise, Martin 145
Weizsäcker, Carl Friedrich v. 179, 249
Wellhausen, Julius 124
Wenke, Hans 315
Wessel, Helene 148
Wietig, Erich 238
Wilamowitz-Moellen-
  dorf, Ulrich v. 19 f, 124
Wilhelm I., dt. Kaiser 255
Wilhelm II., dt. Kaiser 23, 256, 259
Wilker, Karl 60
Willers, Georg 338
Windel, Hans 25 ff
Wirth, Joseph 247
Wirzberger, Karl-Heinz 326
Wyneken, Gustav XXXI, 30 f, 35

Z
Žižka, Jan 168
Zweig, Arnold 91

STUDIEN ZUR BILDUNGSREFORM

Herausgeber: Wolfgang Keim

Band 1 Rudolf Hars: Die Bildungsreformpolitik der Christlich-Demokratischen Union in den Jahren 1945-1954. Ein Beitrag zum Problem des Konservatismus in der deutschen Bildungspolitik. 1981.

Band 2 Martin Fromm: Soziales Lernen in der Gesamtschule. Aspekte einer handlungsorientierten Konzeption. 1980.

Band 3 Wilfried Datler (Hrsg.): Verhaltensauffälligkeit und Schule. Konsequenzen von Schulversuchen für die Pädagogik der "Verhaltensgestörten". 1987.

Band 4 Gernot Alterhoff: Soziale Integration bei Gesamtschülern in Nordrhein-Westfalen. Längsschnittuntersuchung zu Veränderungen verschiedener Aspekte im Sozialverhalten. 1980.

Band 5 Dietrich Lemke: Lernzielorientierter Unterricht – revidiert. 1981.

Band 6 Wolf D. Bukow/ Peter Palla: Subjektivität und freie Wissenschaft. Gegen die Resignation in der Lehrerausbildung. 1981.

Band 7 Caspar Kuhlmann: Frieden – kein Thema europäischer Schulgeschichtsbücher? 1982.

Band 8 Caspar Kuhlmann: Peace – A Topic in European History Text-Books? 1985.

Band 9 Karl-Heinz Füssl/ Christian Kubina: Berliner Schule zwischen Restauration und Innovation. 1983.

Band 10 Herwart Kemper: Schultheorie als Schul- und Reformkritik. 1983.

Band 11 Alfred Ehrentreich: 50 Jahre erlebte Schulreform – Erfahrungen eines Berliner Pädagogen. Herausgegeben und mit einer Einführung von Wolfgang Keim. 1985.

Band 12 Barbara Gaebe: Lehrplan im Wandel. Veränderungen in den Auffassungen und Begründungen von Schulwissen. 1985.

Band 13 Klaus Himmelstein: Kreuz statt Führerbild. Zur Volksschulentwicklung in Nordrhein-Westfalen 1945-1950. 1986.

Band 14 Jörg Schlömerkemper/ Klaus Winkel: Lernen im Team-Kleingruppen-Modell (TKM). Biographische und empirische Untersuchungen zum Sozialen Lernen in der Integrierten Gesamtschule Göttingen-Geismar. 1987.

Band 15 Luzius Gessler: Bildungserfolg im Spiegel von Bildungsbiographien. Begegnungen mit Schülerinnen und Schülern der Hiberniaschule (Wanne-Eickel). 1988.

Band 16 Wolfgang Keim (Hrsg.): Pädagogen und Pädagogik im Nationalsozialismus – Ein unerledigtes Problem der Erziehungswissenschaft. 1988. 3. Auflage 1991.

Band 17 Klaus Himmelstein (Hrsg.): Otto Koch – Wider das deutsche Erziehungselend. 1992.

Band 18 Martha Friedenthal-Haase: Erwachsenenbildung im Prozeß der Akademisierung. Der staats- und sozialwissenschaftliche Beitrag zur Entstehung eines Fachgebiets an den Universitäten der Weimarer Republik – unter besonderer Berücksichtigung Kölns. 1991.

Band 19 Bruno Schonig: Krisenerfahrung und pädagogisches Engagement. Lebens- und berufsgeschichtliche Erfahrungen Berliner Lehrerinnen und Lehrer 1914-1961. 1994.

Band 20 Burkhard Poste: Schulreform in Sachsen 1918-1923. Eine vergessene Tradition deutscher Schulgeschichte. 1993.

Band 22 Inge Hansen-Schaberg: Minna Specht – Eine Sozialistin in der Landerziehungsheimbewegung (1918-1951). Untersuchung zur pädagogischen Biographie einer Reformpädagogin. 1992.

Band 23 Ulrich Schwerdt: Martin Luserke (1880-1968). Reformpädagogik im Spannungsfeld von pädagogischer Innovation und kulturkritischer Ideologie. 1993.

Band 44 Fritz Helling: Mein Leben als politischer Pädagoge. Herausgegeben, eingeleitet und kommentiert von Burkhard Dietz und Jost Biermann. 2007.

Band 45 Edwin Hübner: Anthropologische Medienerziehung. Grundlagen und Gesichtspunke. 2005.

Band 46 Christa Uhlig: Reformpädagogik: Rezeption und Kritik in der Arbeiterbewegung. Quellenauswahl aus den Zeitschriften *Die Neue Zeit* (1883–1918) und *Sozialistische Monatshefte* (1895/97–1918). 2006.

Band 47 Christa Uhlig: Reformpädagogik und Schulreform – Diskurse in der sozialistischen Presse der Weimarer Republik. Quellenauswahl aus den Zeitschriften *Die neue Zeit/Die Gesellschaft* und *Sozialistische Monatshefte* (1919–1933). 2008.

Band 48 Wolfgang Keim / Gerd Steffens (Hrsg.): Bildung und gesellschaftlicher Widerspruch. Hans-Jochen Gamm und die deutsche Pädagogik seit dem Zweiten Weltkrieg. 2006.

Band 49 Martin Dust: *„Unser Ja zum neuen Deutschland"*. Katholische Erwachsenenbildung von der Weimarer Republik zur Nazi-Diktatur. 2007.

www.peterlang.de